国家出版基金项目
NATIONAL PUBLICATION FOUNDATION

"十三五"国家重点图书出版规划项目

梁方仲遗稿

梁方仲 著 / 梁承邺 李龙潜 黄启臣 刘志伟 整理

新拾文存

SPM
南方出版传媒
广东人民出版社
·广州·

图书在版编目（CIP）数据

梁方仲遗稿/梁方仲著；梁承邺等整理. —广州：广东人民出版社，2019.1

ISBN 978-7-218-13211-2

Ⅰ. ①梁… Ⅱ. ①梁… ②梁… Ⅲ. ①中国经济史-研究-文集 Ⅳ. ①F129-53

中国版本图书馆CIP数据核字（2018）第235808号

LIANG FANGZHONG YIGAO

梁方仲遗稿

梁方仲 著

梁承邺 李龙潜 黄启臣 刘志伟 整理

出 版 人：肖风华

出版统筹：柏 峰 周惊涛

责任编辑：陈其伟 周惊涛 柏 峰

装帧设计：彭 力

责任技编：周 杰 吴彦斌

出版发行：广东人民出版社

地 址：广州市大沙头四马路10号（邮政编码：510102）

电 话：（020）83798714（总编室）

传 真：（020）83780199

网 址：http：//www. gdpph. com

印 刷：广东信源彩色印务有限公司

开 本：787mm×1092mm 1/16

印 张：257.5 **字 数**：3600千

版 次：2019年1月第1版 2019年1月第1次印刷

定 价：960.00元（全八册）

如发现印装质量问题，影响阅读，请与出版社（020-83795749）联系调换。

售书热线：（020）83793157 83795240 **邮购**：（020）83795240

目录

Contents

甲　遗稿

乙　旧作编

丙　统计表格

甲 遗稿

西方经济思想史读书报告

Plato 财富之观念：①充足之财富。私人及国家均需之。②过分之财富。有损无益。

生产之观念其着眼不在乎欲望而以为生产为人之职业。柏氏亦主张分工，但分工不限于经济方面，应及社会之全部。柏氏分人为三类：①金人，天赋最厚，即所谓 philosopher 是也。故应治人。②银人，政府之下级官吏。③铁人，一般平民。艺术分为两种：①Art of production 如农、工、矿等职业。②Art of Acquisition 不能产生新物件，只能帮助人之获得物件。如商是也。第一种为自然之职业，第二种甚自然。Plato 以为人之职业，若纯为谋利，为无条件的坏的事情。

Republic 书中对于分配问题，主张共产社会。此共产社会，为完全共产与 state socilism 不同。柏氏之理想国非从"justice"对立而产生。因柏氏根本承认人类中有阶级的存在。其所以如此主张者，乃政治的理由，非经济的理由也。盖氏以为共产社会成立，则人的自私心可以减少，尽力于政府也；又现在之共产主义，乃全社会之共产。而柏氏之主张乃贵族之共产，而非全社会之共产也。柏氏以政府之官吏为 Guardians，夫既为政府之官吏，则应尽其毕生之心力为国，故应享受共产之权利与义务。

Aristotle 有书名 *Economiss*，但其内容乃家庭之经济（Home Economics）而已。

亚氏以为人生之终究目的为 highest good。财富为达到此目的之工具。

Plato 在 *Republic* 书中，不许 Guardians 获取财富，而亚氏以为 Guardians 亦可以获取财富。亚氏亦承认地位愈高之人，则其应得之财富亦愈少。然其需要一样，不因而愈少也。

亚氏以为分工制度，应推及于全社会。此分工非人为，乃天赋，有生而为被治者，有生而为治者。亚氏以为分工之极点，足以使工人之眼光狭窄，使其人变为无用。

亚氏以为最重要之职业为农，其次矿、猎。亚氏对于商业，不甚重视。物之用处有二：①natural use。②unnatural use。因有后者情形之发生，故货币因之而发生，故亚氏似乎对于货币不甚赞成。亚氏以为生产上的余利是可以得的，从商业上得来的余利，是不可以的。

柏氏反对 money making，此态度对于国家及私人，均采取一致的态度。亚氏则以为 money making 对于私人诚不合，但对于国家为必需，且有利。

对于分配的意见。亚氏对于柏氏公妻学说加以反对。对于 property 之共产方法有三：①地私有，收获公有。②地公有收获私有。③地及收获均公有。第三种之办法，因人之劳力有多少，若收获公有，则不分之事或会产生。故亚氏承认私产制度、市场之存在。

Xenophon 著有 *Revenue of Athens* 但不甚重要。[①]

罗马时代经济思想　罗马对于经济思想之贡献甚少。对于经济思想并无直接之贡献，不过其政治、社会机关上之组织，引起经济之现象，为后来经济思想家之研究资料而已。故罗马人对于经济思想材料之贡献，非 subjective，乃 objective 者也。

1. 自然法律与人为法律之分开，乃罗马人法律上之观念，对于后来经济思想亦不无影响。

2. 其次为私产享有权，由法律明文保护之，自由契约观念，于是产生。其注重点在人与物，或物与物中间关系之支配。遂使经济逐

① 参见 Haney：chapter 5、6。

渐成为交换之科学。

3. 再次为货币为交换之媒介物，罗马法学家已有详细之讨论。

4. 当时罗马对于借贷不准索取利息。其后国家借债甚多，乃以法律规定，不得过 8 percent 利率。但实际情形，实在利率往往过八分之利率。

5. 除去法学家外，对于经济思想之讨论，尚有哲学家等。其大要不外：甲、反对当时罗马人对于物质之享受，故亦反对货币之发生，主张归到简朴之生活。乙、对于利息之主张，与希腊人一致。当时所崇尚为 storeism。

6. 还有 agriculturists，所注重点非理论上之问题，不过实际上的问题。如生产方法之改良等技术上之问题（technic question）而已。

中世纪（Middle ages）

Ingram 以为应由罗马帝国之灭亡到十三世纪，Haney 以为应由罗马帝国灭亡到十五世纪。Haney 以为十三世纪为中古最盛之时代，因当时 feudalism 与 guild system 最盛。

中古时期之分期（从 Haney 分法）

1. 罗马帝国之灭亡到十二世纪末叶。

2. 1200 到 1500 年。

第一时期最重要为基督教与罗马制度之影响。这就是日耳曼民族之影响。

第二时期思想界之思想可说是一致的。大概都受 schoolmen 的影响。

中古时代可注意之点：

1. Germanic tribe 的影响，可说是反罗马的影响。这就是个人主义的反响，主张团体的集合。

2. 基督教的影响，平等的观念。此与 Plato、Aristotle 之观念不同。

3. 奴隶制度之否认，不但在理论上的反对，且实际上亦有改良。

4. 对于私有制度的意见，与罗马人不同。主张在相当范围以内，公有财产总比私有财产制度好。

5. 对于劳工地位之提高，希腊人对于此问题，不甚注意。

6. 对于法律的观念，基督教注意“人”的观念，“物”不过附属于“人”而已。此又与罗马之观念不同。

schoolmen 之思想，可说是希腊、罗马与基督教（与教会有分别）的思想的总合。

schoolmen 为中古文化之代表者。中古经济思想在 Germanic tribe 之著作中不易见。应于 schoolmen 著作中寻找之。①

教会对于财富之观念

多从《圣经》得来。其结论是反对私产制度，求财富之平均。中世纪初期 Embrose 可为代表。他的论调是否认财富的必需，其后教会的论调逐渐改变，谓财富为不可必的东西。且又承认市场的制度。至对于谋利一事，在原则上本来是反对，但因当时的商业状况，实有不能消灭。故又采取折中论调，谓专为谋利之商业，当然不能做，但若对于社会有利之事业，则不应反对，且亦为一件好事。虽然，营商只限于俗人，若教士营商，则万万不可也。此等论调，对于当时的商业的进展，无重大的影响。因其盛行的时期，是十一世纪。管的商业的区域，大多在地中海，商品之交易，大半为丝等贵族享受之物。故即使有影响，对于全社会之影响亦不大。

十一世纪以后，商业的情形，有重大的改变：

1. township 的发生。

2. 工业集中分工发达。

3. 十字军的影响，使欧洲多国财政陷于穷乏的地位。且各教堂的建筑亦增加人民的负担不少。故发生债权者与债务者的关系。

因以上各问题的发生，教徒感觉到非单独一本《圣经》所能解

① 参见：Monroe：chapter 3；Haney：chapter 6。

决。于是起首研究罗马的法律。思想于是亦有改变。

Thomas Aquinas 可为较新 schoolmen 的代表，Monroe 书中所选的一篇，是研究买者与卖者的关系。此即 just price 的讨论也。还有一更重要题目，就是 usury（取利）的问题。Aquinas 对于 just price 的意见[①]公平的价钱在《圣经》上是有一定的。在这价钱的底下，买主与卖主均毫无损失。然罗马法规，对于自由契约的观念，加以承认是与基督教发生冲突。Aquinas 是赞成罗马的法律，主张出以教会的教令，公平价值不必有。Aquinas 谓买卖的底下，一方面得益，他方面必受损。其观念乃根据于 Aristotle 的学说。以是各物品的价值乃其本身成本的价值。而不知物品的价值乃由效用而定也。Aquinas 主张用法律或教会的教令限制市价。他以为物品有劣点时，卖者应先告知买主。但其劣点不重要，或劣点太显明时，卖者不必先言。对于商人本身，要看其存心如何，是否为维持生活，且其由买者所得的利钱之用途高尚或否，而定取反对与否的态度。

对于 usury 的意见，《圣经》和教会都极力反对。但在十、十一世纪时间，usury 事实与关于此问题之著作，均无所见。其原因或因当时教会势力颇大，或因当时有钱者少，不易确定。至十一世纪后此事实渐渐显著。罗马对于 usury 一事，加以法律上的承认与保护。十二世纪教皇 Pope 对于 usury 加以教会肯定其为一种罪恶。但当时教皇势力对于政治上尚无多少。故法令只适于教徒中间。凡教徒借钱取利者驱逐出教，且对于取利者认为一种大罪，虽至其子孙，仍不能免。至十三世纪，教徒于传教之外，尚有其副助之职。因教会不准谋利，故其生活甚为清苦。故对于取利一事，更加以攻击。Aquinas 便属于这种传教士。但当时教会势力只为宗教上的势力，只及于一省。

其后教会对于取利的举动更加以严苛的反对。以教会规定，凡以取利为生者，即将该人驱逐出其所居之地。此种规定，当无极大势

---

① 中古之经济问题不外乎以下三种：①是财富与私产（weath-property）；②just price（sale of property）；③usury（sale of use of money）。

力，因无法律在其后面强制执行之。其最重要的规定，即规定凡生前以取利为生，死前不曾悔过者，其遗嘱一概作无效。此条例后来由省推及各地教会，乃与《罗马法》（民法）冲突，遂在政治上发生问题。

当时所以反对取利的理由的根据，大约为下数种：①摩西与耶稣反对取利。②Aristotle 亦反对取利。Aristotle 以为钱之一物，不似牛羊，可以生产，故不应取利。③《罗马法》分世界上的物品为两种：a. consumable goods（如米面等）。b. fungible goods。教会认为房地可以取租，因其为 fungible goods；房地可以出租，consumable goods 不能出租，应可以买，如米面亦不能出租是也。故钱亦不应取租，亦不应取利。

对于取利之论调如是，至于这论调对于当时的影响如何，实应注意。考当时（十三至十四世纪初叶）的经济情形，则知其影响不大。因当时之商业不太发达，人民的借款，多半限于消费一途，甚少用于生产方面。故其影响不大。教会之激烈反对，盖有其相当之理由焉。当时借钱取利的人，多半为犹太人，因是时有 guild system，此种制度拒绝犹太人加入。故犹太人不能不作此种职业也。

及至十四世纪至十五世纪有所谓 cannon law，即当时的教皇的上谕与教会议决案的集合而成的法律也。编集此种法律者曰 cannonists（法典家）。

Cannonist Doctrine 中古时期第二时期之学说

头一个时期个人学说较盛且每人之中虽不无大同小异，然绝无系统可言，第二时期搜求前期学说列为系统而成 cannon law，采材甚广，故其关于经济学说亦较全。

英 Ashley 谓 cannon law 为一种 art 而非 science，cannon law 论人与物应该有何关系，现在之经济学系论人与物之实在关系，其来源实始于 A. Smith，然现今亦常有关于伦理道德之说如 fair wages，fair profit，此即由人与物实在关系产生之应有的关系也。

大体言之，法律学派根据神学伦理道德基础而发于经济言论，此等学说原无若何价值，但若欲明当日学派之进化状态则非知之不可，且 cannon law 在当日亦有相当地位。

Ashley 谓当时无商法，cannon law 只与平民与民法有冲突，然 cannon law 盛时，民法已变教会化，十四世纪以后，人多承认取利为无罪，cannon law 取材有自 Roman law，有自民法者，盖根据当时情形而立法者也。

法典学派之重要学说分为二：

1. 取利以外之规定。

2. 取利（此为法典学说之中心）。

对于取利以外论调，法典家无若干有秩序者。

（1）self interest 为近日英国学派认为经济学中最大的基础。中古时不能否认人之自私同时欲以伦理道德等说限制之。

（2）人生而性质不同职业各异各行其素，于是苦乐不同，此为阶级分工说。

（3）商业以谋利为目的，绝对反对之，然亦采取 Thomas Aquinas 说，以为取小利维持其个人的生活或谋公共的利益或藉以使国家增加国外贸易，则属于工钱性质，故不反对。

（4）关于分配问题之二原素，法典家承认：

①地，为各种生产之富源。

②工，为取富源之方法，以工人为有用人，此外皆游民，有如社会主义。

对资本观念无有，因当时物品价值注重于效用（use）而不注重于交易的价值，故当时工商业范围甚少。

2. Usury 为法典派讨论问题之中心。[①] 中世纪初期教士之意见，以为除去为维持生活外，凡营业之目的在取利者，均所不许，及至中古第二期，投资之机会较多，取利之事实愈多。法典家乃取调和态

---

① 参考 G. O'Brien：*An Essay on Mediseral Economic Teaching* PP159 - 237.

度，以为取利有可为，亦有不可为。凡以下之取利行为，均在允许之列。

（1）Interest　在当时眼光看来，是专指重利，故不承认。然 interest 之发生不因之减少。故加以相当之承认。interest 之发生，实起源于借贷。然当时借债不还者所在多有。此种行为为教会及法律所不许。故法律上有规定凡借款不还之债务者，得由债权者奴役之。然奴役之时间，初不一定，后乃规定由债务者自动去债权者工作，至其借款能清还始毕。然借款不还者，或因无钱，或有钱亦不还，于是乃规定凡有钱不还者，除清还借钱外，另须缴纳罚金。此罚金之多寡，与时间为正比例。此罚金乃为补偿损害而设。行于中古第一期至第二期之中间（十三世纪左右）对于罚金之解释有两种：第一为补偿实际损害而设；第二为豫想之损害（如因借款到期不还之意外损失）。其第二种之解释较晚于第一种。Thomas Aquinas 对于罚金之意见，亦表示赞同。然其所指，乃由第一种之损害所得赔偿。第二种观念至十五世纪至渐为人承认。且其重要，有取第一种而代之之趋势。又应注意，损害之赔偿（不论第一第二种）应以有证据然后有效。又当时对于商人之借钱到期不能收还时，罚金之条例不适用，因商人以谋利为目的，赢输亦意中事也。

其后放款者，借罚金之法律以取利。其法即借款时并不取利。但其期限极短，凡过期不还者，以罚金之方法征取利钱。故不许收利钱之法律，只等于具文。教会有见及此，乃逐渐承认取利。

当时受影响者只借款作消费用之阶级。至于借款作生产用之工商阶级，并不受其影响。

（2）Rent changes　以这种方法去避教会取利之规则以德国为最多。例如甲有地一幅，租与乙，甲对丙负有债务，甲以地租所得归之于丙，则甲之地租无异租钱，且甲常与丙订约言明若干年后地可赎回，则地租为利息之性质更显，当时法律对于此种办法并无禁止，但规定地主之借款限于生产用，此办法逐渐推广及于实物之典押，至十五世纪而大盛，教会于是对于此事为以下之规定：

①凡有租金之实物可以典押。

②凡备有资本赎回之实物亦可典押。

③利率不得过七厘或一分。

（3）Partnership　与 usury 并无若何分别。当时地中海一带贸易地点多有之，乃由国外贸易而产生，有人谓 usury 之起源乃由避免教会取利之规定而起，其言未免过实，Partnership 自有其独立之起源。在十世纪 Partnership 即已产生。当时意大利人已起首与海外通商，起初为个人的经营，后因有由经商致富之商人，因有钱后，顾惜其生命，或因其他关系，遂委托他人办理，于是海外贸业之人共分两种：①出钱出船之人。②出精神出力之代理人（此种人有一定之酬报）。两种人共同联合经营国外贸易，后因商业竞争甚剧，代理者除一定之报酬外尚有红利之取得，代理者当初毫无资本，一切所取用，均仰给于资本家，继代理者因获利原因，遂亦为 Partnership 中之一人，且当初代理者不过代理一人，继乃进化为代理多人之代理者，当初 Partnership 中的所有会员其利益与危险，均共同担负，继因代理者悟到此法之不均，乃以一人之名义，自资本家借取资本，每年纳以一定之利钱。至于航海所受之利益与损失，均由一人担任，于是代理者乃纯为——enterpriser，Partnership 于是逐渐消失。

教会最初对于 Partnership，本无若何规定，继因其性质大变，乃渐渐注意。遂有以下之规定，大意谓：不论将来是否有一定之报酬，但问同伙者所冒之险是否一样，若航海者失败时，其失败资本家亦担负之，则被承认为 Partnership，若不同航海者之失败与否，在国外之资本所得之报酬亦一定，则此种投资，仅认为借款之取利，非 Partnership，在禁止之列。

至于利率问题在十六世纪以前，fixed rate 未经法学家承认，以后才有 fixed rate，大约在七厘至一分之间。

当时法典家所受之影响为：①宗教与《圣经》的。②感觉到时势之变更。③非（以下缺）。

（4）Loan on Bottomery　与 Partnership 的投机机会都很大，此种

办法就是将船抵押去借款，先定利钱，船先开出去，船载利归时，本利清还。但若船翻亏本时，则本息均无着落。此法行之十三世纪意大利。教会以为此乃当然之事，不反对其取利。及至罗马末年，此种借款略有改变，即债权者对于债务者之损失如何，概不过问，一律收利钱。

（5）Triple contract　十五世纪以前没有人愿意采取此种办法，十五世纪以后因商业之变迁，此制乃盛行，其办法与 Partnership 本无大异，即愿意多冒险者将来获利时多得利，愿意少冒险者分得较少之利。其大约方式可以下例表之：

A — B→Partnership contract

A — C（B）→contract of insurance of return of capital

A — D（B）→contract of insurance of profit

由上表可知 rish element 对于 A 毫不存在，然法典家将上三种契约分开研究之，谓与法典毫不冲突，加以承认。其后乃演化为 A 与 C、D 所订之契约全与 B 一人订之，此时 A 事实上为资本家（债权者）。法典家觉察到此层，于是为以下之辩论：①A 不愿多得利钱，不过愿得应得之利钱。②第二第三种契约不过为保险性质，并无不是之处，所以为法典所承认。于是此法大行。

（6）Moro Pietatis　本身对于投资并无若干重大影响，不过其重要乃在其所得之利钱不只限于实在方面，且在其名义的方面，此即政府向人民劝募公债、纳利。当时教会之意见有两种：①政府不必纳利。②亦应当纳利。此办法当不重要。

当时政府为辅助贫民，令由教会设立“当铺”，但其一切开支，不得不取用人民借款之利息。关于取息之意见，教会曾开会讨论数次，最后始赞成。于是对于 usury 之主义又有所变更。于是始承认借款必需纳利，但利率应以适当之利率为限。

根据以上情形则知，中古时投资机会很多，虽然是取利一条在禁止之列。禁取利之原因，谓因罗马时债主滥于取息之反应。且当时借债，属于消费方面，同时债主方面因生产机会不多，故钱数与人数均有限。十二世纪后，工商业逐渐发达，于是借款渐多，且渐用于生产方面，故情形迥异。是时法典家仍不取消禁止 usury 之令的理由，有谓法典家多守旧故不取消。有谓 usury 之法令仍有用，因当时沿海通商口岸，因有多种投资的方法；因时在内地之农民，其借贷仍不免限于消费，故应仍有 usury law 以保护之。①

Monlinaeus（1500）根本上不承认 canonists，theologians 等意见，一以为 usury 是不对的。Monlinaeus 以为借款者每每将借款用作生产用，有获利之可能，故应纳利。

Theologians 及 canonist 的意见，以为利钱与房租的性质不同，房子一方面可以用，一方面主权仍在房主，若金钱，则为不能生产的，故不应有利钱。Monlinaeus 以为吾人借款，非借金钱，但欲得金钱所代表的实物。

故 Monlinaeus 以为利息不但是应有的，而且是必须有的，其第二的结论，以为虽然是必需的，但仍应限定其于某种范围之内。而且钱的用处，亦应限制，不能随便任其发展。

由 1500 年以后渐有所谓经济学派产生，即所谓 Mercantilism 也；此派又名 Restrictive system，Mercantilism system，Colbertism，Commercial system。

在德国又有所谓 Canceraltism 之谓，与 Mercantilism 差不多，mercantilism 并无所谓中心的人物，而且同派之中的多人亦互相攻击，其思想亦无系统可寻，只是大半偏重于政策方面。故可当为由十六世纪至十八世纪的中叶政界与商界的计划而已。

当时的背景。

Haney 说：

1. Economic background.

（1）Geographic discoveries.

①Cape of good hope 的发现。

---

① Monroe：chapter 4. 5. 6.

②1495 Discovery of America.

（2）Industrial development.

（3）商业发达。

（4）Commerce Marines and colonization.

（5）Development of Credit.

（6）农业状况不佳，税重。

2. Social and Pol. Backgrounds.

（1）工商界打倒贵族经济上的势力。

（2）Feudalism 的消灭，Nationalism 发生。

（3）中央集权、经费增大，常备军多，税加重。

（原稿缺）

可说是统计学的鼻祖，称统计学为 Political mathematics（政治数学）。当时采用的眼光，大半为 National point of view 与 physiocrats（重农论者）和 Classical school 所采用的 world point of view 不同，重商主义以为一国的利益为他国的害。

重商主义对于 money 的讨论，中古时经济讨论的中心为 usury，其实即钱究能生利否的问题而已。重商主义以为钱是可以生利的，且其对于钱的重视，亦未免过分。重商主义对于钱的研论还有关于制度方面，alteration 与 debasement 方面，对于后者的意见，大致均反对。由反对者的论调，于是有要求国内币制一致及世界币制一致的呼声。关于币制方面，又有单本位制与复本位制的讨论；重商主义大多主张 bimetallism，其中主张最力者为 Bodin（12∶1），但反对之论调，同时亦隐约可听到。

18 世纪 Boisguilbert 主张专用纸币。

关于 Usury 的问题，修道士已采取放任主义，但限于 productive loam，mercantilists 主张取利，但利率应由国家规定，不可过高，以防碍国家商业的发达。

重商主义的 intellectual background。

是时正当 Renaisance，但经济学并不如文学美术，在其以前，并无若干系统的研究。

最显著的影响厥为罗马时代对于 sovereign 的观念，及此时（十六世纪），乃将此观念扩充，且认君主对于国家负有重大的责任，一国的经济的责任，富强实务，唯君主是赖。

当有一重要的变更，乃人物的变更，在中古时代，经济思想不脱教会势力，今则为一种新阶级（商人）所提倡，如 Thomas Num 为 mercantilism 的中坚，彼乃一英商人也。此改变甚为重要，因由 Aristotle 以至 Aquinas 仍未脱宗教或伦理的观念也。

重商学派的本身的绪论。

当时重商派的中坚人物的言论，未是尽能代表当时段的意见。其实且与当时一般意见有所出入。但不过由重商派起，始渐有 general system 的趋势。

其普通的讨论中心点均为实际上问题与政策问题，实有类于统计的研究，Index Nos. 的类似的材料，亦于是时发现，Sin Wm Petty。

重商学派中心：1. Economic theories，2. Eco policy。

Eco theories

money and wealth 所发生的关系，money 是否即 cause of national wealth，重商学派的答案曰是也！但重商学派中各家学说未必尽同，故亦有不承认 money 为财富中之最重要者。例如 Monchretien 谓国家之富应视 commodity 之多寡，又如 Locke 谓钱之本身并无多大用处，其唯一用处，乃在交换物品，且数量乃为相对的，非绝对的，即甲国与乙国之比是也。此外在 Munlty Petty 等著作中亦可以找出同样的论调。

重商学派以为财富可分为两种：①财富之本身。②求财富之工具（钱最为重要）。根据以上原则，故国家应①accumulation of money。②deve of productive force。根据以上又可将各派分为如下：①Bullionists。②Agarianists。③Industrialists。④School of Balance of Trade。

第四种最重要，因其发生较晚，代表之人物较重要。

Bullionists　主张政府应用强制法令不准金银出口，或由国家制定Bill of Exchange at par value，不加汇以限制金银之出口。此派认为汇价之高低，时为奸商所操纵，故政府亦得用法律限制之。殊不知汇价之高低，与出口货与入口货之额有密切之关系。徒限定商人购买汇票，是绝对无效的也。故，Petty、Mun都反对之，此派学说较老。

Agarianists　是派兴于法国，他们以为欲使法国富强，必需振兴农业。但这派的代表不过数人，其所立论，亦为法国等数个农业国而发。不甚重要。

Industrialists　谓工业为富国之由，工业可以比农业重要之原因：①则工业不似农业受物质上的限制，如law of diminishing return。②工业不受气候上之限制。③工业可以永久保全。所以简单说来，农业乃与自然合作者，工业乃与过去工作（past labor）合作者，此派的代表为Monchretien、Sena、Bodin等。

School Balance of Trade　在一国内进口多出口少名曰unfavorable balance，出口多入口少名曰favorable balance，他们以为欠债当还，若徒限制金银出口，如Bullionists的主张，则未见其可也。至若agarianists与Industrialists的主张亦未必对。因若一国之商业处处失败，则国内工农业虽十分发达，亦无济于事，他们以为国家之富，不在外货之不入口，而在本国货之多出口。但本国货往往不能与外国货竞争，故应对于（此以下空）。

此派的代表英国最多，如Thomas Mun，Petty，Child，Cantillon。当时英国正与荷兰争雄之时，故大多数为对时势下论之论调。

Problems in Taxation（草稿）
（读书报告）

Ch. Ⅶ. Land Taxation in China

Ⅰ. 三皇五帝时的状况

Ⅱ. Land Reform under the Chin Dynasty

A. Breaking down of Tsin Tien system

秦孝公用商鞅废井田开阡陌，其理由有三：

1. 王道主义之衰歇。

2. 计口授田只能行之于地广人稀之时。

3. 经上制地只能行于人存政举之时。

什一之税废止的理由：

1. 乡遂用十分之一贡，都鄙用九分之一助，其税甚轻，其入甚少，不利于诸侯。

2. 耕者或有怠惰则收入减甚，其不利于诸侯二。

3. 苟遇凶歉莫由取盈，甚不利于诸侯者三。

周室不振，五霸代兴，耗用綦繁，公田之制什一之率益不足供诸侯之用，于是鲁宣公始税亩，子产作邱亩，魏文尽地力，于是助彻之制遂大坏矣。

Ch. Ⅵ. 北魏均田制　唐租庸调制　两税法　明一条鞭制

租庸调法破坏的原因：

1. 户籍丧失——太宗以后，历代君主多主宽厚。

2. 唐律规定戍边者得免租庸调，但六年后得返乡。安史之乱，戍边之死亡者既不归乡而其长官又不以死亡上报。

3. 唐律规定官吏、僧侣均免租庸调，于是托身上两者甚多，而授田与纳税之法益紊。

两税制已非纯粹的土地税，乃为 general property tax，其好处：

1. 较前简单。

2. 较前公平——因其“人无丁身以贫富为差”也。

3. 量出为入——洗从前量入为出之积习。

陆宣公批评两税制与今日学者评美国之 general property tax 的论调一样。

宋：田赋、宅地、丁口、沿纳（疑为附加税之起源）。

元：北方用租庸调，南方用两税制。

明：万历年张居正用一条鞭法，其实一条鞭法不始于万历。在嘉靖时已有之，但名曰钢银一串铃制，其应用的范围亦稍狭。

清：以明代洪武户籍为蓝本修《赋役全书》（顺治三年）。初定五年修改一次。但最末一次之修改，为康熙五十年。是年并规定以后永远不加赋。雍正四年又定摊丁于地。至此丁税遂废，地税略增。

中国土地税的三大时期。

1. 井田制度。

2. 授田制度——北魏。

3. 两税制。

Present Methods of Land Taxation

1. Classification of land（根据《赋役全书》《大清会典》）

①民田。②皇庄。③官庄。④屯田。

此为四大种类。但各省分类又各有不同。直隶有 23 种，如民赋田、更名田、农桑地、芦泽地等，均属于民田。

皇庄又分四种：①皇家庄田。②宗室庄田。③八旗庄田。④驻防庄田。庄田有租课而无税。入民国以后此种庄田归官产处办理。

官庄又分：①学田。②牧地。③籍田。④祭田。牧地为官家养马地。籍田为皇帝春耕所用之田，如先农坛等。祭田如乡贤祭祠之田等。官庄只有租课无税。

屯田又分：①直省屯田。②西路屯田。③北路屯田。④新疆屯田。

2. Cadastre and Record

（1）《赋役全书》起于洪武二十年。其后万历行一条鞭制，顺治三年之《赋役全书》即以万历的为根据。初定五年一修，但实际上，康熙时曾修改两次，雍正一次，乾隆一次而已。

（2）粮户部（黄册）以户为主而田系焉。

（3）丈量册（鱼鳞册）以田为主而户系焉。

现代取税以后两种为根据，第二种尤为重要。

（4）奏销册（四柱册）完、欠、支解、存留——支解指上解于藩司而言。存留指存留本县应用而言，入民国以后改称报销册。

（5）赤历（串票）初为两联单，行于明初。康熙时改为三联单。

（6）会计册——由本县报告于布政司，后以有奏销册，遂废。

3. Collection

（1）Administration

户部—藩司—县令—书吏—差役

其弊在行政人员与财务人员同为一人。

（2）Collection period

分限：上忙，下忙。上忙（二至六月），下忙（八至十一月）。

（3）Payment 征收

输催（assessment，粮差用滚单催输），亲输（在县知事衙门前置本箱，纳税者纳款其中），乡征（分柜，以便亲输）。串票、截票、三联印票、连票（定税率等）、串票之形式如下：

→布政司→户部
↑

比限查截	纳户执照	票根
查截候比	年　月　日限已经收入柜……给照合存票根以候查对须至票根者	某县为征收……事今据……郡……里……花户……完纳

4. Rates

河南：

民赋田：亩科银一厘四毫至二分七厘零不等。

更名田：亩科银一分一厘至一钱二分九厘不等。

归并屯卫田：亩科银一厘六毫至一钱八厘零不等。

5. Nomenclature〈（某一学科的）术语、专门名称〉

地丁（地赋、丁银）；漕粮（现已废。昔尚分两种：①正兑。②改兑）；租课（官田所入曰租［Rent］，芦苇、草地所入之杂粮曰课）；耗羡（杂赋、附加税）。

Defects of the Land Tax（土地税不完善处）

Ⅰ. Theoretical

1. 不公平——有每数省，省中又有某数县，纳赋特重，但此某数省或某数县的土地不见得特别肥美。例如皖、赣地土本相差无几，但：

皖下田亩征银一分五厘，米三合一勺 ⎫ 此或由于两省度量
赣下田亩征银一厘三毫，米一合七勺 ⎭ 不同所致

2. Lack of universality——飞洒诡寄

3. Lack of economy（经济上不实惠）

直接征收费尚不算最大，但间接征收费（indirect cost of collection）则很不少了，因官吏中饱也，而且人民甚受痛苦。

4. Inconvenience（征收不方便）

城征（县征）不便；乡征尤不便。

5. Inadequacy（征收不足）

由乾隆至洪杨之乱大约每年不过三千万两银，民国以后亦不过每年七千万元。现今至多不过一万万元。

隋时土地亩数五千万顷，唐一千万顷，清七百万顷。解释者之理由有两个：①隋清丈最严，唐、清政从宽厚。②隋的统计为可耕地（但《隋史》上已说明是上税之地），而唐、清则指上税之地。但此说不成立。

据民三〈民国三年〉统计：

中国全国面积　　10,311,400,000亩

除去不可耕种之地　　$\frac{3}{4}$ of total area = 2,500,000,000亩

中国人口为四万万　　$\frac{80}{100}$ of total population = 三万万二千万

但中国每年土地税收入不过一千万元左右，故每人所纳不到一角钱。

故知为一急务，必需举行清丈。日本举行清丈之后，土地面积增加四倍。税收增加两倍，台湾清丈后，土地面积增加壹倍，税收增加两倍，可为明证。

Ⅱ. Administrative Defects（管理上的问题）

1. Non-uniformity of name 名色驳杂

2. Non-uniformity of measure 弓尺不一——有以三尺为一弓，有以三尺二，或四尺五，或五尺，或七尺六为一弓。有以三百六十弓为一亩，又有以百四十弓，或六百九十弓为一亩。

3. Dishonesty of officials and collectors（官吏、征收者不诚实）

a. 恶报以没收。

b. 杂派而不上缴。

c. 苛罚讹索。

d. 挪移亏蚀。

4. Inaccuracy of cadastre

a. 丈量不清。

b. 改正不勤。

c. 胥吏垄断。

d. 串票模糊，胥吏藉以舞弊。

5. Non-uniformity means of pay't（台下交纳无序）（此并非土地税特有的缺点）

Proposals of reformation

A. In respect of the system itself

1. Abolition of land tax and adoption of income tax

2. Surrender of land tax to local gov't——现已办到。其唯一的动机，还恐是由于中央历年收不到的实际情形罢？

B. In respect of its administration

1. 2. 3. etc. See Lecture Notes〈此为作者另一读书报告〉

Ch. Ⅸ. Theories of Progressive Taxation-Income Tax

租税问题，可分三部：

1. Justification of Taxation（根据）—reason to be

2. Distribution of Taxation — the best kind of Taxation

3. Incidence

Benefit theory 因未将 1 与 2 分别清楚，故陷于错误。其实第 1 部分应属于政治学研究范围之内。

Ⅰ. The Socialistic and Compensatory Theories

Criticism of Wagner's Theory —（1）罗马时已有独身税、遗产税等。可见 Wagner 所说在法国革命以前租税属于 fiscal period 是不真确也。

2. 如采取真正的社会主义，则将来尽可以用 direct appropriation（直接征收）方法去替代租税。租税之态度，可用"leave-them-as-you-find them"数字尽之。本不能依以为改革社会之手段也。

Ⅱ. The Benefit Theory，quid-pro-quo，this for-that-Exchange，Protection，Insurance

A. The Benefit Theory — Smith 学说与 Ability Theory 似甚相近，但实际上为 benefit theory。

B. The Exchange Theory — Bastiat 以为政府之职务乃在补助生产。

C. The Insurance — Thiers 以为保险公司不能抽累进税率，故政府亦不能抽累进税。

以上三种，均甚相类。盖均注重在 value of benefit 乃主观的估计（subjective valuation of service）也。但主观的估计实无一定之标准。且在现代社会之下，愈富的人愈不需要国家的保护。故此学说不易成立。其次则为：

D. The cost of service of theory——则注重在 objective 方面。

1. Sargant——国家如一商店，不能因主顾有钱而多索价。

2. Proudhon——著 *Economics of Contradiction.*

3. Leroy-Beauliew：为近代学者反对 progressive tax 最力之一人。他以为累进税 if carry to its logical extreme will naturally lead to communism.

以上各家均不赞成累进税。但以下各说，则否。如 Ganditot、Gradin、Garnier 均主张采行累进税，参考讲义（F）。若在——

E. The minimum subsistence theory，则主张 regressive taxation，即最低生活费之蠲免是也。

1. Bentham——生活费不免税，则国家养老院、贫民院等等之设备必需增加。

2. Sismondi——生活费免税，生活费以上实行比例税。

F. 见上。

G. General Criticism.

1. Political philosophy——根据于 social contract，Hobbes State of war 的学说，如 Montesquieu 对于租税之定义是也。

2. Benefit unmeasurable.

a. value of service subjective.

b. cost of service 即使能决定，但各人所受的利益不同，故亦无法均分。

Benefit theory 现在仍未完全推翻者，盖以：（1）Indirect taxation，如关税、商品税等仍不能不以此为根据。（2）Local tax——如英之 local rates。（3）Fees、手续费等，仍当以利益为根据。

Ⅲ. The Faculty or Ability theory

英国中古时已有 faculty tax。

A. The Equal Sacrifice Theory——真正之 equal sacrifice 必为共产。

B. The Proportional Sacrifice Theory — relatively proportional sacrifice.

C. The Marginal Utility Theory.

cf. opposite page：—

Bok and Cohn Steuant

1st　$ 1000 = 100%

2nd　$ 1000 = 95%

3nd　$ 1000 = 91%

A has income of additional 1000 which he values at 100% the whole is worth to him 1000

B has income of additional 1000 which he values at 95% the whole is worth to him 1950

C has income of additional 1000 which he values at 91% the whole is worth to him 2860

D has income of additional 1000 which he values at 89.5% the whole is worth to him 3735

E has income of additional 1000 which he values at 84.3% the whole is worth to him 4578

F has income of additional 1000 which he values at 81.3% the whole is worth to him 5391

G has income of additional 1000 which he values at 78.4% the whole is worth to him 6195

Proportional marginal ut. of 3%

A	$30	100%	i. e. 30 = 3% of the total	$1000
B	$60	95%	i. e. 57 = 2.923% of the total	$1950
C	$90	91%	i. e. 81.99 = 2.863% of the total	$2860
D	$120	87.5%	i. e. 105.50 = 2.811% of the total	$3735
E	$150	84.3%	i. e. 126.45 = 2.762% of the total	$4578
F	$180	81.3%	i. e. 146.34 = 2.714% of the total	$5391
G	$210	78.4%	i. e. 164.64 = 2.660% of the total	$6195

欲使各人负担平均

A	1000	……	3%
B	1000	……	3.0790%
C	1000	……	3.1428%
D	1000	……	3.2014%
E	1000	……	3.2584%
F	1000	……	3.3155%
G	1000	……	3.3755%

Seligman 书中谓用同样 data，只将 marginal utility 一项的百分率稍为改变，则亦可证明税率应为 proportional，或应为 regressive。

D. The minimum sacrifice theory.

1. Edgeworth 一谓 Like sacrifice or equi-marginal sacrifice 为 minimum sacrifice 的根据。

但此学说仍以 marginal utility 为根据。

2. Carver.

3. Pigon — minimum aggregate sacrifice. cf. his *A study in Public*

Finance.

可注意者，则现代的学者所注重者，乃为社会的 marginal sacrifice，较之昔日的注重在 individual sacrifice 之说更进一步。

Ⅳ. General conclusions：以上各说均谓 our ability increases faster than increases of our income（此为 general conclusions）。但尚有 particular conclusion，如 A. Smith、Sheridan 等虽赞成能力学说，但主张比例税率，以为行比例税率，富者所纳自必比贫者所纳为多，不必再行累进也。又如 Rau、J. S. Mill 以为累进税率未免陷于 arbitrary，故不宜用。

A. Faculty better than sacrifice because.

1. Faculty is a positive while sacrifice negative conception.

2. Production sacrifice 与 consumption sacrifice 不同。若用 faculty 既可代表 consumptive sacrifice，亦可代表 productive sacrifice，且可代表 possession 也。

B. Answers to crition of faculty theory.

1. Principle of uncertainty must give way to principle to equality.

2. Confiscation not necessary，税率可以 approaching zero as a limit。

3. 有谓 progressive taxation 为 class tax 者，例如美国纳所得税者只占人口$\frac{2}{100}$，英国纳所得税者至多亦不过$\frac{1}{3}$ of total population。但考之实际，无论何种租税，都不免属于 class taxation。即就租税之归宿与转嫁考之，亦知某种税对于某一阶级的负担特重也。

4. fine on industry and saving-not necessarily so.

5. 不易得到理想上的公平。

①如税率太 smooth，则结果仍不公平。

②如税率太 steep，则对于国家的收入有影响，因逃税者必多也。

In connection with this contention, we must remember that principle of revenue must be given way to principle of equity.

Ch. Ⅹ. Principles of the Income Tax

Ⅰ. Theoretical Development

A. Poll Tax

B. Property Tax

1. short comings

a.

b.

c. 如债权债务者都要纳税，则发 double taxation 现象。

d. Productive and consumption property 即 earned and unearned income 的分别也。

e.

2. 但此税当有其存在的理由：

a. 为防止投机事业，故不妨设立产业税，如 Land value tax 是也。

b. 为节制不良的消费，如英国大地主游猎所占的地的税。

c.

d. 对产业的所得，特别抽两次税（如美既有 federal，及 state income tax，又有 property tax），因产业为 unearned increment。故税之，以达到 principle of differentiation。

e.

C. Expenditure taxes

直接消费税，如昔日德国之 meat tax，我国昔日盐税的强派分摊均是。即不论消费与否，每人均要纳此税额也。又如家中养一洋狗，或置有一风琴或汽车，每月要纳税若干。此亦为 direct taxes on consumption。Defects：—

a. Expenditure not indicative of ability

Angell's Law of consumption：人愈富，对衣食住的支出，其比例愈少。

b.

c.

D. Product as norm

1. Product 虽同，但 net income 不一定同。

2. 即使实行 Progressive rate，但税可转嫁，故事实上不发生效力。

3.

E. Income Tax

1. Conception：—

a. Gross or net income? —gross income 虽合于经济原理，但甚难计算。且若 net income 税率太过高，则发生种种逃税现象。

b. Gifts，inheritance and speculative incomes 均为 capital income。从理论上讲，此种 capital income 是不应当作普通 income 征税的，盖由此可以发生 double taxation 的现象，但事实上无法不抽，因财产所有者得假造遗嘱以逃税也。

c. money income，or real income，or psychic income? 从理论上说 psychic income 最重要，real income 次之，money income 次之。但 psychic income 最难定。

Ⅱ. Meaning of Income

Ⅲ. Graduation

史表改造初稿

（三十二年八月二十三日拟）

史记

本纪十二

年表十

八书八

世家三十

列传七十

共一百三十卷

前汉书

帝纪一十二　十三卷

表八　十卷

表十　十八卷

列传七十　七十九卷

共一百二十卷

新唐书

本纪十

志五十

表十五

列传一百五十

共二百二十五卷

新五代史

本纪十二卷

列传四十五卷

考三卷

世家年谱十一卷

附录三卷

共七十四卷

宋史

本纪四十七

志一百六十二

表三十二

列传二百五十五

凡四百九十六卷

辽史

本纪三十卷

志三十一卷

表八卷

列传四十六卷

凡一百一十六卷

金史

本纪十九卷

志三十九卷

表四卷

列传七十三卷

凡一百三十五卷

元史

本纪四十七卷

老五十三卷

表六卷

列传九十七卷

共二百十卷

新元史

本纪二十六卷

表七卷

志七十卷

列传一百五十四卷

共二百五十七卷

史记

年表十一		卷数
表一	三代世表	十三
二	十二诸侯	十四
三	六国	十五
四	秦楚之际月表	十六
五	汉兴以来诸侯	十七
六	高祖功臣侯	十八
七	惠景间侯考	十九
八	建元以来侯考	二十
九	建元以来王子侯考	二一
十	汉兴以来将相名臣	二二

前汉书

表八	十卷	卷数

表一	异姓诸侯王	十三
二	诸侯王	十四
三上	王子侯	十五上
三下	王子侯	十五下
四	高惠高后孝文功臣	十六
五	景武昭宣元成哀功臣	十七
六	外戚恩泽侯	十八
七上	百官公卿上	十九上
七下	百官公卿下	十九下
八	古今人物	二十

新唐书　表十五		卷数
表一至三	宰相上、中、下	六一至六三
四至九	方镇一至六	六四至六八
十上至十下	宗室世系上、下	六九至七十下
十一上至十五下	宰相世系一上、五下	七一上至七五下

（共二十二卷，分卷数在内）

新五代史　世家年谱一十一卷（卷六一至七一）

前十卷为世家，非表方式。第十一卷为十国世家年谱，按：卷六十职方考第三，亦有谱皆为“表”之方式。

宋史　表三十二		卷数
表一至五	宰辅一至五	二一〇至二一四
六至三二	宗室世系表一至二七	二一五至二四一

辽史　表八		卷数
表一	世表	六三
二	皇子表	六四

三　公主表	六五
四　皇族表	六六
五　外戚表	六七
六　游幸表	六八
七　部族表	六九
八　属国表	七十

金史　表四	卷数
表一　宗室	五九
二至四　交聘上、中、下	六十至六二

元史　表六	卷数
表一　后妃	一〇六
二　宗室世系	一〇七
三　诸王	一〇八
四　公主	一〇九
五上、下　三公一、二	一一〇至一一一
六上、下　宰相一、二	一一二至一一三

洪武二年八月十一日左丞相李善长进《元史·表》，凡例云："一表，按汉唐史表所载为详，而《三国志》《五代史》则无之，唯辽金史据此可考者作表，不计详略。今修元史表，准辽金史。"

新元史　表七	卷数
表一　宗室世表	二七
二至三　氏族表上、下	二八至二九
四　三公表	三十
五　宰相年表	三一
六至七　行省宰相年表上、下	三二至三三

新唐书　《唐书》卷六十一　　　　　　表第一

宰相表上（二十五史《新唐书》表——一四八页）

唐因隋旧，以三省长官为宰相，已而又以他官参议，而称号不一，出于临时，最后乃有同品、平章之名，然其为职业则一也。作《宰相表》。

新唐书　《唐书》卷六十四　表第四

方镇表　（二十五史《新唐书》表——一五六页）

高祖、太宗之制，兵列府以居外，将列卫以居内，有事则将以征伐，事已各解而去。兵者，将之事也，使得以用，而不得以有之。及其晚也，土地之广、人民之众、城池之固、器甲之利，举而予之。何虑于其始也深，而易于其后也忽，如此之异哉？岂其弊有渐，驯而致之，势有不得已而然哉？方镇之患，始也各专其地以自世，既则迫于利害之谋，故其喜则连衡而叛上，怒则以力而相并，及其甚则起而弱王室。唐自中世以后，收功弭乱，虽常倚镇兵，而其亡也亦终以此，可不戒哉！作《方镇表》。

新唐书　《唐书》卷七十上　表第十上

宗室世系表（二十五史《新唐书》表——一六八页）

昔者周有天下，封国七十，而同姓居五十三焉，后世不以为私也，盖所以隆本支，崇屏卫。虽其弊也，以侵凌王室，有末大之患，然亦崇奖扶持，犹四百余年而后亡，盖其德与力皆不足矣，而其势或然也。至汉鉴秦，务广宗室，世其国地，不幸世绝若罪除，辄复续以存其祭祀，与为长久之计，故自三代以来，独汉为长世。唐有天下三百年，子孙蕃衍，可谓盛矣！其初皆有封爵，至其世远亲尽，则各随其人贤愚，遂与异姓之臣杂而仕宦，至或流落于民间，甚可叹也！然其疏戚远近，源流所来，可以考见。作《宗室世系表》。

新唐书 《新书》卷七十一上 表第十一上

宰相世系表（二十五史《新唐书》表—— 一八〇页）

唐为国久，传世多，而诸臣亦各修其家法，务以门族相高。其材子贤孙不殒其世德，或父子相继居相位，或累数世而屡显，或终唐之世不绝。呜呼，其亦盛矣！然其所以盛衰者，虽由功德薄厚，亦在其子孙。作《宰相世系表》。

新五代史 《新五代史》卷七十一

十国世家年谱第十一（二十五史《新五代史》表——八三页）

呜呼，尧、舜盛矣！三代之王，功有余而德不足，故皆更始以自新，由是改正朔矣，至于后世，遂名年以建元。及僭窃交兴，而称号纷杂，则不可以不别也。五代十国，称帝改元者七，吴越、荆、楚，常行中国年号。然予闻于故老，谓吴越亦常称帝改元，而求其事迹不可得，颇疑吴越后自讳之。及旁采闽、楚、南汉诸国之书，与吴越往来者多矣，皆无称帝之事。独得其封落星石为宝石山制书，称宝正六年辛卯，则知其尝改元矣。辛卯，长兴二年，乃缪之末世也。然不见其终始所因，故不得而备列。钱氏讫五代，尝外尊中国，岂其张轨之比乎。十国皆非中国有也，其称帝改元与不，未足较其得失。故并列之。作《十国世家年谱》。

新五代史 《新五代史》卷七十二

四夷附录第一（二十五史《新五代史》四夷附录——八四页）

呜呼，夷狄居处饮食，随水草寒暑徙迁，有君长部号而无世族、文字记别，至于弦弓毒矢，强弱相并，国地大小，兴灭不常，是皆乌足以考述哉！惟其服叛去来，能为中国利害者，此不可以不知也。自古夷狄之于中国，有道未必服，无道未必不来，盖自因其衰盛，虽尝置之治外，而羁縻制驭恩威之际，不可失也。其得之未必为利，失之有足为患，可不慎哉！作《四夷附录》。

宋史　《宋史》卷二百一十　表第一

宰辅一（二十五史《宋史》表——五二六页）

《宋宰辅年表》前九朝始建隆庚申，终靖康丙午，凡一百六十七年，居相位者七十二人，位执政者二百三十八人。后七朝始建炎丁未，终德祐丙子，凡一百四十九年，居相位者六十一人，位执政者二百四十四人。

叙古曰："古之史法主于编年，至司马迁作《史记》始易以新意。然国家世祚，人事岁月，散于纪、传、世家，先后始终，遽难考见，此表之不可无，而编年不容于尽变也。"厥后班固《汉史》乃曰《百官公卿表》，先叙官名、职秩、印绶等，然后书年以表其姓名。欧阳修唐史又专以宰相名篇，意必有所在矣。

宋自太祖至钦宗，旧史虽以《三朝》《两朝》《四朝》各自为编，而年表未有成书。神宗时常命陈绎检阅二府除罢官职事，因为《拜罢录》。元丰间，司马光尝叙宋兴以来百官公卿沿革除拜，作年表上之史馆。自时以后，曾巩、谭世绩、蔡幼学、李焘诸人皆尝续为之。然表文简严，世罕知好，故多沦落无传。

今纂修《宋史》，故一以实录为据旁搜博采纪、传，以为是表。其间所书宰辅官、职、勋爵馆殿职名间有不同者，官制沿革有时而易也。然中书位次既止于参知政事，而枢府职序自同知、副使而下虽签书、同签书亦与焉者，皆执政也，故不得而略焉。

夫大臣之用舍，关于世道之隆污，千载而下，将使览者即表之年观纪及传之事，此登载之不容于不谨也。表之所书，虽无褒贬是非于其间，然岁月昭于上，姓名著于下，则不惟其人之贤佞邪正可指而议。而当时任用之专否，政治之得失，皆可得而见矣。后之览者，其必有所劝也夫，其亦有所戒也夫！

宋史　《宋史》卷二百一十五　表第六

宗室世系一（二十五史《宋史》表——五四二页）

昔者，帝王之有天下，莫不众建同姓，以树蕃屏，其不得以有国者，则亦授之土田，使帅其宗氏，辑其分族。故继别之宗百世不迁，岂惟赖其崇奖维持以成不拔之基哉。盖亲亲之仁，为国大经，理固然也。《周官》宗伯掌三族之别以辨亲疏，于是叙昭穆而礼法之隆杀行焉。此世系之所以不可不谨也。后世封建废而宗法坏，帝王之裔，至或杂于民伍，沦为皂隶，甚可叹也。宋太祖、太宗、魏王之子孙可谓蕃衍盛大矣，支子而下，各以一字别其昭穆，而宗正所掌，有牒、有籍、有录、有图、有谱，以叙其系，而第其服属之远近，列其男女婚姻及官爵叙迁，而著其功罪生死岁月，虽封国之制不可以复古，而宗法之严，恩礼之厚，亦可概见。然靖康之变，往往沦徙死亡于兵难，南渡所存十无二三，而国之枝叶日以悴矣。今因载籍之旧，考其原委，作《宗室世系表》。

辽史　《辽史》卷六十三　表第一

世表（二十五史《辽史》表——七十四页）

天开于子，地辟于丑，人生于寅。天地人之初，一焉耳矣。天动也，有恒度；地静也，有恒形；人动静无方，居止靡常。天主流行，地主蓄泄，二气无往而弗达，亦惟人之所在而畀付焉。

庖牺氏降，炎帝氏、黄帝氏子孙众多，王畿之封建有限，王政之布濩无穷，故君四方者，多二帝子孙，而自服土中者本同出也。考之宇文周之《书》，辽本炎帝之后，而耶律俨称辽为轩辕后。俨《志》晚出，盖从周《书》。盖炎帝之裔曰葛乌菟者，世雄朔陲，后为冒顿可汗所袭，保鲜卑山以居，号鲜卑氏。既而慕容燕破之，析其部曰宇文，曰库莫奚，曰契丹。契丹之名，昉见于此。

隋唐之际，契丹之君号大贺氏。武后遣将击溃其众，大贺氏微，别部长过折代之，过折寻灭，迭剌部长涅里立迪辇组里为阻午可汗，更号遥辇氏。唐赐国姓，曰李怀秀。既而怀秀叛唐，更封楷落为王，而涅里之后曰耨里斯者，左右怀秀。楷落至于屈戍几百年，国势复振。

至耨里思之孙曰阿保机，功业勃兴，号世里氏，是为辽太祖。于是世里氏与大贺，遥辇号“三耶律”。自时厥后，国日益大。起唐季，涉五代、宋，二百余年。

名随代迁，字传音转，此其言语文字之相通，可考而知者也。其所不可知者，有若奇首可汗、胡剌可汗、苏可汗、昭古可汗，皆辽之先，而世次不可考矣。摭其可知者，作《辽世表》。

辽史 《辽史》卷六十四 表第二

皇子表（二十五史《辽史》表——七十五页）

帝官天下，王者家焉。至于亲九族，敬五宗，其揆一也。三代以上，封建久长，故吴、鲁、燕、蔡、卫、晋、郑，太史迁既著《世家》，又列《年表》，不厌其详。自汉以降，封建实亡，犹有其名，长世者登《世家》，自绝者置《列传》。然王子侯犹可以年表也。班固以为文无实，并诸侯削年而表，世君子韪之。自魏以降，不帝不世，王侯身徙数封，朝不谋夕，于是列而传之。功不足以垂法，罪不足以著戒，碌碌然，抑又甚焉。

今摘其功罪杰然者列诸《传》，叙亲亲之恩，敬长之义，而无他可书者，略表见之，为《皇子表》。

《辽史》卷六十五 表第三

公主表

《春秋》之法，王姬下嫁书于策，以鲁公同姓之国为之婚主故尔。古者，妇讳不出门，内言不出捆。公主悉列于《传》，非礼也。然辽国专任外戚，公主多见《纪》《传》间，不得不表见之。礼，男女异长，不当与皇子同列，别为《公主附表》。

《辽史》卷六十六 表第四

皇族表

辽太祖建国，诸弟窥觎，含容诱掖，弗忍致辟，古圣人犹难之。虽其度量恢廓，然经国之虑远矣。终辽之世，其出于横帐、五院、六院之间者，大憝固有，元勋实多。不表见之，莫知源委。作《皇族表》。

辽史　《辽史》卷六十七　表第五

外戚表（二十五史《辽史》表——七十九页）

汉外戚有新室之患，晋宗室有八王之难。辽史耶律、萧氏十居八九，宗室、外戚，势分力敌，相为唇齿，以翰邦家，是或一道。然以是而兴，亦以是而亡，又其法之弊也。

契丹外戚，其先曰二审密氏：曰拔里，曰乙室已。至辽太祖，娶述律氏。述律，本回鹘糯思之后。大同元年，太宗自汴将还，留外戚小汉为汴州节度使，赐姓名曰萧翰，以从中国之俗，由是拔里、乙室已、述律三族皆为萧姓。拔里二房，曰大父、少父；乙室已亦二房，曰大翁、小翁；世宗以舅氏塔列葛为国舅别部。三族世预北宰相之选，自太祖神册二年命阿骨只始也。圣宗合拔里、乙室已二国舅帐为一，与别部为二。此辽外戚之始末也。作《外戚表》。

辽史　《辽史》卷六十八　表第六

游幸表（二十五史《辽史》表——七九页）

朔漠以畜牧射猎为业，犹汉人之劭农，生生之资于是乎出。自辽有国，建立五京，置南北院，控制诸夏，而游田之习，尚因其旧。太祖经营四方，有所不暇；穆宗天祚之世，史不胜书。今援司马迁别书《封禅》例，列于表，观者固足以鉴云。作《游幸表》。

辽史　《辽史》卷六十九　表第七

部族表（二十五史　《辽史》表——八一页）

司马迁作《史记》，叙四裔于篇末。秦、汉以降，各有其国。彼疆此界，道里云邈。不能混一寰宇，周知种落。邻国聘贡往来，焉能历览。或口传意记，模写梗概耳。

辽接五代，汉地远近，载诸简册可考。西北沙漠之地，树艺五谷，衣服车马礼文，制度文为，土产品物，得其粗而失其精。部落之名，姓氏之号，得其音而来得其字。历代踵讹，艰于考索。

辽氏与诸部相通，往来朝贡，及西辽所至之地，见于《纪》《传》亦岂少也哉。其事则书于《纪》，部族则列于《表》云。

辽史　《辽史》卷七十　表第八

属国表（二十五史《辽史》表——八四页）

周有天下，不期而会者八百余国，辽居松漠，最为强盛。天命有归，建国改元。号令法度，皆遵汉制。命将出师，臣服诸国。人民皆入版籍，贡赋悉输内帑，东西朔南，何啻万里，视古起百里国而致太平之业者，亦几矣。故有辽之盛不可不著。作《属国表》。

金史　《金史》卷五十九　表第一

宗室表

古者太史掌叙邦国之世次，辨其姓氏，别其昭穆，尚矣。金人初起完颜十二部，其后皆以部为氏，史臣记录有称“宗室”者，有称“完颜”者。称完颜者亦有二焉，有同姓完颜，盖疏族，若石土门、迪古乃是也；有异姓完颜，盖部人，若欢都是也。大定以前称“宗室”，明昌以后避睿宗讳称“内族”，其实一而已，书名不书氏，其制如此。宣宗诏宗室皆称“完颜”，不复识别焉。大定、泰和之间，祖免以上亲皆有属籍，以叙授官，大功以上，薨卒辍朝，亲亲之道行焉。贞祐以后，谱牒散失，大概仅存，不可殚悉。今掇其可次第者著于篇，其上无所系、下无所承者，不能尽录也。

金史　《金史》卷六十　表第二

交聘表上（二十五史《金史》表——一二六页）

天下之势，曷有常哉。金人日寻干戈，抚制诸部，保其疆围，以求逞志于辽也，岂一日哉。及太祖再乘胜，已即帝位，辽乃招之使降，是犹龙蒸虎变，欲谁何而止之。厥后使者八九往反，终不能定约束，何者，取天下者不徇小节，成算既定矣，终不为卑辞厚礼而辍攻。

辽人过计，宋人亦过计，海上之书曰："克辽之后，五代时陷入契丹汉地愿畀下邑。"此何计之过也。血刃相向百战而得之。卑辞厚币以求之，难得而易与人，岂人之情哉？宋之失计有三，撤三关故塞不能固燕山塞，汴京城下之盟竭公私之帑以约质，立梁楚而不力战而江左称臣。金人岂爱宋人而为和哉！策既失矣，名既屈矣，假使高宗立归德，不得河北，可保河南、山东；不然亦不失为晋元帝，其孰能亡之。金不能奄有四海，而宋人以尊称与之，是谁强之邪？

金人出于高丽，始通好为敌国，后称臣。夏国始称臣，末年为兄弟，于其国自为帝。宋于金初或以臣礼称"表"，终以侄礼往复称"书"。故识其通好与间有兵争之岁，其盛衰大指可观也已。使者或书本阶，或用借授，两国各因旧史，不必强同云。

元史　《元史》卷一百六　表第一

后妃表（二十五史《元史》表—— 二七九页）

后妃之制，厥有等威，其来尚矣。元初，因其国俗，不娶庶姓，非此族也，不居嫡选。当时史臣以为舅甥之贵，盖有周姬、齐姜之遗意，历世守之，固可嘉也。然其居则有日斡耳朵之分；没，复有继承守宫之法。位号之淆，名分之渎，则亦甚矣。累朝尝诏有司修后妃传，而未见成书。内廷事秘，今莫之考，则其氏名之仅见简牍者，尚可遗而不录乎？且一代之制存焉，阙疑而慎言，斯可矣。作《后妃表》。

元史　《元史》卷一百七　表第二

宗室世系表（二十五史《元史》表——二八〇页）

自昔帝王之兴，莫不众建子弟，以蕃王室，所以崇本支、隆国势也。观其属籍有图，玉牒有纪，大统小宗，秩乎不紊，盖亦慎矣。然以唐室之盛，自玄宗后，诸王不出阁而史已失其世次，况后世乎。元之宗系，藏之金匮石室者甚秘，外廷莫能知也。其在史官，固特其概，而考诸简牍，又未必尽得其详，则因其所可知，而阙其所不知，亦史氏法也。作《宗室世系表》。

元史　《元史》一百八　表第三

诸王表（二十五史《元史》表——二八一页）

昔周封列国七十，而同姓者五十三人，汉申丹书之信，而外戚侯者恩寖广矣。诗曰："大邦维屏，大宗维翰。"其此之谓乎？元兴，宗室驸马，通称诸王，岁赐之颁，分地之入，所以尽夫展亲之义者，亦优且渥，然初制简朴，位号无称，惟视印章，以为轻重。厥后遂有国邑之名，而赐印之等犹前日也。得诸掌故，具著于篇。作《诸王表》。

元史　《元史》卷一百九　表第四

诸公主表（二十五史《元史》表——二八二页）

昔者史臣有言，妇人内夫家，虽天姬之贵，史氏犹外而弗详。然元室之制，非勋臣世族及封国之君，则莫得尚主，是以世联戚畹者，亲视诸王，其蕃翰屏垣之寄，盖亦重矣。则其世次，顾可以弗之著耶？且秦汉以来，惟帝姬得号公主，而元则诸王之女亦概称焉，是又不可不知也。惜乎记载弗备，所可见者，仅此而已。作《诸公主表》。

元史　《元史》卷一百十　表第五上

三公表（二十五史《元史》表——二八二页）

古者三公之职，寅亮天地，燮理阴阳，以论道经邦者也。元初，以太师、太傅、太保为三公，自木华黎国王始为太师，后凡为三公者，皆国之元勋，而汉人则惟刘秉忠尝为太保，其后鲜有闻矣。其制又有大司徒、司徒、太尉、司空之属，然其置否不常，人品或混，故置者又或开府不开府焉。若夫东宫，亦尝置三师、三少，而不恒有也。今固不得而悉著之，惟自木华黎而下，得拜三公者若干人，作《三公表》。

元史　《元史》卷一百一十二　表第六上

宰相年表（二十五史《元史》表——二八四页）

宰相者，上承天子，下统百司，治体系焉。元初，将相大臣，年月疏阔，简牍未详者则阙之。中统建元以来，宰执之官，其拜罢岁月之可考者，列而书之。作《宰相年表》。

新元史　《新元史》卷二十七　表第一

宗室世表（二十五史《新元史》表——四七页）

元至顺中修《经世大典》，奎章阁学士虞集请赐脱卜赤颜、翰林学士承旨，塔失海牙曰："脱卜赤颜不可以传外人，事格不行。"故其《帝系篇》叙录曰："国家宗系，外廷不得而知，就简牍之可见者，仅著之旧史。世系表实本于《经世大典》，宜其疏舛也。脱卜赤颜今之秘史与秘史相出入者，又有拉施特之书。拉施特见蒙古金字族谱者也。盖脱卜赤颜与拉施特所见者，皆当时所禁秘。今得据之以讨论得失，亦庶几信史矣。若昭宗以下之世，次则泰西人所著《蒙古钱谱》具载之。证以蒙古源流，不合者盖尠。故备著于篇，以资考订焉。太祖分封子弟，填服荒远，其后乃颜海都。虽有阋墙之衅，然昭宗北走和林，不失旧物，历二三百年，成吉思汗之族雄长北边，至今日犹为中国之藩服。然后知先王封建之制为不可易也。作《宗室世表》。

新元史　《新元史》卷之二十八　表第二

氏族表上（二十五史《新元史》表——五三页）

蒙古氏族凡阿兰豁，阿梦与神遇，生三子之后为尼，而伦派曰哈特斤氏、萨而助特氏、泰亦兀赤氏、哀而狄干氏、西族特氏、起纳氏、奴牙特氏、元鲁特氏、忙兀特氏、巴邻氏、苏哈奴特氏、贝鲁剌思氏、黑特而斤氏、札只剌忒氏、布达特氏、都黑拉特氏、贝亦连特氏、苏嘎特氏、乌而纳兀特氏、亨力希牙特氏。其余为都而鲁斤氏，亦称塔亦斤氏。曰都而斤氏、乌梁黑特氏、鸿火拉特氏、亦乞列思氏、呼中氏、速而徒思氏、伊而都而斤氏、巴牙乌特氏、斤特吉氏，皆为黑塔塔儿，非蒙古人。而归于蒙古者，曰札剌儿氏、苏畏亦忒氏、塔塔氏、蔑儿乞氏、郭而路乌忒氏、卫拉特氏、贝格林氏、布而古忒氏、忽里氏、土斡敕斯氏、秃马特氏、布而嘎勤氏、格而谟勤氏、忽而罕氏、赛哈亦忒氏，皆为白塔塔儿。曰乌拉速特氏、帖楞格特氏、客斯的迷氏、林木中乌梁海氏，皆为野塔塔儿。盖拉施特所述蒙古支派如此，今列而序之，参以秘史，证其差别，为蒙古《氏族表》。色目氏族，则以见于史传者为据。陶宗仪所称蒙古七十二种，《色目》三十一种，舛讹重复，不为典要，故弗取焉。

新元史　《新元史》卷之三十　表第四

三公表（二十五史《新元史》表——六八页）

元之制，太师、太傅、太保为三师，太尉、司徒、司空为三公。然大司徒、司徒不常置，终元之世授太尉者一二人而已。非释老无授大司空、司空者。至太师、太傅、太保，太祖之时已备其官，成宗以后遂为论道经邦之职，故天顺中修《经世大典》，以师、太傅、太保为三公，不复稽祖制云。作《三公表》。

新元史　《新元史》卷之三十一　表第五

宰相年表（二十五史《新元史》表——六九页）

太宗立中书省，以耶律楚材为令，粘合、重山镇海为左右丞相，楚材卒，杨惟中代之。惟中卒，不复置令。宪宗又罢左右丞相不置，至世祖始立行中书省于燕京，旋改中书省，置左右丞相、平章政事、左右丞、参知政事，凡四等。成宗定左右丞相以下，平章政事二员，左右丞各一员，参知政事二员，为八府，自后虽有增益，然祖宗之制不敢逾也。至正以来武夫悍卒躐登宰执多至三四十人，省臣之选始滥矣。夫中书，政本也，就其人之贤不肖以考其政之治乱得失，犹立表测景，未有不相应者也。作《宰相年表》。

新元史　《新元史》卷之三十二　表第六

行省宰相年表上（二十五史《新元史》表——七五页）

蒙古初入中原，任军民之事者或称行省。世祖立中书省，车驾巡幸。省臣留守者亦谓之行省，有兵事，则行省与行枢密院迭为废置，无定制也。至元十二年始分立行中书省，有尚书省，又为行尚书省，尚书省废，仍为中书，凡行省十。至正以后增淮南、福建、山东为十三行省。至正二十四年立胶东行省，仅置参知政事，与山东分省同。旧史又云："立广西行省，而省臣也儿吉尾、郭云等仍称湖广行省平章政事，殆朝命不通，故省臣未之知欤。今附胶东于山东，附广西于湖广，为《行省宰相年表》。

表谱

文字本以代言，所用则有独至。凡无句读文，皆文字所专属者也。以是为主，故论文学者，不得以兴会神旨为上。……知文辞始行表谱簿录，则修辞立诚，其首也（章炳麟《国故论衡·文学总略》参《胡适文存》二集页一四八）。

《宋史·艺文志》有年鉴一卷，惜所书不传，司马光作《资治通鉴》既成，又别撰《通鉴目录》三十卷，所法年经国纬，他年于上，而各标通鉴卷数于下，复撮书中精要之语散于其间，次第厘然，名为目录，实则表体。《四库提要》说光恐读者倦于搜寻，故于编纂之时，提纲挈要，并成斯篇，相辅而行，易于循览，所体全仿年表，用史笔旧例，惟标明卷数，甚用目录之体，则光之创例也。至清顾栋高氏有《春秋大事表》之作，则就春秋纪年之意，分别事实，列诸表以纬之，是皆年鉴之例类。……王亮《清季外交年鉴·自序》。

表谱

闻一多《岑嘉州系年考证》（《清华学报》八卷二期页三）。

全〈祖望〉《鲒埼亭集外编》卷四二《与杭堇浦论金史第一帖子》（页一二八九）、《移明史馆帖子三》（页一二九六）、《论唐书宗室世系表一则》（页一二八二）；《记项燕事补注六国年表》卷四九，页一四二一。

岑仲勉《〈新唐书·突厥传〉注》（《辅仁学志》六卷二期页五十）。

《明史》卷一五六《诸臣世系表》（同前，五卷一二合期）。

汪中《述学·补遗》（页二十九）《宋世系表·序》："沈约《宋书》表不传，今采氏宗室之见纪传者，辑为此篇，且序之曰……"今按此表未收入《二十五史补编》《述学内编三·贾谊新书序附年表》（页五十）、《述学补遗·荀卿子年表》（页八十）。

《说文月刊》三卷八期（即《史蠡》三十一年十月）《国史事例什议初稿》。

咸丰壬子《广东顺德县志·凡例》："表之为法，旁行斜上，直贯横推，所以节冗文便稽览，史开定例，而名目分合之故，则各有修宜……"

（巳）表式排列之蒙昧，新表多出《姓纂》最资证明者，莫此条。若且由是知余所云，未读《姓纂》不能读新表之不妄也。今请分十节论之。

（一）堂弟　堂弟同祖弟也。《姓纂》二西眷韦平齐公房"怀质堂弟匡素"，既阙其父，则制表时匡素上一格，谓应书曰"未详"。顾新表七四上则于韦贞（即坯质父）世系后一行之下一格书匡素名，使未读《姓纂》者观之必曰匡素，贞之子也。

（二）从父弟　似即同曾祖者。《姓纂》九窦叔向从父弟彧，新表七一下不知别据何书补，或父元昌。但就表读，表则元昌俨为叔向之妹父，非从父也（唐人亦简称伯妹父为从父）。

（三）少子　《姓纂》六杜姓濮阳"兼拯孙顺休……兼拯少子镇"，新表七二上极作拯，于兼拯下空一格，再下一格书顺休，又于兼极后一行下一格书镇，其先顺休一支者，以《姓纂》谓镇为少子也。

（四）兄子　《姓纂》二西眷韦平齐公房"仁爽兄子客成"，即略去客成之父也。新表七四上则于仁爽前一行之下一格书容成。未读《姓纂》者观之，必以为弘敏之子矣。此其一。《姓纂》六吕姓“諲兄子季重”，新表七五上即于諲前两行下一格书季重。此其二。《姓纂》一〇祝钦明兄子駰，新表七五上则于钦明前一行下一格书駰，同时新表又不知别据何书，钦明有兄玄珪。但駰之名又不书玄珪之下，是新表亦不敢认兄子即玄珪子也。而后世读史者阅之，固俨然玄珪子矣。此其三。《姓纂》一〇郭待举兄子秦初，新表七四上作泰初，而于待举后一行下一格书之。《姓纂库注》遂发生误会，谓新表以泰初为待举子，而不知新表之制作无法也。此其四。

（五）堂兄子　《姓纂》九窦或堂兄子端，新表七一下则于前两行一格书端。未读《姓纂》者观之，必以为端亦叔向之子。

（六）堂侄　同祖兄弟子也。《姓纂》六宇文全志堂侄顺，新表七一下即于全志后一行下一格书顺。阅之则与全志之子无异，而不知其父祖皆不详也。《姓纂》八魏玄同堂侄确，新表七二中于玄同诸子后之后一行书确。致《姓纂库注》误会确为玄同之子。谓与《姓纂》异而不知未有异也。确固自有其父祖也。

（七）再从侄　同曾祖兄弟之子也。《姓纂》二西眷韦平齐公房“瑶再从侄屺”，新表于瑶后二行下一格书屺，乃如素立曾孙，而不知实素立之曾侄孙。质言之，新表韦师一系错谬百出，真沈炳震氏所谓者也。

（八）兄孙　《姓纂》二西眷韦平齐公房“素立兄孙瑶”，新表七四上于素立前一行下二格书瑶，依次读下，则瑶俨仁爽之孙。但《姓纂》别叙仁爽可决其不然也。《姓纂》一〇郭纳兄孙冏（冏字原夺），新表七四上于纳诸子之后一行下一格书冏，读者遂误会为纳之孙矣。

（九）侄孙　《姓纂》六许钦淡侄孙仲客，新表七三上于其后一行下二格书仲客，直与钦淡之孙无少差异。

（十）堂侄曾孙　《姓纂》九豆卢达堂侄曾孙子骞，新表七四下于达之后一行下二格（即侄孙）书子骞，又与达孙毫无分别。

此外如《姓纂》一封纂五代孙道瑜，实延之之胤，而新表附于兴之之末。《姓纂》四源师（即师民）从父弟惜，惜生壮（实即行庄）。而新表七五上附行庄于师民表末，且同一横行，恍若兄弟者。然《姓纂》七马默一支与马璘一支不过同祖，马融绝无服属关系。而新表七二下以同出扶风，合为一表，更有似异非异，其讹舛当生于制表时者。如新表七三下误陆璪为陆珙之子，七四上误韦处厚为韦衍之孙。凡斯之类，虽与《姓纂》多少特戾，要之青蓝相出，厥迹跃然。

七卿年表补

俞浦，字彦渊，其先余杭人……曾祖尧章，宋朝侍郎。弃发至无锡定居爱民坊。传洪武四年凡贤良官授都督府经历。降勑褒其才智练达，夙夜勤慎，解户部尚书，历江西行中书省参知政事，与张筹同致仕……（康熙《无锡县志》十七《宦望二》）。

张度，字景仪，增城人，好学有文。洪武九年莅郡，为政公勤，兴学造士，征解吏部尚书（光绪重印康熙《常州府志》二一“名宦”）。

滕德懋，字思勉，吴县人……洪武三年召解兵部尚书，寻改户部，以事免官，卒……（道光《苏州府志》七九《人物志·宦绩四·姑苏志》，参《明史》）。

顾礼，字元礼，昆山人……洪武十二年再征为户部侍郎，迁尚书，十三年改刑部，卒于官。(同上引《姑苏志》)

周贞，字文典，江宁人……洪武元年升刑部尚书，出为广东行省参知政事……二年复召为尚书致仕（乾隆《江南通志》一三九，《人物志·宦绩·江宁府》页六下）。

端木复初，字以善，溧水人。太祖召为徽州府经历，核田均税，一除弊欺，除磨勘司丞。凡钱粟刑法货物，无所不谳，勾稽隐伏，人不能欺，官至刑部尚书（页七）《明史》一三八本传。

滕毅，字仲弘，丹徒人……洪武元年初设六部，首擢吏部尚书（卷一四三《人物志·宦绩五·镇江府》）。

朱守仁，字元夫，徐州人。明初知袁州，洪武二年征为工部侍郎，寻解尚书（卷一四四《宦绩六·徐州府》）。

李俨，字艮瞻，泰兴人。洪武元年……升刑部侍郎，宣谕陕西道，加户部尚书……卒于官（同卷《通州》页一九上）。

李敬，初名鸿渐，通州人。洪武初以文学征授刑部尚书，守法度，修政事，已致仕归。十四年复召为祭酒，是年始行释奠先师礼，从教请也（同卷页一九下）。

李敏，颍州人。洪武五年由辟举为工部尚书，改江西行省参政。九年复除工部尚书，以疾卒。（《江南通志》一五〇，《人物志·宦绩十二·颍州府》）。

卷二五

万历九年八月壬辰朔　庚戌户科给事中高尚忠——上允行之

卷二六

万历九年九月壬戌朔　丁卯户部奏蒲州守——疏入允行　乙亥山东抚按——吏部记录　丙子给寿阳长公主——征银解给　戊寅巡拨直隶监察——可行允之

癸未户部及广西——遵守从之　戊子户部奏昭——等奏也　己丑山西督抚郑——如议

卷一一七

万历九年十月辛卯朔　戊戌定浙江——并免派征　庚戌户部题广东——诏依据行　丁巳以淮凤——以滋炊援

卷一一八

万历九年十一月辛酉朔　户部奏河南府——李潮对讯　丙寅兵部后——孟参来说

癸酉户部及科臣——奉旨允行　戊子酌免福建——一年故也

卷一一九

万历九年十二月辛卯朔　丁酉以皇女——未从　己亥丈江西六十六州解——一体查充

辛丑山西太原——西路参将　壬寅减保定——甄别以开　乙巳巡仓御史顾——据实参奏

卷一二〇

万历十年正月庚申年朔　己巳两广总督——常征救开　庚午保定巡抚辛——得旨如议行　戊寅户部题先——议者鄙之

卷一二一

（原稿后缺）

西洋经济史讲稿选页

（1948 年）

1. 经济史学科方法简介

经济史是一般制度史之一部分，它研究过去社会制度的经济方面。它的方法上的特点从它对于量的注重最能表现出来，因此它应为历史中最有准确性的一部门。但真能应用量的分析的，除最近的时代外，因统计材料的缺乏，甚为困难。在研究制度的组织与职能，量的分析方法往往不适实用。故经济史的方法便与一般的历史方法无异。

但如纪录甚为充分，则量的方法往往可用而且富有结果，如 Thorolel Rogers 根据很丰富的英国地主（bailiffs' accts，etc.）的商业纪录，故能用量的方法去研究中古历史，去构成物价、工资、收成与其他种的长期统计的数列（series）。又如根据西班牙的物价纪录作广泛的研究，亦不过近年才开始。①

对于处置古代、中古与现代初期的经济史料，必需的训练主要的是一般历史家的训练——如与本时期及本国相关的语言学、铭刻学（epigraphy）与古生物学的知识。对于古史，铭刻学的知识特为重要，因为文字的来源所包含的经济事实不甚明晰。十九世纪及其后的廿五年间，特别是十九世纪下半叶，人口调查及其他政府统计盛行，较简单的统计知识即可供利用。但如某一时期中物价历史的记载颇为丰富，如自十二世纪以后，则对于当时物价之调查方法及指数编制之原理必须熟悉。至如最近时期之研究，则相当完善之统计准备诚为必

① Earl J. Hamilton, *Amer. Treasure and the Price Revolution in Spain, 1501-1650.*

要，因统计材料既多且杂，可以应用较精细之统计方法处理之也。此种工作多由归纳经济学者担任，他们仅附带地为历史学家而已。

当吾人讨论某种制度、政策、组合（group）或运动时，所谓统计观念（statistical sense）应包括以下多项问题：How large？How long？How often？How representative？

德国学者的经济发展的分期理论即由于不注重 How representative 一问题所致。这种 stage schemes 除了隐蔽历史的繁赜性以外，且可将逻辑上的绵续与时间上的绵续混乱起来（confuse logical with temporal succession），如 Bruno Hildebrand（1864）提出自然经济、货币经济、信用经济的阶段，即陷此误。因各种经济可以同时存在。即如自然经济亦有最简单与甚复杂的形式之分，古代埃及虽以货易货为主，然埃及文化与尚未晓得有货币存在之原始时期的德国或原始近代社会甚少共同之点。

又如 Karl Bücher 根据 Schönberg（1867）的系统分为：self-sufficient domestic economy（无交换，各家自满足所需）、town economy（货物直接地从生产者转到消费者，乡人至市民）、national economy（居于生产与消费者的中间人出现），亦与史实不符。

Max Weber 提出"ideal types"以与变化不同之实际相比较。但亦害多利少。

分期办法之危险，是使人易于失去历史的远观（perspective），且将最重要的史征忽略而不加以适当之注意。

比如将经济发展分为 slavery、economic feudalism、early capitalism、corporation capitalism 等阶段，虽亦可将某种的经济的特别现象指出，但不能不顾及其他种现象，吾人必须将整个时期与之联合作一整个观。

德国历史经济学派的用意，原欲以历史通则（hist. generalization）替代经济理论。但经济理论的中心问题虽亦可以从某种特殊的历史的方面（phase）表达出来，可是它们在本质上是离开历史而独立的。理论的讨论必须将各种力量与因素隔离，历史是不可能应用此种方法的。并且，更重要的，历史纪录的本身，除在最近统计时代以外，尚无充分可靠的已经证实的各种史实的赓续次第（sequences of ascertained facts），即在统计时代此种困难仍然存在，故除在物价史及他足以量表达的方面以外，历史学者的成绩往往尚不如那训练有素的归纳法经济学者的成绩。然经济理论中之某些部分，如工业型模之次第（succession of industrial types）、货币之演进与人口问题，是从历史上的通则得来的。

经济史与社会史的关系最密切。经济史家对于社会史之研究虽只限于经济对于社会发生之影响，其非经济的因素原可不必注意。然社会活动大部分为经济底，故社会史之大部分亦即为经济史。有人以为社会史家注意社会之闲态（society at leisure）更重于其对社会工作情形时（society at work）之研究，因人类精神历史中的主要内容是从工具或机械所节省下来的时间如何利用一问题。关于此点尚无一肯定的答案。

经济史与人文地理的关联亦甚密切。如从严格的统计或制度方法观，地理或不重要；但如就广义的经济史来看，倘吾人欲追求某种社会在某种特殊环境下如何生存以及改变其环境后又复如何的演进过程，则地理显然重要。①

2. 二十世纪英国经济史研究概述（Study and Research in the 20thC. Great Britain, by J. H. Clapham）

1880 年前牛津与剑桥均有经济史课程。自 Toynbee 与 Rogers 死

---

① 以上内容主要参考 J. H. Clapham, "*Eco. Hist. as a Discipline*," in *Encyclopaedia of the Social Sciences*, Vol. 5, 1931, pp. 327 – 330，以及 Rogers James Thorold（1823 – 1890）之书，即

1. *History of Agriculture and Prices in England*：
   Vols. Ⅰ-Ⅱ, 1259 – 1400（1866）
   Vols. Ⅲ-Ⅳ, 1401 – 1582（1882）
   Vols. Ⅴ-Ⅵ, 1583 – 1702（1887）
   Vols. Ⅶ-Ⅷ, left unfinished（published 1902）
2. *Six Centuries of Work and Wages*（1885）.

后，Ashley 自牛津赴美，剑桥较为出色。Cunningham 在剑桥讲授经济史，同时 Marshall 对经济史亦甚注意。1895 年 London School of Economics成立，由于以上三校的努力，社会与经济史内容日臻充实。至 1910 年 George Unwin 在 Manchester 始有经济史讲座（professorship），其前仅有 readerships 与 lecturerships 而已。1928 年剑桥设一讲座，1931 年牛津设一讲座。

伦敦学院成立不久后，便发刊许多社会与工业史的专刊。与其发生密切关系的，如 Sidney and Beatrice Webb's *English Local Government*，此中 *The King's Highway*（1913）与救贫法 *Eng. Poor Law History*（1927 – 1929）均纯粹属于经济性质。该校研究工作多受 Mrs. Knowles 之感悟，直至她 1926 年死时，她的 *Industrial and Com'l Revolutions in Gr. Br. during the 19th C.*（1921），与 *Eco. Development of the Br. Overseas Empire*（1924）表示她工作所走的路线。R. H. Tawney 继她，*The Agrarian Problem in the 16th C.*（1912）与 *Religion and Rise of Capitalism*（1926）为他最重要的著作。Eileen Power（holder of Knowles Professorship）为中世经济史专家，著作有 *Medieval English Nunneries*（1922），并编有 *The Industrial Revolution 1750-1850*（1927）的批评书目。

在牛津 Vinogradoff 的 *Growth of the Manor*（1905）等书，从法律的观察去发挥社会史。他主编 *Oxford Studies in Social and Legal History*（1909 年开始），Lipson's *Introduction to the Economic History of England*（1915）仅限于中古时期。G. N. Clark 牛津第一任教授虽非经济史专家，然其 *The Dutch Alliance and the War against French Trade, 1688 – 1697*（1923）与 *The Seventeenth Century*（1929）均富有经济史之价值。Hancock 继任。

在剑桥，Cunningham 在本世纪初年已放弃教职，但直至 1910 年仍从事 *Growth of Eng. Industry and Commerce*（3 Vols.，1910）之写作。他死后各教员分别担任他的研究工作，其中如 Clapham's *Eco. Devel't of France and Germany*（1921）、*Eco. Hist. of Modern Britain*

（Vol. I，1926），1928 年被任为第一任教授讲座。

在 Manchester，Unwin's *Samuel Oldknow and the Arkwrights*（1924）是他的最后著作，根据商业纪录去重写工业革命史。其他历史较浅之各大学多提倡区域经济史之研究。W. R. Scott 在 St. Andrews 写了 *Early History of English*，*Scottish and Irish Joint Stock Companies*（3 Vols.，1910 - 1912），今任 Glasgow 大学 Adam Smith 经济学教授，正写作苏格兰农业与工业史。自 1911 年，J. L. and B. Hammond 从事工业革命史之写作，其体例为通俗的，但阅读者甚多，可辩论之点亦不少。其作品如 *The Village Labourer*（1911）、*The Town Labourer*（1917）、*The Skilled Labourer*（1919）与 *The Rise of Modern Industry*（1925）。

地方经济史研究之鼓励，如 *Victoria County Histories*（起于 1910 年）等组织均甚有贡献。

此外如 *Royal Commission on the Ancient and Historical Monument*（1910 年起）与 *Ordnance Survey Office* 的考古工作均值注意。

Eco. Jl. 自 1926 年起有 historical supplement。1927 年 *Eco. History Review* 创刊，由 Lipson 与 Tawney 主编。此外如 *Eng. Historical Review*、*Transactions of the Royal Historical Society*、*Cambridge Historical Journal*（自 1923 年创刊），均有经济史之重要论文。

Sir John Clapham（d. 1946）—cf. *The Eco. Hist. Rev.* Vol. xvi，No. 1，1946

1. *The Woolen and Worsted Industries*（1907）
2. *The Eco. Devel't of France and Germany*，*1815-1914*（1921）
3. *An Eco. Hist. of Mod. Britain* vol. Ⅰ The Early Railway Age（1926）
4. *An Eco. Hist. of Mod. Britain* vol. Ⅱ Free Trade and Steel（1932）
5. *An Eco. Hist. of Mod. Britain* vol. Ⅲ Machine and National Rivalries. Epilogue（1938）

6. *The Cambridge Eco. Hist.* vol. Ⅰ (1941), Editor's Preface and Translations

7. *The Bank of England: A History* (*1694-1914*) vols. Ⅰ and Ⅱ (1944)

3. 经济史研究在美国（Economic History in the U. S., by N. S. B Gras）

可分三种不同之作风：①按年代排序，早期关于地方经济史如此。②按经济发展阶段（stage scheme，genetic approach），如 Richard T. Ely，J. R. Commons 等。③经济发展之逻辑观（logical interpretation of eco. devel'ts），说明外来因素对于经济安排（eco. arrangements）之影响，经济体系各部门间彼此之关系，以及经济变迁对社会政治史的影响。此一方法自 1890's 边境消灭以后，渐受人之欢迎。

美国经济史并不完全从本国或本土环境而产生。哈佛 Charles F. Dunbar 自 1883 年起（是时刚从欧洲回来）开了自 1763 年后欧美经济史一课。1892 年 Ashley 为一任的经济史教授，他带了英德的观点与方法到哈佛。自 1902 年起（中间约有五年停顿），Edward F. Gay 在哈佛讲授（He emphasized the market basis of economic develop't. 1867—1946 春死，其先已退休），他注重量的分析与选题的仔细的研究。Edwin R. A. Seligman 自 1886 年起在哥伦比亚大学开一美国财政与工业史的课。1905 年 V. Simkhovitch 就该校第一任经济史讲座之职，他的兴趣主要地在欧洲农业史。其后 Yale、Minnesota 与 Buffalo 先后亦设经济史讲座。近哈佛提倡商业史的研究，设立商业史教授讲座，由 N. S. B. Gras 担任，1928 年 *Jl. of Eco. &Business History* 发行，每年出版四次。

Carnegie Institution 对于经济史大规模的研究提倡甚力。Victor S. Clark 的 *History of Manufacutureers in the U. S. 1607-1860*（new ed., 1929），包括各种工业的历史。此外个别的工业，亦多有专书。

关于农业方面，1916 年以前尚无专书。L. C. Gray 的 *History of Agriculture in Southern U. S. to 1860*，2 vols.，1933，及 P. W. Bidwell and J. I. Falconer 的 *History of Agr. in Northern U. S.*，*1620-1860*（1925），均由 Carnegie Institution 出版，但均至 1860 年为止。

原注：The earliest group of academic scholars in America to give attention to eco. hist. was at Johns Hopkins Univ. — H. B. Adams，Henry C. Adams，R. T. Ely and J. R. Commons ed.，*Documentary History of Amer. Ind. Society*（*1909-1911*），10 vols.，*History of Labour in the U. S.*（1918）.

A. P. Usher，*The Early Hist. of Deposit Banking in Mediterranean Europe*，1943，vol. I（See Review in *Jl. of Eco. Hist.*，Vol. V，No. 1）.

In America，as in Europe，eco. hist. has grown up gradually，first taking the form of com'l history，and then weaving into the fabric of eco. hist.

Fr. first to last eco. hist. in Am. has been strong in statistical presentation. There has seen a woeful lack of controversy in Am. eco. history. The subject has had no intellectual resilience. *The Theory and History of Bkg.*（1st ed.，1891）

Facts and Factors in Eco. Hist.，*Articles by Former Students of Edwin Francis Gay*（1932）.

Prof. Gay，"Inclosures in England in the 16th C."（*Q. J. E.*，Aug.，1903）.

Two Chapters on Mediaeval Guilds of England（1887），by Seligman.

编者注：此部分内容主要参考 N. S. B. Gras 著作。

4. 20世纪前经济史研究概况（Eco. History Survey of Development to the 20th C.，by J. H. Clapham）

十七世纪重商主义学派已从事与国势国富有关材料之搜集，加以叙述描写及比较，统计学由是孕育。是时著作为 William Temple 之 *Observations upon the United Provinces*（1672），Thomas Madox 之 *History and Antiquities of the Exchequer*（1711）等，均属于法律与制度之观点，尚未得为真正之经济史。

十八世纪中时人对于经济史某一部门发生兴趣。商业史、租税与通货等项之研究，于是产生。如 John Smith's *Memoirs of Wool*（1747）对于 woolen industry，为很详尽之研究，采用纪年方式。

A. Smith's *Wealth of Nations*①（1776）书中对于贵金属购买力之变迁，及其对于殖民地与城市之生长诸章，均可认为经济史。

Malthus' *Essays on Population*（1798），第一版 more dogmatic than historical，但其后之五版均补充历史与统计之资料，对后来之社会经济史发生甚大之影响。

在此时期中，德国历史著作趋向地方文化之研究，且爱将本地之文化成份追溯到中古时期之初期。

1789－1848年欧洲政治、法律革命，农业革命，工业革命相继发生，引起学者研究之兴趣。当时对于制度之法律历史之研究，多偏重于来源方面而非职能方面，但与经济史之关系甚为密切。Friedrch List's *Das Nationale System der Politischen Ökonomie*（1841），to study problems of wealth not at a point in time and all on one plane but to think of live changing nations on different and shifting planes and of the growth of their productive powers. Roscher's（Pd. Economics）*Staatswirtschaft*

① BK. Ⅰ Ch. Ⅺ of the Rent of Land. Digressions concerning the Variations in the Value of Silver during the Course of the 4 last centuries. BK. Ⅲ Ch. Ⅲ of the Rise and Progress of Cities and Towns，after the fall of the Roman Empire. BK. Ⅳ Ch. Ⅶ of colonies.

Nach Geschichtlicher Methode（1843）一书虽非伟大著作，但与其后来著作连合起来，发生的影响亦不少。

英国方面关于棉制造工业，及铁贸易业、羊毛业等，均有专书。Thomas Tooke's *History of Prices… from 1793 to 1837：Preceded by a Brief Sketch of the State of the Corn Trade in the Last Two Centuries*（2 vols.，1938），趋向自由贸易之观点。Tooke 后又增添四卷（4 additional vols.，1840-1857），其后二卷则与 Newmaich 合作。

十九世纪时各文明国家都已采用定期的户口财产调查（Censuses），统计材料逐渐丰富。G. R. Porter's *The Progress of the Nation in Its Various Social and Eco. Relation*（3 vols.，1836-1843），包括之时间约从 1801 年起，检讨英国之情形。德国亦有同类之著作。经济史的量的处理遂开其端。

德国学者如 Hanssen、Maurer 等对于农业史如农民状况、庄园组织之研究甚有贡献。

法国 Levasseur's *Histoire des classes ouvrières…jusqu'à la Revolution*（1859）。

英国方面对于经济史之制度方面特为注重。如 Stubb's *Select Charters of Constitutional History*（1870），甚受德国之影响，根据 Maurer，对于早期英国社会之自由条顿成分（法 Guérard 则偏重于罗马影响，与之相反）过度估计。Seebohm's *English Village Community*（1883）对此不满，但又未免过度地偏重不自由成分（servile element）了，Seebohm 一书首先标用副题为"An Essay in Eco. History"。此时英国经济史已非复为经济学之附属品，或财政金融政策之园地。如 Levi's *A History of British Commerce*（1872），Cunningham's *Growth of English Industry and Commerce*（1882），已有独立的范围。

但现代经济史学之产生，仍当推属德国。Schmoller 对于行会之研究、重商主义（Trans. by Ashley as *The Mercantile System*，1896）之研究，其影响不限于本国。此外如 Karl Bücher 对于中古城市之研究，G. F. Knapp 对于德国农民历史之探讨，亦堪注意。

自 Karl Marx's *Das Kapital* 首卷第一、二版（1867 及 1873）后，学者一方面恢复对原始社会，以至引起史前期研究之兴趣，另一方面则渐集中于资本主义之来源、形态及其与他种经济组织关系，以及其传播与影响种种方面之研究。经济发展之阶段理论更自此盛行。

Sombart's *Der Moderne Kapitalismus*（1st two vols.，1902；Revised form，3 vols.，1927）以机械发明为早期与高度（early and high）资本主义之分水线，以及其列举战争与奢侈品对于促进大规模工业之组织与生产之标准化之作用，虽未免失之过偏，然甚足启发。

Toynbee's *Lectures on the Industrial Revolution*（1884）为一身后发表之著作，其影响之大实远过于原书之分量与其不完整之内容。Sidney and Beatrice Webb's *History of Trade Unionism*（1894?）方法甚为严谨。Ashley's *Introduction to English Eco. History and Theory*（2vols.，1888-1893）仅述至十六世纪为止，乃一综合性的科学著作。① *Bread of Our Forefathers*（1928）付印中他便死去。

关于近代专题之研究，如 Buxton's *Finance and Politics*，*1783-1885*（1888），与 Ernle Prothero's *The Pioneers and Progress of English Farming*（1888；1912 年扩充为 *Eng. Farming*，*Past and Present*），均甚结实。

1890 —1900 年英国中古时期之法律制度与经济史之研究以 Maitland 为巨擘，他的 *History of English Law*（与 Sir Frederick Pollock 合作，1895）、*Township and Borough*（1898）与 *Domesday Book and Beyond*（1897）对于中古经济史之了解极有裨助。同时美国 Gross 之 *Gild Merchant*（1890）与俄人 Vinogradoff 之 *Villainage in England*（1892）均应用德国之中古背景，从事于法律与制度之解释，对于英国经济史之贡献亦大。

英国纪录较为完整，且农、商、工革命均在近代英国史上发生，

① Vol. Ⅰ Pt. Ⅰ The Middle Ages（4th ed.，1909），Pt. Ⅱ The End of Middle Ages（4th ed.，1906）. Surveys，*Historic and Economic*（1900）.

论者以为足称经典之模型，故外国人研究英国经济史者甚多，其中如德 Nasse's *Study of the Mediaeval Village Community and Sixteenth Century Enclosures*（1869），两年以后即译成英文，德人 Brentano's *Essay on the History and the Development of Gilds*（1870），写作、印刷均在英国。

总之，至十九世纪末叶经济史已有了独立领域，且已渐被认为研究文化史的基础之一。

原注：Frederick Seebohm（1833-1912），*The English Village Community*（1883）—argued that the open field manorial system of villages had its basis in the Rome villa in opposition to those who held that Roman civilization was practically wiped out from Roman Britain by the Teutonic invasions；*The Tribal System in Wales*（1895）；*Tribal Custom in Anglo-Saxon Law*（1902）；*Customary Acres*（1914，pub. posthumously）。

编者注：此部分内容主要参考 J. H. Clapham 著作。

5. 欧洲大陆经济史研究续（Continental Europe，by Henri Pirenne）

以德国成绩为最优。Below's *Territorium und Stadt*（1900），*Der deutsche Staat des Mittelalters*（1914），对于中古城镇与农业均有解答疑惑之贡献，他对于中古制度大体上虽偏重于法律与宪法之解释，然对于行会与城镇之来源，则甚注意及经济原素之重要。Max Weber 亦讨论罗马与初期日耳曼之农村组织，他的最大贡献是提出宗教一因素在经济史上的重要。他身后发表的 *Wirtschaftsgeschichte*（1923，Eng. tr. by Knight，1928?）虽非经济史，而为社会经济学的著作，其中心论题为理性主义战胜传统主义。

Sombart 对于资本主义的来源与发展，引起无数辩论。Below 与 Brentano 都反对他，但最有力的攻击是 Strieder's *Zur Genesis Des Modernen Kapitalismus*（1904）。

奥国 Dopsch's *Wirtschaftliche und soziale Grundlagen der europäischen Kulturentwicklung aus der Zeit von Cäsar bis auf Karl den Grossen*（2 vols.，1918-1920），其中心论题在证明罗马农业组织直至 Carolingian 时代仍然存在。

法国在第一次世界大战以前对经济史尚不甚注意，只有法国革命一段的经济史比较有人注意，战后 Vidal de la Blache、Brunket 与 Demangeon 等对于地理之研究甚有成绩，由此使学者集中注意于地理因素对国家经济发展一问题，间接地引起对于经济史的兴趣。Henri Sée 的著作主要的在十八、十九世纪的经济与社会的历史①，Henri Hauser 则包括整个法国经济史的范围②。以前法国亦有几个与经济史有关的杂志，但最重要的是 1929 年 M. Bloch（中古经济史专家）与 L. Febre 合编的 *Annales d'histoire économique et sociale*。

比国 Henri Pirenne's *Eco. and So. Hist. of Medieval Europe*（Eng. tr.，1936），从罗马帝国末年至十五世纪中叶。

原注：Paul J. Mantoux，*The Industrial Revolution in the Eighteenth Century：An Outline of the Beginnings of the Modern Factory System in England*（translated from the French ed. of 1906），London，1928。

编者注：此部分内容主要参考 Henri Pirenne 著作。

---

① H. Sée：

1. *Origins of Modern Capitalism*（Les Origines du Capitalisme Moderne）.
2. *Vie Economique de la France 1815 – 1848.*
3. *Esquisse d'une Histoire économique et sociale de la France.*
4. *Régime Agraire en Europe aux XVIII et XIX Siècles.*
5. *L'evolution commerciale et industrielle de la France sous l'Ancien Régime.*
6. *La vie économique et les classes sociales en France aux XVIIIe siècles.*
7. *Eco. and Social Conditions in France during the Eighteenth Century.*
8. *The Science and Philosophy of History.*
9. *The Eco. Interpretation of History*（English trans. by M. M. Knight，1929）.

② 法国 M. Paul Masson，Prof. of eco. hist. and geography at the Univ. of Aix-Marseille，和 M. Henri Hauser of Modern and contemporary eco. hist. at the Sorbonne。前者特注重南法与地中海之商业，后者则从十六世纪后均所注意。两人皆强调经济史中地理和区域的观念。

中国经济史测验题解

编者说明：此份“题解”是作者1952年秋至1953年夏在中山大学经济系和历史系本科生所开的“中国经济史”课时所写的讲稿。

一、试从农、工、商几个生产部门内的一般情况和生产关系来讨论商与周代的社会本质。

答：（一）商代之部

1. 商代生产的一般情况

（1）以农业为主流：①农作物种类有黍（即今之黄米），穤（即今之稻），以上两种为普通的农产品。还有麦（即小麦），为较贵重的东西，秕（即今之稗）。酿造品有：酒（黄酒），豊（甜酒），鬯（用黑黍香茸等酿造，即香酒）。②农具有耒耜，甲骨文又有犁字，有人说商人已用牛耕。③动力：用耦耕，二人合耕、犬耕、马耕等。

（2）狩猎业：以鹿和狼为主，其中以鹿的狩猎次数及数目最多。

（3）畜牧业：当时已很繁盛，有六畜（马、牛、羊、鸡、犬、豕）。虽然甲骨文上的记载还很少，但我们可从当时祭祀时所用畜牲之多来推测畜牧的发达情况。太牢为牛，少牢为羊，每次祭祀所用的数量最多有过400－500头。

（4）工业：①青铜器为商代工业品的代表作，技术优良已达顶点，图案精美，当时已有工场的设备，以腊作模型，其制成品有：兵器、彝器（祭祀用）、乐器等。②陶器多为食器。③纺织品有丝帛（即麻布）。④车。

（5）商业：当时商业是以实物交换为主，是共同体间的交换的媒介物。最初为畜牲、劳动工具，以及谷物等，后来才有货币出现，如贝类，有海贝、宝贝、子安贝等，淡水贝用作装饰品，咸水贝大多由南洋群岛输入我国，山东半岛亦有出产。

2．商代的生产关系及其社会本质

商代的剥削阶级是帝、王、公、侯，是奴隶主，还有僧侣，也是属于剥削阶级，直接生产者是臣众，鬲等都是奴隶，又从众字的阶级分析来看，众是，是三人，在烈日下工作。同时又从盘庚迁殷时对民众所说“命我畜众”，把人当作畜牧一样看待。又从安阳殷王墓中发掘出大批殉葬的人骨，有的身手异地，有的背手绑着，并带有武器，人身没有自由，而且任意屠杀。

从以上生产力与生产关系两方面来看，商殷是一个奴隶社会。

（二）周代之部

1．周代的生产情况

（1）农业：周人是以农业见长，在商末100年间，在渭河流域发展起来的，西周是初期封建社会，但同时还存在着奴隶与农奴。实行井田制度（禄田单位），课点直接生产者勤惰的标准，孟子所说井田的什一税是贵族给上级领主所缴纳的税，耕具已由锄耕进到犁耕，可以深耕易耨，对于农业生产力的发展是有帮助的。

（2）工业：①纺织业相当发达（丝帛）。②建筑业：如宫室（贵族居住）、坎穴（人民住）。③交通工业：有车、车饰、舟的使用。

（3）商业：商业较商代更加发达。因有舟车的交通工具，生产力更发达，于是各部落间的交换更加频繁。仍以实物交换为主；如《诗经》：“抱布贸丝”，留罪戴一个奴隶可以换一匹马与一束丝。

2．周代的生产关系及其社会本质

周代虽然奴隶统治阶级仍操生杀大权，同时农奴附着于土地上，有半人身自由，由于井田制造成诸侯割据局面，周天子失去了作用，所以说西周是一个封建社会。（一年级同学大多主张西周是一个封建社会，二、三年级同学中如有不同意的，可以各抒己见。）

二、解释以下各名词（十个）。

1. 新石器时代：旧石器时代石器是未经琢磨的，而新石器时代石器是多少经过人工打磨过的。

2. 种族奴隶：是战胜民族把被征服民族用来当奴隶。

3. 勾兵与直兵：勾兵为戈，直为矛，戈矛合为戟。

4. 郑国渠：郑国，人名，他是韩国人，他为秦国筑一条渠，可灌田四万顷，后人为了纪念他，故称为郑国渠，即今陕西的泾惠渠。

5. 贝：为殷周的货币，产生于南洋群岛及山东半岛。

6. 代田：系汉赵过所发明，方法是一亩田分成三部分，在低的坑中种植，高的泥土泥就空着，到了明年再将高的泥土翻过来，令高地的变为低地，就种低的地方。这种把高低土壤互换的耕作方法式叫代田法。

7. 水排：是一种利用水力转动的装置。古代用以鼓风，扇进氧气给予炼铁的鼓风炉助燃。

8. 驰道：为秦始皇统一中国后修筑的大道，为的是便于皇帝出巡，其次是秦始皇为防止叛乱便于镇压。驰道分二条干线，一通燕齐，一通吴楚。

9. 邑：它多半是三百家左右。孔子说："十室之邑，必有忠信。"

10. 计然：是我国战国时人，经济循环论的第一个创始者，他认为每 12 年必有一次丰收及水旱灾等。

附注：以上一、二题的答案是根据经济系一年级张筱樱、余焕华、朱振中、郭鸣凤等同学的试卷整理出来的。

中国经济史总复习参考资料之一

三、试述春秋与战国时的经济发展情形，并指出在这两个时期内有何不同的特征。

春秋和战国都属于初期封建社会。到了秦汉，便转入中央集权官僚主义的封建社会。自春秋末年起，铁已广泛应用于生产工具的制造上，铜器退居次要地位。在初期封建社会底下，是一种金字塔式的阶级层次分明的社会。塔的顶尖为天子，依次下去为封建秩序底下的大小贵族地主阶层，但主要的直接生产担当者则为广大的农奴。天子把土地分封给诸侯贵族，要他们纳“什一”的赋税，且实行官与禄的世袭制，土地原本是不许买卖的，这个制度，自春秋中年已起摇动，当时的天子与诸侯、诸侯与诸侯、贵族与贵族间不断地发生了土地争夺战。斗争的结果，到了战国初年，是天子的势力完全没落下去了。在各国间，强的诸侯，兼并了弱的诸侯，形成“七雄对峙”的局面；至于在各国之内，是私室（大夫）战胜了公室（国君）。在私室与公室的斗争当中，私室往往私用各种政治上的策略（如以小恩小惠）来团结和收买平民（直接生产者）。因此，平民的社会位得到若干的改进。所以，到了战国中年以后，非贵族的新兴地主阶级与私工、私商的势力，都大大膨胀起来。这时，从土地关系这一方面来说，历史记载留下来的最频繁斗争，是旧贵族与新兴地主的斗争。至就私工和私商来说，私商的势力最大，他们往往与地主和官僚勾结起来，合成三位一体，以农民为共同的剥削对象。换言之，土地由领主所有制转变为地主所有制了。土地虽然可以买卖出租，但农民所爱的剥削，在本质上仍然是封建的。

（一）生产力的发展

1. 铁的广泛应用及其影响

（1）铁制农具　《管子・海王篇》：“今铁官之数曰……女必有一刀……耕者必有一耒一耜一铫一凿。”虽然《管子》是后人所作，但所记载仍有参考价值，从此可见铁制农具在齐国已普遍使用。还有孟子说：“许子以斧甑爨，以铁耕乎？”许行楚人，可见楚国已有铁耕存在。

（2）铁制兵器　铁应用后，促进兵器的进展，如戈（勾兵）矛（直兵）戟等，尤其特出的为剑的铸造，韩、楚多产宝剑，锋利无比。其他如箭、弩等的铸造。

（3）由铁耕使耕作方式也发生变化，犁的出现使农业发生了变化，犁的使用和牛耕分不开，牛耕代替了锄耕，而牛力代替了人力，耕作可达到深耕易耨，大大提高了农业生产效率。

2. 水利事业的发达　在春秋战国时，水利事业的各方面都有了极大的发展，就战争和运输方面的情况都可见一斑。

在战争和运输方面有所谓曲防与水攻，舟师在运输方面有了海运，从灌溉事业方面来看，著名的水利工程有二：一为郑国渠，系韩国水工郑国所修可灌溉秦田四万顷；一为都江堰，为秦蜀太守李冰在四川灌县所兴的水利工程，可灌520万亩田。

3. 工商业的进步

（1）工业　由于铁的广泛应用，促进了生产的发展，根据战国时人的记载统计用铁做的工具有二十八种，其中包括农具、兵器及铁针、钉等。

再据《考工记》所记战国的工业分门别类，如木工七种、金工六种，皮革工，设色（绘画）、刮磨（打磨玉器）三工各有五种，陶瓦工二种。

（2）商业的发展　在经济区域上，齐国有出产鱼盐，楚国出产杞梓、皮革，同时商业城市亦发达起来，人口集中，如临淄、洛阳、邯郸等尤其是临淄户口有七万户。

（3）商业发达促使货币经济的发展，春秋时交换以实物为主，战国时货币发达，秦圆法、晋镈币、楚方币、齐刀币等四种。

（4）商人的抬头　春秋时农民尚未由土地解放出来，战国商人已抬头，著名商人有鲁猗顿办盐起家，周白圭经营谷、帛、漆等。

（二）生产关系的改变

1. 私田制的确立

（1）从封建领主到封建地主，春秋时封建领主由天子授田，以井地为耕地面积单位，直接产生者是农奴，领主交十一之税给周天子，井田以外的私田不纳税，周宣王“不籍千亩”，有人说，这就是把贡的部分放弃，同时诸侯各国如鲁国初税亩，郑国“作丘赋”，楚国

"量入修赋"。据说，春秋关于土地纠纷的记载，有抢田、夺田、赂田、讼田等。那时土地仍未有私人买卖，到了战国时，领主与地主分开，所谓世卿制已取消，封土食邑虽仍保留，吴起（楚人）主张叫贵族报告土地面积，封君三代，即收回他的禄田，但失官即失禄，所以孟子说"去之日（即去官之日），收其田"。（禄田的）官对于农民只有征收赋税之权，而政治上的统治权则归于。这是私田制确立的第一点。

（2）从劳役地租到实物地租，《左传·昭公三年》（前539）晏子对晋叔向说道："……民参其力，二入于公，而食则其一。"这儿讲的是劳役地租，孟子说……其实皆什一也。是指政府向农民所抽的税，这是租与税的分离。

这时生产关系的改变是，由领主与农奴的关系，转变到地主与贫雇农的关系。

（3）公室领主与私室领主的矛盾　春秋时的土地纠纷主要是公室间的事，自私室：韩赵魏三家瓜分公室——晋后土地由公室——转手移到私室去，私室向直接生产拉拢，每给予他们以小恩小惠，争取农民来参加他的斗争，如陈田氏用大斗借出，小斗收回以争取民心。

3. 私工、私商的出现，春秋时工商者身份是不自由的"不贰事不移官"（王制），活动移居处都有限制——"处工就官府，私商就市井"（《国语·齐语》工商都是由国家经营的，工头叫工正，商有贾正，从事工商业的都是奴隶，所谓"工商食官"（《国语·晋语》）。

工正利用工奴的剩余劳力为他生产，这个生产品出售后，收入归工正私人所有。商人一向比较有一点自由，他们可以利用市场的物价涨落，而从事投机积财。

（三）现在比较春秋与战国经济的不同之点如下：

1. 春秋时还未普通用铁，战国时已广泛应用铁器。

2. 春秋时的社会财富以实物为衡量标准，战国时则收货币。

3. 在私田制的发展上，春秋时是由贵族间开始的，战国时已有非贵族地主出现。

4. 春秋时是采用劳役地租，战国时则采用实物地租，并且租与税开始分离。

5. 春秋时工商由官办，战国时已有了私工、私商的出现。

四、解释以下各名词（选一个）

1. 镈　古农具，割草用。古时货币有仿照镈形的，叫镈币，行于晋国。

2. 鬯　此字见于甲骨文，是殷代酒名，即香酒，用黑黍或香草酿造。

3. 耦耕　用耒耜或锄头二人合力耕种，一人推动农具，一人翻地。

4. 赵过　汉朝搜粟都尉，是代田法（一晦三甽，岁代处）的创始人。

5. 灵渠　秦始皇时的水利工程之一。这渠沟通广西漓水与湖南湘水，主要的功用在于便利运输。现在广西的兴安县内。

6. 吴广　秦末贫农与陈胜一同于大泽乡揭竿起义。后因农民组织不强，又军事策略上失败，陈胜又骄傲自满，广为部下所杀，革命领导权为旧官僚所篡夺，结果失败。

7. 过更　汉时人年满 23 — 56 期间，要在本郡服役，叫更卒，如自己不去服役，要出钱三百文，另雇人代役，这叫过更。

8. 山顶洞人　其骸骨化石与中国猿人化石在周口店发见，为旧石器时代的人，劳动工具为骨针与石器等，当时人类过着渔猎生活，由于骨针的发见，可推知当时已有缝制的皮衣。

9. 仰韶文化　属新石器晚期，在河南渑池县仰韶村发见，有彩绘的陶器，及磨光的石斧与骨器，已有农业。

10. 离堆（都江堰）　为秦时四川太守李冰父子在灌县所兴建的水利工程，把岷江水分为两支，江内为灌溉，江外排洪，李氏所用“深淘滩，低作堰”的方法，至今仍沿用着。

附注：以上三、四题系根据二年级的同学试卷再加以补充补充题：

1. 吴起——战国初年魏人，或说为卫人。早期法家。为楚悼王相（楚相名曰令尹。）他实行变法，锄抑贵族。令每个封君的土地传过三世之后，须交还国家。所谓“使封君之子孙，三世而收爵禄”是也。他因此惹起了楚国贵族的仇恨，悼王死（前381年），为贵族所支解（分尸死）。起用兵亦甚有名。

2. 李悝——亦名李克。战国初年魏人。早期法家。魏文侯（424—403）时任中山相。为魏文侯“尽地力之教”，有些新史学家解释这件事，说是就是任随耕者尽能力之所及，去开辟耕种，不再限以旧日一夫百亩的“井田制度。”《汉书·食货志》所载他的一段话，是古籍流传下给我们研究战国初年农民家庭收支概况的绝好资料。

3. 城市——人民聚居的地方通称曰邑，有城垣的邑简称曰城。内垣曰城，外垣曰郭。城之小者曰墉。城的起源，多偏于军事与政治方面。城的普通兴盛起来，则又与工商业有关。原始之市，并无固定的区域传说古时人民每于朝早上往汲井水时，各以剩余产品互相交换，因货易举行于井旁，故曰市井。古语又云“日中为市”故无夜市。到宋朝后始有夜市。迨后商业变成经常行为，始于城中指定特定区域为商业地区，名之曰市。

4. 白圭——战国初魏文侯时（前424至前387），周人，他经营商业的方法，是“人弃我取、人取我与”。换言之，即物价贱时（或供给量多时）购入，价贵时（或供给量小时）抛出。他所经营的商品，包括谷类、丝、帛、絮、漆等。同时，他亦经营高利贷放款。《史记·货殖列传》载：他“薄饮食、忍嗜欲、节衣服，与用事僮仆同若乐”。前三语说明他是以节俭啬惜起家；末一语说明他一方面剥削他占有的奴隶们的剩余劳动，另一方面他是会用“同苦乐”的小恩小惠的手段去欺骗他们的。

5. 爵与服——爵服都是封建社会中的制度。“爵”以定位次的尊卑。在周代，分为公、侯、伯、子、男五等。（殷末已有公、侯、伯、子的名称，男爵似尚无之。且等爵制度似尚未确立，所以“公”

“子”两字的意义。有时用法与周代的不同。）“服”以定贡赋的轻重。王畿以内为内服，王畿以外的服，共分侯、甸、男三等。

中国经济史总复习参考资料之二

明代经济史主要问题（提纲）

1. 农业生产力之发展——具体表现在土地利用范围之推广，农具之改进，灌溉事业比较普通，选种及作物种类之增加等。

2. 封建土地所有制的演变过程

（1）土地私有制之确立及其巩固——土地买卖日趋“自由”及商品化。

（2）土地所有权集中之趋势——大封建土地所有制之各种形式及其掠夺性（官田、官庄及一般地主之“庄田”）。

（3）经营地主在明末清初江南地区之出现。

（4）集约耕种与小农经济。

3. 阶级斗争之尖锐化

（1）自耕农民之减少与贫佃农、雇农之增加。

（2）地租之加重与农民负担之加重。

（3）农民起义之频繁——斗争目标从减税、减租到“均田”。

4. 手工业之长足发展

（1）生产力之提高——特别从棉纺织业、瓷业、铁、煤等生产部门来说明。

（2）官手工业和私手工业的矛盾。

（3）私营手工场之出现及其逐渐发展。

（4）工匠逐渐获得“自由”身份。

（5）农业与家庭手工业之密切结合仍占有最主要的地位。

5. 商业之巨大发展

（1）国内贸易——集散中心及市集之增加，生产、运销地区之分工和专业化。

（2）国外贸易——重点从陆路转移到海洋。

（3）商业资本之兴盛及其局限性。

（4）货币经济之发展——从元代纸币到明清时期之银两。

（5）城市之兴盛——城乡经济联系之加强，中国城市之特点。

（6）南北交通之改善——从元的海远、运河到明清之河海运，驿站制度之推广及普遍。

（7）中国商业资本之封建性。

与高利贷资本密相结合

买卖土地是商人资本的一条重要出路

地主、商人、官僚三位一体

商业“利润”之获得主要是通过囤积居奇及买贱卖贵的方法来实现

商业资本之地区局限性——行会制、专商制、包商制，及官商或官专买

6. 经济发展的不平衡，表现在：

（1）南北人口和财赋之分布。

（2）农村人口占绝对优势，但财富集中于城市少数统治者的手中。

（3）商业之畸形发展（相对于农工业而言）。

7. 资本主义萌芽不能得到充分发展是由于：

（1）封建剥削过重。

来自地主方面的，是地租与其他封建剥削；租佃制度之不合理

来自政府官吏方面的，是赋税和徭役的繁重，及对工商业种种限制或取缔

商业资本及高利贷对小生产者之盘剥

（2）蒙古、满洲统治阶级对农工商之摧残。

比较蒙、满之掠夺方式及其后果

民族矛盾转化为阶级矛盾之过程

元之地方分权与清立中央集权之历史基础

（3）明清之际西欧海盗商人之东来严重地打击了我国资本的原始积累。

（4）商业资本没有能够参加生产，更没有转化为工业资本。

明代社会经济史讲课大纲（草稿，未完稿）

编者说明：1959年梁方仲先生曾为中山大学历史系本科生和研究生开“十四世纪至十七世纪中国国民经济史”一课。在讲义开头，他将十四世纪至十七世纪明代经济史上的主要问题（提纲）写了出来，本次整理，先将提纲置于前，后接未完稿。而本文就是按此“提纲”所写的草稿（未完成稿）。

明（1368－1644，共277年）

明朝的建立是元末农民战争胜利的结果，从五代以来（907－1368，五代初至元末）三个世纪以上，因为游牧种族相继侵入而引起的不安和破坏，至此结束，中国历史上又出现了强盛的大帝国。

自从明太祖开始，实行极端的中央集权的专制主义政治。皇帝一人总揽军、政大权。

范文澜《中国通史简编》把明标题为《封建制度更高发展时代》（第三编第七章）。这自然是包括了封建经济而言的。

在这一时期内，土地有了更高度的集中，更明显地表现在官田之扩大，皇庄与庄田之盛行，这些都不过是官僚政治高度发展的另一种方式。还有，赋役多改折为银两，但不是货币地租，这又证明了商业资本之扩大。

帝国的强大，又可从另一角度来说明：①东南经济之开发。②西南边省之开发。③国际贸易或国际交通的扩大。郑和所率领的帝国武装探险队，曾经七次巡行南洋群岛，远达非洲东岸。在欧人东来的前一百年，我们已奠定了后来华侨开发南洋的基础。

I．农民问题与土地问题

甲、从两税法到一条鞭法

目的：环绕着税制的变迁来说明农民问题与土地问题的一般情形，并结合了货币（银两）势力的抬头一点，来说明一般经济的发展。

要求：对一条鞭法的内容及其社会涵义有一明确的认识。

1．明代土地问题的严重

(1) 官田（皇庄、庄田等）之盛

“弘治十五年（1502）天下土田止四百二十二万八千零五十八顷，[其中官田（五十九万八千四百五十六顷又九十二亩）视民田得七之一。”（《明史》卷七七，《食货志一》）]

今按自著统计表第24，官田14.15%，民田85.85%，与上数正合。

若就分区言之，则：

大名府	官田99.51%	民田0.49%
松江府	官田84.52%	民田15.48%
湖　广	官田78.73%	民田21.27%
苏州府	官田62.99%	民田37.01%

王丹岑《中国农民革命史话》第296—297页据《明史·食货志》所载：嘉靖间庄田总数为200,919顷，全国耕地总面积为4,311,429顷，庄田面积占全国耕地面积5%。万历、天启两朝，当在百分之七八以上。这还是皇帝公开赐田的数目，至于诸王贵族私门的侵占，还未计算在内。

a．皇庄

天顺八年（1464）始以顺义县曹吉祥抄没地为宫中庄田（仅35顷）。

至弘治二年（1489）始盛，已有12,800顷。正德九年（1514）

共计占地37,595顷46亩。

b. 诸王、公主、勋戚、大臣、内监寺观庄田

弘治二年共有332处，共地33,000顷⁺。

嘉靖九年（1530）北直顺天、保定等六府共计419处，计地44,125顷⁺。

c. 草场

陕西省明初土田315,000顷⁺，而草场133,000顷⁺；弘治时土田260,000顷⁺，草场128,000顷⁺。

d. 东南官田

	官田（顷）	民田（顷）	官民田共（顷）	官田（%）	民田（%）
苏州府	97,786.35	57,463.62	155,249.97	62.99	37.01
松江府	39,856.33	7,300.28	47,166.61	84.52	15.48

范文澜《中国通史简编》第761页引《宣德实录》苏州知府况锺奏："苏田如按十六分计算，十五分是官田，一分是民田。"似不确。

顾亭林《日知录》卷一〇《苏松二府田赋之重》："吴中之民，有田者什一，为人佃作者十九。"（第241页）

洪武三年（1370）苏州府每年输粮100—400石，490户；500-1,000石，56户；1,000—2,000石，6户；2,000—3,800石，2户。共计554户，岁输粮150,184石。

按洪武二十六年（1393）苏州府人户491,500⁺，秋粮数2,746,900⁺石，即以占全府千分之一的户数而输百分之六的税粮。

苏州之田约占全国田的1/88，但其所出税粮约当全国1.4/10。一府的税粮比各省（浙江除外）为多。

东南又有豪强大姓，多蓄家奴。奴变。

2. 农民负担之重

a. 由于租重——无土地的佃农太多，租官田的虽可免役，但须缴纳重租。租私田的佃户，则往往为"田主"所役使。

b. 由于赋役过重——自耕农不胜负担，势非沦为佃户不可，否

则投靠富户，又影响政府的税收。

3. 一条鞭法的内容

a. 摊力役于田赋。一切苛什亦摊入田亩，以出制入。官民田一则起税，无形中将官田的负担（租额）减轻，但将民田负担提高。

b. 赋役皆折征银两。

c. 赋役的催征、收纳与解运一向责成里甲照理的，今改由地方政府统筹办理。

d. 明初订定的里甲十年一役的轮充制度，今改为每年一役——即每年出役银代替亲自供役。

4. 一条鞭的社会涵义

a. 正式承认土地私有与土地兼并为合法，但要求地主切实负担些租税。

b. 由于社会经济的发展，银两势力的抬头，亲身应役已不能继续下去。

c. 免去无田者的力役，和允许以银代役，对于农民生产力的束缚可以说是缓和了一些。

d. 改良主义既不容易贯彻且农民实际上得不到实惠，故不久又鞭上加鞭。

乙、农民起义

1. 英宗（祁镇）正统十三年（1448）八月福建邓茂七起义。十四年（1449）二月失败。四月，叶宗留失败。

2. 宪宗（见深）成化元年（1465）三月荆襄流民以刘胡子、李千斤为首大起义。

3. 熹宗（由校）天启二年（1622）五月山东白莲教徒徐鸿儒起义。

4. 思宗（由检）崇祯元年（1628）冬陕西饥，"流寇"大起。自崇祯七年（1634）起先后以闯王高迎祥、张献忠及李自成为领导。崇祯十四年（1641）李自成提出了"均田免税"的口号，势力遂驾张献忠而上。

李自成这一集团，止以经济口号为号召，并没有掺杂宗教的性质。

及清入关以后，张、李旧部都参加了民族战争。

Ⅱ．手工业之长足发展

1．生产力之提高

淮河汉水以南五岭以北地区人口增长

西汉元始二年（2年）	约700万	100	
东汉永和五年（140年）	约1,100万	160	+60%
唐天宝元年（742年）	约1,400万	200	+100%
宋崇宁元年（1102年）	约1,900万	270	+170%
明洪武二十六年（1393年）	约3,800万	550	+450%

元人著述中所谓西域，其范围自唐兀、畏吾儿，历西北三藩所封地，以达于东欧皆属焉。

西域杂受印度、犹太、波斯、希腊、阿拉伯诸国之文明。宗教由袄教而佛教、而景教、而回教。

自辽金宋偏安后，南北隔绝者三百年，至元而门户洞开，西北拓地数万里，色目人杂居汉地无禁，所有中国之声明文物，一旦尽发无遗，西域人羡慕之余，不觉事事为之仿效。

		华化人数			华化人数
葱岭东部		56	葱岭西部		68
	唐兀	8		西域	23
	畏吾儿	11		回回	20
	回鹘	2		回纥	3
	高昌	17		答失蛮	3
	北庭	1		大食	2
	龟兹	1		阿鲁浑	2

（续表）

		华化人数			华化人数
葱岭东部	乃蛮	2	葱岭西部	板勒纥城	1
	合鲁（即哈喇鲁）	2		康里	5
	哈喇鲁	2		伯牙吾氏	1
	雍古	8		也里可温	8
	斡端（即于阗）	1			
	于阗	1			
			其他		8
				朵鲁别族	1
				尼波罗国	1
				色目	6

资料来源：陈垣：《元西域人华化考》，励耘书屋版，1934，八卷。

（1）以棉纺织业为例

生产工具的发展情况：

木棉搅车（轧挤棉籽的工具）

从十四世纪前叶以后，木棉搅车代替了沿用很久的轧棉铁轴或铁杖。

元——无足搅车

明——四足搅车，能使一人全部完成轧棉的操作，不需要三人同工。每日轧皮棉六斤，出净棉二至三市斤。

三足搅车（太仓式），又有句容式，工作效率与太仓式同。克服了坐偏用力不专的缺点，每日可轧净棉三至四市斤。

在轧棉生产提高的基础上，出现了以轧花为业的工人，轧花行也可能产生了。（《古今图书集成·考工典》卷二一八）

弹弓（弹松棉花的工具）

在十四世纪初年，继一尺四五寸长的小竹弓之后，出现了四尺长的大弓（竹弧绳弦）。

明代后期，“以木为弓，蜡丝为弦”。木料沉重有力，蜡丝坚韧，显然有些进步。

明末又有钓竿弹弓（以羊肠为弦），每小时约弹十市两。

又用弹椎代替人手击弦。

木棉卷筳（卷棉为筒的工具）

筳，音庭，青韵，繀丝筦也（《说文解字》）。段注：纟部曰繀，箸丝于筟车也。按络丝者，必以丝端箸于筳。今江浙尚呼筳。

十三世纪初，江南一带已经创制卷筳，亦名棉筒。

王祯《农书》卷二一：“木棉卷筳，淮民用蜀黍梢茎，取其长而滑。今他处多用无节竹条代之。”

这种木棉卷筳，历经元、明、清三代，至今仍无丝毫变化。

繀，音碎，队韵。箸丝于筟车也（《说文解字》）。《六书故》：筟车，纺车也。著丝于筳，著筳于车，踏而转之，所谓纺也。《玉篇》：繀车，亦名轨车，今俗著丝于梭中之管，名管为筳子。其丝于织为纬。凡为筳必著于纺车。（《大字典》未四七四，第二二九六页）

纺车（纺纱用的工具）

元代，手摇纺车，一繀。

明代，足踏纺车，三繀为常（亦有一繀纺车）。三繀纺车，每日可得纱八两，粗细程度约当机制纱的七至十支。

明末，松江，四繀纺车。

江西乐安，五繀纺车。

纺成棉纱以后，上织布机前还需要作好：绕篗、牵经、打纬的工作。

棉纱“成纴后次乃用浆”。

明代后期的织布机在构造上已比元代有了改进。它安装了掉杼的钓竿和足踏板，并增加了几根承子（分综的竹竿），但仍没有缯的装置。

明代布产量，每日工作十二三小时，一般能织二市丈六七市尺，幅度不超过八市寸。

参考资料：史宏达：《试论宋元明三代棉纺织生产工具发展的历史过程》，载《历史研究》1957 年第 4 期，第 19—42 页。

（2）瓷业

景德镇在元代以前，还不能成为全国瓷业的中心，它只是商业上的贩运场所，而瓷业作坊还不能集中于一地。它说明了从庄园经济过渡到都市经济的一个过程，手工业者还不能完全脱离农业。

宋、元景德镇瓷窑有三百座。

从明朝起，景德镇成为官窑集中地，也成为中国瓷器手工业的中心。

洪武末始建御器厂。

“官窑在洪武时二十座，宣德间增至五十八座，专门为御器生产。其后官窑弊病百出，因此在隆、万时厂器，除厂内自烧官窑若干座外，余者已散搭民窑烧”。到清代，率性废除了官窑，“厂器尽搭烧民窑，照数给值”。

明御［器］厂分为二十三作，各作共记有“作头”55 名及“匠”334 名，（中有三作未记名数，故）合计当在 400 名以上。

除官匠、上工夫（为工匠之助手，编派饶州七县，共 367 名）以外，尚有［召募之］雇役，总计千人左右。

官匠以系籍官匠户者充当，遇烧造时拘集上工，又例派班银（赴南京工部上班折纳银），每班一两八钱，分为四年，每年征银四钱五分（$0.45\times4=1.8$，按即以十钱为一两）。

上工夫和砂土工，每名每日给工食银二分（一年七两二钱，$360\times0.02=7.2$）。

雇役：画役每名每日给工食银二分五厘（一年九两，$360\times0.025=9$），龙缸大匠及敲青等匠每名每日给工食银三分五厘（一年十二两六钱，$360\times0.035=12.6$）。

上班匠、上工夫和砂土夫，在明中叶以后，都由工役变成了雇佣劳动。

清顺治二年（1645 年）正式明令废除这种制度。清代“御器烧自民窑，供役虽停”，但御厂建置，仍为二十三作，名称上都有稍微变更。

明代民窑约 900 座。每窑每次不过容烧瓷器千余件，如以 200 件折合一担，则一次只烧 5 担瓷器；每年平均烧 40 次，一窑每年只 200 担。900 座窑 1 年生产 18 万担。

清代民窑二三百座，其窑身约四倍于明朝（明每座民窑用柴只八九十捆，多者不过百捆；清代每次烧柴 480 捆），故清初景德镇每年生产瓷器在 20 万担左右。

官搭民烧制度，渊源于宋元以来“有命则供，无命则止”的办法。明正统时曾由民窑进瓷器 5 万，官偿以钞。正德时亦袭用此法。到嘉靖后，就成了定制。

清代御器，尽搭民烧。

参考资料：江西省轻工业厅陶瓷研究所编：《景德镇陶瓷史稿》，北京：生活·读书·新知三联书店，1959，第 92 — 111 页。

（3）铁

明代兵器，实较优于宋、元两代，是以关于兵器之著述，亦开秦汉以来列代未曾有之实况。

明代冶铁之法，载唐顺之《武编》；茅元仪《武备志》卷一〇五，“铁钢附”；宋应星《天工开物》“锤锻第十卷”冶铁（第 187 — 188 页），“五金第十四卷”铁（第 232 — 233 页）。

参考资料：周纬：《中国兵器史稿》，北京：生活·读书·新知三联书店，1957，第 261、274 — 278 页。

（4）煤

唐代的南方，甚至在广东（廉州悦城县）亦有石炭矿（名曰

“樵石”）的开采。（刘恂《岭表录异》卷上）

宋设专官管理，与木炭并课税收，且实行专卖。

自古以来石炭便与冶铁有密切的关系。据《山海经》，石炭之发现当在春秋战国时。

宋元以来，石炭成为全国普遍采用的燃料。冯承钧译《马可波罗行纪》第11章对中国“用石作燃料”感到惊奇。［天然煤气的利用，号为最早的英国是在1668年（康熙七年），实已晚于中国一千多年（参考《华阳国志》卷三，及扬雄《蜀都赋》）］

宋元以来，北方多称坚块的为炭，细屑的为煤，合称煤炭。

参考资料：燕羽：《中国人民对燃料的发现和使用》，载李光璧、钱君晔编：《中国科学技术发明和科学技术人物论集》，北京：生活·读书·新知三联书店，1955，第143－162页。

2. 官手工业和私手工业的矛盾

（1）官手工业是供给政府（或封建统治集团少数人）用，非商品生产；私手工业是供给各地人民的需要，是商品生产

（2）官手工业的两个时期

a. 从秦汉到唐中叶，即从公元前三世纪末到公元八世纪中叶。

b. 从唐中叶到明末，即从公元八世纪中叶到十七世纪中叶。

在第一个时期，官手工业中的劳动力主要是由官奴婢、徒、匠、卒来担负的。

在第二个时期，在劳动力方面官奴婢重要性消失和工役制缓慢地生长。其次，盐铁及其他矿冶，由官府直接经营作为支配的经营形式。

（3）官手工业对封建专制主义的积极作用

a. 在于社会职能的体现，特别是在灌溉、治水及交通工程的总的经营上。

b. 在于通过手工业生产的方式，压榨农业生产力以外的劳动力，

为皇家生产手工业成品。

c. 在于抑制豪强地主。

(4) 官手工业对社会生产力的束缚

在以下两种条件之下，官手工业的某些作业可能起着扩大或推动社会生产的作用。

a. 社会生产所需要的手工作业，私人不可能举办。

b. 为了生产的需要或为了推广生产技术的需要而进行若干作业的改良，如汉武帝时赵过所制的田器，宋太祖时所制的踏犁。

相反地，官手工业对社会生产力的束缚是无限度的。历代统治集团把手工业劳动力固定起来的办法有三个。

a. 控制劳动力的编制。

b. 加强手工业者和农业的结合。

c. 巩固手工业技术的世代传袭。

生产过程的个体性质和封建所有制本是封建生产过程中的基本矛盾（《论封建社会形态的基本经济法则》，载《史学译丛》1954 年第 1 期），而官手工业的统治形式更加强了这种矛盾，个体生产的自由发展愈为官手工业所限制，则封建社会转为资本主义社会的条件愈显得薄弱。

(5) 手工业者对封建统治集团的阶级斗争方法

a. 劳动者故意将成品的质量降低。

b. 逃亡。

c. 怠工。

d. 武装斗争，是斗争的高度发展。

参考资料：白寿彝、王毓铨：《说秦汉到明末官手工业和封建制度的关系》，载《历史研究》1954 年第 5 期，第 63—98 页。

3. 私营手工场的出现及其逐渐发展

(1) 元末杭州丝织业“杼机四五具，工十数人”，“日佣为钱二百缗（贯）”（钞）。（徐一夔《始丰稿》，“织工对”）

（2）成化末年（1487 年）杭州张瀚的祖父张毅庵，由银一锭购机一张，织诸色纻币，利润高达五分之一，两旬又增一机，后增至二十余机。（《松窗梦语》卷七《异闻记》）

（3）万历（1573 — 1620 年）苏州织缎纱，各有分工，仍以家庭生产为单位，都雇佣男性（非女性）工匠。“（大、小）机户出资，机工出力”，有行头作中间人。（《苏州府志》）

（4）十七世纪末到十九世纪初中国封建社会的工场手工业。（彭泽益相关研究）

4. 工匠逐渐获得“自由”身份

元代特别优待有技术的色目工匠。

明代工匠（轮班匠）以银代役，始于成化二十一年（1485 年），嘉靖四十一年（1562 年）全国班匠普遍征银。

清代顺治二年（1645 年）明令废除班匠制。

5. 农业与家庭手工业之密切结合仍占有最主要的地位。

Ⅲ. 商业之巨大发展

1. 国内贸易

①市集及集散中心之增加。

a. 小都会与村落之市——草市，悉在州县城之外，有距离甚远者。唐制，“诸非州县之所，不得置市”。

b. 镇市——由唐至宋，构成县之地方区分者为乡。至《元丰九域志》始于每县之下，列举乡、镇之数目与名称。镇名始于后魏，初为镇使或镇将率领兵马屯驻之所。至宋太祖罢免镇使、镇将，迁其职权于知县，所有之镇大半废止，唯于商业繁盛之区则暂保此制，委置监官，掌管烟火盗贼并商税榷酤之事。自是以后，镇乃为一小商业之都市矣。有些镇是由草市之发达而形成者。

c. 定期市——村墟乡落间之墟市、坊场、集场、场、市集，均为定期市之别名。

自宋起，商业区域之“市”之制度崩坏，同时，坊之制度亦随之破灭，商店开设都城内到处之大街上，不问昼夜，均可营业，此乃都市商业不受地域与时间限制之结果。

参考资料：加藤繁：《唐宋之草市》，驹井和爱等著，杨炼译：《中国历代社会研究》，上海：商务印书馆，1935，第45－84页。

d. 集散中心之形成

上海——在明清之际，非但为对北方之棉布出口场，且为对闽粤之棉花出口场。种棉者为［本地］农户，操织棉业者又别为一种人也。

参考资料：李剑农：《宋元明经济史稿》，北京：生活·读书·新知三联书店，1957，第49－50页。

芜湖

②生产、运销地区之分工和专业化。

十六世纪中种桑、育蚕，仅东南之湖州、四川北之阆中二地特盛。

机织业，东南集中于三吴越闽，西北则唯潞。

“吉贝则泛舟而鬻诸南，布则泛舟而鬻诸北。”

2. 国外贸易——重点从陆路转移到海洋

自八世纪初至十五世纪末欧人来东洋之前，凡八百年间，执世界通商之牛耳者，为阿拉伯人。

当阿拉伯人未盛之时，海上贸易疑在波斯人掌握中。七世纪（601－700年，隋文帝仁寿元年至周武则天久视元年）末年以前中国僧徒航南海者，所乘多波斯船。八世纪后，波斯船外，始有大食（即阿拉伯帝国）及其他贾舶。

唐与北宋之互市，均以广州为第一。

北宋末至南宋间，泉州之外国贸易渐盛。至宋、元之交，竟凌驾广州而上之。

南宋晚年，任泉州提举市舶三十年之蒲（Abu）寿庚，其祖先居广州为富商，自其父始迁泉州。寿庚以元世祖至元十三年（1276 年）降元。至元十八年（1281 年）八月，进福建行省中书左丞（正二品），命寿庚等招谕海外，以复互市。于是占城（Champa）、马八儿（Mâbar）二国首来通商，其他诸国二十余国次第仿之。元代互市遂臻于盛。

参考资料：桑原骘藏著，陈裕菁译：《蒲寿庚考》，北京：中华书局，1954。

自明正德后，阿拉伯回教诸国贸易渐衰，而南洋、西洋诸国则渐盛。

3. 商业资本之兴盛及其局限性应与 7. 中国商业资本之封建性一节合并。

明代嘉靖（1522 — 1566 年）后期天下首富十七家：严世蕃、蜀王、太监黄忠等，与山西三姓、徽州二姓与土官贵州安宣慰，“积赀满五十万以上，方居首等。前是无锡有邹望者将百万，安国者过五十万。今吴兴董尚书家过百万，嘉兴项氏将百万，项之金银古玩实胜董，田宅典库赀产不如耳。大珰冯保、张宏家赀皆直二百万以上。武清李侯当亦过百万矣”。(《弇州史料后集》卷三十六)

华麟祥，号海月，无锡人，贩卖扳枝花，得银几百万。(《花村看行传者偶录》,《花村谈往》卷二)

“平阳泽潞豪商大贾甲天下，非数十万不称富。……其合伙而商者，名曰伙计，一人出本，众伙共而商之，虽不誓而无私藏。……故有本无本者咸得以为生。且富家蓄藏不于家，而尽散之为伙计。估人产者但数其大小伙计若干，则数十百万产可屈指矣。所以富者不能遽贫，贫者可以立富，其居室善而行止胜也。”（沈思孝：《晋录》，傅

衣凌：《明清时代商人及商业资本》，北京：人民出版社，1956，第46页，注76）

梁嘉彬：《广东十三行考》，上海：国立编译馆，1937，第292页：怡和行总商伍秉鉴（Howqua，Woo Pinkien，1765－1843，乾隆三十至道光二十三年），在1834（道光十四）年之财产总额，为二千六百万元以上。

4. 货币经济之发展——从元代纸币到明清时代之银两

中国用纸币，到元朝时已经有了三百年的历史。但以前为兑换券性质，代替金银钱币的流通。至元廿四年（1287年）发行的正元宝钞，是真正的不兑现纸币，且明定为法偿币。

元代从1260－1356年（世祖至元二十至顺帝至正十六）97年间共发行了（折合中统钞数）366,922,526锭（每锭=银五十两，或铜钱五十贯）。

其流通范围，远至和林（今蒙古人民共和国）、南洋、西域等地。

北宋真宗（998－1002年）时设益州交子务，发行交子，其前则由16家富商联保作交子。南宋时有会子，金行交钞，是世界上最先的。瑞典所发银行券，始于1661年（顺治十八），英国英格兰银行发行纸币始于1694年（康熙三十三）。马可·波罗曾将元纸币情况报告欧洲，然不能仿造，因印刷术尚未发达之故。

明自万历元年至崇祯元年（1573－1644年）72年中，葡、西、日本诸国由贸易而输入中国的银元，至少在一亿元以上。

崇祯末年全国的白银估计约有二万五千万两（彭信威：《中国货币史》，上海：上海人民出版社，1958，第431页）。

5. 城市之兴盛——城乡经济联系之加强

北京

杭州

南京

扬州

淮安、济宁、东昌、临清（夺去昔日大名之地位）、德州、直沽

（天津）——以上为（会通河成后）运河所经。

市舶司所在地：

元	明	清康熙二十四年（1685 年）
广州	广州	粤海榷关（澳门）
泉州	泉州	闽海榷关（漳州府海澄县。厦门属泉州府晋江县，在同安县东南，乃后来之事。《辞典》1002）
温州		
庆元（宋元明通日本的主要港口）	宁波	浙海榷关（宁波）
杭州		
澉浦（今海盐）		
上海		江海榷关（云台山，今江苏丹徒县城西北，濒临大江。《辞典》971）
	太仓	

中国城市之特点

清朝统治下的中国城市，成了支持其政权的据点。城市驻军和官僚机关随时可以对付城市居民和农民。俄罗斯国大使斯巴伐里曾经这样描写十七世纪七十年代的北京："那个城市的雄伟与壮丽，超过欧洲一切城市。"

雷斯涅尔、鲁布佐夫主编，丁则良等译：《东方各国近代史》第一卷，北京：生活·读书·新知三联书店，1957，第 267 页

6. 南北交通之改善

（1）元海运（海上交通）

自宋元以来，我国与印度支那半岛、马来半岛、印度尼西亚诸岛、菲律宾群岛、印度半岛及巴基斯坦、波斯湾沿岸、阿拉伯半岛、埃及和东非洲、地中海沿岸均有交通。

1453年（景泰四年）君士坦丁堡被突厥人占据以后，欧亚一向经由地中海以至波斯湾红海的陆路贸易至是皆为回教徒所垄断，欧洲商人于是努力于寻求从非洲的南端以直通印度的海上航线（Lybyer，A. H. 驳此说）。

在陆路交通，明固不及元时，而明代在南海之海上经营，则较元代为犹过之。

元太祖曾南征印度，而南洋诸国，如占城、俱兰、马八儿（Mâbar）、须门那（Semenat）、僧急里（Cyrgilin）、狮子国（锡兰）、八罗孛（Malabar）诸国俱朝贡通商，据拔都他（Ibn Batuta，今译伊本·白图泰——整理者注）游记所述，这时中印间的海上交通都掌握在中国人手中，而中国制造之船舶，往来于南海上者，数目也是很多的。

宋、元时我国的海舶是当时太平洋西部、南洋及印度洋一带最先进的船舶，设备最完全，容量最大，船员的航行技术最高。

元时海舶主要的建造地是扬州、湖南、赣州、泉州等地，当时参加海运的有上海所造的平底海船及福建"浙东船"、温台"庆元船"、绍兴"浙西船"等名称；而广州、泉州所造海舶，仍特别闻名于南洋各地。

元朝海运主要是由平江路刘家港（今太仓浏河）出发，到达今天津市附近的界河口（今海河口），以达大都（北京）。航行的路线，曾有过几次改变，都不外是避免近海的浅沙，取道远洋的航行，完全依靠利用风力，并且还能和夏天半年中太平洋西部"黑潮暖流"西边的支流的流向相配合，所以非常迅速，十天左右便可由长江口到达大都。起运季节，多在阴历四五月以后，不但可以配合海流，而且可以充分利用初夏以后来自南方的信风。只有高度发达的航海技术，才能办到。

世祖至元十九年（1282年）丞相伯颜建议海道运粮，由私盐贩、海盗出身的朱清、张瑄负责，初年仅46,050石，到天历二年（1329年）增到3,522,163石，约占元每年收粮总数的3/10。

明代，海运不如元之盛，且屡有废兴。以永乐间为最盛，北京、辽东二处每岁约共一百万石。由淮安至天津卫的海道，守风五日，行仅一旬亦可到达。

清漕米，道光四年（1824 年）以前系内河漕运，以后始改为海运，系采用户部尚书英和的建议。此后，以商运代官运，每年运米一百五六十万石。由上海开行，经过山东洋面，航行至天津，计水程四千余里，约逾旬日而至。

（2）漕运

元开通惠河中，始于至元二十九年（1292 年）秋，成于三十年秋，为都水监郭守敬所建议。河道，自昌平县白浮村引神山泉，西折南转，引玉泉诸水，至大都（北京）西门入城，南汇为积水潭，东南出文明门，东至通州，入白河，总长 164 里余，共费 2,850,000 工，省陆车免官粮之苦。

会通河 起东昌路须城县、安山之西南，由寿张西北至东昌，又西北至于临清，以达于御河，共长 250 余里。至元二十六年（1289 年）正月开始开凿，六月开成，共役使 2,510,748 工。以后屡加修葺，到泰定二年（1325 年），方才完工，前后开河工程共达 37 年之久。开凿目的，在使汶水与御河（即京兆宛平县之玉泉，即古如浑水，《辞典》805；山西大同县东北四十里，自塞外南流入，又南至县东南入桑乾河，今名御河。《辞典》301）相通，以便公私漕贩。此河成后，江南行省起运诸物，都由这河达于御河，更经白河通惠河以达于大都。

明会通河 未必完全按着元旧址浚修的。永乐九年（1411 年）派宋礼等浚之，自济宁引汶泗之水，至临清，通漳河御河，北入于海。由济宁至临清 385 里，长于元《河渠志》所记里数。

大通河 即元之通惠河。永乐四年（1406 年）虽加修治，但通州未久，自通州张家湾运至都下之粮俱用车搬运。嘉靖六年（1527 年）修复，明年河成，岁省车赀费 20 余万。

清代黄河水患，不减元明。而黄河南行，淮先受病；淮病而运河亦病。

康熙二十五年（1686 年）总河靳辅开中河（《辞典》102），以避黄河百八十里之险，比较有积极的意义。中河在江苏淮阴县西北，即运河下流也。自骆马湖凿渠，历苏北宿迁、桃源二县，至清河仲家庄出口（清河，故城在今淮阴县东十里大清河口，乾隆间移治清江浦运河南岸，民国改为淮阴，《辞典》831；清口，在今淮阴县西南，古泗水入淮之口，亦名清河口。旧为黄、淮交汇之处，《辞典》828；桃源县，金于宿迁县之桃园镇置淮滨县，寻废，元复置，改曰桃园县，明曰桃源，清属江苏淮安府，民国改为泗阳，《辞典》712）。粮船北上，出清口后，行黄河数里，即入中河，直达张庄运口，以避黄河百八十里之险。（张庄，《辞典》802。）

（3）驿站。

①元代远北至高丽，南至安南，西北三藩（金帐汗国），贯穿欧亚两洲。

站赤，即 jǎmči 的音译，赤是蒙古语职司者或官之意。

站赤有：陆站、水站，也有水陆相兼之站。其为前代所无，而为元所特有者，如下：

a. 蒙古站（一称达达站）和汉人站。前者设在蒙古境内，由蒙古人当站；后者设在中国本部，由汉人当站。

b. 狗站——居住在松花江、混同江两岸、黑龙江下游的少数民族——赫哲族。

c. 海青站——专供军用。

d. 海站——内海道经行。至元二十六年（1289 年）自泉州至杭州□海站 15 站。

元代站赤户，是“查照军籍内无姓名者，又原籍贴户不曾应当差役者”充之。马匹由站户所买（前代本由公家备置）。“站夫之名，肇见于元，盖自此遂为民役矣。”（《天下郡国利病书》）每户限田四顷免岁赋，以供铺马只应。

设立的目的：用作镇压被征服的各族广大人民的交通工具，满足蒙古封建统治阶级的经济要求，用作官用交通通信机关、旅行机构，故急递铺人民无权利用。在客观上对商贩也起一定的影响。

急递铺宋时已有，设于“此一驿与彼一驿”之间，距离为十、十五或二十五里不等。初时原为转递重要官署较为紧急的文书，设立以后，一般官署非关紧急的文件，甚至文书以外的许多实物，也由它转递了。

参考资料：潘念慈：《关于元代的驿传》，载《历史研究》1959年第2期。

陈得芝、施一揆：《“关于元代的驿传”一文的资料问题》，载《历史研究》1959年第7期。

②明代驿邮之事，掌于兵部车驾清吏司。驿邮制度，略如元代。有会同馆（是站赤之在京师者），有水马驿（即元之站赤），有急递铺（递公文），有递运所（掌运输，设置车辆船只运米等）。明以载驿致亡。

③清代或称驿，或称站，或称塘，或称台，或称所，或称铺。

又有捷报处，尝接驰奏之折而递于宫门。又有各省驻京提塘官16人，掌递部院官文书送敕即以达于本官。

清季，邮政局成立，驿站事务改归邮传部受理。

民国三年（1914年），驿站尽裁。

7. 中国商业资本之封建性

①商业资本之兴盛及其局限性。

②与高利贷资本密切相结合。

③买卖土地是商人资本的一条重要出路。

④地主、商人、官僚三位一体。

Ⅳ. 经济发展的不平衡

1. 南北人口和财赋之分布

根据万历会典计算，洪武二十六年：苏州一府以仅占全国 1.16% 的田地面积，纳全国 9.55% 税粮；松江一府以仅占全国 0.6% 的田地面积，纳全国 4.14% 税粮。合计以占全国 1.76% 的田地面积，纳全国 13.69% 税粮。

2. 农村人口占绝对多数，但财富集中于城市少数统治者的手中。

1935 年（民国 24 年）国民党政府主计处统计局估计，我国农村人口约占全国人口 75%，依此则都市人口应为 25%。

中国五大都市人口统计（1936—1937）

上海	3, 795, 314
北平	1, 550, 561
广州	1, 142, 829
天津	1, 081, 072
南京	1, 019, 148

中国人口十万以上都市数及占全人口百分比与各国比较表

	人口十万以上的都市	占全人口的百分比
中国	112	6.4
澳大利亚	6	47.8
英国	42	44.2
纽西兰	3	34.5
奥国	3	32.5
美国	93	29.6
荷兰	6	27.5
德国	46	26.6
阿根廷	4	25.8

据中国年鉴估计，我国住于 2,500 人以下的农村及小村者，约有 66%；住于 2,500 至 1 万人口的市镇者，约有 22%；住于 1 万～5 万

人口的小都会者，约有6%；住于5万人口以上的都市者，约有6%。

参考资料：孙本文：《现代中国社会问题》第二册（人口问题），重庆：商务印书馆，1943，第114—120页。

3. 商业之畸形发展（相对于农工业而言）

a. 商业赢利较高

《史记·货殖列传》说："夫用贫求富，农不如工，工不如商。"

（未完成）

历代兵制

编者说明：本篇是讲演提纲稿，最后一页前关于太平天国时的民兵内容脱漏了，无法补齐，故注为“略”。但从夏、商至清的兵制，叙述系统、全面，且有研究心得，学术价值甚高，可供研究兵制的学者参考。

Ⅰ．贵族兵时期西周至春秋时期的兵制

夏商兵制，文献不足征。西周一代的记述，史料亦多不可靠，如《王制》《周礼》现均审定为战国或至西汉末后人伪托之书。关于传说上的西周兵制，据《周礼》：

（大司徒）令五家为比，使之相保；五比为闾，使之相受；五闾为族，使之相葬；五族为党，使之相救；五党为州，使之相赒；五州为乡，使之相宾。（保甲制度、婚丧礼葬）

（小司徒）乃会万民之卒伍而用之：五人为伍，五伍为两，四两为卒，五卒为旅，五旅为师，五师为军。以起军旅，以作田役，以比追胥，以令贡赋。

（夏官序）凡制军，万有二千五百人为军。王（天子）六军，（公）大国三军，（侯伯）次国二军，（子男）小国一军，军将皆命卿。二千有五百人为师，师帅皆中大夫。五百人为旅，旅帅皆下大夫。百人为卒，卒长皆上士。二十五人为两，两司马皆中士。五人为伍，伍皆有长。

《汉书·刑法志》是根据于《司马法》的：

因井田而制军赋，地方一里为井……有税有赋，税以足食，

赋以足兵。故四井为邑；四邑为丘；丘十六井也，有戎马一匹，牛三头；四丘为甸，甸六十四井也，有戎马四匹，兵车一乘，牛十二头，甲士三人，卒七十二人，干戈备具，是谓乘马之法。

以上见另表。

由上可见传说上之西周兵制是：①寓兵于农；②编制法是根据于乡村自治的组织，征集以丘及甸为基础。但应注意，此时不是人人服兵役，因为根据（小司徒）：

上地家七人，可任也者家三人；中地家六人，可任也者，二家五人；下地家五人，可任也者家二人。凡起徒役，毋过家一人。……一井凡八家，姑以下地言之，则可任者十六人，然一井止出八人配。

又从当时记载的土地与人口计算，亦知道不是人人当兵。如天子王畿内六乡六遂，实可制十二军，然仅制六军，可见当时之不尽民力也。

关于春秋时代，虽有《左传》《国语》内容比较丰富，我们对于当时的兵制，除齐国在管仲时期，其他各国的情形都知得不很清楚。据《国语·齐语》中：

管子于是制国以为二十一乡，工商之乡六，士乡十五。公帅五乡焉，国子帅五乡焉，高子帅五乡焉。（国子，公卿、大夫之子弟。）

当时军队的组织与行政组织是二位一体的，行政的划分如下：

每轨五家——由轨长治理；

十轨为里——由里有司治理；

四里为连——由连长治理；

十连为乡——由乡良人治理；

十五乡为国。

与这个行政划分并行的是管仲制定的军政制度：

每轨五家，出五人——五人为伍，由轨长统率；

每里五十人——五十人为小戎，即戎车一乘，由里有司统率；

每连二百人——二百人为卒，合戎车四乘，由连长统率；

每乡二千人——二千人为旅，合戎车四十乘，由乡良人统率；

每五乡万人——万人为军，合戎车二百乘；

全国十五乡共三万人——全国三军，戎车六百乘，由国君、国子、高子分别统率。

所谓“国”，是指近国都与附近的地方，野鄙之农不在农。农民之优秀者选择为士，另有规定。由上可知近京都的二十乡只有士乡的人才当兵，其余工商之乡六，都没有军事义务。所谓“士”，大概都是世袭的贵族，历来以战争为主要职务的。在春秋时代，上至国君，甚至天子（如周桓王率诸侯伐郑，祝聃射王中肩——《左传》鲁桓五年秋），下至一般士族阶级，都以上阵为职务，为荣誉，为乐趣。他们没有文武的分别。

Ⅱ．征兵募兵并行时期——战国至秦时期的兵制

有三点变迁足以注意：①文武的分离开始出现，一方面新兴的文人如苏秦、张仪等游说之士，一方面专习武技受聘为人卖命的游侠如聂政、荆轲之流。②列国扩充军备，励行征兵。故坑杀人数动以数十万计（秦昭襄王十四年白起攻韩、魏于伊阙，斩首二十四万；昭襄王四十七年白起破赵于长平，坑降卒四十余万）。③厌战的心理逐渐发生，如墨子“非攻”主张。同时兵的身份逐渐低降，构成兵的分子逐渐下流。

秦行全国皆兵制，以混合天下。但自始皇吞灭六国后，收天下之兵，聚之咸阳，又禁民间私藏兵器。初时军队只限于秦人，其后因疆域渐广，兵力不够分配。故于始皇三十三年（前214年），“发诸尝逋亡人、赘婿、贾人，略取陆梁地（今两广地）”。这些都是下流分子。及秦二世，各地起兵叛秦，多是乌合之众。如陈胜起兵的基本队伍是发遣屯戍渔阳的人，彭越起兵时所领的不过是强盗与流浪少年，黥布也是强盗头目，郦商是流氓头目。《史记》中常常讲到这些人到各处“略人”“略地”，或“徇地”。所谓“略人”就是招募流氓的意思。

秦亡以后，国家的军队倾覆，私人的军队起来，民族的意识已消沉下去。

Ⅲ．西汉初期

汉初理论上实行征兵制。当时力役与军役是同一件事。民与兵是没有多大分别的。

西汉平民到了二十岁（其后推晚到二十三岁），至五十六岁时，都得为政府服役。第一种为“正卒”，一共两年，一年到京都作卫士，一年在本郡县当兵。当时力役与军役是分不甚清的。到京都的，一部分给事于京都诸官府，一部分去卫守长安一带皇家的庙寝陵园，另一部分编成为中央的南北军。南军以卫宫禁，卫尉掌之；北军以卫京师，外备征伐，中尉（后执金吾）掌之。在长安作卫士一年以后，回来在本地方当兵一年。这一年完全是军事训练。每年秋收以后，八九月间，郡太守、都尉、令长把他们招集到郡的首邑，“都试”一下以定高下。作车骑兵的叫作轻车骑士；作步兵的叫作材官；近水处习战射行船的叫作楼船。国家无事时作老百姓，兼为地方的警备兵。［可谓之初期民兵（地方兵正式成立）］国家有战争时是要征发的。第二种叫作“戍边”，也称“徭戍”，就是到边疆上去守御。每人一生之中必须戍边一年，但得延长至六个月。第三种是“更卒”。在中央当差称“正卒”，在乡间当差称“更卒”，就是人民轮流替换着到本地官府服务，每年一个月。自己亲身去服务叫作“践更”，自己不愿去的可以出钱三百文，雇人代劳，叫作“过更”。按戍边亦可过更（按有服虔及如淳两说，今用服说）。

但事实上并非全民皆服兵役，因有两种避免方法：①复役，如皇室、宗室、诸王、王子、侯的宗族、外戚，全国官吏除最低级外，及其他种种特殊状态皆得免役。②出钱亦可免役，更卒和戍边固然可以用钱代，至于正卒和战时的征调，则可以买爵方法去避免。汉爵一共分二十级。自第一级公士到第八级公乘是民爵，没有什么好处；但自第九级武大夫至第十八级大庶长是官爵，就不事一切徭役了。第十

九、二十级是侯爵，有食邑，非有功皇帝特封，是买不到的。

因此事实上，汉代一切的徭役（兵役在内），有钱者和有势者都可以设法避免，只有无钱者平民老百姓负担之。

Ⅳ．汉武帝至东汉时期（募兵制度盛行）

武帝对于兵制改革甚多，这因连年用武的结果：第一，即位后招募精兵维护京师。第一种称期门，次一等的称羽林。选北地陇西良家子能骑射者充之。从此南北军的组织也起了变化。第二，发囚徒为兵，这虽不始于武帝，但武帝元鼎五年（前112年）征南越，又发囚徒。自此以后昭帝、宣帝两朝征朝鲜、西域、西羌等地，亦常常用之。第三，用外国人当兵，称“属国兵”，这也不始于汉武，但武帝才大批地任用。如征南越用夜郎兵；改革以后的北军，越骑校尉、长水校尉和胡骑校尉所领的是胡人。北军以外所谓属国兵大半是匈奴人。

武帝这些改革有两个原因：第一是感觉到以前征兵的方法，时间上既不能持久，人数上也不敷应用；第二是感到民兵的训练不足，不足以御匈奴。但自这些改革以后，往日兵民不分，至是兵民分立。又因构成军队的分子多为流氓、外族，甚难驾驭，更进而为兵民对立了。这种情形，一直到王莽时还是如此，而且更有甚者，是时三辅之地也“盗贼麻起”，遣兵捕剿，“军师放纵，百姓重困”，又到了兵匪不分的时期。

及东汉光武建武七年（31年）乃下令废除郡国兵，自此只有中央军，没有地方军，并且外族在军队中占很重要的地位。又因地方兵之废去，所以各郡太守不能不招募些保安地方兵，以致形成末年各地州牧的割据状态。当时多用乡兵以维持本地治安，如应劭于献帝初平二年（191年）守太山，黄巾贼入郡界，“劭纠率文武，连与贼战，前后斩首数千级，获生口老弱万余人，辎重二千余两。贼皆退却，郡内以安”。

民兵至此逐渐重要。

V. 企图恢复全国皆兵制度时期——魏晋南北朝至隋唐

三国之世，史但言魏，于京师置南北两军，州有都督以掌兵权，蜀置五军，吴则多备舟师，如此而已，以外详细兵备不得而知（蜀兵有“宾叟”“青羌”之名，吴师立“丹阳青巾”“交州义士”之名，大抵俱为地方之兵）大约多仍汉代之旧，唯兵权外聚于州牧，内属于大将军，而成为内轻外重之势。

两晋兵制，大约与汉魏同。平吴后，悉去州郡兵。大郡置武吏百人，小郡五十人。然惩魏氏孤立，大封同姓。大国三军，兵五千人；次国二军，兵三千人；小国一军，兵千五百人。晚乃并遣诸王，假之节钺，各统方州军事，由此诸王擅兵，动以万数，乘隙而起，自相鱼肉。继以盗贼蜂起，州郡不能制。重以五胡云扰，所在牧守，弱者弃地，强者称盟，而民间豪杰，亦多聚为“坞壁”，以寇抄为事。迄乎南渡，复刺史典兵，而州镇特重。然征调不出三吴，大发毋过三万，每议出讨，多取“奴兵”，百姓怨嗟，临阵辄败。终东晋世，唯谢玄以精锐八千，大破苻坚八万于淝水，盖北府兵而已。

南北朝虽为一长期战争时代，但所用之兵，多系临时招募。魏孝文帝行均田法，户口始有可稽，渐复征兵之制。东西魏与周齐对峙，战争剧烈，遂行征兵。

南朝兵制，征发召募，二者并行。

北朝承外族之余风，多偏重征发。后魏初年，按户出马，每六十户出戎马一匹，其后每二十户出戎马一匹，牛一头。其余兵制，亦莫能晓。

西魏北周和隋唐间行府兵制，实为一种复古的运动（①兵农合一。②兵民分治。③将不专兵）。西魏大统八年（542 年）置六军，合为百府，是为隋唐府兵制度之基。北周兵制与西魏同（置六军，籍六等之民，择材力之士为之，合为百府）。

隋之兵制，大抵承周齐府兵之制，而特加润色。于是有十二卫之制，亦合为百府。凡十二将军统摄诸府，大将军以下有郎将，有副郎将、坊主、团主，以相统治。其外又有“骠骑”“车骑”之府，二府各有将军。其后又颇有更置。

唐太宗时依隋制置折冲府六百三十四于十道。折冲府分三等，以兵一千二百人为上府，一千人中府，八百人下府。府兵不仅镇压地方，并每年番上交代宿卫京师。人民二十为兵，六十而免，能骑射者为越骑，其余则为步兵。每年冬祭，折冲都尉集府兵习军阵进退之法。平时则使之耕作，值番者使之宿卫。

所应注意，唐代府兵实行时期，仍然要招募兵卒，以资调剂，并且利用番卒。及后府兵制度破坏，富者行钱参免，贫者逃亡，又或官吏私役，役限延长，以致人民厌恶当兵（府兵宿卫多不时至）。及玄宗开元十年（722 年）以府兵番役多不时至，宿卫不能给，宰相张说请一切募士宿卫，府兵最重要的责任，至此不复负担。十一年取京兆、蒲、同、岐、华（州）府兵及白丁，益以潞州长从兵，共十二万人，号长从宿卫，明年十二年，更号彍骑，入隶十二卫，为六番，每卫万人。其后彍骑之法亦不能持久，而诸州府兵，则益颓废，卒至募市民以充宿卫，一遇安禄山之乱，即败散不中用，而天下于以大乱。乱后，藩镇之势渐强，坐拥大兵，盘踞各地，而府兵及彍骑，两法俱绝。

Ⅵ．募兵盛行及完全募兵时期——宋

唐末迄于五代，骄兵惰卒，率不用命，逐将弑君，习为故常，为中国兵制史上一混乱时期。

北宋初年兵制，分禁、厢、乡、蕃四等。禁兵，乃天子的亲兵，守卫京师，且备征伐。厢兵乃由诸州募集而供役使者。以上两种，皆出于召募。蕃兵者，招徕塞下内属诸部落团结以为藩篱之兵也。

晋初置乡兵，号天威军，村民不娴军旅，不可用，悉罢之，但令七户输钱十千。开运元年（944 年）命诸道州府点集乡兵，率以税户七家，共出一卒。宋开宝（968 年）以后阅民为师徒，有“义师”“新拟生军”“新拟军”“围军”“拔山军”，使物力户为帅统率之。

乡兵即民兵，民兵至宋而盛。其法或选自户籍，或土民应募，皆教以武事，在所团结训练，以为防守之兵。五代周广顺中（951－953年）点秦州税户充保毅军，宋仍之。真宗咸平四年（1001年），令陕西保税人户家出一丁号曰保毅，官给粮，使分番戍守。五年，陕西缘边丁壮充保毅者，至六万八千七百七十五人。河北强壮，恐夺其农时，则以十月至正月旬休日召集而教阅之。当是时河北河东有神锐、忠勇、强壮，河北有忠顺、强人，陕西有保毅赀户强人、强人弓手，河东陕西有弓箭手，河北东陕西有义勇，麟州（陕西）有义兵，川陕有土丁壮丁，荆湖南北有弩手土丁，广南东西有枪手土丁及壮丁，邕州（今邕宁）有溪洞壮丁土丁，此皆乡兵之类别也。而诸乡兵之中，以义勇为最著。仁宗庆历中（1041－1048年）籍河北强壮得二十九万五千，拣拾之七为义勇，且籍民丁以补其不足，河东拣选如河北法。英宗治平元年（1064年）韩琦上言："今之义勇，河北几十五万，河东几八万，勇悍纯实，出于天性，而物力资产父母妻子之所系，若稍加简练，与唐府兵何异？陕西尝刺弓手为保捷，河北河东陕西，皆控西北，事当一体，请于陕西诸州涅手背点义勇，为便。"帝纳其言，乃籍陕西主户三丁之一刺之，得十三万八千余人。于是三路乡兵，唯义勇最盛。然纪略不可用，司马光力陈不可，琦虽语塞，而事不为止，后竟为陕西之患。

以所用的兵器而名，如：乡弓手、弓箭手、弩手、枪手、枪仗手等。

用代表威武忠勇的名称：义勇、义军、义兵、神锐、忠勇、忠义、忠顺、勇敢、效用、保胜、保毅、强壮、强人、壮丁等。

以组成的分子起名：土丁。

真宗天禧兵总数912,000。

仁宗庆历兵总数1,259,000。

英宗治平民兵数230,000（80,000+150,000）。

到了宋代，民兵在全国兵制上似也占一颇重要位置，如司令许应龙说，"民兵可用，胜于官兵"，可见一斑。又，宋祁的《庆历兵录序》一文内，关于兵的分类，比《宋史·兵志》添出“役兵”一类。但无乡兵蕃兵，而有“民兵”，民兵的界说如下：“民兵，农之健者而材者籍之，视乡县大小而为之数，有部曲，无营壁。”

此外，王安石的保甲法亦值得一述。保甲法者，以十家为一保，选主户之有干力者一人为保长；十保为一大保，选一人为大保长；十大保为一都保，选众所服者为“都保正”以令部下保丁，使各贮弓箭，讲习武技。保甲法行，募兵稍衰，顾此法废置不定，故民兵之制，卒亦衰替。

安石言：“先王以农为兵，今欲公私财不匮，当罢募兵用民兵。”乃立保甲法。先自畿甸行之，而后推及于诸路。都保正、保长，皆以选举。后司马光极言不便，保甲遂罢，经行期限凡十五年。

在北宋为募兵与征兵并行制，其后渐变为纯粹募兵制，至南宋中叶此变迁已完成。又其时各镇皆宿重兵，与北宋之世不同。又，当时各地自动集合“义勇兵”，如宗泽、岳飞皆领此以拒外虏。光宗、宁宗间卫博（与朱子同时）上言：“……为今之计，莫若检举往年忠义、巡社、乡兵、弓手之制，别行讨论，厚为赏格，多为爵级，多给告命，州委之守，县委之令，劝诱豪民，纠合乡里应募之士；奸民惰卒亡命废锢之人，尽得出于其间。其愿保乡里者为一将，其愿卫边者则为一将。明谕之以不刺面、不涅手，事已则复归田里。为之纠合者及几人，授某官，满岁无过，增某秩；有克获者，受某赏；其在募之士，爵几级，赏几等，皆当倍于弓兵赏格之旧。训之以坐作，齐之以等级，纠之以主率，居可以备盗、保桑梓，行可以补卒乘、助边防，无向来椎剽啸聚之虞，而良民有得安田里之幸，一物而三善从之。”（《定庵类稿》四）

Ⅶ. 辽金元

辽金元起自北方，以部族相结合，故兵与民为一。凡蕃户之著籍者皆兵也。其后略有中原地，因其编户，列于兵籍，始有汉兵。三朝兵制，大抵皆蕃汉军相杂，而与历代之设施稍异。

辽制民年十五岁以上，五十以下，隶兵籍。每正军一名，马三匹，打草谷、守营铺家丁各一人，人马不给粮草，日遣打草谷，骑四出抄掠以供之。中原州县，则起汉人乡兵万人随军专伐林木，填道路。即名京乡丁军（?）。

金兴初年，诸部之民，无它徭役，壮者皆兵。平居则听以佃渔射猎，习为劳事，有警则下诸部征之，凡步骑之仗糗，皆取备焉。部卒之数初无定，其部长曰贝勒，又有“明安”，初为千夫长；“穆昆”，初为百夫长。至太祖时，始命以三百户为穆昆，十穆昆为明安，并为世袭。又有土兵，以司警捕之事，疑即为民兵之一种。凡汉兵有事则佥取于民，事已亦或放免。金代民兵亦盛。如章宗泰和六年（宋宁宗开禧二年，1206 年）起河南民兵十七万入淮，十万入荆襄；又起河北十万戍居庸关及韩水大鸡川以防北边，额数之多可见。当时民兵亦名民军。有些名称是与汉代相同的，如：弓箭手、勇敢等是；有些是不相沿袭的，如：决胜军、家户军、人丁军是。以上所说民军，疑多半佥汉人为之（?）。

元制家有男子，十五以上，七十以下，无众寡尽检为军，十人为一牌，牌设牌头，上马则备战斗，下马则屯聚畜牧。当时辽东之乣［音近迪；又音近兜。（五十骑曰纠，纠音都由切，纠即乣字之误）］军、契丹军、女直军、高丽军、云南之寸白军、福建之畲［音余，又音奢］军，皆不出戍他方者，盖乡兵也。元在统一了中国以后，敕中外凡汉民持铁尺、手挝及杖之藏刃者，悉输于官。后复禁汉人、南人、高丽人不得执持军器，有马者拘入官。迫后，盗贼蜂起，国事日棘，蒙古军不足为用，始听汉民自相团结为义兵，如顺帝至正十三年（1355 年）立义兵千户、水军千户所于江西，事平愿还者听。十四年立南阳、邓州等处毛胡芦义兵万户府，募土人为军，免其差役，令讨贼自效。及后民兵迭奏肤功，乃下诏四处纷纷设立。元末浙东西守境讨贼，多赖民兵。但其后弊端渐见，骚扰不堪。

至正十七年命山东分省团结义兵，每州添设判官一员，每县添设主簿一员，专率义兵，以事守御。此与今日广西一二等县设参谋一人办理民团之征调召集编组训练点验事项相同。

Ⅷ. 民兵发达时期——明代

行卫所制度，以军一百一十二名为百户所，一千一百二十名为千户所，以五千六百名为一卫。卫所军是国家的、常备的军队。除此以外，又有地方的兵，名曰民兵。其特点：①佥于民户，非世袭家族的。②地方的，非国家的。

分三期叙述：第一期，萌芽时期，由太祖起兵至宣德间（1353－1435年）。在这个时期，起初多半是沿元代民兵之旧，或临时募集，或于乡农内简选，或按户抽丁，其法不一。主要的职务一为防御盗贼，一为屯戍要塞，立法的精神以寓兵于农为归依，以不远调为原则。至正十八年（1358年）立管领民兵万户府，诏于已平定的州县，在民间简拔武勇之士，农时耕种，闲时训练，有事时用之。事平，有功者擢赏，无功者尽还为民。及洪武间沿边一带，如湖广、四川、山西皆听人民自备兵械，团结防边。闽浙沿海倭患，亦用民兵策应卫军。除用乡农外，亦收集逃民为民兵。此时期内，主要任务为守备乡里，用以实地作战及远调他处的甚少。但在建文元年（1399年）靖难兵起，曾用以对抗燕兵，仅为例外。

第二期，发达时期，自正统以至嘉靖中（1436－1551年，嘉靖三十年）。本期内民兵的应用渐广，如内乱的敉平，外寇的应付，以及京畿被虏时，无不依赖民兵。民兵至此，几已变成国军的一部分。关于民兵的团集、组织、训练、额数及粮饷等项，至弘治间定了佥民壮法以后，法制粲然大备。民兵兴起，原因有二：①卫军腐败不堪。②卫军缺额。明自正统正德年间，浙、闽、两广、湖广、川、赣等处盗贼蜂起，时卫军已不堪作战，诸将帅又怯不敢战。当时州县有司知官军不足恃，乃团集民兵自卫。如正统间浙江叶宗留、福建邓茂七，以至景泰间两广峒獠作乱，皆以民兵击破之。而王守仁之平漳汀贼及戡定宸濠，皆用民兵之力。守仁提督南赣汀漳等处军务时又推行十家牌法，以保长督领乡兵，防御盗贼。在明代对外抗战历史中，民兵有两次活动甚显重要：①英宗北狩，也先入寇时，英宗蒙尘以后（正统十四年，1449 年），京营溃散，京师分遣御史各到山东、河南、陕西、直隶招募民兵入卫。②嘉靖二十九年（1550 年）俺答入寇，直逼京师，又遣御史分道募民兵于畿辅、山东、山西、河南诸府，以二万人为率，每年四月终齐集京师操练，以备秋防，秋后各散去。入卫兵数，山东、河南各为两班，保定、河间二府一班，班各三千人。嘉靖三十年以后，倭患渐起于东南，亦多赖民兵防御抗战，如戚继光等是。

第三期，衰落时期，自嘉靖中以迄明末（1551 －1644 年），卫所军衰落以后乃用民兵，民兵亦衰落，乃用募兵。以民兵调遣他处及入卫京师，至嘉靖三十年后，陆续停止，多以其工食银改折另募新兵。理由有四种：①民兵实力有限，训练不足。②远调他处不便且不经济。③沿路骚扰。④官吏扰民。自得以银折后，人民对兵役的观念更为薄弱。但在晚明流寇之乱，北方各地仍多召集民兵以为守御之计。崇祯十二年又议专练民兵，府千人，州七百人，县五百人，捍乡土，不它调。于是增“练饷”七百三十万两以练诸镇边兵及州县民兵。但无实效而明亡。

民壮的制度。天顺元年（1457 年）以前行召募制，且定领受口粮，许以事平复为平民。后又定鞍马器械悉从官给，及优免赋役。至弘治七年（1494 年）改为佥编。按里佥丁，七八百里以上的州县，每里佥二名；五百里的，每里三名；三百里以上的，每里四名；百里以下的，每里五名。佥取的标准，以财产及人口最多之户内抽丁使充应。以年在二十至五十精壮之人为合格。民壮的年貌，籍记之于官府。遇邻境有急，许使调应援，由官发给行粮。优免赋役的办法，仍依天顺年例。训练事宜，就令当地有司率领，有卫所的地方，抚民等官率领于卫军教场内与军士一体操练；无军卫处，则另设教场，巡按及分巡等官各以时简阅。春夏秋三季每月操二次，至冬季仅操三次。当时鞍马器械之费，已改由人民自理。民壮起先由人户充当，后改为随粮编派，后又改为派银，由官府代为雇募。这种趋势，亦至嘉靖后已盛行。当时民壮的数额，全国三十余万，约占卫所军（二百七十余万）九分之一。但需考察的，逃亡数目不少。原因有三：①困于勾补。②困于官府私役。③困于征调，甚至编入卫军，与世军无异。再从质的方面观之：①孱弱不堪，因官府未认真挑选。②训练不足。

明代的民兵历史，若与外国义勇军制度比较，颇多相同之点。欧洲最初时期亦为全民皆兵，及后社会演进，兵役只限于自由人，及有财产者或贵族阶级。战争时，人民组织起来，自备器械，以抗外敌。事平后复执原业。但因民兵训练不足，不足以应长期军事上的需要，故在古代地中海商业国家，多行招募制，定为有给的军队（mercenary army），军器由政府供给。

募兵制度成立以后，昔日的义勇军逐渐下降。但多用作补充常备军队伍，如波斯与 Sparta（斯巴达）皆以义勇军补充常备军及训练后备军之用。四世纪时雅典义勇军制度复兴，同时 Macedonia（马其顿）方面则以义勇军改编为常备军。初期罗马帝国完全行义勇军制度，但被 Carthaginians（迦太基人）大败后，乃改行募兵制。但在帝国的末期，又复在边境各地设立义勇军（colonial militia）。

在中古的欧洲，Slavs & Swabians ［Swabia，古时之公国（今属 Bavaria 州）］设置一种义勇制度，由各民族轮流担任。文艺复兴以后，各国常备军更为盛行，义勇军日形衰落，当时职务通常只限于警备本地罢了。十五世纪法兰西设置一种 free archers（自由弓箭手）义勇军，但至十七世纪末年便设立一种强迫的 milice（民兵）制度，这是常常用作补充常备军缺额用的。其余意、德、俄、荷各国亦有义勇军。俄皇大彼得所设立的 branka，乃是地方的军队。

十八世纪间，法、瑞典、挪威等国，义勇军与常备军的关系尤为密切。十九世纪欧洲大陆上许多社会主义者都主张以义勇军制度去替代当日的征兵及常备军制度。欧战以后法西斯蒂的义勇军便是一党专政的台柱。意大利的义勇军一方面即为正规军的一部分，同时不但维持国内秩序，并要训练青年及军队。

在现代的欧洲，只有地域隔绝或政治上中立的国家，义勇军的威严尚保持得住，如瑞士、Illyria（伊利里亚，古代南欧一国家）等小国义勇军仍继续存在。瑞士，更因为政治上的中立，今日的军队组织仍完全为义勇军制度。他们没有永久的组织，只有一个很小的职业化的干部。在平时，军队的召集只为训练起见，或维持地面上的骚扰事件。

至于英美的义勇军的特点：①为地方性的。②个人自由参加。

Ⅸ．清代

清太祖辛丑（万历二十九年，1601 年）初设四旗，曰黄、白、红、蓝。甲寅（万历四十二年）始设八旗之制，以初设四旗为正黄、正白、正红、正蓝；增设四旗为镶黄、镶白、镶红、镶蓝。黄、白、蓝均镶以红，红镶以白，合为八旗，统率满洲、蒙古、汉军之众。其制以旗统人，即以旗统兵；盖凡隶于旗者，皆可以为兵，非如前代有佥派召募补充之烦，而后收兵之用也。八旗在内为禁旅，在外为驻防。每都统领七千五百人，八都统是为八旗。

绿营为经常之制，实皆明之旧兵。戡定三藩，效用为众。至嘉庆以后，乡勇称盛，足以补绿营之未逮，然未别为制也。绿营之种类有三：曰马兵，曰守兵，曰战兵，战守皆步兵，其额外外委则马兵也。总督所属为督标，巡抚所属为抚标，提督所属为提标，总兵所属为镇标。自总兵以下则为副将、参将、游击、都司、守备、千总、把总等员。其隶于河道总督者为河标，隶于漕运总督者为漕标。洪杨之役，绿营所在哗溃，唯倚募勇平乱，绿营兵制，犹因循未改。甲午以后，始议分成裁汰，而河漕标营，又以次并废。至宣统年间，殆十无一二矣。

团练的历史：①嘉庆初川楚白莲教之役，当时四川一省事平解散的团练已有三十六万之多。如罗思举便为是时名将。当时实行坚壁清野战略。②鸦片战争广东三元里义兵，民谣有“官怕洋鬼，洋鬼怕百姓”之语。③太平天国时（略）。

结论

1. 民兵一名词，是从兵民分立后才起来，但亦可与“官兵”对立看待。从历史上看来，因官兵不能用，故用民兵替代或补充之。所以民兵盛行，多在乱世；其应用亦因世乱而愈显。但若用于平时的，其目的有二：①寓兵于农，教人民以武事，使有自卫的能力，为全国皆兵的准备；②担任警察的职务，如缉私、呈递公文、捕贼诸事。故多与保甲相联系。

2. 历代创办民兵的人，多由士绅包持，流弊甚大。

3. 因民兵训练不足，且其内在缺点甚多，故其出路不外两条：①战斗力强的民兵，改编为正式的军队（即官兵），形成 vicious circle（恶性循环）的现象；②一般的民众，有名无实，或行折银免役，或虚应故事，逐渐归于消灭。这是在不能征兵的制度下的必然的结果。

4. 民兵与募兵的关系。

附录：

（一）黄道周：《博物典汇》［全书凡二十卷（崇祯乙亥刊，北大图书馆）］，卷十六《兵制·历代民兵之制》

唐泽潞留后李抱真，籍户丁男，三选其一，农隙则分曹角射，岁终都试以示赏罚。三年皆善射举部内得劲卒二万，既无廪食，府库益实，乃缮甲兵为战具，遂雄视山东，是时称昭义步兵，冠于诸军。宋开宝八年发渭州平原、藩源二县民治城壕，因立为保毅军、弓箭手，分镇戍寨，能自置马者免役，逃死以亲属代。陈传良曰：此所谓义兵也，艺祖有志于民兵矣。咸平五年，始置营，升为禁军。其后寝有点差之令。韩琦为相刺陕西义勇，司马光六上疏争之，不听，已而新法行，遂罢强壮弓箭手，而行保甲。海内骚然。要之皆以刺配为军，失祖宗本意，而非民兵不可复也。宋孝宗时，陈俊卿为相，奏请应民家三丁者，取其一以为义民。授之弓弩，教以战阵。农隙之日，聚而教之。沿江诸郡，亦用其法。要使大兵屯要害必争之地，待敌至而决战。所有民兵各守其城，相为犄角，以壮声势。又言曰：国家养兵甚费，募兵甚难，唯有此策可守边而可壮军势。而乐因循惮改作之人，皆以扰民为辞。天下之事欲成其大，安能无小扰。但守臣得人、公心体国者自不至大扰矣。黄氏曰：既有列屯坐食之兵，而又起民丁，则是民既出赋税以养兵矣，而又不免其身，谓之不扰不可也。若欲行之，但令州县官三年一考选，果有膂力技能之民，收名入籍，免其杂泛徭役，优免田例，比生员则三之一，名曰义勇，平日听自练习于教场，官廪教师以训之，岁终复试，定黜陟，示赏罚，而教师之能否，亦于此见。大县教师六人，义勇民兵三百人；小县教师四人，义勇民兵二百人，庶乎官省费，民不扰，而为两便也。

（二）常熟瞿汝说辑：《皇明臣略纂》（又名《臣略纂闻》），卷二《兵事类》

王师克三衢，上命王公凯为左司郎中，总制衢州军民事，公增城浚濠，置游击军，募保甲翼余丁及旧民兵，得六百人以益戍守，兵食不足，则斥并城废田五万七千亩使之耕以自给，民有田力弗能艺者，听军士贷耕，而为输粮县官，藉江山、常山、龙游、西安四县丁壮，凡六丁之中简一以为兵，置甲首部长统之，丁壮八万有奇，得兵一万一千八百，无事则为农，脱有警则兵者出攻战，而五丁者资其食。（洪武）

王府参军胡深，洪武初殁于王事，元末见天下乱，尝慨然谓其友曰：军旅钱粮皆民出也，而今日之民其困已甚，诚使常徭横敛，悉不复以病民，止令民有田者每十石出一人为兵，而就食之。以一郡计之，米二十万石当得精壮二万人，军无远戍之劳，官无养军之费，而二十万之粮固在也。行之数年，可使所在兵强而财富，此即古者藏兵于农之意，故记之，与智者议焉。（洪武）

太祖皇帝召指挥方鸣谦廷问曰：尔家世出入海岛为生，今既归降，可历陈海防利弊，以效尔忠。鸣谦对曰：但于沿海六十里设一军卫，三十里设一守御千户所，又错间巡检司，以民兵策应，复于海洋三大山，设水寨战船，兵可无虞。上曰：兵于何取？鸣谦对曰：自兵兴以来，军强民弱，民皆乐于为兵，但于民间四丁抽一，倘有不足，则于旧时伪将原所报募兵访充，无不足者。（洪武）

陈都御史金督两广，深以府江贼患为虑，奏欲移平乐守备于昭平，增拨民快弓兵巡哨……仍调柳州、庆远、田州三府壮勇土兵三四千名，分耕沿江荒田，官司各以牛具、种子给之，仍给以行粮，暂于梧州库所贮官银或仓粮查给，待荒田成熟，罢给。五七年后，量输租税，仍于其中择素有谋勇众推服者立为总小甲，以管束之。又数年后事体既定，或设长官司，或设巡检司，令其分番往来哨守巡逻，而民快弓兵始一切不用。兵部议上，诏一一如拟施行。（正德）

都御史王公云凤，备兵洮岷时，设立禁约，一团乡兵，令山陕沿途一带府卫州县军民，三丁抽一，十名编一小甲，五十团为一队，立一总甲，给予枪刀银价，除杂泛差役，令有司军卫正官管领，使其父子兄弟，自相保守，仍号民壮舍余。有警给予甲马，从巡抚官调用，有功依例升赏。一募边军……一惜粮赏。……（正德）

都御史周公满为宪副时……上疏言畿甸所病，今在民兵，臣尝细询将领，咨问边人，知北直隶民兵可用，山东、山西、河南次之，若南直隶者不可用。(嘉靖)

(三)《明孝宗实录》卷九十三

弘治七年十月己未，兵部覆奏礼科给事中孙孺所陈民壮事。请令州县至七八百里以上者每里佥民壮二名，五百里者三名，三百里以上者四名，百里以下者五名，若原额数多者，仍因旧俱于丁粮相应之家选年力精壮者以充。籍其年貌在官。有军卫地方则抚民等官率领于教场内与军士一体操练，无军卫处则别置教场。如邻村有警，许更调应援，给以行粮，每名免户下二丁杂役以助之。若老死及全户消乏者另为佥补。巡按及分巡等官各以时简阅，仍禁有司役占卖放之弊。从之。

《政治经济学》(讲稿)

(1952年5月5日)

Karl Marx (1818－1883)

《资本论》

第一卷 资本的(直接)生产过程 1867

第二卷 资本的流通过程 1885

第三卷 资本主义生产的总过程 1894 资本一般运动的诸种(资本)具体形态

编者说明:此稿不是听课笔记,属梁方仲中华人民共和国成立以后自撰的课程讲稿,其依据是:

一、中华人民共和国成立以后梁方仲听课笔记都记下每节课的授课年、月、日之具体日期。

二、此稿内容有五章,即:第四章 剩余价值与资本;第五章 工资;第六章 再生产与资本积累;第七章 剩余价值的分配;第八章 剩余价值的分配(二);第九章 再生产与经济危机。该稿正文前写有"Karl Max(1818－1883)《资本论》第一卷,资本(直接)的生产过程 1867,第二卷,资本的流通过程 1885,第三卷,资本主义的总生产过程 1894[资本一般运动过程所生产的诸种(资本)具体形态]"一段话,可知此稿主要依马克思《资本论》中有关论述来撰写的。

三、该稿原封面上写有“政治经济学讲稿　梁方仲　5/5/1952”字样。中华人民共和国成立伊始很长一段时期内，政治经济学这门课是所有大学生所必须修读的。1952 年 5 月，岭南大学尚未被撤销，其经济商学系必须要开出政治经济学此门课。估计此稿是该系政治经济学课的部分内容，即由梁方仲承担部分内容（第四至第九章）。

据以上分析，此稿作为读马克思《资本论》之读书笔记虽讲得通，但更大可能列入梁方仲撰写的未刊（讲）稿似乎更合适些。

四、从此讲稿可看出历史留下的烙印。作为长期受传统经济学训练的梁方仲，在中华人民共和国成立伊始，在接受教授马列主义的经济学（政治经济学）课程之后，按照《资本论（第一卷）》原文梳理讲课内容。此稿亦可看出梁方仲学习马列主义政治经济学的认真态度与所付出的艰苦努力。

第四章　剩余价值与资本

资本循环（流通）的三个阶段	资本的三次变动
1. 购买	1. 货币资本
2. 生产	2. 生产资本
3. 出卖	3. 商品资本

1. 货币的资本化

表现为一切其他商品的共通交换价值的一种特殊或特定的商品，就是货币。①

价值形态：单纯××→扩大××→一般形态→货币形态。

资本首先是表现为一定数量的货币，从原始积累的历史中，资本一开始就是以货币财物的形式而与土地所有权对立着的。货币是资本的最初的表现形式。货币只是在商品生产和交换的高级发展阶段才成为资本。

商品流通公式：C－M－C　以使用价值的目的（出卖是为了购买，货币在商品流通中起媒介的作用）

资本流通公式：M－C－M　以交换价值为目的（购买为了出售，并又从流通中获得货币，货币本身成了全部过程的推动力）

M－C－M' 货币资本→生产资本与商品资本→货币资本（此处 M 已不是简单的货币，而是资本）（货币之成为资本，只是在货币从流通中带着增殖额而回到其持有者的手里的时候）价值要变成资本，必须它在运动当中增加自己的价值。

① 货币有使用价值也有价值，但只当社会上公认它在市场上可以买到任何东西，公认用它衡量一切商品价值的时候，它才能称做货币。

资本就是带来剩余（即利润）价值（M’ – M，or M’）的价值。（剥削剩余价值的手段）

上面利润的来源，不可能是一个资本家买贱卖贵的结果，因为一个资本家固然是赚钱了，可是他的对手则吃亏了，而整个资本家阶级则一无所获。由此可知商品流通不能成为剩余价值的来源，因为它破坏了等价商品交换的规律。

“货币之变为资本，在流通领域内进行，又不在其内进行：它（仅）以流通为媒介，因为它是以商品市场上之购买劳动力为条件的；它不在流通内进行，因为流通仅是准备价值增殖过程，而价值增殖过程却是在生产领域内进行的。”（资本论 V. 1）。资本在本质上是一种社会关系，一种剥削关系。

劳动力是一种特殊的商品，在使用它时，不但可以生产新的商品，且可以创造新的价值。这种商品，在单纯商品经济上是不存在的。这一商品的出现，标志着资本主义生产方式的产生。

资本主义生产方式的两个基本特征：①商品（资本产物的）的生产。②剩余价值的生产。资本主义是达到最高发展阶段的商品生产，这种生产关系采取了雇佣劳动和资本的敌对阶级关系。

劳动力是指体力和精神能力的总体。

劳动力成为商品，必须具备两条件：①生产者必须在人格上是自由的，必须能够自己处理自己的劳动力。②生产者必须从一切生产手段上“自由”出来，因此，他不得不出卖他的劳动力。

劳动力具有两种属性：使用价值和价值。

劳动力的价值是由劳动力的再生产、劳动力的训练，以及维持家庭等等所必须消耗的生活资料的价值来决定的（即其“社会必须劳动量”或“劳动时间”）。

劳动力的使用价值，就是劳动，劳动是能够创造价值的。资本家买的是劳动力（糖），不是劳动（甜）。但劳动力的使用价值可以创造出比劳动力本身的价值还要多的价值。在生产力的一定发展阶段上，劳动力能够供给大于维持它自身所必要的劳动量（例如每天工作五小时便能偿还资本家购买劳动力时所支付的货币)，能够创造比它本身的价值还大的价值（资本家使他做十小时的劳动)。

劳动者所生产的价值，超过其劳动力本身的价值的那一部分，就叫剩余价值。

2. 价值增殖的过程

任何劳动过程都以三个要素为前提：

①劳动本身（即劳动力的合乎目的之耗费)

②劳动对象 }马克思称之为生产资料。广义地称为劳动

③劳动手段或工具 }手段（或生产手段)。

在资本主义企业中的劳动过程有两个特点：(1）工人在资本家监督下作工；(2）工人的劳动生产物是资本家的财产。

生产过程开始了，工人以具体形式耗费自己的劳动，创造着一定的使用价值（为鞋厂工人的劳动制造出鞋子)，工人虽然不是独立的商品生产者，但他为资本家生产了在市场出卖的生产物，所以这种具体劳动耗费同时也是抽象劳动的耗费。创造使用价值和价值的统一过程产生了。

一双鞋子的价值是怎样的?

皮子 10 元 }一次消费掉

鞋绳、鞋钉、油漆 2 元 }

劳动工具（机器）3 元 ——渐渐地消费掉

消费掉的生产资料 15 元 （以上都是过去劳动的生产物，社会必需劳动时间的终结体，它们作为价值在生产过程中保存下来)

工人制出新的使用生产物价值（皮鞋)，他把包含在皮子和其他生产资料中的价值，转移到新的生产物上。假定这一新的价值，以货币表现出来是 6 元，于是一双鞋子的全部价值则是 15 元 + 6 元 = 21 元。

消费掉的生产资料的价值，不能是剩余价值的来源。只有工人新创造的 6 元的价值，才是剩余价值的来源。

工人为了恢复自己的劳动力，假定说，一天只要 6 小时的劳动便够了，但资本家强迫他去每天劳动 12 小时，12 - 6 = 6 剩余劳动时间。换言之，如果 6 元是一天劳动 12 小时的结果，但 6 元并不就等于劳动力的价值，劳动力的价值一天仅付给 3 元，6 - 3 = 3 元剩余价值。

$$\frac{\text{剩余劳动（时间）}}{\text{必要劳动（时间）}}\left(\frac{S}{V}\right)\times 100\% = \text{剥削率或剩余价值率} = \frac{\text{无给劳动}}{\text{有给劳动}}$$

此仅为剥削的程度，而与绝对量无关，因为$\frac{6}{6}$固然是 100%，$\frac{4}{4}$也是 100%。

资本家只看见商品在生产中所支出的不变资本与可变资本，只知道它的成本价格（cost price，或称生产成本），而忽略了商品的价值是商品生产中所支出的实在的劳动量。于是，他们在实现了商品价值以后，对于成本以上的余额，居然说是从流通中产生出来，或者说是他们“辛勤得来的报酬”，这么一来，资本主义的生产关系的实质，资本主义的价值增殖过程的实质，就被完全掩盖起来了。资本的支出（即生产成本），掩盖了商品的实在价值，掩盖了劳动者在这里被榨取的剩余价值，使资本主义关系的拜物教性质更加加强了。

3. 不变资本与可变资本

购买生产资料的资本，其数量在劳动过程中是并不变更的，叫做不变资本。

购买劳动力的那部分资本（即工资），在量上是要变更的，它不仅再生产出其原来的数量，而且还要依靠剩余价值而增殖起来，叫做可变资本。

随着资本主义生产方式的发展，资本的总量在增长着，但不变资本同可变资本相比，总是相对地增大，且增得快些。换言之，随着生产力的发展，用于每一就业工人身上的不变资本的数额在不断增长。

不变资本与可变资本间的比例（$C:V$）称为资本的有机构成。

$\frac{\text{剩余价值}}{\text{可变资本}}\left(\frac{M}{B}\right)\times 100\%$ = 剩余价值率，与$\frac{\text{剩余劳动}}{\text{必需劳动}}$相等，但以

不同的形态表示同一的关系，前者为对象化的劳动形态，后者为活动的劳动形态。

根据资本价值的周转性质上的区别	资本的部分	根据榨取过程中的作用的区别
固定资本	工厂建筑物机器以及其他的设备	不变资本
流通资本	原料、燃料及补充材料	不变资本
流通资本	工人的工资	可变资本

4. 两种生产剩余价值的方式（方法）

（1）绝对剩余价值（与劳动时间）

劳动者的劳动日是由必需劳动时间和剩余劳动时间构合而成的，劳动者每日的劳动决不能少于必需劳动时间，但也不能超过 24 小时。必要劳动时间不变，因为延长劳动日而产生的剩余价值，名曰绝对剩余价值。

假定社会一般的必需劳动时间为每天 6 小时，一即是说工人在 6 小时劳动中所生产的价值，足以恢复其劳动力的消耗。在这里，资本家以代表 6 小时的价值，购得工人一天的劳动力，但在使用劳动力的时候，当然是超过 6 小时的，假如为 12 小时，这里的剥削率是 100%；但资本家还可以将劳动时间延长至 15 小时，$\frac{9}{6}$（$\frac{\text{剩余劳动时间}}{\text{必需劳动时间}}$），便即增高为 150%。

由于剩余劳动时间之绝对延长而产生的剩余价值，就是绝对的剩余价值。此法多用于资本主义发生的初期，由此历史上引起劳资间为工作时间的斗争。

（2）相对剩余价值（劳动日不变，用缩短必需劳动时间的方法）

如因生产技术的改进，必需劳动时间可减至 3 小时，但全部劳动日的长度不变，即仍为 12 小时，此时 $\frac{9}{3}=300\%$ 剥削率。由于必要劳动时间的缩短，因而剩余劳动时间相对延长，就叫做相对剩余价值。

要缩短必需劳动时间，只有减低劳动力本身的价值；要减低劳动力本身的价值，只有减低劳动者的生活资料的价值；而要减低劳动者生活资料的价值，只有提高劳动的生产力，使生产一种商品的社会必需劳动时间缩短，使较小量劳动有生产较大量使用价值的力量（亦即劳动者花同样的劳动，而能生产更多的商品）。所以检讨相对剩余价值的发展亦就是等于检视资本主义提高劳动生产力的历史。“相对剩余价值，与劳动生产力成正比例。”（马克思）

产生相对剩余价值方法，就是提高生产率的方法。劳动生产率既一般的提高（由于技术发展，新机器的应用），则劳动力的价值就降低，剩余价值率便因之而提高。

相对剩余价值的形成可以由于劳动生产力在工人消费品工业的提高，也可以由于劳动生产力在生产工业的提高，因为任何消费品工业必依赖生产工具工业。

（3）额外剩余价值（Extra Surplus Value），此为使个别资本家提高劳动生产力的力量。当某种新式技术还没有普遍被采用，而只实行于个别企业中的时候，个别资本家生产的商品按照社会平均价值出售，享受了社会平均价值与本人产品的个别价值间的差额利益，就形成了额外剩余价值或利润。

如果在形成额外剩余价值时，劳动者所支出的劳动量并无绝对地增大，而是由于劳动力价值的降低，或必需劳动时间缩短和剩余劳动时间延长，则这种额外剩余价值应当归入相对剩余价值的范围之中。

（4）增强劳动强度

一般言之，它是属于绝对剩余价值的范畴的。

额外剩余价值的追求，是各个资本家主观上的意思所能掌握的提高剥削程度的方法。

如生产自来水笔，价格每支 30, 000 元，成本 25, 000 元，但如某生产者（F）有较进步的方法使成本减低为 20, 000，又因某生产者在整个自来水等生产中占比重不大，不能改变市场价格，也不能改变社会必需劳动量，此时某生产者每枝自来水笔的价值降低了，而社会价值并未降低，故可得额外剩余价值。

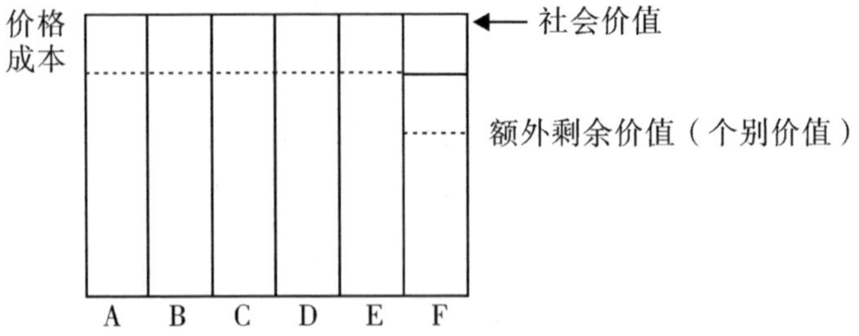

一个企业内部技术分工有组织化，与社会分工无政府状态之间的矛盾（沈志远 pp. 188-189）。

（1）特殊的具体的劳动——私人的劳动——创造使用价值

（2）一般抽象的人类劳动——社会的劳动——创造使用价值

第五章　工　资

1. 工资的本质

（1）工资不是劳动的报酬，而是劳动者的劳动力的报酬，工资是表现劳动力的价值，而不是劳动价值。——劳动与劳动力的区别。

劳动力是劳动者的体力与智力的总和。劳动乃是劳动力的支出与运用，亦即劳动力的使用价值，这正好像热是燃料的使用价值，和醉是高粱酒的使用价值一样。所以劳动力可以成为商品而买卖，但劳动却不能成为商品。

劳动是价值的实体，是价值内在的尺度，但它自身没有价值，如果劳动具有价值，则商品的价值便无从说明了。商品的价值是制造它所费的劳动［量］决定的，如果劳动的价值也是受劳动决定，那么，我们不是等于说一个 12 小时劳动日的价值是“包含在 12 小时劳动日内的 12 小时劳动”吗？这岂不是一种荒谬的重复吗？

劳动力之成为商品，只是资本主义时代的社会经济条件下的产物。要使劳动力成为商品，必先具备两个条件：①劳动者在身体和法律上必须是自由的，他们必须有自由处置其劳动力的权利。②劳动者与生产手段脱离，所以他们的劳动力，不能为自己使用。

劳动力价值如何决定：对于劳动力价值，该从生活过程中去追求它的来历——因为人不是在工厂的生产过程中生产出来的，故与其他商品有点不一样。决定劳动力的诸因素：①劳动力的再生产——即为维持或生产劳动力所必需的生活资料的社会必要劳动量（即其代价或价值）。②维持家庭所必需的生活资料（家属赡养费）。③训练劳动的熟练技巧所必需的一切价值（教育费）。④工人最低限度的文化要求（看时代和社会经济条件来决定）。

在外表形态上，一天的工资总是当作一天的劳动报酬看的。所以在外表上，工资便采取全部劳动价值的形态而存在着（如一天的工资为一元）。但是工资的实质，是劳动者必要劳动时间内所创造的价值，而不是全日的劳动价值。因此，可以说，工资是劳动力价值（或价格）的变态，亦即马克思所说的是劳动力价值（或价格）的不合理的表现（或形态）。工资的形式掩盖了剥削价值的剥削，似乎表现成为全部劳动的代价，将劳动时间当中有给部分与无给部分掩盖起来了。

（2）名义工资与实际工资

名义工资指工资的货币量（如每月 30 元），它自身单独不能决定工资水平的高低。

实际工资指用一定的货币量仍然每月 30 元，在市场上所看到的消费品分量。它代表工资的实际水平（亦即生活程度的高低）。

资本家务了掩盖剥削真相起见，就使劳动力的价格，采取劳动报酬形式，采取工资式。

2. 工资的形式

（1）按时工资

同额的工资，可以代表不同的劳动［力］的价格。所谓劳动价格（一个劳动时间的价格），是用劳动日的时数（如为 12 小时），去除劳动力的一日价值（假定为 2.4 元）而得的。

$\frac{\$2.4}{12}=\$0.2$（为每一劳动小时的价格）

因此，只要将劳动日的时间缩短或延长，则工资总额虽不变，而每一劳动时间的价格可以改变。假定劳动日缩短至 10 小时，则一劳动小时的价格就为 0.24 元；如劳动日增至 14 小时，则一劳动小时的价格就跌落到 0.17 元了。

按时工资与劳动强度和一定期间所制造的生产量无甚关系，劳动者做了一定时间的劳动，便可领到一定量的工资。资本家因此设立监工制、工头制和罚款等以监视工人的工作，使其无法疏懈。

（2）按件工资（包工工资）

不按时间单位，而按劳动者所生产的物品的件数来支付工资。

在此制下，劳动者所受的损害，较诸按时工资是来得更残酷的。

表面上以上两种形式好像彼此完全相反，而实际上用按时工资时，资本家规定出作一星期的工资数量，算定这工人一星期内大约能做多少工作。

中国的现代产业，大致以付日工资为多；手工业以付月工资为多；农村雇农则多付年工资。雇农及佣仆的工资，多附膳宿，家庭工业及手工业有附膳或附宿的；机器工业或工厂工业，多不附膳宿。

在旧中国，纱厂里、清花间、弹簧间、细纱间、轻纱间、布房间里工作的女工和各部分男工，那摩温、技术工人、小工、童工都是拿“死工钱”的（即按日工资）；反之，粗纱间、绸丝车、筒子间、摇纱间里工作的女工和打包男工，都拿“活工钱”（即按件工资）；线厂的并线间，布厂的布机间，杍子间的女工，也是拿活工钱的。

在商品生产出来之后，虽然商品还没有卖出，资本家就付给工资了。这样就好像资本家垫付了工资，拿出他自己财产的一部分来似的。其实，这一次所付的工资，是上一次生产过程中劳动者替他创造的。只因上一次劳动者已替他创造了工资、原料、工具等的价值，所以他这一次的再生产才成为可能。即使资本家最初所投下的一笔资本，也许会是他自己劳动得来的，可是资本家最初开设工厂时所有的资本，一般地说来也都是剥削而来的，或以商业，或以高利贷，或竟以劫掠的方式。（狄超白《政治经济学讲话》1951 版，第 79 —80 页）

第六章 再生产与资本积累

1．再生产

生产过程不断地更新与反复，就叫再生产，分为两大门类：①消费资料部门。②生产手段部门。

在一个社会里，如果每年都生产着同一数量的生产品，名之曰单纯再生产。如一年比一年扩大其生产规模和生产品的，便名曰“扩大的再生产”。“扩大的再生产”是资本主义社会的特点。

在生产过程中，不但不断地再生产着人类劳动的各种物品，而且不断地再生产着社会的生产关系，人与人间的生产关系。

资本家不把从工人剥削来的剩余价值，完全消费掉了，而把一部分转化为新的生产手段与新的劳动力，转化为追加的资本以扩大其生产，这一部分剩余价值的不断资本化，就叫做资本的蓄积（或积累）。

（1）单纯的资本主义再生产

如以1,000元的资本，每年产生了200元的剩余价值，逐年消费掉，则在同生产过程反复5年之后，消费的剩余价值的总额＝5×200＝1,000元，与原来垫支的资本1,000元相等，在这种情形下，劳动者不仅替资本家生产可变资本，而且替他出产出不变资本。换言之，即全部资本经过一定时期之后，都是劳动者的剩余价值所构成的了。

（2）扩大的资本主义再生产

如资本家以10,000元资本投入生产，第一年终获得剩余价值2,000元，全部追加于原资本额上，不用去作消费＝10,000＋2,000＝12,000元。假定剩率价值率一如以前，则本二年终可得2,400元的剩余价值。

亦即第三年初12,000＋2,400＝14,400，此一年终又产出2,880

元的剩余价值。

亦即第四年初17,280（14,400+2,880），此年终又产出3,556元的剩余价值。

亦即第五年初20,836（17,280+3,556），已达第一年投资数额的二倍以上。

可知资本家的扩充生产，完全是靠剩余价值的资本化（即资本积累）而来的。

劳动力的买卖，是依商品的价值法则而进行的：商品流通法则是商品所有人相互之间进行着等价的交换。但这两个交换的当事人（劳动者与资本家）的平等，只是表面上的；劳动者所得的是劳动力的价值，而购买得劳动力的资本家，则不但收回了他所垫支的可变资本，而且还可得到一笔剩余价值，并且可以用剩余价值去再生产剩余价值。换言之，资本家以扩大再生产的规模，不断以劳动者所生产的剩余价值进一步去榨取劳动者。

在资本主义社会，有一种自发的力量，强迫着最大多数的资本家，经常地把他们剥削来的剩余价值的一部分或大部分积累起来，变成资本，这就是价值规律。一个资本家，要想在商品市场的竞争中得到胜利，他就需要比别人有更高的劳动生产力，更好的技术，他的商品比别人的商品价廉物美。换言之，大资本、大企业比小企业有如下优点：

①能够利用科学技术上的新发明、新的机器、优秀的工程师、优良的实验室。

②能使劳动专门化。

③大批购买原料工具，比较经济大规模的出卖商品，利润较多。

④很多生产费用并不随着企业的扩大而按比例增加的，如管理费、行政费、修理费、保管费、厂房建筑费、房租、取暖、照明装置等。

⑤大企业家可以无限地大量利用信用，更好地利用有利的市场情况来扩大生产。最后，他们在危机时期也比较站得住脚，可以垄断市场。

⑥可暂时赔本，来将别家打倒。

美国1945—1948年生活费上涨37.3%，货币工资只增13.4%，即实际工资下跌23%。*Life*（《生活》杂志）1947年6月载：每个人每小时的商品价值，工资所估的百分比：1850年15%，1900年10%，1930年5%，1960（估计）3%。

2. 资本的积累与资本有机构成的提高

每一企业中，进行生产所必需的定量的生产资料（即不变资本），必须与一定量的劳动力（即可变资本）相配合，亦即存在着一定的比例。这种比例，名曰资本的技术构成（technical composition of capital）。从价值的观点上来说，不变与可变资本的价值比例，名曰资本的价值构成（the value composition of capital）P. T. O.

以上两者之间，存在密切的相互关系，价值构成的高低是取决于技术构成而又反映着技术构成的。因此马克思将包含上述意思的资本价值构成，称为资本的有机构成（the organic composition of capital）P. T. O.

因为技术设备的进步，劳动生产率的提高，是表现于用较少的劳动量，可以使用较多的生产手段和生产较多的生产品。换言之，劳动者在一定时间内所消费的原料、劳动工具、生产手段等，都比原先增多了。因此，生产力一提高时，劳动力的数量与生产手段数量比较，前者一定是相对地减少。

这在价值上的表现，就是可变资本值比不变资本值相对的降低。换言之，亦即不变资本的百分比提高了，此即所谓资本有机构成提高了。*C*∶*V*，在某一企业，原来比例是60∶40，今则变为80∶20。

应注意的：①重要的是C与V的百分比，而C与V的绝对数量是不重要的，如：

	C	V	有机构成
甲企业	80,000	20,000	80∶20
乙企业	4,000	1,000	与上同

②即使可变资本的绝对数量增大，但应注意到它的增大在比率上

赶上赶不上可变资本的增大，如一企业：

原来不变资本　5,000 元　　　　　　　　　　150,000 元

原来可变资本　25,000 元　　因技术改进增至　　50,000 元

原先 C：V = 10：5　　　　　　　　　　　　C：V = 15：5

75,000 元　　　　　　　　　　　　　　　200,000 元

P. T. O. 资本技术构成提高的速度可以跟资本有机构成的速度不一致。因为生产资料的价值在资本主义发展的历史上是越来越便宜。比如从 18 世纪至 20 世纪，英国纺纱业一定劳动力所转运的生产资料已提高了几百倍，但不变资本比起可变资本只不过提了七八倍。但总的说来，资本技术构成提高，总会引起资本有机构成的提高。

集积（concentration），个别企业的积累

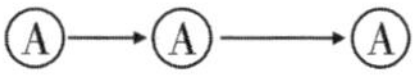

集中（centralization）

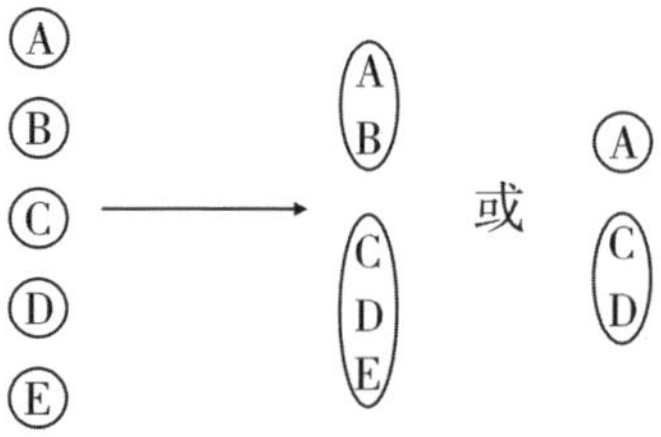

生产手段与劳动力二者之间量与质的关系

一架纱纺机：100 小时（10 人）　　二架：100 小时

即技术构成增加一倍，化为价值，即成不变资本与可变资本的比率。

这种有机构成提高的过程，随着资本的集积与集中而更加强化起来：

由蓄积（积累 accumulation）剩余价值而来的个别资本的增大，叫做资本的集积（许涤新译曰累积，今不取）。例如现有 10 个资本家，各原有 1,000 万元的资本，由于他们每年蓄积剩余价值的结果，5 年以后，他们便各据有 1,500 万元的资本，而社会总资本便由 10,000 万元变为 15,000 万元，资本的集积是指个别资本的膨胀而说

的，蓄积（或积累）指一般资本的膨胀而说的，但一般所谓产业的发达，是指资本的集积而说的。

把许多既有的资本结合起来，把多数较小的资本合并为少数较大的资本（换言之，小资本家被大资本家所剥夺，结果资本家的数目减少了），叫做资本的集中。

集中的过程，可以促进资本的集积；但集积也可以造成更大的集中。

竞争、信用制度，皆足以促进资本的集中。资本集中，亦即一种生产扩大的过程。

集积和集中都是令一个资本积累过程借以实现的形式，这两种资本积累形式引起垄断的发生——垄断资本的统治。

从美国工业生产总量应价值结构的统计，根据瓦尔加所引用的，推算 1899－1927 年有机构成的变化如下。

年代	资本应有机构成（*C*: *V*）
1899	4. 5∶1
1909	4. 9∶1
1919	5. 0∶1
1925	5. 4∶1
1929	5. 5∶1

3. 相对人口过剩与马尔塞人口论的批判

资本的集中与技术的改进，结果提高了资本的有机构成，造成了劳动市场上的工人量超过于资本蓄积上所必要的工人量。换言之，资本的蓄积过程，产生相对的人口过剩，资本主义的蓄积，不是造出一般工人的过剩，而是造出比资本本身所需要的还多的工人，这是资本主义生产方式所特有的人口法则。

（1）这种过剩的劳动力，形成失业的后备军或产业后备军，原因如下：

①机器排挤劳动力（如上所说）——这是资本对劳动力的需要相对地减少方面。

②吸收妇女儿童到生产中来的可能日渐增大。[1]

③技术分工愈精密化、单纯化，则生产对于熟练的劳动的要求也愈小，用不熟练工人代替的可能性愈大。

④资本聚积（集积）和集中，使大批的中小生产者（小资本家）破产，他们也都列入了失业的队伍中。

⑤资本主义侵入农村的结果，一方面形成了农业资本家，一方面形成广大的农村无产者，贫雇农，更扩大了农业后备军的队伍。

（2）产业后备军对于工资和劳动者的影响

①使就业工人的地位恶化，工资降低。

②在产业复兴及繁荣的时候，有了产业后备军，扩大再大生产才有可能，否则资本家只好等待劳动人口的自然繁殖。

③失业者大量迁徙，如从农业区域移到工业区域，甚至移到国外（如华侨）。

所以我们所讲的人口过剩，只讲相对劳动人口过剩，只指一部分失去生计的人口。

（3）人口过剩的三种方式

①流动的过剩人口——暂时失业者。

②停滞的过剩人口——经常失业者，无专长的、流氓、地痞等。

Paul M. Sweejy：*The Theory of Capitalist Development*，1942　b. 91.

产业后备军图解：（The Industrial Precess）

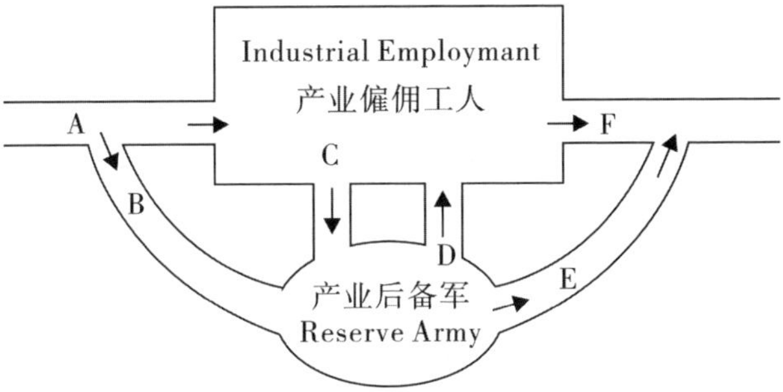

① 自②以下为劳动力对资本的供给绝对地日益增加方面。

A. 新产业工人（new workers）

B. 无法找到工作的工人（停滞的过剩人口 unable to find job）

C. 被排挤的工人（流动的过剩人口 displaced）

D. 重新被雇用的工人（流动的人口 rehired）

E. 退休的工人（retiring）

F. 退休的工人（retiring）

社会主义社会没有产业后备军

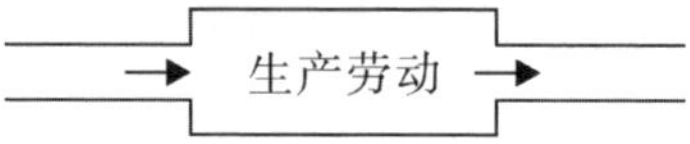

③隐藏的过剩人口——半工半闲、半饥饿半破产的农民和小生产者。

（4）评马尔萨斯（T. R. Malthus）的人口论[①]

他企图从自然法则（即人类繁殖的自然法则）去找寻后备军的来源，他所根据的不是历史社会的法则，他完全抹杀了资本主义人口过剩所由产生的真实根源。

他以为人类生活必需的消费资料生产速率（特别指食物）是按算术级数（或等差级数）的比率增加（即1，2，3，4，5……），而人口的繁殖，都是按几何级数（等比级数）底比率增长（即按1，2，4，8，16，32……），[②] 这一情况是被歪曲了的，似乎工人人口的绝对自然繁殖比可变资本应增长要快些。而事实上，与资本底需要比较起来显得过剩的工人人口的出现，只是由于资本的可变部分比全部社会资本增得慢些的缘故。换言之，被社会资本使用着的劳动力的数量，与社会资本日益增长的总量比较起来是在减低的，工人总数可能增多，但与资本总数比较，则它增加得很不够。

相对过剩人口一天比一天增加，就使工人阶级的工资离开劳动力

---

① *Essay Principle of Population as it affects and Future Improvement of Society*, *1798*.

② 即人口每25年增加1倍，第二次25年增为2倍，第三次25年增为4倍，第4次25年增为8倍。这一基本论点是美国人口的增长为根据的，全然没有注意到因移民等引起的人口增长。

的价值一天比一天更远，就使工人阶级的收入绝对地一天比一天更减少，就使工人阶级的生活绝对一天比一天更穷。

资本主义刚发生的时期，资本有机构成变化得非常缓慢，那时资本积累曾引起劳动力底不足，那时没有过剩人口，曾用强制手段，血腥的法律使农民和手工业者破产，来保证工场手工业底劳动力。但在资本主义生产方式取得胜利并奠定下来以后，无产阶级就开始“由资本本身生产着”，而这个“相对人口过剩的生产……乃是近代工业的存在条件。”

4. 工人阶级贫困化［资本积累（或蓄积）的一般法则］

随着资本积累的增大，资本家的财富也愈增大，工人阶级的地位却不断恶化起来，失业者愈来愈多，愈来愈贫。工人阶级的赤贫化，不仅是相对的，而且是绝对的，以下一连串事实：

为高度利润，为竞争而改进技术和加强剥削→剩余价值量增大，资本日益积累→资本的集积与集中→资本有机构成高度化→可变资本部分相对地减少，亦即生产中劳动力之相对量的减少→社会财富集中于极少数大资本家之手→乡村和城市的小生产者成千成万的破产→赤贫者和无产者队伍的扩大→产业后备军的增长→社会总收入中劳动的份额减少，劳动阶级一般生活境况恶化→国民大众普遍地贫乏化。

主要是由于闲空的劳动力（产业后备军）与资本的扩大力（积累增加）同时发展。

后者的表现，在：

①资本有机构成的提高

②资本的集积与集中

前者的表现，在：

①相对的人口过剩

②工人阶级的赤贫化

《资本论》V. 1，p. 609 说：“社会财富愈大，运用的资本愈多，这种资本增长的范围和力量愈大；因之，无产阶级的绝对数量和无产阶级劳动的生产力愈大，则产业后备军也就愈多。闲出的劳动力量与资本的扩大力在同一原因内发展着的。因此，产业后备军的相对数量增长是与财力的增长平行并进的，可是同在业工人数量比较，这产业后备军如果愈大，则经常的人口过剩现象也就愈广泛，这些过剩人口的贫困却与他们的劳动痛苦恰成反比例，最后，工人阶级中贫困的阶层和产业后备军愈多，则正式的贫困现象也就愈大，这就是资本主义积累的绝对的一般规律。”

美国工业中的剩余价值率（瓦尔加：《从共产国际第六次代表大会到第七次代表大会》）

1899	128%	1919	122%
1904	124%	1925	128%
1909	130%	1927	133%
1914	124%	1929	158%

日本工业中的剩余价值率（李夫：《日本的战争与经济》）

1931	251%	1935	312%
1932	319%	1936	327%
1933	355%	1937	380%
1934	334%		

在资本主义条件下，社会财富、社会生产力的增长，与劳动居民穷苦和贫困应增长是程度相同的，且与社会财富增长同时，与其说是创造着这些财富的现役劳动军在增多，毋宁说是劳动后备军在日益扩大。这就是资本主义积累底绝对的一般规律。

如果说马克思在剩余价值学说中表明了资本如何产生着剩余价值，那么，在积累学说中，他却表明着资本又如何从剩余价值中［被］产生出来。

（1）工人阶级的相对贫困化①：

英国工人在国民收入中所占份额之下降（苏伦采夫：《工资分配问题》1925）

1843	45.6%	1891	42.9%
1866	43.5%	1903	38.3%
1884	41.4%	1905	38%

美国，如将 1899 年工人在全国生产品分配中所占份额作为 100%，则

1904	91%	1919	65%（即 20 年中缩减了 35%）
1909	70%		

关于工人阶级的相对贫困化，也可就剩余价值率的继续提高去说明。

（2）工人阶级应绝对贫困化：

①实际工资的下降和生活条件的恶化，劳动强度的增高，住宅问题之日益尖锐。

美国：1913－1918 工人工资降了 6%，而从 1913－1919 生活指数增高了 88%。

②遭遇事故工人数目的增加，容易衰老，寿命减短。

③工人降低为机器的附属物。

考茨基否认，随着资本主义的发展，与财富在资本家阶级这一极上积累的同时，贫困会在工人阶级这一极上积累起来，阶级对抗会愈加尖锐。他以为只可归结为“资产阶级生活水平的提高较之无产阶级的生活水平提高为快。”

5. 资本主义积累的历史倾向

由于资本集中的完成，不但独立的小生产者被剥夺，而且一些榨取劳动者的小资本家亦被剥夺着。资本主义在其发展中，不仅创造了大规模的生产，替无产阶级的社会革命准备了物质基础，而且还产生

① 工人阶级在全部国民收入中所占比重与资本家的增长着的比重比较起来，是相对地下降着的，这就叫作相对贫困化。

了自己的掘墓人——无产阶级。这一阶级为资本主义生产过程自身机构所训练、所统合、所组织，而人数不断膨大起来，他们的反抗日益增长。

生产社会化与资本主义占有之间的矛盾，是通过无产阶级与资产阶级之间的矛盾而表现出来的，只有无产阶级取得了政权和专政，才能从资本家手中取得社会化的生产资料，才能使它们为人民大众服务，才能解决了社会的生产与私人的占有间的矛盾，亦即生产力与生产关系之矛盾。

资本主义的前奏曲就是简单商品经济的解体，这一过程只不过是“一个人的、分散的、生产资料，变为社会的、集积的生产资料，也就是，多数的零碎财产，变为少数人的大量财产”。

“生产资料的集中和劳动的社会化，达到了与资本主义外壳不能相容之程度，于是资本主义外壳破裂了，响起了资本主义私有制的丧钟，剥夺者被剥夺了。”

这个新社会从旧社会当中产生出来不是自发地，而是有组织的斗争和建设的结果，千百万工农群众活动的结果，没有无产阶级专政，向社会主义和共产主义过渡就不可能实现。

在新的历史时代——帝国主义和无产阶级革命时代——的条件下，马克思的理论为列宁和斯大林所发展，并提高到了新的更高的阶段。

第七章 剩余价值的分配

1．剩余价值与利润

两者实系同一的东西，但因计算标准不同，所以相同的量会表示出不同的比例或关系来。利润不过是剩余价值的一种变态罢了。

资本家所关心的，不是那一部分的资本能够或不能够产生剩余价值的问题，而是他总共拿出多少资本（全部资本），总共赚多少钱的问题。所以，在剩余价值被资本家认为是从全部资本而产生出来的时候，剩余价值就转化为利润了。

剩余价值率的公式：$\frac{M\text{（剩余价值）}}{V\text{（可变资本）}} \times 100\%$

利润率的公式：pr（profit）$=\frac{M\text{（剩余价值）}}{C+V\text{（全部资本）}} \times 100\%$

亦可作 K（$=C+V$）即不变与可变资本的总额

$$\frac{M}{K}=\frac{M}{C+V}$$

一个资本家拿出10,000元资本，一年内获利1,000元，他的利润率便为：

$\frac{1,000}{10,000}=10\%$ 换言之，利润率是剩余价值对全部资本的比例。

如果此中只有2,000元为可变资本，则：$\frac{1,000}{2,000}=50\%$ 为剩余价值率。

假定织布工厂每生产100匹布，

机器和建筑物等的磨损值 20元

用去的棉纱和其他辅助材料 380元

支出工资	100 元	500 元（成本价格，亦名生产费或生产成本）
剩余价值率 100%，即	100 元	
	600 元（商品价值）	

商品价值 = 不变资本（转化的价值） + 可变资本 + 剩余价值

= 成本价格 + 剩余价值

如上例（于光远 pp. 222 - 223）

机器、建筑的价值，假定为	1,200 元
棉纱、辅助资料	380 元
工资	100 元
垫支总资本为	1,680 元

$$利润率 = \frac{100}{1,680} \times 100\% = 6.9\%$$

成本价格是由在生产一个商品时实际上已经花掉的资本所构成的，但垫支总资本却将资本的全部价值都包括了进去。资本家有没有利润可图，关键就在能否成本价格以上出卖他的商品。只有在 500 元以下出卖时，他才赔本。

工厂 A　垫支总资本　150,000 元　利润额 30,000 元　利润率 20%

工厂 B　垫支总资本　300,000 元　利润额 30,000 元　利润率 10%

2. 影响（决定）利润率的因素

（1）资本有机构成的高低——利润率与它成为反比例的关系。

资本有机构成愈提高，则利润率愈下降；反之则愈上升。（假定剥削率不变等情形之下；且仅指社会资本而言，对于个别资本家因单独提高技术的结果所获得的差额利润并不适用）

例子 I　一家纺织业和一家五金业，它们的剥削率均为 100%，它们的可变资本均为 10,000 元，因之它们所得的剩余价值量均为 10,000 元。但五金工厂的不变资本为 90,000 元，而纺织厂的不变资本仅为 40,000 元。因此：

五金工厂的利润率是$\frac{10,000}{90,000+10,000}=10\%$

纺织工厂的利润率是$\frac{10,000}{40,000+10,000}=20\%$

可变资本额同但总资本额不同。

因为五金厂资本有机构成是 90, 000∶10, 000 = 9∶1

纺织厂资本有机构成是 40, 000∶10, 000 = 4∶1　（所以利润率较高）

但有机构成提高，利润率随之而下降，这一法则，并不适用于个别企业之资本，它是指整个生产部门而言。

对于个别的资本家来说，他单独提高技术的结果，在最初一个时期内，这种技术尚未普遍及于全部或大多数同部门的企业时，由于这个企业的个别价值低于社会必需劳动的价值的原故，这个资本家就可以获得额外剩余价值，或称为差额利润（differential profit）。

例子Ⅱ　总资本额同，但可变资本额不同。

假定有两个企业，纺织厂和机器厂，其资本同为 300, 000 元，榨取率同为百分之百，资本的流转和速度也相等，但纺织厂的资本有机构成为 3∶1，机器厂则为 4∶1。

纺织厂的利润率 $=\frac{75,000}{300,000}=25\%$　（因有机构成较低）

机器厂的利润率 $=\frac{60,000}{300,000}=20\%$　（因有机构成较高）

如果剩余价值率不变，则资本有机构成越高，利润率就越低；反之，越高（不过有机构成高一倍）利润率不一定恰好低一倍。因为从下文的公式看，在分母里除有机构成这个百分数之外，还有一个整数“1”。

例　假定一家工厂它的剩余价值率是不变的，前后都是 100%，它的可变资本也是不变的，是 100, 000 元，那么剩余价值也是 100, 000 元。

如果这家工厂原先资本的有机构成等于$\frac{400}{100}$，那么不变资本就等于400, 000元，这样垫支总资本就等于500, 000元，而利润率就等于$\frac{100,000}{500,000}=20\%$

如果有机构成提高了一倍，到800%，这时

$$\frac{100,000}{800,000\ (C)\ +100,000\ (V)}=\frac{100,000}{900,000}=11^{+}\%$$

（2）资本流转速度（或周转速度）——正比例的关系

在一定的期间内，周转次数愈多，资本家在这些资本上所获得的利润就愈大，因之利润率也随之愈高；反之，如资本周转愈慢，利润率便愈降低。换言之，即

①生产过程的时间愈短，则在一定时间（如一年）内，用同一资本所产生的剩余价值愈大；

②流通过程的时间愈短，或流通次数愈多，则剩余价值愈大。

例如，一个资本家的资本一年周转一次，而另一个资本家所握有的同量的资本和同量的资本有机构成，一年内可以周转四次，那么后者比前者就能榨出四倍的剩余价值来。

例如，资本家在一年内投下了10万元资本，因为流动两次的结果，他就一共获得25, 000元的剩余价值。假定同一资本10万元，一年中的流转次数不是两次，而只有一次，这时这一资本家如想生产同样多的商品，也想获得25, 000元的剩余价值，就非一下投下20万元资本不可（在其他诸条件不变的情形之下）；如果他所投的仍是10万元，那么一年中只能生产出12, 500元剩余价值了。

（3）决定利润率高低的第一个因素是剩余价值率的大小。

我们暂且假定资本家所得利润等于全部剩余价值。

所以，剩余价值率$=\frac{\text{剩余价值}\ (M)}{\text{可变资本}\ (V)}$

利润率$=\frac{\text{剩余价值}}{\text{可变资本}+\text{不变资本（垫支总资本）}}$，如果把这个公式的分子和分母都用可变资本来除，就可以写成如上式。

所以，除非不变资本等于零，利润率和剩余价值是不会相等的，利润率总要比剩余价值率在数字上小一些。

今假定不变资本、可变资本、垫支总资本都不变，单独来研究剩余价值率对利润率的关系。

这样，因为可变资本不变，所以剩余价值率越大，剩余价值也就愈大，剩余价值率大一倍，剩余价值也大一倍，因此用一个不变的垫支总资本除剩余价值得出来的利润率也就大一倍。

例如　一个工厂

初时 $\frac{10,000\text{（即}M=100\%\text{）}}{10,000\text{元（}C\text{）}+90,000\text{元（}V\text{）}}=\frac{10,000}{100,000}=10\%$（利润率）

M 率提至 200% 时，$\frac{20,000\text{（假定}M\text{率提高一倍）}}{100,000\text{（假定不变）}}=20\%$（利润率）

在资本主义社会里，各个生产部门的剩余价值率是有平均化的倾向的。因为工人可以转移。

但资本有机构成和资本的周转速度无论如何是不会平均化的，因为这两个因素是由各生产部门的特殊性质，技术水平来决定的。

3．利润率的平均化①

资本家间的竞争使各种资本上的利润率归于平均化。②

假定以下三间企业各雇用 100 工人，每人每年工资皆为 50 元，其剩余价值率皆为 100%，故写为 5,000 元，但不变资本的比重各异，又假定所有的商品均按其价值出售。（2.5 元，见表 1）

---

① 平均利润率是以社会的资本总额，除全社会的剩余价值总额而得。所以把各个部门的平均利润额互相加起来，就等于全社会的剩余价值额。利润率平均化的实质不是别的，它不过是资本家依照他们每个人所投资本的大小来平均瓜分他们从工人阶级那里剥削来的剩余价值重新进行分配。平均利润率 $=\frac{\text{全社会的剩余价值}}{\text{社会的资本总额}}$，全社会的平均利润额等于全社会剩余价值额。

② 假定全部总资本在预定生产过程一年周转一次，亦即全部用光。

表 1　生产成本　商品价值　生产价格

企业	资本			剩余价值（元）	剩余价值率（%）	利润率（%）	（平均）[△]利润（额）（元）	总生产品的价值（a+b）	总生产品的价格（a+c）
	可变资本（元）	不变资本（元）	总资本（元）						
甲	5,000	5,000	10,000[a]	5,000[b]	100	50	2,500[c]	15,000	12,500
乙	5,000	15,000	20,000	5,000	100	25	5,000	25,000	25,000
丙	5,000	25,000	30,000	5,000	100	16.6	7,500	35,000	37,500
总计	15,000	45,000	60,000	15,000[×]	100	25[△]	15,000[×]	75,000[*]	75,000[*]

*社会上一切生产部门的生产价格的总和等于全部商品价值的总和。

×社会上全部的平均利润等于社会全部的剩余价值。

△此为按平均利润率（25%）计算所得之利润额（a×25%）。

假定每一企业每年的生产品（商品）为10,000件，则表1所示为每一件商品的价值与生产价格。

（1）同一工业部门的企业间的竞争，实际上所得到的，是各个企业中所有各种个别价值之归结为统一的市场价值。

（2）不同工业部门的企业间的竞争，因为它们生产的不是同种的产品，而是不同的产品，在这里，这一部门与另一部门是作为购买者与售卖者而发生的冲突不谈外，资本有机构成起着很大的作用。资本是由一些利润率低的部门转移到利润率高的部门。

表 2　生产价格 = 生产成本 + 平均利润（2 + 0.5 = 2.5 元）

	甲（元）	乙（元）	丙（元）
价值	1.5	2.5	3.5
生产价格	1.25	2.5	3.75
价格对价值之差	0.25	0	-0.25

（+0.25）与（-0.25）正相冲销。

资本有机构成低的部门（甲），其利润率在未经平均化，以前特别高，故商品的价值不能完全实现，其价格低于价值；有机构成高的部门（丙），其利润率低，商品的价格高于其价值，把构成低的部门不能实现的价值，实现出来，分配而获得之，这样各部门的利润才趋于平均。

平均利润率的计算方法：它是社会总资本对于剩余价值总额的百分比，从表1，即$\frac{5,000+5,000+5,000}{10,000+20,000+30,000}=\frac{15,000}{60,000}=\frac{25}{100}$。

平均利润率规律，说明在资本主义社会中不是个别工人与个别资本家相对立，工人不仅受到该一生产部门个别资本家的剥削，而且还受到整个资本家阶级的剥削。

市场价格之所以上下变动乃由于资本的移注影响到供求。

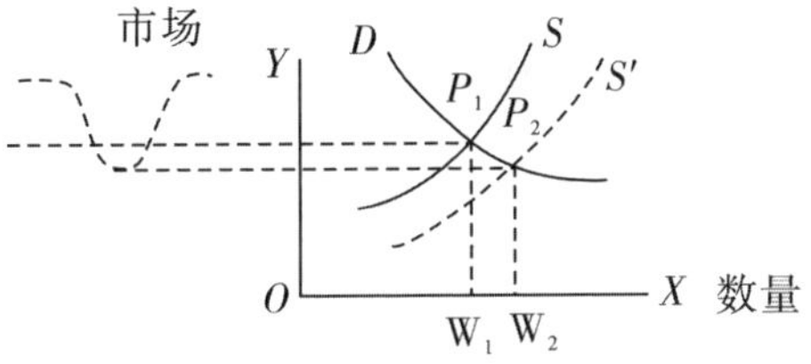

需求 = 在各种价格所需要某商品的数量

供给 = 在各种价格所供给某商品的数量

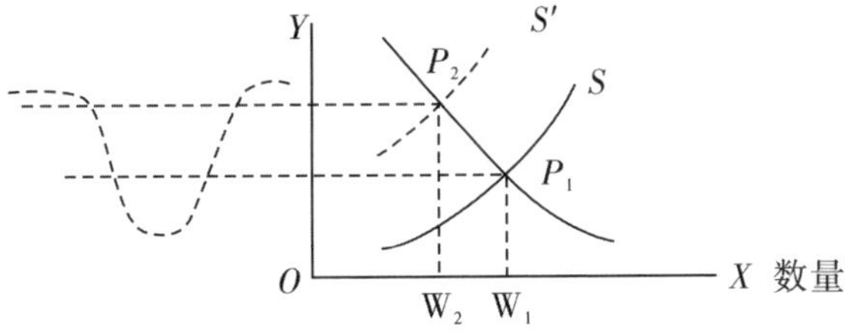

某企业之机器房屋的价值是5万元，在其全部作用期间，总共生产了一万单位的商品。其次，生产每件商品所必需的原料和辅料的价值是二元；全体工人在一个月中所领的工资（可变资本）是1,000元，每月生产商品500件。这样，在每件商品中资本家所消费的资本价值（即成本价格，成本或生产成本，或称生产费）是：

（1）不变资本中的固定部分（机器、房屋）的消费：50,000 ÷ 10,000 = 5 元

（2）不变资本中的流动部分（原料、辅料）的消费：10,000 ÷ 5,000 = 2 元

（3）可变资本中的消费部分（原料、辅料）的消费：1,000 ÷ 500 = 2 元

每一单位商品中所包含之资本价值总共 = 9 元

这 9 元就是生产每一单位商品所必需的不变资本和可变资本的消费，我们用（$C+V$）来代表它；对于资本家，这点消费就是他的成本或称为生产成本或生产费（cost price，kosten preis），或“成本价格”，或“成本”。

这点生产成本，只是当商品实现以后，才连带着一点成本以上的价值（即剩余价值）而归回到资本家手里来。

但是商品的全部价值是 $C+V+M$，而不是 $C+V$，这就是说，商品的价值是由生产此商品所必需消费的实在的劳动量来决定，而不是资本的消费或生产成本来决定的。所谓“实在的劳动量”和“资本的消费量”之间的差别，就是前者多一个剩余价值。

生产价格与市场价格：

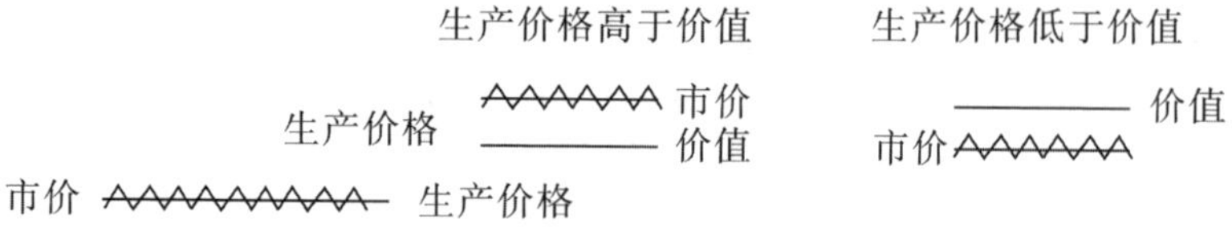

学习 V. 2，no. 2，p. 12. 价值法则在资本主义社会里是通过商品的生产价格来实现的。单纯商品经济是由价值律直接或自发调剂着。

从价值律到生产价格律

劳动的移注，调节着各生产部门间劳动的分配。在资本主义经济中，生产价格就借市场价的上下摆动，自发地调节着各资本主义生产部门的资本的移注，同时也调剂着各生产部门间的劳动的分配。单纯商品经济中的小生产者，靠自己的劳力，为获得自己所需的生活资料

而生产（即为个人消费而生产），故此时的市场法则，直接表现于劳动的商品生产者之间的竞争，价值律直接指挥着小生产者的活动。在资本主义经济中，市场法则是表现于生产手段占有者的资本家们的为利润的竞争，由于利润率趋向于平均的必然法则，价值律就必须经过生产价格的作用（使相等资本在不同生产部门生产相等利润），先影响于资本在各个生产部门间的流通，然后及于各个部门间的劳动的分配。

5.（平均）利润率下降的趋势

（1）下降的原因

随着资本主义的发展，个别资本家为了求得差额利润，拼命地发展新的技术，使社会的一般技术不断提高，因而社会总资本的有机构成也越来越高，而资本的一般周转速度就缓慢起来，这样，社会的平均利润率，就不可避免的趋于低落。——换言之，发生了一种为个别资本家所无可奈何的趋势。

因为，利润率 $=\dfrac{剩余价值}{全部资本}=\dfrac{M}{K}=\dfrac{M}{C+V}$

	C	V	M	C：V	M：V	Pr
纺织厂（1800）	1，000	200	200	5：1	1：1	1：6＝16.7%
钢铁厂（1900）	2，000	200	200	10：1	1：1	1：11＝9.9%

所以，利润率的下降，一方面表现于资本有机构成的提高，同时也就是说剩余价值量增大的速度，落后于资本增大的速度。

如上例，我们假定不是两个不同生产部门，而是谈两个不同时代的社会一般情形。

1800（全社会生产部门的平均）

1900（全社会生产部门的平均）

（2）阻碍利润率下降的几种因素

①因生产方法的发展，使（剩余）剥削率增大起来，增大了利润。

②随着产业预备军的增大，工资跌落到劳动力价值以下，也使利

润增大。

③相对人口过剩，失业工人涌向工资低廉、资本有机构成较低的落后的产业部门去，使这种落后的产业仍能存在，阻止了社会资本的有机构成一般的提高。

④原料、机器等不变资本的价值及价格（因劳动生产率提高的原故），不断降低，可相当阻止资本有机构成的提高。

⑤从国外贸易，或向殖民地投资，来购买外国廉价的原料和劳动力。

总结以上方法，不但加紧剥削工人，侵略殖民地，但这些因素还是不能抵消利润率下降的趋势。

（3）社会的平均利润率虽趋于低落，但资本家阶级利润的总额，却不一定因之减少，反而会增加。这因为资本的集积和集中的结果，虽然每一单位的利润减少了，但因资本总额增大的缘故，利润总额也变大了。

①商业资本为何从产业资本中分离出来？

②商业资本履行何种职能？

③剩余价值在工业家与商人之间如何分配？

④商业资本在资本主义矛盾的尖锐化中起着什么样的作用？

例：原来资本　10,000 元，平均利润率 20%，利润额 2,000 元

　　现在资本　40,000 元，平均利润率 15%，利润额 10,000 元

　　（按狄超白《政治经济学讲话》p. 109－110，举此例时有误）

（4）利润率逐步下降，亦即剩余价值的增殖跟不上资本的增殖。但利润率愈趋低落，才愈要集积和集中资本，然而资本的集积与集中一次比一次的缓慢。

同时又引起资本形成的困难，因为技术的提高，投入新资本的最低数额愈来愈大了，凡够不上这个最低数额的资本就只能当作无用途的过剩资本。

而另一方面，因资本的集中和机器驱逐了劳动者的原故，大批劳动力（在失业工人身上）变成无用。

第八章　剩余价值的分配（二）商业利润，银行利润与地租

1．商业利润与商业店员的劳动

（1）商业资本的形成和它在资本主义生产当中所起的作用。[①]

经营商品买卖的事业，叫做商业。商业资本就是不参加商品生产过程[②]而独立地专门在商品流通过程当中起作用的资本；并且因为社会分工的原故，固定的由一种特别的资本家（商业资本家）来运用的资本（亦叫商人资本，或商品经营资本）。商业资本不仅是商品资本一部分的转化形态，同时也是单独地与独立发挥职能的资本。

商业资本家的工作，实质上不但是促进生产者的商品资本转化为

① 商业资本是产业资本的历史前驱。商业利润最初采取不等价交换，贱买贵卖的方式，剥削对象首先是小商品生产者（农民、手工业者），且通过高利贷制度。商业利润另一来源，是奴隶主、封建主与国家所占的剩余生产物。在资本主义的最初阶段上，产业资本与商业资本还没有互为分离，但随着生产的扩大，市场扩大，商品运动的路程日益长远，资本流通时间也更为长久，两者遂分离。

② 所谓商业资本不参加生产过程，是指狭义的生产过程，即原料变成产品的制作过程，但实际上社会的生产过程不是这么简单的。在生产开始以前，资本家要购进原料、工具和劳动力，这是进行生产的物质前提，产品生产出来以后，又要把它换成货币，以便重新购买原料，添置工具和支付工资。只有如此，社会生产才能不断地进行和扩大起来，产品通过市场上的买卖，分配于各社会成员间，最后被消费掉，或者用作再生产。这样一个包括：生产、流通、分配、消费的全部过程，我们称之为社会的生产过程，这是广义的生产过程，生产、流通、分配、消费是社会生产过程的四个环节，任何一个环节都是社会生产过程所必需的。凡是参加这个总的生产过程，起着一定作用而握有一定资本的人，都有权利得到一份剩余价值。

总的生产过程分析起来，可用下图来表示：货——商（生产资料劳动力）……商$^{+\text{商}}$——货$^{+\text{货}}$

沈志远《政治经济学基本问题讲话》第 86 — 89 页。

货币资本，这一任务原先由工业资本家自己来完成的，今独立化起来由商业资本家替他来完成。正是由于商人独立地预付了货币资本，并带来利润，商品资本才自循环公式中分离开来，并以商业资本形态独立发挥职能。

工业资本家买的和卖的不是一样的东西，在他出卖之前要经过一段生产过程。商业资本家买的和卖的是同一的商品，他的资本始终没有超出流通范围。

（2）商业利润的来源，及如何来决定的？来源：是产业资本的剩余价值，决定于平均利润率。

商业资本家贱买贵卖，从中取得利润，他把赚来的钱看做是他所投下的商业资本的一个增加额，就叫“商业利润”。但商品流通过程只改变资本的形态，并不生产任何价值，所以这种商业利润只能够是商品生产过程中工人所创造的剩余价值的一个部分。换句话说，商业利润只能够是工业资本家让给商业资本家的他所剥削工人的剩余价值的一个部分。

工业资本家用低于这商品生产价格的价格把自己的货物卖给商业资本家，而商业资本家却可以按照商品原来的生产价格出卖给别人，这两种价格的差别就形成商业利润。

$$
\begin{aligned}
\text{商品生产价格} &= \text{生产成本} + \text{工业利润} + \text{商业利润} \\
&= \text{生产成本} + \text{剩余价值}
\end{aligned}
$$

正常的商业利润和工业利润一样，它的高低也是由全社会的平均利润率的高低来决定的，利润率的平均化，因为商业资本和工业资本可以互相转移，只有在商业利润与工业利润平均化的条件下，商业资本与工业资本才能保持恰当的比重，但商业利润等于平均利润，这只不过是关于商业利润的一种趋向，事实上因为各个商业资本家的资本周转速度的不一致，各个商业资本家的利润也是很不一致的。

（3）商业资本与社会平均利润率

$$
\text{全社会的平均利润率} = \frac{\text{全社会剩余价值}}{\text{全社会工业资本} + \text{全社会商业资本}}
$$

例：$$\frac{90,000}{800,000+200,000}=9\%$$

所以，如一切条件不变，即剩余价值和工业资本不变，全社会的商业资本愈多，社会的平均利润率就愈低；愈少，则愈高。

$$\frac{90,000}{800,000+100,000}=10\%$$

对于商业资本来说，平均利润率是一个已知量，这个已知量一方面由产业资本所产生出来的剩余价值量来决定，另一方面则由商业资本在社会中的比重来决定。

商业资本比产业资本愈多，工业利润率就愈小，否则相反。

（4）商人不只做资本主义工厂所造成商品的贩卖人，而且还向农民、家庭手工业者和手工业者收买各种商品，从收买价格和出卖价格之间取得差额，抵消了运费、包裹费等开销外，其余一部分的差额，就是贩卖商人所得的利润，这种商业利润的来源，莫不是工人所创造的剩余价值。

剩余价值在产业资本与商业资本间的均等化与分配情形用下列说明：假定社会的总产业资本系由 720C + 180V 所构成，剩余价值率为 100%，又假定固定的价值在一年内完成转移到生产物，那么总产量的价值等于 $720C+180V+180M=1080$，而利润率 $=\frac{180M}{900K}$（$K=C+V$，$=720+180$）$=20\%$，但销售商品需要追加资本，假定商人所预付的这一资本是 $100K$，则社会总资本为 $1000K$（900 + 100），利润率 $\frac{180M}{1000K}=18\%$。这 18% 便是平均利润率，它是由于商业资本参加剩余价值均等化而产生的，它是产业资本和商业资本所得多寡的尺度。工业家按低于商品价值的生产价格，将自己的产品卖给商人，在此种场合：$720C+180V+162P=1062$（P = 工业利润），商人则按价值相一致的社会生产价值将商品卖给消费者，即 $720C+180V+162P+18K=1080$（K = 商业利润）。

（5）商业的种类与投机事业

①不只消费品的买卖，而且各种因为继续进行生产或运转业所必

需的商品的买卖。

②批发与零售。

③在商品交易所参加交易的人，常常完全不曾亲见过商品，拿来出卖的通常只是堆栈的收条，这要商品极其纯一才能做到。

④商人在商品交易所中购买商品，常常不是为了将商品转达消费者，而只是他们算到这些商品的市价会变动，在将来转卖这些商品时会攫得利润，因此就发生了投机事业。商业与商品实际运动的分离，在交易所的买卖中到达最高的阶段。

（6）商业店员的劳动（商业傭员与工厂工人的相同点，同是被剥削阶级）

①转运货物（运货、装货）的工作，这种商业行为是属于生产过程上的作用。

②货物买卖本身的各种工作，如顾客的兜揽，货物的陈列与保存，银钞的收受，簿记的登载等，这些为流动本身而造的工作，属于流通过程上的作用，与生产无关，不能创造价值，更不能创造剩余价值。

但如果没有店员的劳动，商品流通就不能进行，剩余价值就不能实现。因此商业资本家便把他所分得的一部分剩余价值，再拿出一部分，以工资的形式支付店员。支付愈多，资本家所得的愈少，因此资本家便极力减少店员数目，减低他们的报酬，延长他们工作时间。所以资本家所剥削的不单是工厂中的劳动者，而且还有商店中的劳动者。店员被商业资本家所剥削的，不是剩余价值，而是剩余劳动。

（7）商业费用

①在流通过程中进行的补充的生产过程所引起的费用（如运输费、保管费等），这一种费用原则上与生产费用并无区别，例如，运输工具的价值与工厂设备的价值一样地转移到商品上；运输工人也是与工厂工人一样的生产工人；他们再生产出自己劳动力的价值并创造出剩余价值。

②纯粹流通费用（清算、成本计算、簿记、通信、广告、办事处

所费用等)，它们并不增加商品价值，而要用现有的商品价值来补偿。如支付纯粹流通费用，商人预付出追加资本，这个资本的利润也是由产业工人所创造的剩余价值中得来的。如果除了在我们例子中发挥职能的100K商业资本外，还预付出50K的追加资本用于纯粹流通费用上，则剩余价值180M就将分配于1050K了（产业资本900加上商业资本150)，在这种场合，总的利润率等于17 $\frac{1}{7}$%（原为18)，产业资本分得154 $\frac{2}{7}$m，而商业资本分得25 $\frac{5}{7}$m。工业家以1054 $\frac{2}{7}$将自己产品卖给商人，而商人则以1130（=1080+50）出售商品。这样一来，纯粹流通费用就提高了商品价格，并降低了总的利润率。

美国	商业开支（即纯粹流通费用）在商品价格中所占%
1850	19.8%
1900	40.1%
1920	50.4%

纯粹流通费用的增长是与生产无政府状态的增长，与销售困难的增加，与群众购买力的减降相关联的。

商业资本为大量商品的流转服务并以此促进产业资本再生产过程的加速，但却使资本主义的矛盾尖锐起来。为了保障生产过程之不间断地进行，在流通领域中就要储藏有一定数量的生产资料与消费品，商业资本就是它的承担者。由于商品储蓄在流通领域中增加得比保证再生产正常需要迅速得多，于是商品储藏过剩，其规模随资本主义发展而益加大，商品从生产者到消费者去的途程长远起来，商业中介人的数目日增，商品在到达消费者手中之前，要被数十次地卖来买去；商品交易所的投机广泛发展着，造成虚伪的需求，使得产业资本发展着为仓库而生产商品的倾向，加速加深着生产、流通与消费之间的内在统一的破裂。尤其在帝国主义时代，一方面暴露出商业资本相对增大的趋势，另一方面则暴露出其周转速度降低的趋势。这两种现象使纯粹流通费用大量增加，商品的市场价格增加，负担落到消费者身上，首先是落到工人阶级身上，在保有封建残余的国家中，商业资本是与高利贷奴役和人身的支配交织在一起的，在殖民地与附属国中表现尤明显。

2. 借贷资本与利息①

①货币经营资本，是不参加商品生产过程的，它是专立地在流通过程当中起作用的，它的业务，例如替资本家收款、付款、兑换、汇款、转账、结账等，它也是一种商业资本，但经营的不是普通商品，而是货币。

这种货币经营资本，也是从工业资本当中的货币资本转化而来的，它的作用是在技术上促进货币的流通、工业资本的循环。它和借贷资本（或生息资本）是不一样的。

银行资本不能看做单纯的货币经营资本，它是货币经营资本和借贷资本相结合起来，因为现代银行除经营货币之外还进行其他业务，如存款、放款等等。

借贷资本，就是当作一种生产“利润”的手段来使用的资本，也就是出借生息的资本，故又名生息资本，对于借取此款用来进行生产或从事商业活动的借方而言，则名机能资本。

货币除了当作货币使用以外，还有一种当作资本的使用价值，这就是可以用它来赚钱。货币（资本）的让渡，即货币生产利润的权力的让渡，必索取一定的代价，这种让渡的代价，定必包括货币当作商品出卖的价钱，与货币转化为资本，可以赚更多的钱的使用价值的价钱。

（货币）资本的买卖与普通商品买卖采取不同的方式，普通商品买卖的时候，是两种不同形态的商品在交换，买主拿货币来买商品。但资本的买卖，卖主卖出的商品，和买主所付给卖主的代价却都是货

① 借贷资本的早期形态——高利贷资本，还在原始公社制度瓦解时就已产生，它同商人资本一样，在古代罗马已甚发达，中古时高利贷也有很大的作用。随着资本主义关系的发展，它就成为一种障碍，在12世纪至14世纪，威尼斯和热那亚已有信用社的形成，十七世纪阿姆斯特丹与汉堡建立银行机关，亦为与高利贷斗争的堡垒，高利贷资本之服从于产业资本及其成为产业资本的单独部分，表示着借贷利息已经减少，它只限于资本所得利润的一部分了。但高利贷在帝国主义时期，复与封建主、土著资产阶级、帝国主义压迫。

币。利息是买卖资本的价格。

普通商品买主所购买的是商品的使用价值，所支付的是商品的价值；但货币资本的借入（亦即所买入的）是货币当作资本的使用价值，而支付的却不只是货币的价值或价格，且必须多付利息。因此买来的资本，一定要使用了一个时期，才能够生出利润来，所以资本的买卖只能采取借贷的形式。

普通的商品，其使用价值到最后消费时，商品实体便消灭，价值也消灭。但资本在消费时，其使用价值的消费不仅保存了自己的价值及使用价值，而且增殖了自己的价值及使用价值。

借款来进行生产的资本家，把生产出来的一部分剩余价值分给那个货币原有者，这一部分剩余价值，便叫做利息。所以，利息是剩余价值的一种变态，它的来源是产业资本的利润。

利息对于放出的借贷资本的比率叫做利息率。

因此当企业家（工业资本家、商业资本家的全称）借款来经营企业时，这样所得的剩余价值可分为两部分：一部分为利息，一部分为企业利润（企业利润 = 工业利润 + 商业利润）。剩余价值 = 利息 + 企业利润

②利息率的高低是怎样来决定的?

利息既为平均利润的一部分，最高不能等于或超过平均利润。所以，最低也不能等于零。利率通常比平均利润率低。

利息率的高低，像市场上的价格一样，也是依着供给与需求为转移的，市场上出借的资本愈多，利息率便愈低；愈少，则愈高。

利息率的最高限度，既为平均利润率所决定，它像平均利润率一样，随着资本主义的发展，而趋于下降。

假定利息与总利润之间保持一定的比率（例如为$\frac{1}{4}$），那么利息的多少就会和总利润的多少成正比例地涨落。利息率是受利润率调节的。

利息率的运动，基本规律是下落的倾向，决定利息率必然下落的情况有三种：a. 平均利润率下降。b. 随着资本主义的发展，能够贷

放资本家数目增多起来，食利者日益增多，寄生性日益增多。c. 信用制度日益发达，一切社会阶层的游资日益更多地集中于银行，而变为借贷资本。

③生息资本的存在及其多少，并不是由哪一个个别资本家的意志来决定的。

a. 资本家为了再生产和扩大再生产，不能不使它的一部分货币资本闲放起来，以备不时之需。

b. 商业资本家每天出卖商品所得现款，也不会每天都拿去买进新货。

c. 公务人员的薪俸、社会各阶层的小额储蓄。

d. 国家财政收入及各机关没有开出去的办公费。

以上皆可成为借贷资本供给的来源。

3. 银行与银行利润

(1) 存款与放款的业务（银行信用和商业信用）

使得社会上的借贷关系顺利的发展，加速资本周转的速率。

又由于商品信用（或商业信用），如某原料商愿将原料先赊欠给产业资本家，货款到某个时期以后再付，于是现金支付就变为到期支付，这就不啻将商品流通期间缩短（狄超白《政经学讲话》第 143 页）。

银行家赚钱的办法，就是用较低的存款利息吸收存款，和以较高的放款利息把款子放出去，赚取这两者之间的差额。

这赚得的差额，除去银行家所用去的费用，便是银行家所得到的利润，即银行利润。不外为剩余价值的一种变态。

$$\frac{\text{银行利润}}{\text{银行家所垫支的总资本}} = \text{信贷利润率或银行利润率}$$

（应与社会平均利润率相接近）

此为银行家计算自己所获得利润率高低的方法。

其实银行利润的大小是和银行可以支配的贷放资本的大小成正比例的，而与资本家在开办银行时资本额多少是没有直接关系的。资本额的大小虽与银行的业务的开展有关系，但它并不能直接决定银行所支配的贷放资本的大小。

银行家力求得到平均利润，否则，他就要将资本转移到工业或商业中。

资本主义经济的发展，借贷资本关系的发展，使得作为财产的资本与作为职能的资本相分离，资本占有者与生产组织者已成为不同的人了。工商业中的资本家，日益更多地利用他人借来的资本，最后，组织生产的职能转移到雇员身上了，企业的管理与监督事务全由特别雇用的人员担任，资本的寄生性，表现得特别明显——如在股份公司。

（2）资本主义信用有两种形式

①商业信用——作为支付手段的货币职能（即后来发生之延期支付）是商业信用的起源，它是职能资本家在商品生产与流通过程中彼此间的直接信用，互相欠债的制度。在这个基础上产生了期票（pr-missing note），汇票（bill of exchange draft）。它是以商品形式贷给资本，这个资本并不是闲置资本，因为它可以用于再生产过程。

②银行信用——银行家是闲置货币握有者与闲置货币借用者之中间人，所以他并不单纯是借贷资本家，货币资本家给予职能资本家以货币形态的贷款，这就是银行信用。

A. 银行资本家的产生（集中社会的闲放资本①）

a. 由小量成为大量

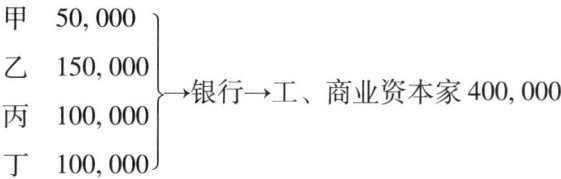

甲　50, 000
乙　150, 000
丙　100, 000
丁　100, 000
}→银行→工、商业资本家 400, 000

b. 由不同的短期借贷资本，成为固定的长期资本

① 将债权人与债务人集中起来，这就是银行的本质。银行成为加强资本集积与集中的工具，使资本主义的矛盾日趋尖锐。

甲　50,000（1－6月）
乙　150,000（1－6月）
丙　100,000（7－12月）
丁　100,000（7－12月）
→ 银行→工、商业资本家200,000（1－12月）

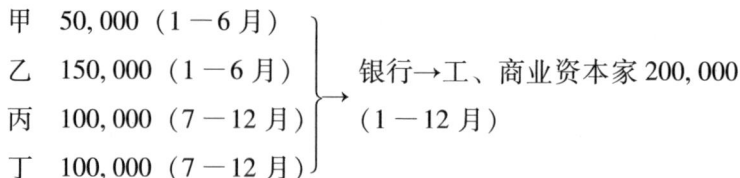

B. 银行存放款的种类

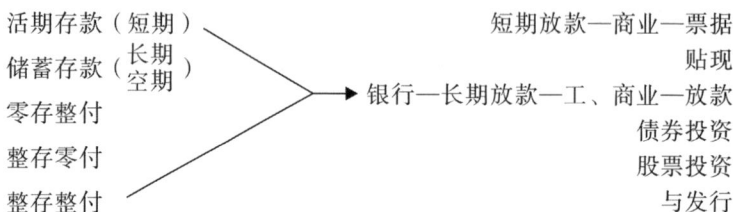

活期存款（短期）
储蓄存款（长期 空期）
零存整付
整存零付
整存整付
→ 银行—短期放款—商业—票据贴现
银行—长期放款—工、商业—放款
债券投资
股票投资与发行

C. 资本主义银行的种类

a. 发行银行——通常是垄断货币发行与贷款给国内其他银行的中央银行。

b. 商业银行——执行各种信用业务的银行。

c. 抵押银行——以不动产为抵押而实行贷款的银行，特别是在帝国主义时期，它大部分是商业银行的分行，使广大农民阶层遭到盘剥与破产。

D. 银行信用（商业信用不能满足资本主义经济在信用上的一切需要）

商业信用的界限，由个别资本家所能支配的个人资本数额而定。因此，需要货币资本家的参加，银行信用是与货币经营资本的发展相密切联系的。

E. 银行借款资金的泉源

a. 资本家的现款。

b. 货币资本家的存款。

c. 工人、手工业者、农民各种储蓄，利用劳动者的血汗以剥削劳动人民。

F. 银行资本与工业资本的结合过程发展了，金融资本出现了，发行有价证券是金融资本的最重要的业务，这是帝国主义特征之一。

国家银行，必须成为现金和转账的中心，也就是信贷中心。通过现金管理来发展生产和繁荣经济。此外，它还负担着：统一发行、经理国库、管理全国金融（对私人钱庄、证券交易、票据交换、保险事业等的受理）、扶植出口、清算国际收支等。其目的在制止通货膨胀，稳定物价，顺利经济建设。根据苏联经验，实行现金管理后，不但存款比发行多出几倍，并且使现金支出和转账的比例达到1：150，即是说1元能顶150元用。东北的情形，自1949年4月开始实现现金管理和转账制度（1950年4月7日政务院才通过此决定），到1949年底，存款增加2倍（自二万亿增至六万亿），转账也为现金支出的6倍（1元顶6元用）。

③银行授信业务

银行放款出来，是必须要担保的，这种担保有如下几种：

（1）用贴现方式（票据）

（2）抵押品放款（大都为各种有市场的证券，如股票、公私债票之类）

（3）商品担保（即用货物抵押借款，银行往往设有堆栈，把抵押品存入银行仓库里），此外持有特种堆栈收据、运货单等均可向银行借款。比如已买了一批货，但尚未运到，可是转运公司的领货单倒已先寄来，借款人就拿了这种领货单，也可到银行去抵押借款，普通称之为押汇。

（4）不动产担保，如土地、房屋等。

（狄超白《政治经济学讲话》第147－148页）

银行的业务除上述受款放款外，尚有一种中间业务，如代学校收费、汇款、代顾客付款、代人追索、代商人催收货款、代往来客户运款等等。它照例收一点手续费，但并不是银行的主要业务。

（狄超白《政治经济学讲话》第148页）

4．剩余价值与地租

封建地租所剥削的是生产者的剩余劳动，或剩余生产物的全部。

资本主义地租所剥削的是生产者的剩余价值的一部分，是农业生产中所生产出来的剩余价值总量超过农业资本家所获得的平均利润的那一部分。

地租的剥削形态在封建社会里是占支配地位的，在资本主义社会中居支配地位的剥削形态是利润，不是地租。

在资本主义社会，从土地所有者租入土地的人，不是农民，不是劳动者，而是农业资本家，他自己并不劳动，但雇农业工人来进行生产，他自己也是一个剥削阶级而不是一个被剥削阶级。农业资本直接剥削工人之后，把剥削所得取出一部分当作地租交给地主，地主经过农业资本家间接剥削农业工人。

地主对农业资本家来说再不保有超经济的权利，他仅降到利用土地所有权的名义来瓜分资本家利润的人，地租额是受资本主义的经济规律限制的，不能无限制地提高地租额。

资本主义地租是从什么地方来的？

一定要农业资本家所得的利润比平均利润高，一定要有一部分额外利润，他才可以给土地所有者地租。换句话说资本家交给土地所有者的地租只能是由资本家所得的平均利润以上的额外利润转化而来的。

这就是资本地租的来源是从资本主义农业特殊生产方式当中产生出来的。

5. 差额地租（或级差地租）与绝对地租

（1）劳动有没有价值？

劳动不能有价值，因为价值是由劳动量来决定的。

商品的价值，也就是商品中所包含的劳动量。价值仅代表生产商品时所消费的劳动量。

如果说劳动的价值，也就等于说价值的价值，那就未免是一种不需要之重复辞了。（tautology）

我们说劳动是劳动力的使用价值，换句话说，劳动就是劳动力的运用、支出、劳动力发生的作用。

所谓使用价值是指物品能够满足某种人类欲望的自然性质，是在什么社会下都存在的。

但作为价值的表现的“交换价值”，它不只是物与物之间的一种关系或比例，而是一种人与人的关系，它并不是在任何社会都存在着的。

各种商品之所以有交换价值，因为它们都存在有一个共同的东西，这个东西就是商品内在的固有的价值。

商品的价值，不能是商品的自然性质，不能是商品的使用价值。例如二斗米和三疋布的重量、形状、颜色……使用价值都是不一样的，然而它们的价值却相同，那就因为它们都是劳动生产出来的物品，所以我们说劳动创造价值，或者说（等一的，即相同性质的人类）劳动是形成价值的实体。

劳动力成为自由买卖的商品，是资本主义社会成立以后的事。在资本主义社会里，工人个别没有别的商品，只有一件商品，这就是他自己的劳动力。

劳动力，就是一个人所具有的体力和精神能力的总和。

劳动力的价值是由生产和再生产劳动力的社会必要劳动时间来决定的。

交换价值是价值的表现，而价值乃是交换价值的基础，交换价值只是在交换时才体现出来。

交换价值与使用价值是有矛盾的，对于消费者言，此物品只有使用价值而无交换价值；对出卖者言，只有交换价值而无使用价值。交换价值与使用价值，在商品交换以前，是互相对立着的；可是它们在交换中分裂开来了，这个分裂，就是它们中间矛盾的解决（商品是交换价值与使用价值之对立的统一体）。

必须是生产使用价值的有用劳动才生产价值。价值和使用价值是分不开的，必须是有用的东西才有价值。“使用价值是价值的物质担当者”，劳动必须寄住在一个有用的物件当中才形成价值。

但有使用价值的东西，不一定有价值，如自然财富（未经人类劳动的江河、野生树林等）。

有价格的东西不一定都有价值，但有价值的东西都一定有价格。

马克思把个人劳动与社会劳动之间的矛盾，视为商品经济的基本矛盾。

资本主义商品经济中的劳动，实质上是社会劳动，然而在生产手段为私人占有的情形下，劳动的社会性不能表现在生产过程中，只能通过商品之交换，采取抽象劳动的形式，即价值的形式才能表现。

所谓“劳动价值”，意思并非“劳动这一商品的价值”，劳动既非商品，何来价值？我们所谓“劳动价值”，是指工人在一日中所支出的全部劳动所创造或形成之价值而言。假如一劳动日为十小时，那么就是十小时劳动所创造的全部价值，这里面包括劳动力的价值和超过劳动力价值的剩余价值。所以，一日的劳动价值与劳动力价值是有极大区别的。（沈志远、大纲 p. 198）

（2）为什么劳动不是商品而且没有价值呢？

①假定劳动能够在市场作为商品出卖，就应在出卖之前是独立存在的。只有在出卖以前就已存在着的东西才能被出卖，并以这一形式交到购买者手里。假若劳动是作为商品而独立存在，必须要以这一点为前提，即工人不是雇佣工人，而是小私有生产者，但他出卖的也不是劳动本身，而是其生产物——商品。因此，劳动不可能是商品。

②如果劳动是商品的话，那么，按着价值规律，劳动就应当是等价地交换其他商品，即是去交换同等的价值。在这种情况下，要剥削雇佣劳动就没有可能了，资本主义生产方式也就不能存在了。因此，劳动不可能是商品。

③如果劳动是商品的话，那么，在资本主义生产方式存在时，我们就得承认不等价交换是资本主义的基本经济规律，就得承认永远是价值较大的活的劳动去交换价值较小的物体化的劳动，或死的劳动。换句话说，就要消灭了价值规律，我们才能解释资本主义生产方式底存在。可是对于这一生产方式只应根据价值规律去解释，并且只有这样才能够解释，这一规律正是在资本主义条件下才达到最发展的地

步。这也证明劳动不可能是商品。

④劳动力的使用，这就是劳动本身。劳动力的使用过程是在工人将其劳动力卖给资本家之后才开始的。因此，雇佣工人是不能支配自己的劳动的。他的劳动是在资本家支配之下实现的。这也证明劳动不可能是商品。

⑤假定劳动是商品并具有价值，那么我们就要前后矛盾了，而价值的定义也就会变得荒谬了。实际上，在这种情形下，我们就得承认：商品的价值由劳动的价值确定，而劳动的价值由商品的价值确定。

由此可见，与“重不能有特别重量，热不能有特别温度，电不能有特别电力”一样（马恩全集，俄文版，第18卷，p. 18），劳动也不是商品也没有价值。

“劳动是价值的实体，是价值内在的尺度，但它自身没有价值。在‘劳动的价值’这个用语上，价值的观念不但完全消灭，而且变为自己的对立物了。说劳动的价值，和说地球的价值一样都是幻想。”（资本论 Vol. 1，三联版，p. 441）

《政经学教程》第六分册；（孔纳科夫：《工资与劳动日》pp. 5 –7。）

一、（原稿如此）

甲、劳动是没有价值的，因为在某一定社会关系下，才会产生价值，而价值是抽象劳动的表现，是一般性的，而劳动则是在任何社会关系下也有的，它并且是具体的表现，是特殊的，并且不是一种商品，不可以作为商品出卖，他只有创造使用价值而没有价值。而劳动与劳动力在前资本主义社会是没有区分的。但在资本主义社会便区分起来，因而资本家所购买的是劳动力，因为劳动力可以产生价值，并且可以产生比其本身所需要外的剩余价值，劳动是具体的、特殊的，劳动力则是抽象的、一般的，这是两者不合之点，而劳动则是在生产过程中劳动力的运用，也就是劳动力的使用价值，它们两者是相成的，因而劳动力是以劳动为基础，而劳动则是产生使用价值。同时也是矛盾的，因为既有使用价值则不能甚有价值，有价值则不能甚有使用价值，劳动力是一种特殊商品，其体力劳力恢复时则又可产生其价值与使用价值。

乙、劳动是创造价值的唯一泉源，但是它不是商品，因为：

（1）商品必须是既成的物件，而劳动不能是既成的物件。

（2）商品的交换必需适用等价交换的法则，如果劳动是商品，有价值的话，则也应该适用这个法则，根本就没有剩余价值的存在了。

（3）商品是可以自由地出售的，但是雇佣工人在出卖了他们的劳动力以后，就要受资本家支配着去劳动，而事实上工人是不能自由出卖他的“劳动”的。

（4）如果劳动是商品，有价值的话，我们说“价值是由劳动量决定的，而劳动本身又具有价值”，则变成一种循环的推论。

（5）（原稿缺）

从资本主义地租谈到土改中所看到的地租实例

1. 资本主义地租

（1）资本主义农业生产关系

（2）资本主义地租内容

2. 封建地租与资本主义地租不同之点

3. 土改中所看到的地租实况（铁板租、预租［非押租］）

（1）资本主义农业生产关系（图解）

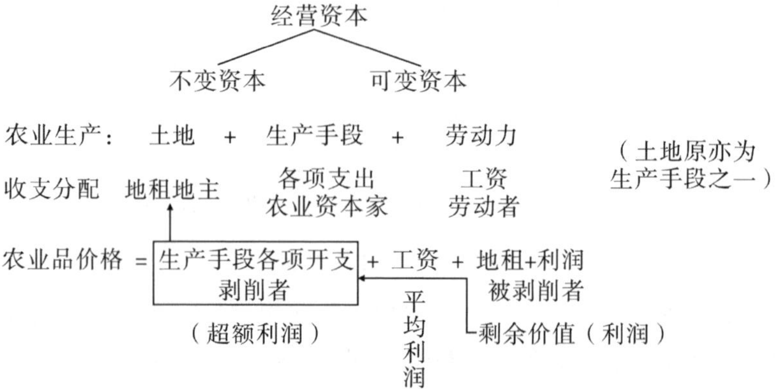

特点：①交纳地租的农业资本家是剥削者。

②地主经济上是土地所有者，不能作超经济剥削。

③超额利润以地租方式交给地主。

④各项开支，工资、利润、地租，以农产品值为商品出售价格而实现。

（2）资本主义地租内容

级差地租

①第一形态级差地租，两点说明：

工业品价格、利润及生产由中等生产条件决定。

农业生产由下等生产条件决定。

土地的自然生产条件决定产量（包括沃度、土质、水利、地势、气候、阳光、风向等）

好的土地有限性，“位置”——因素因农产品出售而显得重要。

假定以下三块土地面积相等，投资各为￥1,000，各希望利润率20%，但沃度不等。

	甲（石）	乙（石）	丙（石）	
单位生产成本	120 10 （元）	100 12 （元）	80 15 （元）	价格下等 地决定
超额利润	5（元）	3（元）		
级差地租	600元 （=120×5）	300（元）	0	

②第二形态地租（土地改良）

由于改良土地而得到更多的收入，形成各等级的提进。

2. 绝对地租

由于土地独占，丙等地亦非付地租不可（假定为80元）

1000　资本

200　利润

80　绝对地租

80　　16元　1280

则甲 720 元（=6×120）等差地租与绝对地租

乙 400 元（=4×100）等差地租与绝对地租

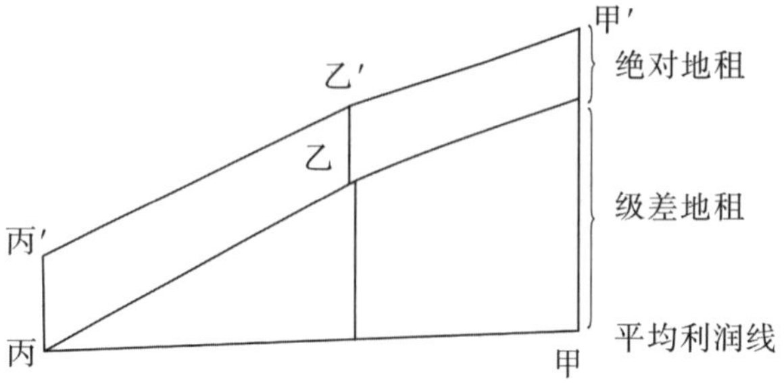

区别：①级差地租：个别生产价格与社会生产价格的差额。

绝对地租：土地生产品产价值超过社会生产价格的余额（即每石各加 1 元）。

②级差地租不因土地占有而发生，而是由于农业经营的独占，故在自耕农之下，仍可有地租发生。

绝对地租由于土地占有而发生，在自耕农下，不会发生。

二、封建地租与资本主义地租不同之点：

列宁：封建主义特点：

Ⅰ. 自然经济的统治

①自给自足、地域性，以力役地租及实物地租为主，货币地租正出现于末期。

②不以产品出售而实现。

③区域性（范围甚小）的级差，位置（对市场的）不重要。

Ⅱ. 直接生产者分有生产手段（以土地为主要）

①固着在土地。

②地主与农民有直接剥削关系。

Ⅲ. 农民对地主有人身上的依存性（政治上的土地所有者，超经济的剥削）

Ⅳ. 技术的落后性（小农佃耕制），愈是人口密，土地不够分配，地租剥削愈严重

甲　家中 6 人，租 30 亩，@400 斤，年产 12,000 斤

6 人 ×700 斤 =4,200 斤　　租率 50%

12,000

生产成本 $\frac{1,800}{6,000\text{ 斤}}$　　$\frac{6,000}{6,000}$（交租后无剩）

乙　家中 6 人，租 15 亩，@400 斤，年产 6,000 斤

6 人 ×700 斤 =4,200 斤　　租率 50%

生产成本 600 斤　　3,000

6,000 斤 −4,800 斤 =1,200 斤　　$\frac{1,200}{1,800}$（当欠此数）

剥削必要劳动，靠家庭副业为维持。

中国农村社会

1. 高利贷（半封建）。

2. 半殖民地性。

地租的影响：

1. 地租在资本主义生产下，阻碍了生产。

2. 地租有期限，资本家不愿改良土地。

3. 影响工业再生产，将工业品价格提高。

第九章　再生产与经济危机

Ⅰ. 资本的循环

1. 资本的流通过程及其分式（资本的再生产过程，就是生产过程与流通过程的统一）

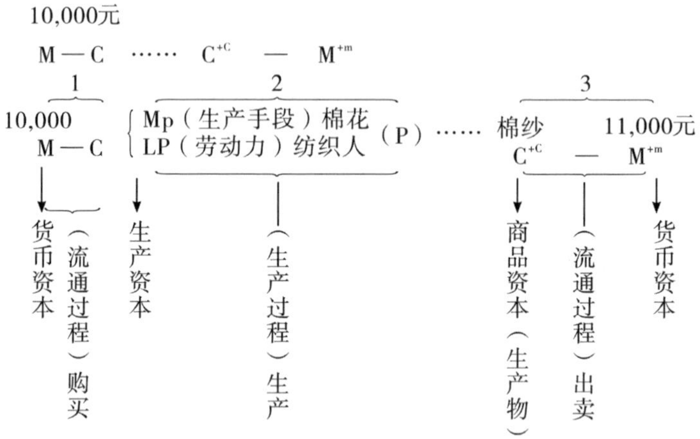

三个阶段：①购买。②生产。③出卖。

三种形态（或变形）的变化：①货币资本。②生产资本。③商品资本。

资本从一个形态变成另一个形态，一直经过三个形态的变化，又变回原来的形态的这种变化过程，就叫做资本的循环（从货币资本出发，至货币资终，谓之［货币］资本的循环，就是说投下的货币经过以上三个阶段变成更多的货币而回来到原来资本家手中的意思）。

货币资本、生产资本与商品资本，不是三种不同的资本，而是同一产业资本所采取的三种不同的形式，资本只有不断地通过这三种不同的形式（或形态），只有不断运动，才能发生它的作用，才能产生剩余价值。

一个资本家要使他手上的资本不断地发挥剥削剩余价值的作用，就需要把他的资本分成三部分同时存在在三种形态上面，因为以上三种资本无论哪个环节发生障碍，对整个资本的运动都要产生重大的影响，特别要是在商品资本到货币资本这个环节上受了阻碍，更是倒霉。

资本家的办法：①手上多存些货币，多存些原料、工具，以为准备；但准备太多了，他能够剥削到的剩余价值就少了。②往往用倾销办法来挤垮别的资本家。

一个企业单位或一个生产部门的资本的循环，往往跟另外一些企业单位或生产部门的资本循环交错在一起，结合在一起的，一个资本的循环受到阻碍，往往也就影响其他许多资本的循环，使它们也受到阻碍，这也是资本主义生产社会性的一种表现。

产业资本的循环，用上述公式来表示，它是生产过程与流通过程的统一，也是［生产资本中］劳动过程和价值扩大过程的统一，物质资料生产过程和价值形成与扩大过程的统一。

三种资本形态中的每一种形态在循环过程中都完成着自己的职能，马克思把它们称做“资本的职能形态”。

在生产资本中，直接表现着资本家与工人之间的主从关系，货币资本和商品资本止在与生产资本发生联系时才有资本的职能，才表现出资本家与工人之间的主从关系形态。

货币资本的循环表示着以资本价值的增殖为目的和动机。

生产资本的循环表示着以剩余价值这一增殖或生产过程。

商品资本的循环表示着以这个已增殖的资本价值的实现条件。

以上三种形态共通的特征，皆以价值的增殖为决定的目的为动机。

只有在以上三种资本彼此之间有着必要的比例而其中的每一形态又无阻地完成其特殊的循环时，产业资本才能正常地发挥其职能。

生产资本—产业资本的决定形态—占着中间地位，它只是其他两个资本形态之间的连环。生产方式决定着交换的性质和形式，交换强度和形式由生产的发展和生产的社会机构来决定。生产的发展，是社会经济发展的基础，一定的生产约制着一定的消费、分配、交换……

商品价值止在生产中产生，而不是在流通中产生。

资本家与工人之间的交换关系，不是平权的商品所有者的关系，仅流通过程的单纯外表，马克思："劳动力的不断买卖，仅形式而已，其实在内容，是资本家不断用他不给予等价而继续占有的他人的已经物体化的劳动部分，转为较大量他人的活的劳动。……"

资本主义流通的二重性，在流通过程中，一方面发生着经由买卖的方法，使用价值由生产者手里转移到消费者手里的运动（即所有权的变换），另一方面，又是价值形态的改变（如由商品形态转化为货币形态，或由货币形态转化为商品形态）。

价值形态的变换或［所有权］状态的改变才是真正意义上的流通。

资本主义的流通与简单商品流通，在形式上和内容上都不相同，后者 C－M－C，是这一使用价值与另一使用价值相交换，价值在这里仅是流通条件，而不是流通的目的。资本主义的流通是 M－C－M'，其目的和动机是将生产过程中所创造的剩余价值加以实现而扩大交换价值，而使用价值的交换或状态的改变，仅是没有它就不能将剩余价值加以实现的条件而已。

2. 资本的周转（流转）。

（1）时间和次数

当我们不把资本的循环看做一种不相连接的现象，而把它当做一周期的反复运动来观察时，那么，这样的资本循环就成为资本的周转了。所以，资本的周转（turn－over of capital），就是反复不断的资本循环（caculation of capital）。

资本的周转时间，可以衡量总资本价值由一个循环期间到另一个循环期间所经过的时间。

全部预付资本价值通过生产阶段和流通阶段所经历的总时间组成为资本周转时间。

如果以年为周转时间的测量单位，以 O 表示，

而该一资本周转一次所需时间为 O，

在一年内其周转次数为 n，

则该一资本的周转次数即为：

以这一资本周转一次的时间除一年的时间，或

$$n=\frac{O}{0}$$

这样，三个月周转一次的资本，在一年中周转 4 次，

$$n=\frac{12}{3}=4$$

而十八个月周转一次的资本，在一年中仅完成其周转的$\frac{2}{3}$，

$$n=\frac{12}{18}=\frac{2}{3}$$

即前一资本的周转要比后一资本快五倍。

各个资本的周转时间各不相合，由于生产条件和流通条件各不相同。

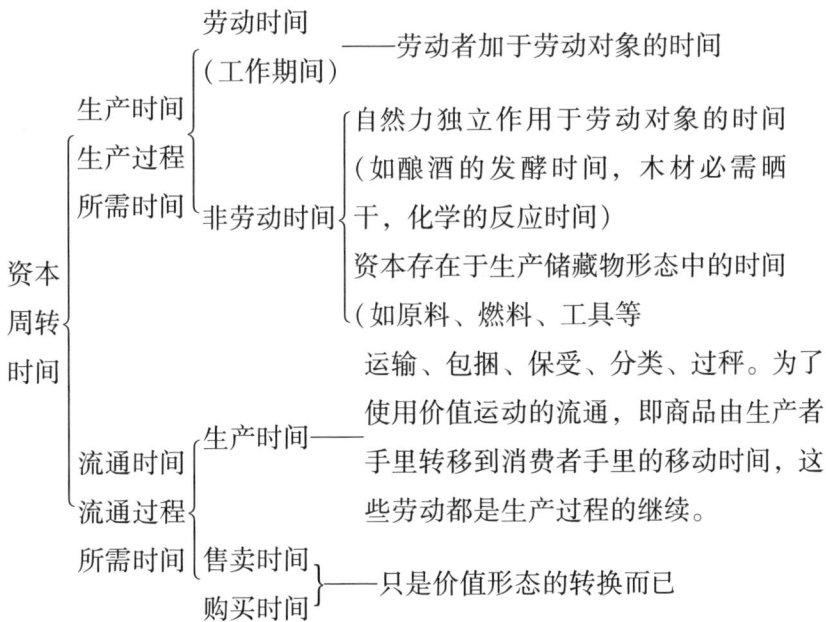

- 资本周转时间
  - 生产时间 生产过程所需时间
    - 劳动时间（工作期间）——劳动者加于劳动对象的时间
    - 非劳动时间
      - 自然力独立作用于劳动对象的时间（如酿酒的发酵时间，木材必需晒干，化学的反应时间）
      - 资本存在于生产储藏物形态中的时间（如原料、燃料、工具等
  - 流通时间 流通过程所需时间
    - 生产时间——运输、包捆、保受、分类、过秤。为了使用价值运动的流通，即商品由生产者手里转移到消费者手里的移动时间，这些劳动都是生产过程的继续。
    - 售卖时间 购买时间——只是价值形态的转换而已

工作期间、生产时间和流通时间的长短，均影响周转时间。

①缩短工作期间的方法。

a. 延长劳动日。

b. 提高劳动强度。

c. 扩大工人数量。

d. 增加班数。

e. 扩大社会分工——如机械各部之配合（assembling），prefabricated house。提高劳动生产率（最主要的方法）。

f. 提高劳动生产率（最主要的方法）。

②缩短生产时间的方法。

a. 加速生产中的自然过程——如对于布疋采用化学漂向法代替在草地上漂白的方法，用高周率电流使白桦木干燥代替自然干燥。

b. 资本成为储藏物的形态，即已进入生产领域中，但它还不能作为生产资本而发挥其职能，如果必要的生产储藏物占流动资本的$\frac{1}{10}$，则其在生产中停留的时期就要增加$\frac{1}{10}$。“这种生产储藏物的大小，乃取决于其更新［补充］的困难程度，取决于其供应市场的相对距离，取决于运转交通机关的发展程度等等。”（马克思）此外，价格经常摇摆不定，对于生产储藏物的数额也有着很大的影响。

③缩短资本流通时间的重要方法是发展运转事业和通讯工具（行情、市价）。

（2）固定资本与流动资本

除了工作期间、生产时间和流通时间的长短影响周转的速度时间以外，其中有决定性的是生产资本的构成，生产资本由不变资本和可变资本构成。

固定资本，在每次生产过程中，只把它的价值的一部分转移于生产物上去，所以固定资本的周转比较流动资本慢。

固定资本的构成取决于生产机械化的程度和工业部门的性质。

资本之划分为固定资本和流动资本，只是生产资本及其循环所固有的现象，作为流通资本的货币资本与商品资本，不分为固定资本与流动资本。

生产资本之划分为不变资本与可变资本，是由生产资本在价值和剩余价值生产中所引起的作用不同而来的，而生产资本之划分为固定资本和流动资本，则是由生产资本各个组成部分的周转各不相同而来的。

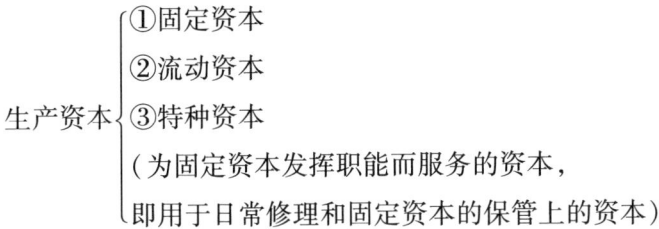

生产资本
- ①固定资本
- ②流动资本
- ③特种资本
- （为固定资本发挥职能而服务的资本，即用于日常修理和固定资本的保管上的资本）

固定资本的

物质消耗

①因在生产过程中的使用。

②因在自然力的作用下的消耗（如生锈、风、水、冷、热的耗损）。

精神消耗

由于技术进步而发生的机器、设备等的贬值。

生产资本中的固定资本部分比较流动资本部分越大，则这个资本周转的速度愈慢；反之，越快。

预付资本的总周转，是固定资本和流动资本周转的平均周转：

生产资本的因素	价值（元）	一年周转次数	一年周转总数（元）
生产建筑物	40,000	$\frac{1}{40}$	1,000
机器和设备	90,000	$\frac{1}{10}$	9,000
小的设备和工具	20,000	$\frac{1}{4}$	5,000
全部固定资本	150,000	$\frac{1}{10}$	15,000
流动资本	50,000	6	300,000
全部预付资本	200,000	1.57	315,000

（3）固定资本之随资本主义发展而增长

随着资本主义生产方式的发展，固定资本的数额和寿命也在增长，因此，资本的现实周转也缓慢和延长着，但在技术方面的进步和劳动生产率的提高，使固定资本要素日益低廉，因此，既有的设备和机器不断贬值，精神上的消耗大大快速于它在技术上的不适用性，所以固定资本的折旧率要高于物质消耗率。因此，固定资本的返还远较其技术上的完全消耗为早。

固定资本的迅速增长，使资本主义的矛盾异常尖锐化。

①固定资本的迅速增长决定着生产资本有机构成提高，使资本家力图用过度延长劳动日和提高劳动强度以便提高剩余价值率的方法取得补偿。

②固定资本在此一部门的迅速增长，引起他一部门的停滞和退化，它使劳动后备军日益扩大，工人工资日益减低，为那些最落后的企业部门的存在创造了条件。

③随着固定资本数额的扩大，产业资本就丧失其机动性，更加使资本家之间的矛盾尖锐起来。

④固定资本的增长，造成了产业资本周转缓慢的倾向，由于劳动人民购买力降低，使资本家即或在生产高涨年份也不可能完全利用其现有设备。（开工不足）

（4）可变资本的周转，对剩余价值量（及年率）的影响

①量　两个企业中的可变资本均为10,000元，但

甲　一年周转一次

乙　一月周转一次

当剥削率为100%时，在

甲　一年内将产生10,000元的剩余价值

乙　一年内将产生120,000元的剩余价值

②率　一年生产的全部剩余价值量与预付的可变资本的比例，就是剩余价值年率

$$甲\quad M' = \frac{10,000}{10,000} = 100\%$$

乙　$M' = \frac{120,000}{10,000} = 1,200\%$

结论：在其他条件相等的情形下，剩余价值量和剩余价值年率是与预付的可变资本的周转次数成正比例而变化的。

③可变资本的周转也影响到同时被剥削的工人的数量。

甲　假定每月发二次工资，即一年内发放 24 次。[①]

$10,000 \div 24 = 416\frac{2}{3}$元（此为发挥职能的可变资本）

乙　他的资本一月周转一次，其预付的可变资本在一个月中支出 2 次，每次为 5,000 元，他一次可用 5,000 元雇用工人（即经常发挥职能的可变资本）。换言之，乙同时剥削的工人数要比甲多至 12 倍。

结论：可变资本周转越快，预付的可变资本与作用着（即发挥职能的）的可变资本之间的差异就越小，资本同时剥削的工人数就越多，从而剩余价值量和年率就越大。

Ⅱ．（社会资本）单纯再生产的实现条件

1．社会资本的单纯（或简单）再生产

对于个别资本的再生产的研究，我们以前完全是从其价值的补偿还点着眼的。

在分析社会总资本的再生产与流通时，不仅有“价值的补偿，并且有生产品自然形态的补偿。”

社会资本是由个别资本所组成；但若断言社会资本即是个别资本的简单总合，也是完全不对的。互相联系与互为条件的所有个别资本的总体，才叫做社会资本。

社会资本是以自身的周转而彼此联系的全部资本主义社会的个别资本之总体，并表现为价值与使用价值之统一，因此，不仅要按价值，而且要按自然形态来分析社会资本的再生产。

全部的再生产过程，不仅包括资本再生产过程本身，且同样包含

① 因为他的可变资本预付给全年的。

以流通为媒介的消费过程。

2. 社会生产的两个部类

	社会总资本	社会总生产物
①不变资本		
a. 固定资本	5,100C	600C[①]
b. 流动资本（劳动力价值除外）	5,400C	5,400C
不变资本总计	10,500C	6,000C 1,500V } 7,500K
②可变资本	1,500V	
③剩余价值	1,500M	
总计	12,000K	9,000

消耗在社会生产物的生产上的总资本为：6,000C + 1,500V，或7,500K。

生产出来的社会总生产物，在价值上为：6,000C + 1,500V + 1,500M，或9,000。

3,400 + 1,700 = 5,100　　400 + 200 = 600
3,600 + 9,800 = 5,400　　3,600 + 1,800 = 5,400

	第一部类（生产资料）			第二部类（消费资料）		
	资本	生产物		资本	生产物	
①不变资本						
a. 固定资本	3,400C	400C		1,700C	200C	
b. 流动资本	3,600C	3,600C		1,800C	1,800C	
不变资本总计	7,000C	4,000C	第一部类的商品生产力	3,500C	2,000C	第二部类
②可变资本	1,000V	1,000V		500V	500V	
③剩余价值		1,000M			500V	
总计	8,000K	6,000		4,000K	3,000	

① 此为固定资本每次消耗量，且假定固定资本一年周转一次。

第一部类　$4,000C + 1,000V + 1,000M = 6,000$（生产资料）

第二部类　$2,000C + 500V + 500M = 3,000$（消费品）

总计　$6,000C + 1,500V + 1,500M = 9,000$

3. 社会资本单纯再生产的实现条件

甲、第一部类的可变资本和剩余价值的总和，应等于第二部类所消耗的不变资本。公式：

$$\text{I}\ (V + M) = \text{II}\ C$$

即 I　$4,000C + \boxed{1,000V + 1,000M} = 6,000$（生产资料）

　II　$\boxed{2,000C} + 500V + 500M = 3,000$（消费品）

即 I（$1000V + 1000M$）＝ II（$2000C$）

如果 I（$V + M$）＜ II C，则后者就不能完全得到补偿，后者简单再生产资料。

如果 II（$V + M$）＞ II C，则前者的一部分生产物就不能得到实现。

乙、第一部类的全部生产物，在价值上应等于第一与第二两部类所消耗的不变资本，公式：

$$\text{I}\ (C + V + M) = \text{I}\ C + \text{II}\ C$$

即 I（$4,000C + 1,000V + 1,000M$）＝ I（$4,000C$）＋ II（$2,000C$）

如果 I（$C + V + M$）＜ I C ＋ II C，则社会的不变资本不能完全得到补偿。

如果 I（$C + V + M$）＞ I C ＋ II C，则将形成了剩余的生产资料，而以商品的消费停滞在流通领域内，生产资本的现有要素就不能得到充分利用。

丙、第二部类的全部生产物在价值上应等于第一部类与第二部类所创造出来的价值，即是等于整个资本主义社会可变资本和剩余价值的总和：

$$\text{II}\ (C + V + M) = \text{I}\ (V + M) + \text{II}\ (V + M)$$

即 II（$2,000C + 500V + 500M$）＝ I（$1,000V + 1,000M$）＋ II（$500V + 500M$）

这说明了消费是由生产方式来决定的。

附论：

消费必需品和奢侈品的实现条件：

Ⅰ　4,000C + 1,000V + (600 + 400）M = 6,000（生产资料）

Ⅱ（甲）1,600C + 400V + （240 + 160）M = 2,400（消费品）

Ⅱ（乙）400C + 100V + （60 + 40）M = 600（奢侈品）

第二部类（甲）（乙）之对比，取决于工人阶级被剥削的程度和剥削者阶级浪费的程度。上例假定（甲）（乙）的剥削率同为100%，社会总剩余价值的40%被资本家用来购买奢侈品，则1,500M（= 1,000M + 500M）剩余价值总量中，耗费在奢侈品上的约600M。

Ⅲ. 社会资本扩大再生产的实现条件

1. 社会资本的积累、货币的购买

在社会资本的简单再生产的条件下，全部剩余价值均为资本家阶级所消费。

在社会资本底扩大再生产的条件下，一部分剩余价值变为在生产中起作用的追加资本。

在分析个别资本积累时，我们曾把主要注意力放在作为价值的资本上。

在分析社会资本积累时，除了资本价值的增殖过程和剥削实质外，还必须考察社会积累的自然形态，即社会生产物中有着足够数量的新资本的物质要素（生产资料）和追加的工人所需的消费品。

个别资本的增大由集积与集中而来。

社会资本的扩大则只由资本的集积而来，即是由于剩余价值之变为资本而来，资本的则止是个别资本在各个资本家之间的再分配，而不是社会总资本的扩大，但集中可以间接地影响社会资本的积累。

社会资本的积累以两种形式进行：①剩余价值变为潜在的货币资本（贮藏货币）。②发挥职能的生产资本。

货币的贮藏是扩大再生产的前提，但是它是绝对不生产的，它是资本主义生产一个致命的重负（dead weight）。

剩余生产物是资本积累的实在基础，也就是扩大再生产的实在基础。如果这一些资本家在出卖剩余生产物而将剩余价值变为贮藏货币，那么，另一些资本家则在购买这些剩余生产物时，便将其贮藏资本变为生产资本了。

2. 社会资本扩大再生产的实现条件

（1）基本条件

资本的实在的积累即是剩余价值之真实地变为发挥职能的生产资本，取决于下列两种情况：①社会中要有可资补充的工人，剩余价值才能变为可变资本。②在剩余生产物中要有可资新工人使用的追加生产资料与追加的消费品。

①剩余价值之转变为生产资本，在简单再生产条件下，是不可能的，因为：

Ⅰ（$C+V+M$）$=$ Ⅰ$C+$ ⅡC，即是第一部类的总产量仅仅等于所消耗的社会不变资本，它仅够从自然形态上补偿第一与第二部类的原有不变资本，其中没有提供为新资本所必需的多余生产资料。

因此，在扩大再生产条件下，第一部类应当生产出比补偿两类不变资本所需要者为多的生产资料，即：

Ⅰ（$C+V+M$）$>$ Ⅰ$C+$ ⅡC

②简单再生产　Ⅰ（$V+M$）$=$ ⅡC，表现出Ⅱ对Ⅰ的依赖性

在扩大再生产条件下，Ⅱ的资本家之需要生产资料，不仅是为了补偿所耗费的不变资本（ⅡC），而且也是为了把一部分剩余价值转变为追加的不变资本，Ⅱ的资本家只能在Ⅰ的资本家那里，由Ⅰ（$V+M$）之中购买追加的生产资料，所以Ⅰ的可变资本与剩余价值的总和应当大于Ⅱ所耗费的不变资本：

Ⅰ（$V+M$）$>$ ⅡC

由上可见，在社会资本的扩大再生产的条件下，生产资料的生产应增加到使其既能保证Ⅰ的资本积累，又能保证Ⅱ的资本积累。

③由上，又产生出下面一条件：国民收入，即在两部类中表现为可变资本和剩余价值的新创造出来的价值，应大于Ⅱ总产量的价值：

Ⅰ（$V+M$）+Ⅱ（$V+M$）>Ⅱ（$C+V+M$）

（2）在资本主义扩大再生产条件下的社会生产物的实现

社会生产物的生产——基本图式：

Ⅰ　4,000 C+1,000 V+1,000 M=6,000（生产资料）[1]

Ⅱ　1,500 C+750 V+750 M=3,000（消费品）

Ⅰ的资本家将其剩余价值的一半转变为资本，将另一半转变为个别消费基金；在1,000M中，500M转变为资本；500M转变为消费基金（收入）。前者，适应着Ⅰ的资本有机构而分解为400V+100V，并于以前的预付资本之中。

社会生产物的实现：

Ⅰ　4,400C + 1,100V + （500M）=6,000（生产资料）
　　4,000+400　1,000+100　消费不变

Ⅱ　1,600C + 800V + （600M）=3,000（消费品）
　　1,500+100C　750+50C　750M−150（追加资本，V=100C+50）

括弧内的一部分剩余价值，是充作资本家的消费资金之。

社会总资本扩大再生产与流通条件：

①社会生产物的生产条件：Ⅰ（1,000V+1,000M）>Ⅱ1,500C

社会生产物的实现条件：Ⅰ（1,100V+500M）=Ⅱ（1,500C+100C）

即增加了Ⅱ不变资本

Ⅰ的总产量在价值上　　　　Ⅰ、Ⅱ所耗费的不变资本

②生产条件：Ⅰ（4,000C+1,000V+1,000M）>Ⅰ（4,000C）+Ⅱ（1,500C）

实现条件：Ⅰ（4,400C+1,100V+500M）=Ⅰ（4,000C+400C）+Ⅱ（1,500C+100C）即增加Ⅰ、Ⅱ中的不变资本

---

① 有机构成高于Ⅱ。

Ⅰ、Ⅱ新创造出来的全部价值（国民收入）

③生产条件：Ⅰ（1,000V + 1,000M） + Ⅱ（750V + 750M）>

Ⅱ生产物的总价值

Ⅱ（1,500C + 750V + 750M）

实现条件：Ⅰ（1,100V + 500M） + Ⅱ（800V + 600M） =

Ⅱ（1,600C + 800V + 600M）

3,000

即一部分的国民收入可用来扩大生产，用来增加社会不变资本。Ⅱ的生产规模，不是由全部的国民收入来决定，而仅由用于Ⅰ、Ⅱ之工人与资本家个人消费上的那一部分国民收入来决定；另一部分国民收入则用来增加不变资本。

第二年开始生产则将以扩大的规模进行：

Ⅰ　4,400C + 1,100V + 1,100M = 6,600　Ⅰ的资本家们将剩余价值（1,100）中的即550M，转变为资本（440C + 110V），另一半留作个人消费之用。

Ⅱ　$\frac{1,600C + 800V}{6,000C + 1,900V\ 资本}$ + 800M = $\frac{3,200}{9,800\ 生产物}$　Ⅱ的资本家

7,900

可从自然形态上补偿其他资本（1,600C），而同时将160M转变为追加的不变资本（160C）。

第二年的社会生产物的实现：

1,100V+110V

Ⅰ　4,840C + [1,210V　+　（550M）] = 6,600

V+BV　A（消费资本）即 $\frac{1,100}{2}$

Ⅱ　[1,760C] + 880V + （560M） = 3,200

C+BC　800V+80V　800M−240

（1,600+160C）　（追加资本160+80）

在第三年，社会生产物的生产：

Ⅰ　4,840C + 1,210V + 1,210M = 7,260

Ⅱ　$\frac{1,760C + 880V}{6,600 + 2,090}$ + 880M = $\frac{3,520}{10,780 = 生产物}$

8,690（资本）

这个社会生产物的实现：

4,840+484
Ⅰ　5,324C + 1,331V + （605M）　= 7,260
消费资本（$\frac{1210}{3}$ =605）
Ⅱ　1,936C + 968V + （616M）　= 3,520
1,760+176　880+88　880M−264（追加资本）

说明：A 代表资本家所消费的那部分剩余价值。

B 代表他蓄积起来的剩余价值。

BC 代表附加于不变资本上的那一部分蓄积起来的剩余价值（即追加的可变资本）。

那么便有下述的流通

①在本部类内实行交换的：

Ⅰ应为 C（原来的不变资本）与 BC（追加的不变资本）

Ⅱ应为 V（原来的可变资本）与 BV（追加的可变资本）

②在这两大部类之间实行交换的Ⅰ应为 V，BV 与 A；Ⅱ应为 C 与 BC，因此，使这两大部类的生产品全部卖掉，必应为ⅠV + BV + A = Ⅱ（C + BC）。

（3）社会资本有机构成提高时的扩大再生产

《资本论》卷 2 中分析社会资本的扩大再生产时，是把有机构成当作不变的，列宁的贡献，是他把社会资本有机构成的变化估计在内而分析了资本主义的再生产。

美国加工Ⅰ业中的投资，在五十年间（1850 — 1900），增加到 18. 4 倍，即 5. 32 亿增加至 98. 14 亿美元。

而付出的工资总额仅增加 9. 8 倍（由 2. 367 亿到 23. 21 亿美元）

以后由 1900 — 1914，资本增加了一倍半，工资总额仅增了一倍。

不变资本比可变资本增长得较快的规律，表现在社会生产的Ⅰ、Ⅱ部类的发展是不平衡的，即生产资料的生产比消费品的生产增长得快些。

社会资本有机构成提高，不仅改变Ⅰ、Ⅱ间的对比，而且引起了

Ⅰ内者部门的不平衡的发展，为制造生产资料所需的生产资料的生产，比为制造消费品所需的生产资料的生产增加得迅速些。

资本主义发展的周期律在资本主义国家谓之经济循环或商业循环（economic，business or trade cycles）。生产过剩的危机、货币商品不能实现为货币的危机、金融的危机。

在这种周期的危机中，营业要依次通过沉滞时期（萧条）、相当活跃时期（复苏）、过活动时期（繁荣）、危机时期。（《资本论》v. 2，p. 137）。

四个时期的特征：

	繁荣时期	危机时期	萧条时期	复苏
	（prosperity）	（crisis）	（dipierium）	（resurgence）
产业活动	最高	降低	最低	
物价	高	降低	最低	
劳动就业	最多	减少	最低	
工资	高	降低	低	
罢工	多	多	少	
银行存款	大	减少	小	
利率	高	降低	低	
股票行情	高	降低	低	

一、繁荣时期　1923－1929

物价高涨　存货增加　利润极大　资本积累加大　劳动生产率加　工资增高　就业增多　信贷扩充　利率提高

	1923	1929		T. Wilson　p. 124
制造工业	93.7	121.6	+27.9	
电气工业	98.3	132.3	+34.0	
金属矿业	90.0	127.4	+37.4	
铁路	96.0	113.6	+17.6	

二、危机　1929－1930

产业活动骤然减低，存货不能推销，物价骤降，工商业关门，失业增高，工资降低，银行紧缩信用，所以存款减少，但因工商业都急于债务还债，利率仍然很高，虽有降低的趋势。

三、萧条时期　1930－1932

产业活动最低，物价也降得最低，失业的最多，信用能扩展，因工商业不需要扩展。因此虽然利率低，但银行仍无法贷放。

四、复苏时期　1933－1937

经济危机的周期性的原因，主要是由于资本主义生产的循环过程，固定资本的更新，不是因为它们（机器等）已经用旧了，已经完全消耗完了，而是因为新的更好的机器已经发明出来了，为了避免竞争上的损失起见，资本家便竞相采用新机器。所以，在危机与萧条时期，机器的发明与改善是最多的时代。

经济危机摧毁了一部分生产力，所以，它本身便产生了大量新的投资的条件，使生产有了新的进展，通常由生产手段部门中开始。

每次的经济危机是在更扩大的基础上而爆发起来，一次比一次猛烈，越来越缩短期间，1825年至19世纪90年代以前，平均每十年发生一次，后来便为七八年了。

（4）资本主义再生产的矛盾

马克思为说明在单纯再生产和扩大再生产所必需的种种复杂条件起见，曾制定了许多的数字公式，其目的不是说明资本主义的再生产可以顺利地进行，而是说明资本主义再生产条件的异常复杂，在无计划、无政府的资本主义生产之下，这些条件必然不能够实现的，因此，资本主义再生产的过程必然要破坏的，经济的危机必然要发生的。

生产的社会性与私人的资本主义占有形式之间的矛盾。

在资本主义的生产力与生产关系之间发生了不可避免的冲突，这种冲突在资本主义再生产过程中以破坏性的生产过剩危机的形式周期的爆发出来。

资本主义的劳动社会化，表现在：

①它是商品生产最发达的形式，因而扩大和加深社会分工，把分散的地方市场结合成国家市场，国际市场。

②创造了农业生产的集中，尤其是工业生产的集中，资本与工人集中。

③排除封建制度的人格依赖的形式，打破地方的狭隘性和保守性，造成人口的流动。

④造成激烈的竞争，把整个社会分割为对立的资本家与工人阶级。

2. 生产的扩大与价值的增殖之间的矛盾。

对剩余价值的追逐和竞争，迫使资本家要发展技术，于是社会资本的有机构成就提高起来，这又促进了（Ⅰ）的生产资料的生产的扩大，但有机构成提高却减低了对劳动力的需求，增大了相对的人口过剩，失业者日益增多，使工资日低于劳动力的价值，低微工资使得采用新机器为不合算，因而得不到利用，同时有助于落后企业与落后生产部门的保存。

生产扩大与价值增殖之间的矛盾，也表现在：

（1）劳动生产率的提高，增加了使用价值量，因而达到资本的自行增殖，但（原稿如此）

c. 因此，就有商品流通的时间延长，资本的周转迟缓，日益更多的社会资金与劳动为流通领域所吞蚀，纯粹流通费用增多等现象。

d. 在生产与流通之间的矛盾的发展中，资本主义把小生产者的自然的、家长制的经济转变为商品经济，把小生产者分化为资产阶级与无产阶级。这一过程，不是缩小国内市场，而是创造国内市场，同时也使整个资本主义再生产过程的矛盾尖锐起来，于是他们力图夺取国外市场的方法，来解决内部矛盾。因此发生国际武装斗争。

（以下至第 4 点原稿遗失）

5. 人口过剩下的资本过剩

不能找到可获取利润的运用而变为不起作用的资本的那一部分社会资本，称为过剩资本。资本的生产过剩，不是绝对的，而是相对的。它有三种形态：

a. 货币资本的过剩，由于下列种种原因：

甲、在社会资本的简单再生产过程中即已出现：

①固定资本不能一下子从价值上与实物（折旧基金）上得到补偿。

②各社会生产部门之间以及生产与流通（即商品资本之过剩）之间的比例经常遭到破坏。

乙、在扩大再生产条件下，归入这种不起作用的资本的是这种资本化的剩余价值，它没有达到相当的最低数额，不能被使用于生产中，因而贮藏起来。

b. 生产资本的过剩：

甲、在垄断以前的资本主义时代，表现为生产机构之不能全部开工（即开工不足）与成百万失业大军经常存在。

乙、在帝国主义和资本主义总危机时代，表现在资本家不能全部使用自己的生产资本。

c. 商品资本的过剩：

甲、生产资料的过剩

乙、消费品的过剩

"二十五史"中十三种《食货志》评介（提纲）

编者说明：此稿写于1964年前后，写成后曾铅印发中山大学历史系本科生和研究生参阅，它是后来发表在《历史研究》1981年第1期上题目为《十三种食货志介绍》一文的提纲本。

Ⅰ. 总论

1. 研读《食货志》的目的和要求（略）

2. "二十五史"中缺去《食货志》的多属于分裂割据朝代

如果不把《史记》的《平准书》算在内，则在"二十五史"中有《食货志》的只有《汉书》《晋书》《魏书》《隋书》《旧唐书》《新唐书》《旧五代史》《辽史》《金史》《宋史》《元史》《新元史》《明史》这十三部；余如《后汉书》《三国志》《宋书》《南齐书》《梁书》《陈书》《北齐书》《周书》《南史》《北史》等十部都没有《食货志》，《新五代史》也没有（注意：以上诸书只按历史上的朝代顺序开列，至于各书的编纂时期的先后暂置不论）。除《后汉书》外，没有《食货志》的在朝代上都属于分裂割据时期。

3. 体现于《食货志》编纂学发展过程中的两种矛盾趋势

从史料编纂学发展的角度来看，十三种《食货志》可以划分为两个阶段：第一个阶段，从《汉书·食货志》起，至《旧五代史·食货志》止。第二阶段，从辽、金、宋三《史》相继刊行后，至《明史》止。划分这两段时期的标志，首先是，在第一阶段里，《食货志》是可有可无的，虽则自《隋书》起，历代皆有《食货志》，然在北宋初年欧阳修私修的《新五代史》中仍无之；只是自从《辽史》起，《食货志》才成为“正史”中不可或缺的部分。其次，无论在体裁、结构方面，或在记事形式和标记项目方面，后一段时期中的史志都较为整齐划一，表现为以下几点：其一，从《辽史》起，各史《食货志》不只在“序”中略举全书的主要内容项目，并且在书中各卷里作出相应的标题。其二，从《元史》起，各史《食货志》不只有全书的总序，且于各门记事之首，另作“小序”或“分序”，说明本篇的梗概。其三，自《金史》《宋史》起，各史《食货志》分类记事的篇目也大量增加起来，这反映出封建国家的财政系统日趋复杂，对人民的压迫和剥削范围不断地扩大，对“理财”不能不更加讲究。与之相适应的，就是在后一段时期里，《食货志》的编纂技术，一步一步趋向细密。

可是从诸史志记事的内容性质来作检查，在前一段时期内，如《汉书·食货志》里面，却还有相当一部分是接触到社会经济史的范围的；下逮《魏书·食货志》大致上仍不失如此。但是，越到后来，各史志就越发收缩到财政史的狭小范围以内了。由此可以认清历代《食货志》的编纂目的何在。

4. “食货”涵义的衍变

《食货志》之名，始自《汉书》。“食货”这个名词，则来源于《书经·周书·洪范》篇。《汉书·食货志》一开头便说：“《洪范》八政，一曰食，二曰货。‘食’谓殖嘉谷可食之物，‘货’谓布帛可衣，及金刀龟贝，所以分财政布利，通有无者也。二者，生民之本……食足货通，然后国富民足，而教化成。”简言之，食指的是生产范围以内的事情，货则属于流通范围。在当时的历史条件下，前者自以农业生产和“田制”为主，后者则以货币制度和商业为主。然而具体到其后历代的实际情况，且体现于各史《食货志》中者，是有相当差别的：即如在《汉书·食货志》里，仅分为“食”、“货”两卷，而自《金史·食货志》起，分立的专篇名目，多在二十上下。这标志着封建国家的机器越来越庞大，经费支出越来越多，越发不能不多辟财源，增加对人民的剥削，引起人民更多的反抗。历代《食货志》编纂的目的，基本上都是为封建财经服务，无一不是从统治阶级立场来阐述“国计”对“民生”这一种自上而下的单方面的关系的。由于编纂者皆为封建统治阶级御用的文人学者，在他们的笔下，阶级斗争的情况仅得到一些不完全的反映，且常有歪曲历史的情况存在，这是我们必须注意的。

Ⅱ. 分论

以下对十三种《食货志》逐一介绍，大致分为主要内容和编纂体例两项，着重在各书的特点方面。至于评价问题，则以史料价值的高低，尤其是对阶级分析有无用处这点为据。

1.《汉书·食货志》上、下两卷。上卷论食，下卷论货，都是从上古说到汉代，这是通史的体裁，和后出诸书以断代为史的不同。《汉书·食货志》关于殷、周井田制，和魏文侯时李悝平籴法的记载甚为详尽，可与《周礼》《孟子》《史记》诸书互供参考。关于汉代的记述，可分为汉初、武帝及王莽三个时期，而以武帝初年和末年作为汉代盛衰的转折点。所记武帝末年赵过的代田法，哀帝时孔光等名田和限制奴婢人数的建议，和王莽的王田制，以及武帝和王莽的币制改革，都是全书的主要部分。两卷的论述，都以历代整个财经面貌的变化作为中心，只是通过田制、田租和币制等项来作重点说明而已，它的写法，是通篇直下，一气呵成的。

2.《魏书·食货志》一卷。分条记事，略依门类及其年代为次。“食”这方面占去绝大部分的篇幅。所记太和九年的均田诏，及立“三长”和“三调”等条，都为最早见的资料，与后出的《通志·食货略》诸书颇有异文，然原文有许多费解之处，目前学者对此所作的注释，意见尚未一致。以下为马政、银、锡、铁矿、互市、仓运、租调预征、入粟授价、盐税诸条，皆甚简略。卷末载钱货一条，尚为详悉，但还不足以反映当时币制的混乱情况。寺院经济，本为北魏社会一个严重问题，《食货志》是全无记载的，但在《释老志》中有颇丰富的资料。

3.《晋书·食货志》一卷。卷首有长序一篇，泛论自东汉初年中经三国以至两晋的财经一般状况，这是首见于诸史《食货志》中的序，其后诸史《食货志》无不作序了。以下正文，分为两篇：前篇论食，后篇论货。所记每种制度，皆溯源于汉代，并略及三国时的情况。其目的在于补《后汉书》和《三国志》二史无《食货志》之缺。书中记西晋事独详，于东晋甚略。“食”这一篇，记西晋初年劝农、开荒、水利、屯田诸政颇备，然意义不大。只有太康元年颁布的户调式和占田制的规定，最值得注意。“货”这一篇，虽篇幅无多，但关于用钱或用实物交换的争论，是东汉末以至两晋南北朝的一个重大问题，应予注意。

4.《隋书·食货志》一卷。所记为梁、陈、北齐、周、隋五代的史事，但亦偶有上溯东晋和东魏的记载。卷首载序一篇，以下正文，共分成十三大条：前九条，除泛论五代的一般财经状况以外，大致可分为田制、赋役、水利、漕运、仓库、朝廷赏贡及大工役等类事项，似应属于“食”的范围。卷末四大条，只记“散估”（交易税），市税（即后世之商税）及钱法三项，其为“货”的部分无疑。所记东晋南朝佃客制和丁男租调制，以及北朝齐、周、隋三代均田制之法令，都是比较难得的最原始的资料。观于散估与津市之征，历宋、齐、梁、陈，已成为经常的制度，且铜、铁、钱在南方较为通行，而在北方一般仍用绢布来作贸易，可为隋代南方商业发展远超过北方之证。书中对隋炀帝的侈靡腐朽生活和驱役人民的暴行，极力描写，读之令人痛恨。但关于隋文帝的仁慈节俭的记载，是要打折扣的。

5.《旧唐书·食货志》二卷。始于序中明记全书的主要内容项目，然序中所记的项目甚为简略，且其次第，与书中所载的不尽相符合，这因为书中实际上是按照唐代历朝财政官司职掌的分合来作叙述的。因此，需要把这两类的主要内容按其编排实际情况指点出来。卷上可分为三部分：一是由唐初均田律令之颁布，至建中元年两税制成立后，直至太和四年的情况，这是“食”一方面最关重要的部分；二是钱法，所占的篇幅比前一部分还多了许多，说明当时币制问题仍然十分严重，这是“货”的最主要部分。三是开元元年以后的盐法，是本卷记载最略的部分。卷下，内容较为庞杂，大致可归纳为以下三类：一是水利、漕运与盐铁；二是仓库，其下又可分为社仓、义仓、常平仓、和籴、振贷等项；三是杂税，包括：茶税、间架（房屋税）、除陌（交易税）、场税（货物通过税）等等。我根据种种理由，颇疑这一卷是未定稿。

6.《新唐书·食货志》（以下简称《新志》）五卷。记事方法大体上以制度为纲，偶亦参照诸司职掌的分合情况来作叙述。前四卷的主要内容项目，均见于序中；唯卷三所载“屯田”一项，序中未有明记其目。卷五“俸禄”“职田”“料钱”“公廨本钱”诸目，亦全不见于序中，然实即序文内“官禄”之别名。以上序文失记诸目，皆为《旧唐书·食货志》（以下简称《旧志》）所不详，《旧志》仅于《职官志》中略记官禄的大概情形而已。按《兵志》一卷，为《新唐书》所首创，其中亦有论及屯田、兵饷、马政等事，应取与《食货志》参看。只有“钱法”一门，《旧志》较《新志》详备，所记私铸、钱荒、除陌、折陌诸问题，突出了一代币制中心的特点，值得注意。一般而论，《新志》所记唐代中年以后的事迹，较《旧志》详备。《新志》《旧志》对“茶税”均有专门记载，这因为饮茶的风气，自唐代起，已由上层社会普及于广大群众间，从而茶也成为课征对象之一。

《新志》记丁调之征有“非蚕乡则输银十四两”一语，其说不见于《旧志》，前人多疑其妄。近年来长安县及南京北阴阳营都相继发现了天宝年铸的丁课铤、和市银、贡银等，形状种类不一，可知《新志》原自不误。又如近年来隋唐两京城址的勘测和宫殿区的发掘，以及两京附近大批墓葬的发现，对于隋唐都市的布置和性质，以至对长安的坊市制度的认识，具有莫大的作用。至如三门峡漕运遗迹的调查，更取得了极丰富的成绩。以上成绩之获得都是新中国成立以后的事情，并且是万千例子中的一二而已。可见田野考古工作，常可以补文献记载之不足。

7.《旧五代史·食货志》一卷。薛氏原书在明初似已有残缺，今本系清乾隆末年自《永乐大典》辑出。《食货志》一序，《大典》已失载，清人据《容斋三笔》所引薛史一条，绎其文义，因推定其为原序，取之以冠于卷首。又自《五代会要》《文献通考》两书，补录有关资料数条，均作双行小注，以别于大字之原文。今本全卷所载原文不过二千七百字，这是十三种《食货志》中字数最少的一部。所记五代史事，如依条数计算，周代最多，唐次之，晋又次之，梁及江南（指南唐）各仅得一条，北汉全缺。从制度方面来说，盐法较详，余如田赋、杂税、钱法、铜法等项，仅具大略罢了。若就内容而论，此志所载的尚不如《五代会要》那样完备，故参考价值不大。

8.《辽史·食货志》二卷。卷上记“农谷”及“赋税之制”；卷下记“征商”“盐筴”“鼓铸之法”，及“坑冶”“群牧”等，共计分成七门。全部仅三千三百余字。契丹旧俗，记载本少，保留下来的更是无多，兼以《辽史》仓促成书，故其《食货志》不只是简略不堪，且亦十分草率，例如关于盐、铁的记载，在“赋税”“盐筴”“坑冶”三门中，参差互见，毫无“章法”可言。清乾隆初厉鹗撰《辽史拾遗》，补缀有关材料十余条，皆注明出处，且略加论断，但用处仍不大。

9.《金史·食货志》五卷。门目十九：（1）户口，（2）通检、推排（人户财产物力调查），（3）田制，（4）租赋，（5）牛具税，（6）钱币，（7）盐，（8）酒，（9）醋，（10）茶，（11）诸征商，（12）金银税，（13）榷场，（14）和籴，（15）常平仓，（16）水田，（17）区田，（18）入粟，（19）鬻度牒。这十九个门目，在序中、卷首及各门事例之前，皆标记出来。这个办法，基本上为后来各史志所采用，给读者较多方便。序中指出租税、铜钱、交钞三者，就是金立国以来的基本大法，所以用了第三卷约有一万字的篇幅来叙述一代币制的沿革，详尽为诸篇之冠。卷首标题只用“钱币”二字，其内容则包括了“铜钱”和“交钞”，然此二者并非分门记载，而是双管齐下，混合编写的方式。它通过了钱、钞互为消长的情况，来阐明一代币制的演变崩溃的过程，从而说明了二者对民生物价的关系。

最值得注意的，还是《金史·食货志》创立了“户口”一篇，这是前代诸史《食货志》中所没有的。在这一篇里，它记的不是户口的数字，因为关于这项记载，“二十五史”中无一不是放在《地理志》里面的，《金史》也不例外。《金史·食货志》“户口”一篇乃是记载户口制度的专篇，篇中对于各项户别（如正户、杂户、监户、官户、民户、猎户、商户、乣军、驱口、课役户和不课役户，等等）在社会身份，政治和赋役上的差别待遇等等情况，都有了相当简单的说明。通过这一篇的阅读，我们也不难了解下一事实：尽管从表面看来，当时存在于猛安、谋克与汉人、渤海人之间的部族矛盾，也有存在于僧寺和二税户间的宗教矛盾，但最基本的还是体现于奴隶、良民和贵族、官宦、地主、商人间的阶级矛盾。在《金史·食货志》前，前代诸史志虽亦偶有关于户口制度的记载，然而只是附见于“田制”或“赋役”篇中，片段零星，不成其为系统。把“户口”作为专篇，并把它放在《食货志》中第一篇的地位，这是《金史》的创举，后出的诸史多亦因之，这是历史发展提出来的要求。

“通检、推排”一篇，对于金代自大定至泰和四十余年间屡次举行的对人户财产物力的调查所引起的阶级斗争，也是值得注意的。

10. 《宋史·食货志》十四卷。全书分上下两篇：上篇有十目，下篇有十二目。上篇以租税收入为主，属此者有：“农田”“方田”“屯田”“赋税”“课役”“漕运”等六门。“布帛”“和籴”，皆为政府采购，主要用于军粮；“常平”亦是政府收购，用于民食。自北宋中年以后，宋政府常取抑价或强制的方法进行采购，所以这三门实与租税收入无异。“义仓”实即田赋附加税——原书是把“常平、义仓”合作一门的。“振恤”一门，属于官办社会救济事业，然有名无实，不必注意，但可以作为当时人民生活流荡的反面材料来看。

下篇所载的主要是政府专利事业，属于此者有：“钱币”“会子（纸钞）”“盐”“茶”“酒”“坑冶（矿产）”“矾（‘香’附）”“市舶”八门。“市易”“均输”，都是政府通过采购或地区间的物资调拨来稳定市场物价的措施。这两门的性质和上篇的布帛、和籴、常平三者极为相似，也许是流通的角度来考虑，所以《宋史》把它们连同“商税”一门也都放到下篇来了。“市舶”一篇，首见于《宋史・食货志》，其后元、明诸史《食货志》因之，可见海上贸易自宋以来渐趋繁盛。剩下来的“会计”一门也是《宋史》首创的，其后《明史》及《清史稿》亦有仿作，但不逮《宋史》远甚。读《宋史・食货志》的，最好先从“会计”篇读起，以便对于宋代历朝财政收支总情况获得一个大致轮廓。

“盐”这一篇分隶于三卷之中，篇幅较巨，因为宋代盐榷收入占有很重要的位置。

11.《元史・食货志》（以下简称《旧志》）五卷。卷一至卷四，分立十九个门目：（1）经理，（2）农桑，（3）税粮，（4）科差，（5）海运，（6）钞法，（7）岁课，（8）盐法，（9）茶法，（10）酒醋课，（11）商税，（12）市舶，（13）额外课，（14）岁赐，（15）俸秩，（16）常平、义仓，（17）惠民药局，（18）市籴，（19）赈恤。以上四卷书几乎全部取材于《经世大典》，记事多止于天历二年以前。卷五，则据《六条政类》及有司采访所得，补记了元统二年以后直至至正末年三十余年间的事，但补作的只有“海运”“钞法”“盐法”“茶法”四门，余十五门未有补续。

以上十九门中，值得注意的有“海运”“额外课”“岁赐”，这是《元史・食货志》特辟的三篇，它们在元代财政收支系统中各占有重要或特殊的地位。所谓“额外课”，就是没有定额的商税，相对于岁有定额的“常课”而言。它在政府的岁收上虽不算重要，但读此一篇，可以体会到当日苛捐杂税对商业和民生的压迫作用。元代诸帝对宗族、姻戚、勋臣的赏赐，特别丰富，而史臣对此毫不加以谴责，反而备极赞扬，他们极反动的观点，在“岁赐”篇中，真正充分暴露出来了。

12.《新元史・食货志》（以下简称《新志》）十三卷，二十二目。比《旧志》增加了三个目，增的是“户口”“斡脱官钱”“入粟补官”三篇。“户口”一篇，对于元代社会阶级的分析研究，颇有用处，增加是必要的。“斡脱官钱”一篇，虽然着墨无多，但提供了关于蒙古诸王公和西域商人对官民进行高利贷盘剥的概况，这篇的增加也有必要。“入粟补官”，在《旧志》里原本是附记于该书“赈恤”篇中的一个子目，《新志》把它提了出来，作为独立一篇，其用意似在于揭发元代官爵之滥，虽然增加的只是至顺元年以后几条材料，但这一改动是值得称许的。至于《旧志》原有的十九门，《新志》在名称上颇有更易。在内容方面都作了不同程度的修正和补充。应该承认《新志》比《旧志》略胜一等。

13.《明史·食货志》六卷，二十一目。（1）户口，（2）田制（屯、庄田附），（3）赋役，（4）漕运，（5）仓库，（6）盐法，（7）茶法，（8）钱钞，（9）坑冶（附铁冶、铜场），（10）商税，（11）市舶，（12）马市，（13）上供采造，（14）采造，（15）柴炭，（16）采木，（17）珠池，（18）织造，（19）烧造，（20）俸饷，（21）会计。

以上目（1）—（12），载于前五卷中，基本上是关于国家各项财流的记载，前代诸史《食货志》多亦有之。唯卷六所载目（13）—（21），此中除去最后“俸饷”“会计”二篇外，其他七篇［（13）—（19），“上供采造”至“烧造”］，皆为关于明王室浪费殃民的专篇记载，这是值得注意的。

《明史·食货志》与《刑法志》向为旧日学者推许为两部佳著。论《明史·食货志》的优点，其实只是写得比较简练扼要而已。在明代原始资料还保全得相当丰富的今天，我们所要求于一部附载于旧式的一代正史中的《食货志》的，倒并不需要它记载纤悉无遗，毋宁是一本要言不烦，条理清楚的著作，在这点上《明史·食货志》是作得比较成功的。但如果稍从国民经济史料的角度提出要求，那就不免令人失望了。即如关于十五世纪以后，我国和南洋、非洲的贸易交通和友好关系；十六世纪以后，葡萄牙、西班牙、荷兰以及其他西欧诸国肆其商业资本和殖民主义对我国的侵略经过，《明史·食货志》几乎是毫无记载的，即便在《明史》“郑和传”和“外国传”中“佛郎机”等诸篇里面（“佛郎机”诸“外国传”中），记载也很简略。又如关于西南各省的资源开发，隆庆、万历以后国内手工业商业和行会组织的发展，记载同感缺乏。在财政方面，语焉不详的，如东西洋水隆二饷，明末三饷加派的实际状况等等都是——尤其是“辽饷”方面，本来材料不少，大约由于史臣怕触犯清廷的忌讳而不敢加以申述。《明史》断至崇祯十七年北京明政权崩溃时止，对南明的财经情况完全是一段空白。其他脱略和错误之处亦多。

自《金史》以后，各史《食货志》所立的门目渐详；自《宋史》以后，于门目之下更立子目者亦渐多。这份提纲对于最后几部《食货志》就是通过这些门目、子目的性质和内容来作介绍的，但应再作两点补充：其一，关于某一门目应隶属于哪一种志的问题，应从各该时代的经济政治特点来作考虑。例如屯田制度，各史皆入《食货志》，唯《元史》入《兵志》，这里可说明屯田制度在元代具有较大的军事意义。又如职田，各史皆入《食货志》，唯《宋史》入《职官志》，这里可以证明宋代官俸较厚。又如乡党闾里之制，自《后汉书》后，多入《百官志》，及隋废乡官，代以职役，于是乡里多载在《食货志》“赋役”篇中了。其二，关于门目的离合析并的问题，应了解作者的用意何在。例如卖官鬻爵之事，在《汉书·食货志》中已有记载，其后诸史《食货志》亦辄有之，然皆随事附见，未立专篇；至《金史·食货志》始立“入粟”一篇，其目的如该志总序所云，是在于揭发金代官爵之滥，尤其是征敛之繁。至宋代，“入粟补官”的事例较少，故《宋史·食货志》把它们附入“赈恤”篇中来记载，并说云：“绍兴以来，岁有水旱，发常平、义仓，或济、或粜、或贷，如恐不及，然当艰难之际，兵食方急，储蓄有限，而赈给无穷，复以爵赏诱富人相与补助，亦权宜不得已之策也。”可见《宋史》是强调了它的起源，意图为宋廷辩护。《旧元史》不明此义，仍仿《宋史》之例，把一大堆“入粟补官”的史实作为一个子目，依旧附于《食货志》“赈恤”篇内，那就显然是学步错误了。至魏源《元史新编》把“入粟补官”移入《选举志》中，《新元史》复载之于《食货志》内，且自成一篇，皆各有用意所在，自较《旧元史》的作法略胜，这是我们应该注意的。

关于原始资本积累（提要）

编者说明：这是仲师指导年轻教师学习《资本论》第一卷第24章《所谓原始积累》的讲课提要，后来他重译了这一章，已发表在《梁方仲文存》一书中。提要精辟地讲述了工业资本家的来源，资本主义历史趋势与问题，可与文存重译的部分配合来读。又关于明代资本主义萌芽，仲师亦有独到的见解，可一并参考研究。

Ⅵ. 工业资本家的来源

1. 巨额货币资本的原始积累方法（在对资产阶级的发财致富上起了巨大的作用）

①殖民制度（贩卖奴隶是原始积累的主要来源之一）
②商业战争（各种独占公司）
}武力（暴力）

③内因公债——国际信用制度

借债给国家的高利贷者，实质上并未给国家什么东西，因为他们所贷出的金额变为公债之券。而债券在资本主义的运转中发挥着与现金一样的作用。股份公司、交易所、有价证券的投机就依靠此点发展起来，那时创立的银行也富有起来。国家把这些债款用于非生产事业上，维持寄生性的国家、机关，维持了专制和压迫群众的机关。因此，捐税成了国家支付公债的唯一来源，而捐税的重担却完全落到工人与小商品生产者身上。

④近代课税制（专卖、各种垄断等等）

捐税的压迫，成了直接剥夺和使小商品生产者破产的方法，而捐税的收入归根到底落入了高利贷者的口袋里。

⑤保护关税制度

保护新兴的资本主义工业，使工厂主可获得巨额利润。

以上方法是彼此密切联系的，且有些在资本主义时期中仍应用着。首先，是奴隶主、专利垄断贸易商人、包税者（私营工场主、商人在此之前偶然亦有之）更由此窝孵出来了。银行财阀、金融家、食利人、经纪人、证券投机者等等。由高利贷资本和商人资本（商业资本）转化为工业资本、小资本家为大资本家，大手工场主为大工厂主。

2. 我国原始资本积累过程中所使用的同样方法及其特点

解题：

第1—3节，由高利贷资本、商人资本转化为产业资本，必须打破乡村方面的封建社会结构、城镇方面的行会组织。

第4—9节，十五世纪末年以后，地理大发现后，西班牙、荷兰、法、英等国资本原始积累进行之加速，尤以英国之系统最为完整广泛。殖民制度和掠夺土著人口为奴隶，和基督教的本质，专利垄断贸易公司等。

第10节，资本主义时期，工业上优势取代了商业上的优势，剩余价值生产成为唯一目的。

第11—16节，公债制度与银行制度，近代租税制度，国内公债与国际信用制度。

第17节，保护制度与新兴工业的关系。

第18—21节，童工使用和贩卖人口。

第22节，总结资本主义形成的丑恶历史。

译文的错误：

（1）第8节，p. 951　对殖民地三种情形分别得不清楚。

P952　scalp　译“脑壳”。

（2）第11节，p. 953 国债成立了，代亵渎圣灵罪为不赦罪的，是国债上的背信。

（3）第13节，p. 954　英格伦银行。

VII. 资本主义积累的历史趋势

第1－4节　小生产方式只有在劳动者就是他本人所用的劳动资料的私有者的情况下，才能繁盛起来，从而产生了那种以本人劳动为基础的私有财产制度。这种生产方式，是以土地及其他生产资料的割裂分散为前提，而排斥了生产资料之集中于少数人手里。同时也排斥了生产过程中的协作和分工，使它局限于很狭隘的界限里。

第5－8节　因而，小生产方式不能不为资本主义生产方式（资本主义占有方式，资本主义私有财产制）所代替。

但资本主义的内在矛盾：生产资料之集中，和劳动的社会化是不相容的。

资本主义发展了大生产，同时产生了自己的掘墓人（无产阶级）。

工场手工业的出现，向前推动了原始积累过程。原始积累过程，又为大资本主义的企业的推广和发展造成必要的条件。仅仅在原始资本积累为工场手工业的发展造成一定条件之后，在西方才开始了工场手工业时期。（从十六世纪中叶至十八世纪的最后三十年）

工场手工业不能改造社会的生产。它的可能性是有限的，因为它的技术基础是手工劳动。它比小作坊虽具有优点，但终究不能把城市手工业与农村家庭工业排挤掉。工场手工业虽然在工业离开农业而分立上大大前进了一步，但终究不能完成这一过程。

工场手工业的发展引起社会分工的扩大。工场手工业的发展为向大机器生产、向资本主义工厂的过渡，创造了前提。广泛的分工与因此而来的劳动工具的专门化，为创造机器准备了必需的要素。工场手工业培养了机器工业所必需的熟练工人。

审查意见

二十七年三月二十一日审查南开大学商科研究所经济部第一班研究生《中国地价税之实施》论文（六万余言）

提要

我国地价税之产生，基于国民政府之土地政策，而以孙中山先生之平均地权主张为圭臬。实施办法，有如国民政府《建国大纲》第十条之规定。国民政府成立后，即由立法院于民十九颁布《土地法》，全文共三百九十七条，分为总则、土地登记、土地使用、土地税及土地征收等五编。民国二十四年复颁布《土地施行法》，全文共九十一条，亦照《土地法》分为五编，惟编下则不再分章。

《土地法》之规定，虽以《建国大纲》为根据，第以施行上之便利故，乃先由中央政治会议议决土地法原则，略行变更：第一，课税标准以估价并报价并用；第二，征收土地增价取渐进主义；第三，土地改良物暂不免税。

我国地价税之实施以青岛市为嚆矢，青岛于民十一年由我国收回以还，仍承袭德、日之旧规，地价税制沿行未替，惟土地增价税则于民九年日占期内废止，迄未恢复。广州市于民十五年举办土地增价税，十七年开征土地临时地价税；杭州市及上海市廛区于二十二年相继实施地价税；广东各县于二十四年一律改征临时地税；江西南昌县、江苏上海县及南京市亦于二十五年先后创办地价税。顾以事属草创，各地办法容多纷歧，就今日实施之各省市地价税言，可类归为三种典型。

（1）承袭外人之遗规略加整顿者——如青岛市。

（2）固陋就简只作暂时之适用者——如广东省及广州市。

（3）经过土地测量登记及评价，依照《土地法》程序举办者——如杭州市、南京、江西南昌及江苏上海。

地价之评估，青岛市、上海市、杭州市、南京市、江西南昌县、江苏上海县以及广东省等，均用划分地价区，计算标准地价办法，其情形特殊之土地，则按标准地价量为增减，地价估定后并分区公布，业户如有异议时，得于规定期限及条件下请求复估。惟广州市之临时地税，则系用资本还原方法，根据租金及警捐等，分别用周息一分还原，以推算土地之资本价值。

地价税之税率，各地规定不一，青岛市地价税率为百分之二，如建筑延期，得增至百分之十。广州市临时地价税率，有建筑及无建筑宅地均为百分之一，农地为千分之五，旷地为千分之二，惟无建筑宅地于必要时可加重至百分之五，其土地增价税率可分三项：（1）增价额未及原价之一半者，征收增价额五分之一。（2）增价额超过原价之一半而未及一倍者，其一半仍征收增价额五分之一，其超过一半之部分征收其四分之一。（3）增价额超过原价一倍以上者，其最初一半征收增价额五分之一，第二个一半征收其四分之一，其超过一倍之部分征收其三分之一。上海市暂行地价税率一律为千分之六。杭州市地价税率一律为千分之八。南京市地价税率，建筑用改良地为千分之十四，农作用改良地为千分之十，未改良地为千分之二十五，荒地为千分之四十，政治区域或其他原因禁止或限制建筑之区域为千分之十。广东各县临时地税税率一律为百分之一。江西南昌县地价税率亦一律为百分之一。江苏上海县地价税率，市地及市特殊地为千分之十二，乡地、乡特殊地及特区地均为千分之十。

地价税之征收，各地制度亦多差异。以经征机关言，杭州市于市政府土地科第三股内设征收处；而青岛市、上海、南京以及广东各市县，则均由财政局设处征收。以征收时期言，青岛市每年分为四期，于一、四、七、十等月征收；杭州市、上海、南京、江西南昌县、江苏上海县以及广东各市县，则均每年分两期征收。至逾期滞纳处罚办法，各地规定尤不一致，大抵积欠税款达三年以上时，均将拍卖欠税土地及其定着物，以资抵偿。

参考书籍

Frederick Verinder, *Land and Freedom*, 1935, Appendix: Land Value Taxation in Practice (by A. W. Madsen)

Nibloack, *Torrens Septem* (Couaghan & Co. Chicago), 1903

W. W. Pollock & K. W. H. Scholz, *The Science and Practice of Urban Land Valuation*, 1926

Chorlton, G. D., *The Rating of Land Value*, Boston, 1916

Pigon, A. C., *A Study in Public Finance and Taxation on Land Value*, London, 1927

Spence, T., Ogilvie, W., & Paine, T., *The Pioneers of Land Reform*, London, 1920

Brown, H. G., *The Economic Basis of Tax Reform*, Columbia, 1932

Garland, J. M., *Economic Aspects of Australian Land Taxation*, Melbourne, 1934

Stalker, A., *Taxation of Land Value in Western Canada*, McGill University, 1914

Rabcock, F. A., *The Appraisal of Real Estate*, New York, 1924

Kniskem, P. W., *Real Estate Appraisal and Valuation*, New York, 1933

审查《土地陈报之理论与实施》，南大经济研究所第一班毕业生董浩。全文八万余言

目录

第三节　土地陈报方法之异同

一、按户问地

二、按地问户

三、户地兼问

第二章　土地陈报前应有之准备

第一节　省政府方面应有之准备

一、筹划全省土地陈报

二、筹办经费

三、成立省陈报机关

四、拟订土地陈报章则

五、训练干部人才

六、选择陈报时间

第二节　县政府方面应有之准备

一、调查全县土地及赋税之概况

二、定土地陈报为全县中心工作

三、厘定各项细则办法

四、训练陈报人员

五、组织各级陈报办事处

六、宣传

第三节　民众方面应具备之条件

一、完密之组织

二、深切之了解与同情

第三章　土地陈报之程序

第一节　编查方法

一、对于办理土地陈报纲要编查方法之批评

二、各省编查方法之分歧及其得失

三、编查步骤

（一）划界分段

（二）业户逐坵插标

（三）履地绘图编号与填注坵地草簿

（四）宅地编查之方法

第二节　陈报方法

一、陈报单之单位

二、陈报单之内容

（一）面积问题

（二）改订科则项目问题

（三）陈报单号码问题

（四）拟具陈报单原则与其内容应有之项目

三、陈报单之散发与填写

四、陈报单之陈报与审核

第三节　查丈与公告

第四节　编造册籍与颁发管业执照

一、坵领户册

二、户领坵册

三、颁发管业执照

第四章　田赋改革与土地推收

第一节　改订科则

一、土地课税之标准

二、对于各地土地陈报改订科则之评述

（一）改征地价税

（二）归并旧科则

（三）逐坵勘查重立标准

三、改订科则之方法

第二节　改良征收制度

一、旧日征收制度之积弊

二、征收机关之组织

三、征收之程序

第三节　确立推收制度

一、旧日推收方法与积弊

二、推收机关之组织

三、推收之程序

（一）买卖转移时推收方法

（二）承继或分析时推收方法

（三）业户住址变更时更正方法

四、推收制度与人事登记及契税

第五章 结论

附录

戴光华：《农业经济制度之比较研究》（1948 年 7 月中央大学农业经济研究所硕士论文），1948 年 7 月 25 日早审查完毕

参考书目

秦元邦：《原始社会之土地形态的研究》

T. H. Robinson, *Men, Groups and the Community*, 1940

R. M. MacJver, *Community, A Sociological Study*, 1940

Thorp W. L. , *Economic Institutions*

戴裔煊：《民族学理论与方法的递嬗》（《民族学研究集刊》第 5 期）

张之毅：《中国农业经济研究之动向》（《中农月刊》3 卷 5 期）

张之毅：《农业经济学说及其批评》（《中农月刊》6 卷 3 期）

傅筑夫：《社会经济史的分段及其缺点》（《文史杂志》5 卷 5、6 期合刊）

G. W. Irving, *An Introduction to Economic History*

吴清友译：《亚细亚生产方法、封建制度、农奴制度及商业资本之本质问题》

Glotz, G. , *Ancient Greece at Work*, trans. by M. R. Dobie, 1926（An Economic History of Greece）

任君：《苏联的农业改造》

Lazar Volin, "The Kolkhoz (Collective Farm) in the Soviet Union," *Foreign Agriculture*, vol. XI, Nos. 11 – 12, 1947

《苏联的集体农场》（中苏文化协会编）

吴景超：《美苏的农业生产》（《世纪评论》3 卷 11 期）

Burns E. , *Russia's Productive Systems*, 1930

Goldenweiser, A. L. , *History, Psychology and Culture*, 1933

Lowie, R. H. , *Primitive Society*, 1920

Lowie, R. H. , *Are We Civilized?*, 1929

Maine, H. J. S. , *Ancient Law*

Myers, P. V. N, *Med. and Mod. History*, 1925

Schmidt, L. B. & Ross, E. D. , *Readings in the History of American Agriculture*, 1941

Thomas, E. , *The Economics of Small Holding*, 1927

Thuner, C. , *The Land and Its Problems*, 1921

Warner G. T. , *Landmarks in England Industrial History*, 1943

Wilson W. , *Epochs of American History*, 1899

审查《立体的纯经济史分期的方法论》意见，卅七年十二月七日

作者不满于流行之经济史分期方法，而提出所谓“立体的纯经济史分期方法论”以替代之，自“第二期空中经济时代，第一，化学经济阶段”以次均为不可知之数，故尽以××或……代之。此种分期之标准乃一不可想象与理解之结构，既毫无科学之价值，更绝不可能有客观批判之依据。查经济学上“土地”一词，本指一切自然力，并非专指陆地而言。作者所谓“空中经济”一概念之划分已嫌牵强与无谓。且作者以为其分期方法不止地球上人类的历史，亦可应用于各种星宿上非人类的历史，尤属匪夷所思。作者以为经济史分期方法之谬误，为招致世界战争之原因，可谓对于科学研究之性质根本不懂。书中谬论横生，如语“新大陆一发现就使美洲农经济阶段突变为商经济阶段；圈地政策一颁布，就使英国由商经济突变为工经济阶段”（页

七），“英国从1760年起颁布圈地法令，此举目的虽为增产毛之供给”（页七一），又可见对于历史亦甚外行也。

对魏永理之《关于旧中国地租率的计算问题》一稿的审查意见

本文将旧中国地租率的计算方法三种分别作出简明扼要的介绍，并比较其异同得失。结论认为以货币年租额与地租的百分比而求得的地租率是最科学的。理由因为：这一方法，如通过折合粮价之后，可使实物地租率与货币地租率的计算标准统一起来，从而使在同时期的各种地租形态之间便于相互比较；又因为它与土地购买年数联系起来，从而可以看出地租率在静态（租率的高低）和动态（购买年数的长短）上的变迁，且便于与各国作比较。这些论点，无论在理论上或统计方法上看来都是言之成理的。文中又指出旧中国地租剥削的实际情况，不但吃吞了农民的全部剩余劳动，而且也并吞了农民的必要劳动的一部分，因而其剥削率往往大于剩余价值率，所以有些作者把旧中国的地租率说成就是剥削率，这是错误的。这一批评，亦甚有见解。此皆不失为本文中应该肯定的点。似应予在学报上发表，以引起讨论。

我以为最值得商榷的地方，就是把年租额与地价的比率这一方法应用到旧中国历史上来是有种种困难的，并且不见得是最适当的方法。须知要求得土地购买年数，实以成熟的资本主义生产方式之确立为先决条件。土地不是劳动产品，没有价值，土地价格并不是价值的表现形态，它无非是资本化了的地租。所以在成熟的资本主义社会里，土地价格的高低，直接取决于地租额与银行存款利息率的高低，用公式来表示就是：土地价格 = 地租/利息率。

对问题的解决，并没有多大困难。若在半封建半殖民地的旧中国里，问题就不简单了。因为：第一，在新中国成立以前，尽管有了几个大城市如上海、青岛、大连、杭州、广州等，甚至有极少数的县份，都曾经举办过地价调查或登记，但究竟屈指可数。不只材料极端贫乏，纵然有之，亦大半不确不实，不足为科学论据的用。第二，各地银行存款利息率，尤其是各地的币制，备极纷纭复杂，如何把它们划一起来，也不是轻而易举的事情。第三，在旧中国里，自然物的地租形式，亦即实物地租形式，向来占统治的地位。第四，粮食价格，在全国各地区的差异很大，结合到各地币制、币值的不同，使得进行折算和比较时发生相当的困难。

总之，在资本主义的价格法则尚未发生作用的旧中国社会里，粮价与农田地价的关系表现为一种颇特殊的状态。本来粮价愈高则地价应该愈涨——然而每遇荒年时，尽管粮价飞涨，而地价反趋下降（尤其是在多年大荒以后），租额都是多半维持不减的。

文中有若干理论上的问题和误写的字句，已用铅笔在原文旁标出，聊供作参考。

一九六四年元旦

附注：我初时原拟写一篇读后记二三千字，和作者讨论，但因工作太忙，未能如愿。原稿一压半年，未能及时处理，甚以为歉。

遗诗三首

一、忆旧

春阴轻织恨如云，别院凄迷有泪温。
吹梦十楼风雨横，绿灯红袖揾啼痕。

二、润生先生挽词（两首）

（一）

彼岸皋比座上庠，讲求经济意恢张。
牧斋何止声名垢，刘晏翻蒙谗潜伤。
本自佳人怜日暮，倘完晚节藏秋香。
聚星堂上思当日，一段哀怀未可量。

（二）

学佛逃禅意可悲，长才老去但嗟卑。
却增后死无穷感，难副先生远到期。
西伯可依畴则是，东山重起事堪疑。
此时我已心丧久，望寝门遥制泪垂。

三、仲秋东北旅行杂咏（四首）

（一）

大漠萧萧马未还，夕阳如血叶全斑。
登临不忘兴亡感，此是中原第一关。

（二）

锦州东去路无多，夜色苍茫奈若何。

自是寻幽来较晚，无缘得见女儿河。

（三）

朔风吹雪岭云横，抚剑怆然望太行。
谁识亭林心事苦，中原无地可躬耕。

（四）

诗心渐与白云淡，壮志都因行色添。
欲把东南比东北，终嫌妩媚逊庄严。

编者说明：此四首与《梁方仲文存》（中华书局2008年）所载有所不同，估计是作者最初之作，盖此四首来自台湾大学诗词教授郑骞所披露（见郑骞《龙渊述学》，台湾，大安出版社1992年，第243页）。郑氏与梁方仲是中学同学。旧诗得以再录，承蒙胡文辉先生掷示郑骞有关书页。

译诗五首（草稿）

（一）

儿母不识情，戏欲作翁媪。
如今识门情，发白秋风路。
花下吹笛人，墓门有高树。
黯夜宁残灯，共忆行歌处。

After Long Silence
W. B. Yeats（1865 –　　　）
Speech after long silence；it is right,
All other lovers being estranged or dead,
Unfriendly lamplight hid under its shade,
The curtains drawn upon unfriendly night,
That we discant and yet again discant
Upon the supreme theme of Art and Song：
Bodily decrepitude is wisdom；young
We loved each other and were ignorant.

（二）

过去，因为你的声音回到了我身边，
我使得他苦痛，
因为我又抓到了你的手，
在我手中。

现在，没有办法也没有任何征象
可以挽救。
他如今对我已成路人
原本是我的老友。

Because your voice was at my side
I gave him pain
Because with my hand I held
Your hand again

There is no work on any sign
That can make amend
He is now to me a stranger
who was my friend

（三）

酒自唇中进
情从眼底生
此意最真切
老死时尚明
举杯向唇饮
目注卿时有欢声

Wine comes into the lip,
Love comes in from the eye
This is a truth we shall know
Until we grow old and die
I Lift a cup to my mouth
I look at you and I sigh

W. B. Yeats

Chambr Music by James Joyce

I

繁弦弥漫着地面与天空，
奏出旖旎的曲子；
繁弦飘傍河边，
是柳丝交聚之处。

绮曲沿着河流，
爱神正在徘徊；
残花挂在他的外衣，
黑叶堕入他的发堆。

繁弦奏着低音，
头向绮曲垂低；
玉指无心地拨着，
在拨一件乐器。

II

晚照从紫晶色变成
蔚蓝更深的蓝；
大道上的树枝被
淡青色的灯光罩满。

古琴奏出来的曲子，
沉重和缓而愉快；
她偏爱听忧郁的调子
蜷首显出可怜的姿态。

无法捉摸的沉思和
一双庄严的大眼与双手
任意地摇荡——
晚照变成更深色的蓝
又带回紫晶的光。

十二月二十晚译

乙 旧作编

对日方案摘录

畏人

本篇是辑录十八日来天津《大公报》及天津《益世报》的对日论评而成。起于九月廿日，截至十月七日止。此外并采录九月廿三日至九月廿八日天津《庸报》的对日论坛。

本篇所辑录的范围，只限于有具体办法的意见。凡空言泛论不录，意见相同者则只录其较详尽者。

又本篇为提要性质，故但节录原文中主要之点，而不再事录载全文，以节篇幅，而省读者之脑力。

编辑者附志

甲、临时救急救法

一、组织救国运动　在野名流与工商学农各界，共同发起“救国运动”，于最短期间之内，组织一坚固强大之团体，随时协助政府，对于外交之进行，所负之任务，一为统一对外之宣传；二为避免事件之扩大；三为筹划对外之策略；四为指导民众之行动。领导此“救国运动”者，应为国内名流硕彦及知识分子，绝不限于国民党之党员。所有以前各党派统系间之公仇私怨，应一律铲除，并应互相团结，共负救国大任。

二、克日将辽宁省政府移设他处　国家政治机关，不问中央与地方，皆不可一日停顿。今沈阳被占，已逾三日，辽宁省政府无从行使职权，影响于地方行政异常重大，亟应克日将省政府移设他处，通告各省，在可能范围内，照常办事，使各属官吏，凡事有所秉承。至于在日军已占领之地方，凡中国官县不能行使职权之地，则宜由地方士绅，急速出而组织自治自卫团体，与日军当局接洽，介在外军与商民之间，办理地方事务，防范土匪奸民。但必应与外交军事，绝对无关。（九月二十二日《大公报·社评》）

乙、外交上的办法

一、向世界及国联宣言　1. 中国有自卫其领土之决心。倘此外任何地点再受侵犯，当取自卫手段，同时通令全国，负责保护日本侨民，并积极准备自卫。2. 在日本不恢复中国领土之完整，使辽吉两省行政机关能得以自由行使以前，两国政府无从开始交涉。3. 如日本能即时回到条约所许之原状态，则中国中央政府有与商量解决东北中日间种种悬案之准备。至于关于本案直接间接之种种损失，当然保留其要求赔偿之权。

二、关于日本方面的反宣传　近据日方代表在国联的声明，一若彼肯撤兵我拒谈判，是以英代表有劝促直接交涉之言，美政府有中日消息歧出之憾。长此迁延，将令外人误解，以为中国对外交涉，专赖国联，已自失独立之勇气，转予日本以簧鼓欺惑之口实。殊不知中国并未曾拒绝与日本交涉。三度抗议，即是直接交涉，而日本不复，故唯有请国联依约制止。故日本方面所宣传日本愿直接交涉，而中国不愿者，并非真相。故亟应将日本在辽吉最近情形，尽量通知国联行政院，同时公告各国，使知中国未尝拒绝日本之交涉，实日本不理中国之抗议，使我无法开始外交交涉。且日本纵令号称撤兵，而沈、吉各城，仍在日方势力之下，煽动宣布独立，破坏中国领土之完整。且在乡军人，动员令并未解除，随时可以武装起来，与正式军队无异。故日方撤兵说，亦应加以辟正。

三、决定外交人选　现在王正廷业已解职。已往之事，无庸深论，唯王既去，而施又辞谢，当此外交紧急千钧一发之秋，外长人选，岂宜虚悬，亟应决定继任人物，以赴时机，此其一。又驻美公使自伍朝枢辞职以来，此席已虚悬数月，今虽发表颜惠庆继任，而颜尚迟乎其行，故中日事件紧张之时，日本则由其大使出渊，与美国务卿史梯森速行接洽，而我仅由一代办容揆与远东部部长晤谈。匪特相形之下，国体上亦太难堪，而外交上尽失其灵活迅速圆满之妙用矣！故应令颜氏星驰赴任，以重责任，此其二。此外施氏现在日内瓦，英伦使务，亦应注意。其余空缺之驻在各国公使，均应迅定人选，立即赴任。其已定人选而犹未赴任者，应克期履新，以期从外交上唤起各国之注意，此其三。

四、预定外交善后之方案　因中央对于东北外交，历史不明，案卷不熟，应付之际必多难题，故宜集中人才，对于彼方所注意之铁道问题、韩侨问题、土地商租问题等，先期逐案精研，预立方案，以为将来开外交谈判之预备。

五、速定外交方针联络美国，与俄复交。

六、召各国公使会议历　述此次日军之真相，请其转达各本国，作公正之裁判，或制止日方蛮行。最低要求，请各国勿作左右袒。

丙、军事上的办法

关于军事组织一方面，高季真先生上中央执行委员会常务委员会陆海空军总司令蒋呈文一篇，可说是说得顶详尽的了。但因原文太长，不便放在这里，所以只好割爱。这里所摘录的，只是高先生以外地人的意见：（高先生呈文载在十月六日天津《益世报》，编者附志。）

一、临时的布置　克日请求张副司令，将平保晋绥一带驻军，集中锦州、滦州、天津三处，准备设防，且于新民迤西之沿海一带，巩固防务，并调集重兵，扼守大沽海口，为正当防御之准备，然后再图规复吉、沈之策。今则平保一带驻军，仍未移调，沿海设防，尚无动静。此实令吾人莫测当局之高深，未免慄慄危惧也。

二、慰抚退却各军　此次我国东北军队，服从命令，横逆之来，不加抵抗，其心至苦，其情极愤。退却各军，景况极堪悯恻，宜筹抚慰以奖忠诚。各处军情兴奋，尤应妥防，免生意外。

三、宣抚各处土匪　晓以危亡大义，令其归正，编为国军。

四、组织便衣队　征集退伍及编余军官，密密分赴东省各县村，受县政府之指挥，组织便衣队，为一致普遍之战斗，以飘忽之行动，分日人之兵力，与大军联络，作夹击之地步，尤其是安奉，及其他铁路沿线，使其首尾不能相顾。

五、召集水灾区域难民，为输送队。

六、征聘起用在野将军，及有外交内政知识者。

七、党员应充决死队。

八、请求中央，集中军队，加以统一训练，听候动员　现在国军散处各省，编制不同，号令不同，习惯不同，甚至作战之方法亦不同。苟不先行集中，施以短期之训练，如何能统一指挥？亟应由蒋主席以海陆空军总司令名义征发各省军队，指定适中地点，施以短期之统一训练，集中待命，听候动员。其在人民方面，则于都市之内，听由商民成立自卫团。有资力者，任其自由购枪购械。无资力者，由公家各发给大刀一柄。其乡间之保卫团，则加紧其组织，扩张其武器，均使有经验之军官，施以教练。

九、国民一律受军事训练　凡我同胞，都当在正业之外，抽出时间来，受军事训练。在固定机关有事的人，可以在机关内实行，如学生教员，可在学校内受训练，商人可以由商户联合施行，工人由工厂方施行等等。无固定职业机关之人，可由地方自治区，招集实行之。军事训练，以男人行之为最宜。女子有特殊康健体格者，亦可任之，但以预备看护，及练习制造一切食品用品为适宜。这种常识技术，在学校可以加课授给。家庭中人可由地方自治区择适宜地点请人传授。

十、议定整个有统系之计划，创行村卫军，为后备军。

十一、军费之筹措　劝导富有财产者酌留一部分生活费外，其余悉行捐出，以救国难，由中央政府制发救国债券，俟国家振兴，如数发还。或规定有财产千元以上者，以五十分之一，输供军饷。热心捐助者，听政府一律颁赏奖状，以资鼓励。一面向国内各商埠，及海外侨胞，征募军费。又宜速筹救国基金，在职文武官吏，以及劳动者，不问职业异同，概捐月收之若干成，以充军实。

十二、应先期向友邦采购充分之军用器械及粮食原料，以作准备倘幸而得公理之申，不致宣战，则该项亦可酌量拨与赈灾之用。

十三、组织民团　先由各地方军政长官，速将兵力集中，以待后命；再由长官命令各地方速成民团。这个民团，应由地方长官审察情形，拨给军火，再由军事长官，调拨素有经验之军官帮同民团领袖，开始训练。所有军火，充量由官方拨给，不得藉此聚敛。先以剿匪做为实行操练。如经费不足，可由官方分别津贴，万不可由乡民自身剥削。中国的旧有武术，为各国所无，就是日本武士道的武术，不过捡拾中国的残余，故应由官方发行布告，敦请国内武术大家，在军队民团之内，教授速成武术，以为将来肉搏之助。至于各县民团组织，宜借镜于前清团练办法。且我国近年来国内有一种潜伏势力，即各村无不有快枪，亦无不有退伍军人，稍加训练，即可应用，并各处之小股匪，届时亦可晓以大义，令其归顺，共赴国难。

十四、弹药之供给问题　现我国汉阳、上海、山西、广东、四川、福建、河南、巩县、山东德州（沈阳刻除在外）等兵工厂，规模均极宏大。此外各处部队，私立小兵工厂，及修械所，亦属不少。今既一致对外，再无畛域派别之分，无论公私，概归国有。政府应一方令各厂昼夜加工赶造，一方提倡奖励商家铁工厂代造军用附品，并抽派兵工厂技师，前往指导，同时再令各部队亟力撙节子弹，就本国所有，未始弗可支持一时。倘因战事延长，接济不到，为国难计，亦当别筹方法，如西北军之用大刀拼。西北军向属子弹缺乏，每次作战，一人不过发数十粒，然凡与作战者，无不畏其大刀，故有铁军之称。此亟宜善用者也。

十五、大学义勇军与其他义勇军之组织　第一，大学义勇军宜采用黄埔军校办法，注意造成青年军官，则作战力量，必可较固有军队为大。预计南北各大学义勇军之人数，至少可得五千人。苟于短期之内，训练其各有指挥一连士兵之能力，则至少可负担运用数十万大军，且绝不至演成以前军阀之恶习。第二，义勇军组设之始，宜由政府派员统一教练，于国军范围之外，另成义勇军之系统，以便逐渐推行国内之征兵制。缘义勇军制之所以异于今日之募兵制者，不但由于所受教育之不同，且出于志愿，一切不受国家之供应。依吾人之意，以为就各大学学生，组设义勇军，施以中下级军官之训练而后，在中学方面，可于童子军之教练中，施以简单的军事技术，如运输侦察救护检举等，在战时均可利用。至课程之内，则应增设兵操，并视年龄与体力之所宜，推广义勇军于中学师范，与工人之志愿充军者，均施以士兵战斗上与勤务上之训练，与大学生之义勇军有别。至大学义勇军，于训练终了而后，或派送本籍，训练保卫团，或指挥中学生与工人所组之义勇军，或分发国军见习，均可临时酌定。但必使全国之义勇军，自成一军事系统。无论军官士兵之阶级，均须应由政府统一指挥，庶可于正式国军之外，形成对外作战之后备军，并树民众武力之基础，俾征兵制度，可以由是而逐渐完成。

十六、最近期间内国防上应有之设施　就全国而言，则在海军未建设完备以前，无论政治中心，是否宜在南京，当为别论，至低限度，亦应急速完成陇海之东西干线，先使国家生存上必要之设备，置于关中或洛阳之安全地带，然后始可以言对外。就东北而言，则政治军事之中心，有无移置之必要，姑不具论，至少亦应将兵工厂、飞机厂、粮秣厂等，移置于热河之平泉或承德，另造中心都市。更延长朝锦支线，修建热河直达北满之铁路，同时于朝锦之间，建筑炮台，以资保障后方之安全，然后始可以言对日。若不此之务，则军事之设备愈多，商埠之修建愈广，经济之发展愈甚，只能对内，不能对外。一遇事变，则日人正如探囊取物。是无异假寇兵而资盗粮。

十七、全国息争，立永息内战之盟　违反此盟者共起而挞之。

丁、经济绝交之办法

一、社会检举之办法　通商大邑，已实行抵制日货，但恐积久生怠，当加紧排除劣货之运动。商人之一方，应从即日起，严格审查日货，禁止商店之私售，并将已登记之劣货，按其商标牌号，一律公布，俾众周知，并扩大反日之组织。居民之一方，应从速自动的组设私人团体，如十人团之类。共同检查个人与家庭间向日所消耗日货之量，一律改用他代替品。于衣服一事，发起“土布运动”，改用国产之粗布，将所有日货，无论衣食住行之所需，一概储藏不用，或捐助赈灾。私人团体之内，人数多寡，均由党部注册。每团体各规定“自行检举日货”之办法，务期于最短时间之内，日货绝迹于社会，以后誓不再用。从来抵制日货之所以不易收效者，其原因则由于从未注意于消耗之社会，而仅注意于负有运输任务之商人。商人之贩卖商品，原以社会为对象。苟社会上不需用日货，商人亦绝不至拂人心之好恶。故抵货与检举，宜双管并下者也。至检举运动，不妨由人民自由发起，或机关之同人，或工厂之工友，或街邻之组织，或友好之结合，其间或以一家为单位，或以一人为单位，均视事实之所宜，以为决定。检举团体组织之后，自行规定检举之办法，随时向党部注册，由报纸公布。

二、断绝一切经济上的来往　不但永远不买日货，并华货亦永远不卖与日人。现时在日本各机关各商行服务之华人，自即日起，须自动辞退，免受日人之辱。其辞退后生计问题，由各地方政府酌议补救之，并捐款救济之。恋栈不去者抄没其家财，移作军费。此外更不应雇用日本人。

三、断绝一切的关系　（一）勿住日租界并勿通过日租界。（二）勿做老头票买卖（钱商公会应负其责）。

四、惩罚的条例　明知故犯，定购日货者，作通敌论，杀无赦。购买日货（非大抵定购），经劝不听者，即拘解水灾区域，罚令筑塘，及救灾工作。

五、其他的意见　官民合作，抵制到底，颁布拒日暂行条例，使人民知所遵循。

戌、宣传上的工作

一、国外宣传的办法　治标救急之法，唯有就驻外各国使领馆，遴选若干人，令其专办驻在国宣传事宜，如仍不敷，再由外交酌择洋文优长熟于外情之部员若干人，分发各馆。谕使领职务，国外情报，本为其职务之一种，然近年来使领馆经费，不无积欠，而金价胜高以后，馆费常苦不给。除摘择一二外报以作情报外，焉有余力，作国外之宣传，与外报之联络？故就使领馆办理国外宣传，亦须迅速另筹一种宣传专款，就所驻在国与中国关系之深浅，以定宣传经费之多寡，并饬令各该使领馆，不得移作别用。一面由外部严定宣传成绩优劣之条例，以为黜陟之标准。而宣传事务，由公使总其成，馆员领事分其职，外部察其事。如此则统系分明，脉络相通。事既轻而易举，费亦省而易集也。抑又有进者，我国京平两处，以及通商各大埠，各国皆驻有访员，设有报馆。此为外国通信人员，舆论机关，均与我国国际宣传，有密切之关系。若外国访员，与外国报馆，有不利我国之报告与宣传，其影响于我国外交者，实在日人片面的反宣传之上，我国对之，既有主客异势之分，又有投鼠忌器之情，若一味严重取缔，岂唯徒伤感情，并足以激起一亟信口之雌黄。而外国访员，平日亦往往苦于检查之严厉，新闻之缺乏，拍电之迟滞，而时有烦言。至于多事之秋，其感苦痛，或加甚焉。今既注重国外宣传，则对此等访员与报馆，尤须有切实之联络。访员报馆，以新闻为天职。则联络之法，应由于京外各当局，予以新闻上之便利，使其有材料足以供给本国报馆。而此等材料，须注重事实，少加批评，使其不着边际，易于登载。一面于交通上亦优加待遇，俾拍电不感困难。实地调查一无阻碍，然后再由当局随时招待，开诚谈话，作情谊之联络。其收效断非浅鲜。此亦国外宣传之一助也。至大规模之国外宣传机关，财力人力，更苦不足，而其组织，亦非嗟咄可以济事，似应于时局平定财力充裕后，再为从容布置耳。

二、国外宣传应注意之四点　第一，信条即是“忠实负责”勿参加感联，勿杂以推想，勿轻率粗浅，必须慎轻周到，乃可得外人之信用。第二，宜集中事件之中心关键，抓着要点，予外人以真正之刺激，供其有力之参考。即如方今日本在辽吉各地，是否真正撤兵？如何煽动独立，干涉中国内政，如何迫害中国之官吏与军警，使中国无负责回复秩序之可能，因而用为不肯撤兵之实口，如何名为撤兵而以宪兵或武装在乡军人，实际施行军政。此皆外人所亟愿闻知而又不易躬自调查者，应如何搜罗事实，以忠实之态度，敏速之方法，公诸世界，免受欺骗，实为急切的需要。此类工作，外人之在华者如使馆武官、商务随员等，亦正有所努力，我苟能负责发表，更可供各国政府参证。第三，世之言国际宣传者，辄注意于组织通信机关。实则此类组织，费用极大而办理极难，除非由报界本身组设，以不断的努力，审慎之态度，经相当的岁日，获得国际新闻界之信用而外，试问任何国之报纸，谁肯轻于供外国通信社之利用宣传？是以目前从事国际宣传，宜有简捷组织，应由东北当局，每日将调查所得正确报告，通报政府，一面与驻外国领馆切实联络，时时供给消息，使其正式或非正式，向驻在地报纸公表。大凡有负责发表机关之电讯，外报比较乐于揭载。查中国自来有一大病，即驻外人员于本国情形，类多隔阂是。即如施肇基公使此次在国联行政院，舌战芳泽，为正议奋斗，甚为得力；而有一次谓关外铁路，悉入日人范围，中国保护国际调查团，只能及山海关云云，则与当时实际情况不符，于代表发言之权威，颇有妨碍。吾人此际应认定国联出席代表及驻外使领人员，即是中国负责的宣传员，宜与取充分联络，俾彼等虽身在海外，对于国内情形，仍能了如指掌，随时可以供给各报新闻，更正虚伪消息，打消他方恶意之宣传。第四，在国际问题上凡可以认识吾人，了解吾人者，更有各国驻华各种官吏、新闻记者、教会人员，以及商学各界分子。此皆于华事有相当兴趣，平时如多与联络，使其明了吾国上下之真正心理，则临事判断，必不易误会，反可于不知不觉中，代吾人为公正之解说，予吾人以精神上之援助。此中新闻记者，关系尤重，尤宜设法联络。抑吾人尤有言者，凡利害关系愈重大，则责任地位愈宜鲜明。各国当辽吉祸变初起，对于日本，舆论甚恶。及日政府一再发表公式宣言，芳泽代表，迭有撤兵表示，国际空气，渐转和缓。此由责任地位鲜明之故，并非对日本优异。中国自来发表日人在东北行动之种种消息，多取新闻报告形式。自外人观察，终认为非有责任的公表，不肯慎重置信。今后政府应采集最可靠之情报，公开负责，对外公布，或派专员与各国驻华使馆人员联络，随时示以官方情报，妥为说明，供其参考，资以报告，则比较新闻纸上非公式之揭载，载力必强。此尤望须责当局，注意及之。

三、组织国际宣传队，分赴各国，表暴日本罪状。

四、国外侨胞努力宣传，抨击日本野蛮行为，使外邦人士与以精神援助。

五、注重各乡各县及交通不便的区域的宣传，各由指定机关负责。

己、教育上的办法

一、中等及中等以上的学校，注重军事训练，储成军事人才。小学策重国耻训育，培养儿童爱国观念，使之深印日本野蛮残酷，并引其报仇雪耻心。

二、速将日人之历次强暴行为，广为宣传，一面制为图画，加以说明，发给各户悬挂，一面编入教科书，教授各校学生诵读，以志不忘而图自强。

三、小学教育应注意之两点　（一）治本办法，第一点即在着重培养洁白如雪之一点品格，种下一种不灭亡的种子。（二）治标办法，1. 在此时机，开始训练儿童，卧薪尝胆，受饿受冻养成坚苦耐劳的习惯。2. 在此时机，开始训练儿童，一生物品都用国货，最低限度亦得绝对不用日货，要养成如同甘地之能披一毛毡，携一羊，带一纺车而赴华丽繁舶之伦敦去开会的精神。

四、注重乡村农民改良。

庚、社会上的改造

一、停止一切娱乐。

二、停止一切婚丧奢侈之费。

三、崇节俭廉洁。

四、重实行戒虚夸——三、四两点，执政者尤宜注意。在个人方面，宜努力本身事业之工作，锻炼体魄，不作空言，务求实际。如研究化学者多参考军事化学，习机械者，精研枪械之构造等事。

辛、其他种种之意见

一、全国工厂，增加工作，宜作大量之生产，一面为抵制外货之先锋，一面为容纳游民，监视游民之设计。游民入厂后，应强迫为工作，使其不至为日本浪人重利所诱，为内应捣乱之工具。故应严禁罢工，以兵工厂为尤甚。工厂日夜换班，不妨加添军事训练。

二、抚慰东北民众　速有抚慰东北民众之设施！谓官广征辽吉各方著名士绅之意见，对于辽吉省政善后，速作周密研究。两省官吏，孰适执不适？孰才孰不才？地方在野之人或流寓关内之著名者，对省政作何批评？对将来有何希望？而其一部分失意或不平分子，其动机孰公孰私？其人孰可用，孰不可用？其可用者，如何使之发挥才能？其不可用者，如何防其轨外动作？凡此诸端，张副司令及其他东北当局者，虽能知而未必尽能知，故须中央当局亦注意及之。

三、外交愈危急，救灾愈不可缓　尤宜注意重僻远邑交通不便之灾区。办法：（一）要求政府负责，迅即发行赈灾公债，勿以外交紧急而搁置不办。（二）国府赈灾会对于内地放赈及以工代赈诸办法，应亟加紧进行，并宜催促主管官署，令技术人员，会同中外专家，切实筹备开工，分期施行。（三）国内外慈善家，仍应广募赈款，征集灾衣，补政府力量所不足。

四、恢复民众运动，一致对外　此为常情所能预知之事，无待指陈。徒以停止革命专图建设之议，风行国内，致原有之革命精神，无形消灭。于是民气消沉，无力对外。政府方面，渐趋孤立。数年以来国内建设之最有成绩者，东北各省，当为首屈一指。举其要项，则自建之铁路系统，逐渐完成。葫芦岛商埠之修筑，业已开始。煤铁之基本工业，亦有明显之进步。可见东北当局之对于货质建设，实与时人倡议之趣向，最为科合。唯于唤起民众一事，则疏路而不注意。各地党部，既未普设，民众团体，亦未组织。甚至地方保卫与乡村自治，均未着手，仍沿袭以前官治之习惯，固无所谓民众势力。自然在秩序安宁之平日，不但不感觉有国民革命之必要，甚或误认革命为一切内乱之源，视为不祥之物，而有所厌弃，亦未可知。及外患侵入，乃爽然于民众无组织之失计，不足以与外人相抗衡。即如此次日军之侵犯辽部各地，随意所之，如入无人之境。人民任其残虐杀戮，毫无抵抗之力。如何能不为日人所轻视？且以吾人十年经营之铁路商埠工厂矿山，一旦不守，遂尽为敌人所据，尤可见专趋重于建设，并不足以救中国之危亡。依吾人之意，以为帝国主义未消灭以前，仍当继续国民革命之工作。

编者书后　以上所辑录各方案，有可行的，有难行的，甚至有编者认为“此路不通”的。而且各方案中也尽有出入冲突之处。但这些情形，都不在编者注意范围之中；编者但求其有具体的意见，便无不辑录。但挂一漏万之处，恐尚有之。请大家原谅。末了，编者希望各处爱国的同志也有人作这种编辑的工作，以收集思广益之效，且可供将来民众运动的参考。

十月八日编者记于清华大学第一院

原刊《清华周刊》第 36 卷第 1 期，1931 年

编者说明：1931 年梁方仲就读清华大学经济系三年级。

几个合作村的实例（节译）

（Charles Gide 著　威仲节译）

（一）几个合作村

瑞士巴尔（Bale）边境上有一小镇，名叫佛来多尔夫（Freidorf），即自由镇之意。这是巴尔消费合作社的一个分支。巴尔消费合作社是瑞士国内一个最大的合作社，包括有三万五千户，约占巴尔全邦人口的总数。佛来多尔夫可以说是一个市国（Cite-jardin），一个完全是巴尔消费合作社的雇员居住的地方。镇内每人家都有他们自己的私第和一小花园。镇内还有一图书馆，一音乐堂，一储蓄银行，一保险公司，一公共体育场，等等。居民房租甚便宜，但有附带条件就是：所有他们应用的物件都要在合作社里面购置。至少是合作社已备办的物件，定要在合作社内买取。

这些购买的数量实在颇有可观。每人每年的平均数约为三千二百个瑞士法朗，即约当一万六千个法国法朗。倘若将这个数目与法国的合作社内的购买量相比，便知两者的差别。——因为在后者的数目仅为一千个法国法朗罢了。

即以法国内每人购买量最高的合作社而论——如“尼母”（Nimes）铁路雇工合作社等——它们每人每年购买的平均数也不过四千个法国法朗，只当佛来多尔夫的数目的四分之一罢了。

但佛来多尔夫除了公共住宿与公共消费的事业已设备外，关于生产事业（如社员日用必需品及衣服等的制造）尚付阙如。这因为经验上告诉我们由消费合作社去经营生产事业，特别是农业上生产事业，实是一桩难事，甚至那具有势力的英国消费合作社作这种大规模的试验，一到了二万公顷（Hectares）以上的土地的耕种，成功尚且甚少。但是光靠着“所有社员都要在同一的铺子里购物”这一条规定作缚束，这是不够为真正“合作社会”的根据。

关于“合作社会”的进行，还是从生产合作下手为较容易。这不是说生产合作比消产合作容易办，不过说是倘若生产合作办成以后，倘若这是一个农业合作社，则“合作社会”便容易完成了。

这些实例，在古代便已有之。例如从那在奥林帕（Olyrnpe）山麓帖撒利（Thessalie）界内的一个村庄的历史上便可以证明。这个村庄名叫赣卑拉奇亚（Ambelakia），在腾皮谷（Vatee de Tempe）内，当着一七八八至一八一〇年是一个非常繁盛的村庄。它乃是由二十二个小村庄里的地主和工人联合组织而成。共同生产棉花、线、染料等。当时这个团体的兴旺的情形，真可称为东方实业中心之一。每年分发的红利为投资数目的一倍。虽然从这一点看来，这不是一个共产或合作的社会。但是它的所有的一切红利都得先储作公共基金。由这基金中先交纳一切税捐和对土耳其总督的供奉，再作济贫、教会、教育、医院等公益事业上的捐助。然后才许以剩余的所得公平分配于地主与工人。所以仍不失为一合作的组织。但可惜这伟大的合作中心，后来为雅尼那（Janina）的总督雅利（Ali）所摧毁。

至在时间、空间上与我们稍近者则为波希米（Boheme，即今日所称的捷克斯拉夫是）内的一个村庄，这村庄，知道它的人亦不多，但自我们眼光看来，则觉其甚有兴味。这就是比里加慈（Prikazi）村，计共有三百五十户人家，可称作一个完全合作化的社会。私有财产在村内并没有取消：各有土地与住宅，但一切事业（例如买卖）均为合作化。村内有一信用合作社，兼营储蓄银行事务。其四周围为各公益机关等。它自一八三五年开始，到如今楼阁巍峨，骤一观之，断不料村内居民人口之少远不与此相称呢。这小村合生产、消费、居住等事业于一炉，叫它作“合作村”，庶无愧色。

（二）乐郎老移民地（La colonie de Liano）

但是生产合作事业已发达到共产组织的最显著的实例子还推乐郎老移民地。它创立于一九一四年，初时在加利福利亚州内，与劳斯实极立司（Los Angeles）相毗连。三年以后，因此地水绌，移到路易斯安那（Louisiana），直到今日仍在那里，改名曰新乐郎老。首创此移民地的人名叫哈利民（Harriman），他是旧金山的一个政客和报馆的记者，曾被选为各缺的候补员多次，有一次且被选为美国副总统的候补员。

哈利民是一个墨西哥人。当初他发起移民到乐郎老去的用意，是要组织一个真正集产的社会。但后来渐为时势所驱，所以将它改为一个合作的组织。乐郎老的组织，实际上即为一个农工合作的结合。它好似其他一切的合作社一样，乃由股份组织而成。社员不必将所有的财产尽数拨充公共基金，但每人应各认股若干。他们亦得但投资于股票上面，只居放债者的地位。但是我们可以这样地问：住在乐郎老里面的会员还保留着私人的财产有什么用处呢？不论如何，每一社员都要认股份二千份，每股美金一元，即为二千元（约合法国法朗五万）。这个数目对法国人当然似大些，但对于美国人就算不了一回事了。并且全部股份应缴之款可以不必一时交清，得先交一半，即先交美金一千元便得。这一千元当中只要有五百元是现款，其余五百元可以用土地、家具、器皿等等折合之。未缴纳之一千元，可以分期逐渐缴纳，即得从每星期或每月的工资去扣除。

所应注意的就是：认股的人不一定限于有意到合作新村共同生活的人们，一切人们都可认股。实际上移民地以外还有一个合作总部，它的职务就是征集资本及募捐等项，它的社员不一定都要在乐郎老居住的。

这样的征募资本以后，他们便买了一块地皮。他们就共同耕种此地——这可以说是共产主义的一个表现。他们不但在土地的耕种上面合作，而且一切关于农业品的制造工业也是合作。据这移民地的发起人说，这种合作工业共有三十二种。这个数目虽然未免略近夸张，因为此中的事业不无尚在胚胎的时期的。但它们将来日渐发达，使乐郎老不仅为农业的合作区，亦得为工业的合作区，真是正有厚望呢。

关于分配方面就是：没有个人的分配。所有合作区内的生产物都归公家，即用来作社员食住上的供给，和教育养病、娱乐等等的设备。

初时尚采用货币工资的制度，以每人工作的钟点为他报酬的根据。但是此制度后来取消了，现行的制度乃是各人的报酬用“物”而不用“钱”，报酬的物为食料与其他必需品等。

乐郎老并没有公共住宿舍：每人各住于自己的私宅内，这私宅或是租赁得来或系自己建筑的，一任各人的意思而定。即至“团体聚食”亦非强逼性质，村内有公共食堂，但愿意在私家内烹调者亦听之。在这种情形的底下，居民得向合作店内购取食料回家，自行烹饪。

村内团体设备甚多，有戏院一，旅馆一，及公共游戏场若干；娱乐会社共十八个。

由此可见这个村庄确是一个合作化的社会。虽然它没有行私人红利分配制度，但却不能因此便否认其为合作的组织。因为尚有其他的合作社亦不行私人红利分配制度的。虽说现已实际取消此制度的合作社并不多，但私人红利分配的递减，以至将来完全取消，则为各国合作社共同的趋势。

乐郎老合作社的前途若何，现尚难逆料。它在一九一四年刚成立，为日尚浅，可是它已经过好几次的内部的争执和法庭上的诉讼，以至拆股等等的经验了。

再则乐郎老经费毫不充足，本地生产绝不足维持本地居民生活之用。他们生活多靠着股本和地价增益的所得，后者在美国增益甚快。但这当然不是一个正当生活的方法。并且境内曾遭火灾两次，更显见气运不佳。

曾经到过此地参观的人在合作者（The Co-operator）上所发表的意见，殊不一致。有一个预备作博士论文的美国学生在此地勾留三星期，对它非常称赞。但亦有人说这是一个共产主义的结合而假托合作的招牌者，村中既无医生，亦无牙科医士或看护，而且所谓一切的工业，也无非欺人之玩意儿。议论纷纭，一至于此，则这合作村的事不易言，而它的前途亦难测度，自在意中。若就人数的递减一方面言之，则这个合作社与其他的“共产社会”所遭遇的经验正同：在一九二〇年社员有八百人，一九二三仅为三百五十人，据最近调查的数目，于一九二七年仅得一百八十八人罢了。所以前途甚未可乐观。

再则社员当中往往有拆股去另行组织其他新村的举动，这也是一种不好的现象。

（三）腊舍尔基造团（La fondation Lasserre）

不管这些试验成就如何，它们总足为“全合作社”思想上的前驱，在这个“全合作社”里面一切人类的经济生活都可包括净尽了。

一九二七年七月里在巴尔（Bale）地方成立了一个会社，它的目的在产生一个“全合作社”（Cooperation integrate），或叫作大同合作社（Cooperatives Communautaires）“大同”两字比“共产”两字为佳，这因为“共产”两字现已带有政治的意味，若“大同”两字则仅表示此乃纯为社会的组织。

这组合的发起人并非一瑞士人，乃是一法族加拿大人。这就是多伦道（Toronto）大学里域多利亚学院的教授享利腊舍尔。他于一九二七年七月五日曾公布这组织的计划，虽然直到现在，他还是未免纸上谈兵，但就他的组织大纲而研究之，亦甚有意思。

腊舍尔自己承认说是受了乐郎老移民地的影响。他说：“大同合作社”与股份公司不同，因为前者的社员所执的股票既无利息的分配亦无投票上权利的。合作社社员不必将他们所有的财产全数作为公共基金，但每人应缴纳百法朗一股的股金若干份。

社员的人数，他意以为不必多要。关于社员数目一问题，以前组织新村的领袖们都有相当的注意过。富里叶说要一千六百二十人，过文说要一千二百人。但腊舍尔说勿过五百人。每一个社员都得认一股以上的股份，但亦有相当的限制即股份的总数，不得过社员数目的二十倍——换言之五百个社员共有的股份不能过一万股，即总资本不能过一百万瑞士法朗。

但这并不是说每人认股不能在二十份以上，因为倘若以二十股为最高的限度则投资在二十股以下的社员的数目必多，这样一来，一百万法朗便无法凑足。但在腊舍尔拟行的制度之下，社员中富有者得尽量填补贫乏社员所缴纳不足之额。例如即使四百九十九个社员都只各认一股，但最末的一个社员得以一人而全认了剩下的五百零一股，以求得到应有的资本。当然这样办法是不甚公平的。

倘若资本不足时，合作社得向外借款。腊舍尔教授一人便捐助了十五万法朗作为建立这个合作村的费用。

资本集得后所要解决的问题即为土地一事。将来新村的土地是要买回来呢还是租回来呢？腊舍尔的意见以为倘若能得到一个长期的租约，并可得续租之权，则以租地为佳。合作区地域以外应有一总部，这总部是管理利息和财产所有权等事，至于大同合作区则专管行政方面事宜。

地区择定以后，合作村起首经营的事业只属于农业方面。但各种工业不妨随着将来的需要而次第举办。且境内应像自由镇一样，要有铺子一间，社员各种应用品都可以在这铺子里买得着。而且要比自由镇还进一步，因为在境内自己要种植农产。

各社员都要工作，但得择性之所近的工业或农业而工作。

至于工作上的组织是怎么呢？关于农业上的原则则为共同直接耕种。但社员亦得向合作社租地回来自己耕种。然不得雇用农工，且佃户劳力所得的产品亦不能在合作区境外发售。所有的产品都应存放在公家那里，公家在供给了社员的需求以后，得酌量情形将剩余的产品卖给外面。

关于分配方面，就是不行物的分配制度，故与乐郎老的制度不同。社员食住上的供给，合作社并不负责，它的活动范围要限于几种公共的设备而已。

合作社有积储各产物的权。一切剩余的产品均分配给各社员。但分配的根据是什么呢？以及分配的方法如何呢？关于这个问题，计有三种解决的方法应当分别：这就是共产制度、资本主义的制度，以及合作制度。资本主义底下的分配制度就是以每人的投资的数额为根据。合作制度下的分配，则多以“罗斯大尔（Rochdale）原则”为归依，此即以社员的消费量为分配的根据，红利的多寡按照在社内购买量的大小发还。在共产制度底下，如乐郎老与圣可来（Saint claude）的制度，则没有个人的分配，只有集团的服务和酬报。

在腊舍尔合作新村里面，这三种办法都不使用。各人的分配至其工作的钟点为比例，而且合作社所希望达到的乃是各人的工作的钟点相同（关于这一层全凭社员的良心去作），换言之就是各人分配上的所得亦约略相同。这一个特点与马克思社会主义所采用的方策的相近的程度远过于与合作主义的相近。

红利的分派并不发给现款，只由合作社代为登记或发给利息券，得在社内使用。由此可知社员得到的红利不能自由使用，只得在合作社内购买东西。所以一切的红利还是自然地归到合作社来。这种办法，凡社会主义式的消费合作社多用之，特别是比利时的消费合作社。

关于消费方面：各社员得在自己的私宅内自由居住，亦得在私宅内随意用膳，或在食堂里的便座（table d’hote）或小酌座（petites tables，这是一种最普遍的食法）用膳均可，甚至送到本人住宅内吃亦未尝不可。

社员能在自己的私宅内开爨否？我（著者自称）想是可以的。因为章程上没有这个规定。但私家开爨是一件最麻烦的事情。第一它要一间特别的房间作厨房之用，第二燃料方面不经济，第三增加主妇的负担，倘各家另雇用厨子以司其事，则人工上亦未免浪费——这些情形不但与共产主义相抵触，亦与“全合作社”的精神相违背。

但这个合作社现尚未真正成立，而且在短期间内恐怕也不会成立罢。

原刊《清华周刊》第 36 卷第 8 期，1931 年

传说上之三代井田制度考

读书劄记之一

井田制度在三代时曾否实际存在，学者纷纭其辞。南海康有为（长素）先生曰：“制土藉田实为孔子定制，但世多是古而非今，故不得不托先王以明権，且以远祸矣。井田，孔子之制也。”（《孔子改制考》卷九，页二十一，庚申年京师重刊本）胡适之先生则以井田为孟子“凭空虚造的理想的乌托邦”（参看《胡适文存》第一集，卷二，页二四七至二八四）。郭沫若先生则以为在周金中“寻不出有井田制的丝毫的痕迹”，且综合已发现之周金的材料可断言“周代自始至终并无所谓井田制的施行”（郭沫若《中国古代社会研究》，页二九九至三〇五），而以为或为先秦学者据罗马之都邑田野划分法而创立之说（同书，《追论及补遗》页十七）。凡此种种，今姑置不具论。盖以自经济影响言之，井田制度曾否在三代时实际施行，尚未见十分重要。就令无此事实，然有此思想，有此传说，则亦已为后世土地改革之所取法。汉之限田、名田、代田，建武（武帝时年号）之际之度（见《汉志·食货志》），王莽之王田（《前汉书·王莽传》），晋之占田，后汉之露田（《魏志列传》），齐之给授田（《隋志》），唐之口分永业田（《唐志》），宋之限田（《宋志》），清雍正中年之井田（《皇朝文献通考》），太平天国之均田（《天朝田亩制度》及日本稻叶君山著《清朝全史》）等等制度，何莫非以此传说上之井田制度为蓝本也。至如横渠先生（张载）更欲“与学者议古之法，共买田一方，画为数井，推先王之遗法，明当今之可行”［朱熹《皇朝（宋）名臣言行录外集》卷四]，是则欲以私人之力量，为井田之试验。故知井田制度只就其古来之传说，思想之本身而考究之，亦不无相当之价值，固不必因其有无历史上的真实性而忽之也。今兹之作，盖欲就其古来各家之学说而研究之，诸家附会揣测之说，亦多在讨论范围之内，良以所注重者在其思想，而不在其历史上之证据也。爰定凡例如左：

（一）关于井田制度最重要之典籍，为《孟子》《王制》《周官》《公羊》《谷梁》《韩诗外传》《汉书·食货志》《司马法》诸书，本文即就以上诸书所载比较而解释之。

（二）井田之制，有谓起于三代前者。杜佑《通典》云："昔黄帝设井以塞争端，立步制亩以防不足，使八家为井，井开四道而分八井，凿井于中。"钱塘《溉堂考古录》云："井田始于黄帝，洪水之后，禹修而复之。孔子所谓'尽力乎沟洫'也，沟洫既定，不可复变，殷周遵而用之耳。"但三代以前识于此。之历史究已渺茫不可考，故仍以断自三代起为合。

（三）本文详于孟子而略于其他各家。井田之说，孟子先言之，其他各书，疑皆演绎孟子而成（理详后）；则孟子之说在历史方面似较重要，故亦详述之，此其故一。孟子泛论三代，其言虽简约，然可辨证之处甚多，非若他书之限于周制，此其故二。《王制》井田之说，释之者有清《谈秦王制井田算法解》一卷，载在金陵丛刻中。《周礼》井田之说，考之者有清朱克己《井田图考》两卷。此二子之作，皆穷经年之力而成。详尽蔑以复加。此外则他家之考证亦多。故不复再为论列。至若公谷韩诗……各书之言，终莫能逃孟子《周官》之范围，且亦乏新义，故亦不必细论。若孟子之论，则成为千古之聚讼；以科学之方法，析疑发复，端待后人，不揣浅陋，亦欲稍识孟子之说之真义，而得以解释之。今兹之作，乃其发凡。详于孟子而略于他家，此其故三。抑且各家之说，既由孟子而来，则孟子之说既明，他家之说亦可思过半。此其故四。

（四）本文原为著者在清华大学经济班上之学期论文，所注重者乃经济之思想，至于历史上之考据，则以时间及学力所限，未得多及云。

（五）本文仓卒草成，错误必多。且为读书劄记性质，芜杂駤驳之处，所在多有。大雅君子，尚望进而教之。

廿年五月六日，初稿。

一、孟子说

孟子井田之说，见于《滕文公问为国章》。此外《北宫锜问》（《万章下》），与“昔者文王之治岐也，耕者九一。”（《梁惠王下》），“五亩之宅，树之以桑，五十者可以衣帛矣。……百亩之田，勿夺其时，八口之家可以无饥矣。”（《梁惠王上》）等数语，亦可为互证。兹先将孟子所论之三代井田制度（贡、助、彻、法）分述如左：

甲、贡法

孟子曰：“夏后氏五十而贡。”朱子注云：“一夫受田五十亩，而每夫计其五亩之入以为贡。”是为十取其一。龙子曰：“贡者校数岁之中以为常。”盖谓不问乐岁凶年，均取足此常数也。然阎若璩（百诗）则以为龙子所言乃战国诸侯之贡法，而非夏后氏之贡法。阎氏曰：“藉令乐岁不多取，凶年必取盈，赋何以有上上错乎?”（参看《四书·释地三续》）是以禹贡解孟子者也。任启运亦曰：“龙子所讥之贡是后世弊法，非禹本制，看夏谚兴歌休助，当时何曾有取民之虐来?”（《四书约旨》《孟子》卷三，页四）则反证之理由尚欠充足耳。

《禹贡》甸服（即田赋之事）之法谓：百里赋纳总（禾本全曰总），二百里纳铚（刈禾曰铚），三百里纳秸（半叶去皮曰秸），事（服也，于纳总铚秸外又使之服输将之事也）。四百里粟（谷也），五百里米，盖量地之远近，以定赋之轻重精粗。今附。[1]

按贡法似无公田，故不能谓为井田制度。

---

① 《禹贡》本论尧制，然托为禹所手定之书，故亦可通夏制。又崔述（东壁）曰：“按五十而贡即《禹贡》之咸则三壤成赋中都也，禹承尧舜之后，故法皆因其后，与汤武承先世之业而崛起一方者不同，故凡经传所传夏礼，即唐虞之礼。此外无所谓夏礼也。”（《考古续说》卷一，页十七）

乙、助法

孟子述助制曰："殷人七十而助。"赵岐注曰："耕七十亩者以七亩助公家。"其说仅就字面解释，将贡助彻之区分混而为一，自是错误。朱熹注曰："商人始为井田之制，以六百三十亩之地，画为九区，区七十亩，中为公田，其外八家各授一区，但借其力以助耕公田，而不复税其私田。"黄葵峰所言亦略同。可知一夫授田七十亩，所耕则为七十八亩又七五。归于公者恰为九分之一，因其在私田之外，助耕而得，故名曰助。但与"其实皆什一也"一语不符。后儒喜为古人辩诬，故有种种解说：如任启运曰："九一以田之形言，什一以岁入之数言。"（《四书约旨》《孟子》卷三）。焦漪园曰："九一以区数说，九区之中，把一区养君子，而野人收其八区。什一以分数说，十分之中，把一分赋君子，而野人得九。"桂含章曰："九一以田之区数说，什一以田之亩数说。"以九一说是指田之区数，理固可通，但何以解说田之亩数乎？故知其为牵强附会之说无疑也。朱子曰："窃料商制，亦当以十四亩为庐田，一夫实耕公田七亩，是亦不过什一也。"然仍为十一分之一，仍非什一。况庐舍之说已为后人痛驳无余，[①] 故朱子说亦不能成立也。

然孟子以为周人亦用助法，故曰："诗云：（小雅大田之篇）：'雨我公田，遂及我私。'唯助为有公田，由此观之，虽周亦助也。"又曰："方里而井，井九百亩，其中为公田，八家皆私百亩，同养公田。"朱子注云，"此详言井田形体之制，乃周之助法也。"盖所取仍为九一，与"文王治岐，耕者九一"一语相合。孙诒让曰："周虽行彻，不妨兼存助法。"不为无见。（说见后）

由上观之：助法取民为九一，所谓"九一而助"是也。所谓"其实皆什一也"者，意殆约略言之也欤？

---

① 吴昌宗引《诗疏》《读礼疑图》两书驳论，断定朱子所说，只根据《韩诗外传》与《汉书·食货志》而言，文多不具录。任启运亦曰："愚谓为庐必因地形稍高爽处，万无在田中之理，且如朱子之说，则夏公无公田，民皆露处耶？"问得甚有理。余详后。

丙、彻法

孟子曰："周人百亩而彻。"彻之解释甚多。今略举各家之说于左：

（一）彻取说　赵岐《孟子注》曰："民耕五十亩贡上五亩，耕七十亩者以七亩助公家，耕百亩者彻取十亩以为赋，虽异名而多少同，故曰皆什一也。彻犹取人彻取物也。"依此而言，则是贡、助、彻，均无分别也，故知其不确。

（二）彻助同义说　金鹗《求古录》，释彻法曰："助彻皆从八家同井起义，借其力以耕公田，是谓之助。"通八家之力以共治公田，是谓之彻，其说与朱子相近。唯朱子通力合作指八夫同井而言，金氏则指公田而言，是其差别之点也。黄葵峰说与金氏亦同，曰："百亩者八夫各授私田百亩，又共授公田百亩也；彻者八家通出其力，以合作公田，唯据公田百亩所登之谷而收之于官也"，均以为彻有公田，实为错误。观于孟子之言曰："唯助为有公田"，则彻无公田可知矣。（参看崔适《三代经界通考》）

（三）合作均分说　合作均分说崔适主张最力，且矛盾之处尚少，然实源于朱子，故详论之。朱子曰："周时一夫授田百亩，乡遂用贡法。十夫有沟，都鄙用助法。八家同井，耕则通力合作，收则计亩而分。故谓之彻。"又云："公田百亩，中以二十亩为庐舍，一夫所耕公田，实计十亩。通私田百亩为十一分，而取其一。"两说均误，今请先辨正前说。依任启运言："孟子明言上农所食之别，若通力合作，计亩均分，则勤惰无分，安得复有食九人至五人之别？其不为许子齐物之论几希。"则可知合作均分之说决不能存在矣。崔适亦曰："果用彻而通力作之，计亩分之与，则八家共耕此九百亩之田，而君与民共分其粟，中外一也，安能指某田为公，而某田为私？果用助，而中为公田外为私田欤，则八家各自耕其百亩，而代耕上之十亩，十亩之粟以奉上，百亩之粟以自食，判然不相通也，又安得谓之通力而作，计亩而分乎？"（《三代经界通考》）。故知朱子之说，不但不能存在，且亦自相矛盾也。至于后说，亦不可通。考庐舍之说，源于《谷梁宣十五年传》云："古者公田为居，并灶葱韭尽取焉。"《韩诗外传》又演述《谷梁传》而有以下之记载："中田有庐，疆场有瓜，古者八家而井，田方百里为一井……其田九百亩……公家为邻，家得百亩，余夫各得二十五亩，家为公田十亩，余二十亩为庐舍，各得二亩半。"班固因之作《食货志》云："井方一里，是为九夫，八家共之，各受私田百亩，公田十亩，是为八百八十亩，余二十亩为庐舍。"赵岐从其说，注孟子"五亩之宅"，谓："庐井邑居，各二亩半以为宅。"又注"方百里而井一节"云："公田八十亩，其余二十亩以为庐井宅园圃家二亩半也。"何休注公羊，范甯注谷梁，宋均注乐纬，咸与"班志"同。按孟子言井九百亩，其中为公田，八家皆私百亩，是百亩皆属公，何得以二十亩为民之庐舍也？八家同养公田，何得各取十亩治之也？且若公田仅八十亩，则八夫其耕田八百八十亩，以八十亩奉上，是亦不过十一分之一耳，仍非什一也，或又有强解所谓什一，乃为十与一之比者，更觉牵强。诗甫田郑笺云："九夫为井，井税一夫。"是郑亦谓公田百亩，而非八十亩矣。又据金鹗邑考云："五亩之宅，皆在邑中，犹今之村落然。诗所谓'中田有庐'者，乃于田畔为之，以避雨与暑，大不容一亩，必无二亩半之广，在公田之中也。"是则以普通常识观之，二亩半为庐舍之说亦站不住也。今于讨论彻之真义之际，附带谈论及之。

（四）通计税额说　姚文田周官辨非曰："彻之名义，似较彻取之义，尤为了当。然其制度何若，终不能明。唯《周官·司稼》云：'巡野观稼，以年之上下出敛法。'是知彻无常额，唯视年之凶丰，此其与贡异处。助法正是八家合作，而上收其公田之入，无烦更出敛法。然其弊必有如何休所云，'不尽力于公田者'，故周直以公田分授八夫，至敛时则巡野观稼，令百一十亩通计之而取其什一。其法亦不异于助。故《左传》云：'谷出不过藉。'然民自无公私缓急之异，此其与助异处……谓之彻者，直是通盘核算，犹彻上彻下之谓，并非通融之义，于此求之，则彻法亦可想见。"（见《求是斋自订稿》）信如其言，则公田之存在，尚觉多事，反不如（七）说之直截了当耳。

（五）通年之上下地之远近说　孙诒让《籀膏述林》卷一《彻法考》曰："周定赋之法，与贡助不同者有二；司稼云：'巡野观稼，以年之上下出敛法。'此以年之丰凶为税法之差也。载师云：'凡任地近郊十一，远郊二十而三，甸、稍、县，皆无过十二，此以地之远近之税法之差也。盖无论井田与不井之田，皆以此二法通计之，以较其赢朒而之敛法，是谓之彻。彻之云者，通乎年之上下，地之远近，以为敛法。"孙氏训彻为通，然在通征税之方法，而不在通贡助之制度。吾人对其以周官解释孟子其方法正当与否，不能无疑耳。

（六）通贡助而为一说　郑玄《周礼匠人注》曰："以载师职及司马法论之，周制畿内用夏之贡法，税夫无公田。以《诗》《春秋》《论语》《孟子》论之，周制邦国用殷之助法，制公田不税夫。"朱子乡遂用贡，都鄙用助之说。实本于此。然崔适《三代经界通考》云："按：彻也者，民共耕此沟间之田，待粟既熟，而后以一奉君，而分其九者也；是故无公田无私田。助也者，民各自耕所受之田而食其粟，而别为上耕其田以代税者也；是故有公田有私田。彻自彻，助自助，判然不能相兼，助则不能为彻，彻亦不能复为助也。……税其田之谓贡：不税其田而藉其力以耕之谓助；通其田而耕之通其粟而析之之谓彻，此贡助彻之法也。十夫有沟。八家同井，其经画之形势然耳。使沟间之田不税，而但藉之以耕，亦不得谓之贡；使井中之田有税，而不藉之以耕，亦不得谓之助。贡、助、彻，之名分于法，不分于形势。既谓之彻矣，安得复有所谓行贡法行助法者哉。"又曰："《朱子集注》云：周时，一夫授田百亩，乡遂用贡法，十夫有沟；都鄙用助法，八家同井，耕则通力而作，收则计亩而分。"余按："谓乡遂十夫有沟是也，谓用贡法则不合；谓都鄙用助法是也，谓通力而耕，计亩而分，则混助于彻。余欲易其文云：'乡遂用彻法，耕则通力而作，收则计亩而分；都鄙有助法，中百亩为公田，外八区为私田'，庶为分明易晓。"（《孟子·事实录》下卷）是以贡、助、彻，三者截然不同——盖崔氏之意以为彻者乃'合作均分'之谓也。孙诒让《籀膏述林》卷一《彻法考》云："夫孟子综论贡助彻之法而以为

'莫善于助莫不善于贡'，明彻之为法必善于贡，而不及助，则其立法之大要与行法之细目，必较然别异，非徒沿夏殷旧制可知，说以一代税法之正乃不行于王畿，而唯行于邦国，其义亦有难通者，非所敢信也。"亦可为此说不能存在之证据。

附注：清人东垣何贻霈著《成周彻法演》四卷（载在畿辅丛书内）亦主彻为通贡、助为一之说。此书用《周官》《王制》司马法各书演绎彻法之一切制度，极为详尽。

（七）彻去公田九夫一井说　时人陈顾远云："我尝考'彻'字有通字的意思，和'去'字的解释；'通'和'去'在现时很不相同，然古时当无大异，所以孟子只说'彻者彻也'，可见'彻'和'通'和'去'字义上原没有多大分别。那么，彻的意思，大约是指把井田制度取消而通之为散地，每夫受田百亩，没有公田。这彻字起初或作为动词用，后又变动词为名词，成为一种制度上的称号。我虽没有正面充分的证据，却有一个较有理由的反证。彻法是一夫受田百亩，以十亩所收，归之于官，乃十分取一。所以《论语》'盍彻乎'一语，鲁哀公便答道：'二，吾犹不足。如之何其彻也？'是明指十取一而不足。……照这说：五十，百亩，既没有什么分别，不是彻和贡名异而实同吗？彻和贡的大要处，本是一样；不过贡是计五亩之入以贡上，彻是百亩里头取出十亩以为君耕，还带有井田制度一点余味。其不能成为井田制度的原故，因井田制度里头，八家同井，中有公田；这里公田已彻，变成九家，每家从百亩内取出十亩助耕公家，只好说是一夫所有的赋田了。（《孟子政治哲学》页八六至八七）考陈说源于任启运之说，任之言曰："一至周而人益众。无田可给，不得不举公田授之民，而于百亩之中。各取其十亩之入以为彻，故孟子曰：'唯助为有公田'，则周无公田，断可知也。但此时君民相爱，故凶丰皆上下相通，到得后来，民心渐狡，于是百亩之内，名以十亩与君，而私其丰饶，上其瘠薄。君之所入日薄。于是鲁宣公躬行田亩，取其十亩之最丰饶以为例，而民亦无辞。其后哀公又不复计岁之丰凶，而但以田定赋，此彻法之所以变为校岁之贡，而为什而取二者也。”（《四书约旨》）又云：“周无公田，诗曰‘雨我公田’何也？商制公田在私田外，周制于百亩中取其十亩之入，则公田即在私田中”（同书）又曰：“解彻法者，谓耕则通力合作，收则计亩均分，就同井而通计，此断非也。孟子明言上农下农所食之别，若通力合作，计亩均分，则勤惰无分，安得复有食九人至五人之别？其不为许子齐物之论几希！此同井中或一人以兵戍出及有疾病死丧，则此八家通力助之，所谓‘凡民有丧，匍匐救之，疾病相扶持’也。其余则否。然则名彻何也？以通乎上下而名之也。贡之法，校岁为常，特于省敛之时，权为捐减；彻之法，则与年上下：年丰则君民同其有余，年凶则君民同其不足也。看贡字助字都从君民起义可见。”（同书）则以为彻之征税方法，为通年之上下［参看（五）说］，而与贡之校岁为常者不同也。

由上观之彻之真义，究未易骤明。以上各说，互有长短，未可尽非。求一较惬人意的解释，余意仍以为最后一说是也（七）。

或曰：“孟子不云乎：‘请野，九一而助；国中，什一使自赋’，考之朱注云：‘周所谓彻法者盖如此’。是则彻法之义，孟子已明告吾人，本不必更为求解矣。”曰：“是不然！孟子此说，是否即为彻法，尚待考证。如任启运曰：‘言请者，孟子就滕言滕，言为滕计，当如此耳，非周原有是定法也。’注：‘周所谓彻法，盖如此’，是朱子约略计度之词，原非正意。（《四书约旨》《孟子》卷三）又曰：‘若谓请野节原是彻法，孟子要行彻法’，则‘盍彻乎，一语可了，何烦辞费乎？’（同书页八）可知孟子此说，未能遽即断其为彻法之解释也。至朱注理论上之不通，已详前第（六）说，兹不具述云。”

以上述贡、助、彻之大意已毕，今请更讨论其附属发生之问题。

其一曰：“三代之所谓贡、助、彻三法，其授田之亩数不同者何欤？”关于此问题，后儒有种种解说：或曰：“夏时民多，殷渐少，周时至稀，故授田有多寡。”或曰：“夏政宽简，一夫百亩，只税其五十亩，殷政稍急，增税七十，周政烦，亩尽税之。”或谓：“夏时洪水方平，可耕之田尚少，故授田止五十。殷时渐广，周大备，故日增。”

考之实际，各说多不可通。盖井田工程繁密，有一定之沟洫经界，若“取十夫有沟百夫有洫之地，而画之为九夫之井：取方里而井之地，而易之以十夫之沟百夫之洫，势必尽坏以前之封疆涂畛而别造之，民之扰不可胜言矣。又取他夫之田以益此夫，而复别取他夫之邻田以益他夫，递移递益，举天下之众，皆嚣然而不得宁，尚得为王政乎？”（崔东壁语，见《三代经界通考》）。考蔡邕《独断》谓：“夏尺十寸，殷九寸，周八寸。”是可为三代尺度不同之证。《王制》：“古者以周尺八尺为步，今以周尺六尺四寸为步。古者百亩当今东田（东田即诗之南东其亩也，言南则以庐在其北而向南，言东则以庐在西而内东。一说古帝都西北，垦田偏在东南；周、秦、汉，偏居西，中原称东土，故云东田）百四十六亩三十步，古者百里当今百二十一里六十步四尺二寸二分。”孔疏谓：“古者八寸为尺。以周尺八尺为步，则一步有六尺四寸。今以周尺六尺四寸为步，则一步有五十二寸。是今步比古步，每步剩出一十二寸，以此计之，则古者百亩当今东田五十二亩七十一步有余，与此百四十六亩三十步不相应。又今步每步剩古步十二寸，以此计之，则古之百里当今一百二十三里一百一十五步二十寸，与此百二十一里六十步四尺二寸二分又不相应，经文错乱不可用也。”而陈澔谓：“古步实为六尺四寸，周步实为五尺一寸二分。周步比古步，每步剩出一尺二寸八分。”以此计之，则古者百亩，当今东田一百五十六亩二十五步一寸六十分寸之四，与孔疏当今东田一百五十二亩七十一步有余不相应，疏义所算亦误。由此推论，则三代井田面积之不同者，实因尺度之差，与亩法之异。今据陈澔所说，古步实为六尺四寸，周步实为五尺一寸二分推算之。假定夏制一百六十步为一亩，则夏之五十亩恰当周之一百亩。假定殷制一百十五步为一亩，则殷之七十亩当周之一百亩而稍强。孟子之言，盖以周之尺与步为准，而推算夏殷亩法，以其成数言之耳。是可见三代授田之亩数，名虽异而积实同也。

其二曰：“井田之法必方乎？”任启运曰：“程子张子尽之矣！方者有之，要不方者居多也。盖方是法不是形。古之九数，第一曰方田，以其事最重，而算亦最难，故为第一。若其田果方，则执度以往足矣，安用算乎！如今之法，横五尺，纵五尺，谓之一步，何尝不方？横七丈七尺五寸，纵亦如之，谓之一步，何尝不方？究其所谓方者，乃以东西并折半，南北并折半（如东十弓西二十弓则折作东西各十五），而以纵与广交乘之，算方而田不方，故谓之方田也。或疑古井田未及江南，此江南法，不可以论古，则齐、鲁、燕、赵、晋、卫诸境，余尝历之，其高高下下与江南无异。唯西北多山，东南多水，差异耳。而江南之圩田，其平广更胜于北，盖从古此地即从古，此山川山水之性皆以曲而善走，即广野平畴，其脉必自山出。大约中出者必中高，边出者必边高，断未有百十里直如丝平如砥者也。孟子方里云云，亦举一方以为例耳。如天子规方千里以为甸服，而周畿内自陕而入河南，其地斜长而曲，以开方法计之，则西都约方八百里，八八六百四十，东都约方六百里，六六三百六十；总计之，得方千里耳。孟子言滕绝长补短，将五十里，古人所谓方者大约如此。汉儒沟洫之图，只是画个硬局，与棋枰相似，其实天下安有此地哉！”（《四书约旨》《孟子》卷三页九）

任氏又曰：“古人立法，必度土之宜，因地之利，如左疆以周索，疆以戎索，此其疆里之大不同也。如左氏异义，或九鸠当一井，或九度当一井；如今折平相似，是人不必皆百亩。《周礼》园厘二十而一，漆林二十而五。如今荡塘山竹地科则不同，赋不皆什一也。百亩什一，亦举平土以见例耳。”是言百亩什一，为当时（周）说法之常，然亦度土因地，而有出入者也。推之贡、助两法，亦何不然？

其三曰：“三代之贡助彻法，是否通行天下乎？”曰：“似不然！”崔东壁《考古续说》曰：“世儒皆谓成汤代夏，改彻为助；武王克商，改助为彻。余按《诗·大雅·公刘篇》云：彻田为粮，度其文阳，豳居允荒。”则是周之彻法，始于公刘，不始于武王也。公刘当夏商之世，而已用彻，则是诸侯各自顺其土宜，初未尝取五畿之法，强天下使皆从之也。民既相安于彻法矣，是以文武皆因之而不改。……然则商之用助亦当如是。相上上甲微以前，本用助法，故汤因之不改，非取贡法而改之为助也。孙诒让云："助本殷之正法，而夏小正云：'初服于公田。'是夏时已有公田，为助法之权兴；彻为周之正法，而笃公刘亦云：'彻田为粮'，郑笺释为什一之税，是亦彻法之权兴。盖公刘当夏之末造，虽未有司载师之法，而其肇端，实在彼时。逮文武周公更斟酌损益之，而其法大备矣。知助法之不必始于殷，则可知彻法亦不必始于周而周虽行彻，不妨兼存助法，亦无足异矣。九服之大，强索不同，周承二代而贡助两法容有沿袭而未能尽革者，先王以俗教安，不欲强更其区畛，故周诗有公田之文，非谓周邦国尽为公田也。"（《籀膏述林》卷一页五）故知贡助彻三法，不过各为夏商周三代税法之正宗，未必通行天下也。且知贡法未必始于夏，助法不必始于殷，而彻法亦未必始于周；而曰夏贡、殷助、周彻者，则以三法各为一代之正宗，其规制在当时始最周详，故各以归之夏、商、周耳。

又近代学者，又以为井田之制，并非土地公有，而仅为贵族私有制。故种田之农夫，乃为佃民，而非田主。其测想之正确与否，著者未敢遽下定论。且此已涉及历史上之考据，超出本文范围以外，故不多及。

以上之枝叶问题，既已讨论完毕，则传说上之三代井田制度亦可得其大概。以下再言孟子以后之各家井田学说。

二、王制说

孔颖达《礼记正义》引汉卢植说谓："汉孝文皇帝令博士诸生作此王制之书。"但经陈寿祺辨正，以为卢说出于《史记·封禅书》，据《封禅书》，文帝时所作《王制》，乃本制、服制、兵制，非王制也。且《史记》谓文帝所作《王制》乃关于巡守封禅之事，今《王制》中既毫无提及封禅，而说巡守者亦只有一端，可见二者只是名目偶同，并非一书。俞樾云："王制者，孔氏之遗书，七十子后学者所记者也。王者孰谓，谓素王也。孔子将作《春秋》，先修王法，斟酌损益，具有规条。门弟子与闻绪论，私相纂辑而成此篇。"王是否指素王，实未易定言。《王制》是否由孔子"先修王法"所定之法制，亦难知之。唯为“七十子后学者”的儒家“斟酌损益”之记，则无疑问。至其出书年代，疑亦后于孟子。故其所言之田制，亦完全根据于孟子，毫无新义也。兹将此书中关于田制之记载抄录于左，而与孟子所载之说比较之：

“制农田百亩，百亩之分，上农夫食九人，其次食八人，其次食七人，其次食六人，下农夫食五人，庶人在官者，其禄以是为差也。”此则与《孟子·北宫锜问》一章，几乎一字不易。

又曰：

“方一里者为田九百亩，方十里者为方一里者百，为田九万亩；方百里者为方十里者百，为田九十亿（十万为亿）亩；方千里者为方百里者百，为田九万亿亩。”按此节首句实源于孟子。孟子曰：“方里而井，井九百亩，其中为公田，八家皆私百亩，同养公田。”即此制也。以下各句乃演绎首句而成，毫无新义。《王制》又曰：“古者公田籍而不税……夫圭田无征。”二语均不见于《孟子》。《周礼》：士田亦有征，士田即圭田也。故又与《王制》异。

此外《王制》书中有关于当时（周）四海内地远近里数之统计，可资参考（“自恒山至于南河，千里而近……”与“凡四海之内断长补短，方三千里，为田八十万亿一万亿……”亩两节均为此等记载）。

又《王制》所载尺度里数，所云“古者以周尺八尺为步，今以周尺六尺四寸为步……”均不可信，已详前。

《孟子·北宫锜问》一章《朱子注》曰：“愚按此章之说（谓班爵禄之制），与《周礼》《王制》不同（按《王制》班爵禄说与周官制亦不同），盖不可考，阙之可也。”程子曰“孟子之时，去先王未远，载籍未经秦火，然而班爵禄之制，已不闻其详，今之礼书，皆掇拾于煨烬之余，而多出于汉儒一时之传会，奈何欲尽信而曲为之解乎？”斯为得之。

三、周官说

周礼之来历，人人言殊：贾公彦以为周公所作（《仪礼序及序周礼废兴》)，皮锡瑞以为孔子所作（三礼通论），何休以为六国阴谋之书，至姚际恒著《周礼通论》十卷始断定其为西汉末年之书，康长素先生更断言其为刘歆所伪托（《伪经考》卷三上页二十三至二十四）。各说中自以姚、康两说为是，盖《周官经》六篇自西汉前未之见，《史记·儒林传河间献王传》亦无之，至王莽时（即哀帝时）刘歆始列序著于录略。歆欲附成莽业，而为此书。则其出书年代，晚在孟子之后，可断言无疑也。《周官》所言井田制较他书独详，然与《孟子》《公谷》《王制》之说多相反。今略论之：

《小司徒》："乃经土地而并牧其田野，九夫为井，四井为邑，四邑为丘，四丘为甸，四甸为县，四县为都，以任地事，而令贡赋凡税敛之事。"

《匠人》："为沟洫……九夫为井，井间广四尺深四尺，谓之沟。方十里为成，成间广八尺，深八尺，谓之洫。方百里为同，同间广二寻，深二仞，谓之浍，以达于川。"按，郑注曰："田一夫之所佃百亩。"又曰："九夫为井，井者，方一里，九夫所治之田也。"又曰："此畿内采地之制……周制畿内用夏之贡法，税夫无公田……邦国用殷之助法，制公不田税夫。"是则郑氏之意以为此即贡法也。然贡法无"井田"，故愚意以为此即彻法。

《遂人》："凡治野，夫间有遂，遂上有径，十夫有沟，沟上有畛，百夫有洫，洫上有涂，千夫有浍，浍上有道，万夫有川，川上有路，以达于畿。"按，此处言十夫有沟，与上《匠人》所载"九夫一沟"之说不同。郑康成注则谓：《遂人》所言乃乡遂行沟洫之法，《匠人》所言乃采地行井田之法。郑樵《通志》力排其说，然其言更多舛错。清朱克己云："窃谓十夫有沟，犹云千亩之地有沟耳。沟本九夫所有，而云十夫者，盖一井九百亩，东畔为沟，自西而东，积至九井，共九沟，其极东一井，逼近浍水，井间三遂之水，直可入浍，故不复设沟。则是十井九十夫之地，仅有九沟，非十夫有沟而何？至于洫浍川亦然……然则《遂人》《匠人》之文，虽若有详略疏密之不同，而其为井田之法则同，盖《匠人》主分数，《遂人》主积数，读者但勿以辞害意，则知周家田井之制，实通行于天下，而无乡遂采地之别矣。”（朱克己陈基合订《井田图考》卷上页三十一）（按：朱氏另有《郑氏沟洫井田图说辨》附载图说七幅载在下卷可参考）。朱氏之说，亦颇有理。唯以为井田之制实通行于天下，则不无可疑之处。井田之地，必须于平地为之，若高原下隰之地亦为井田，则窒碍诸多，未见其可也。郑司农众释《小司徒》云：“井牧者，春秋所谓井衍沃，牧隰臯者也。”——考《左传·襄公二十五年楚荐掩书七田之法》曰：“度山林，鸠薮泽，辨京陵，表淳卤，数疆潦，规偃潴，周原防；牧隰皋，井衍沃。”可知古之井田但行于衍沃之地，非谓尽天下之地皆井也。郑玄注亦谓：“隰皋之地，九夫为牧，二牧而当一井，今造都鄙授民田，不易，有一易，有再易，通率二而当一，是之谓井牧。”是只以井牧为标准，而山林薮泽之地，其制又各有不同也。马氏《文献通考》亦以郑（玄）说为是，故曰：“行助法之地（此指《匠人》‘九夫有沟’而言），必须以平地之田，分画作九夫，中为公田，而八夫之私田环之，列为井字，整如棊局，所谓沟洫者——直欲限田之多少而为之疆理。行贡法之地（此指《遂人》：‘十夫有沟’而言），则无论问高原下隰，截长补短，每夫授之百亩，所谓沟洫者——不过随地之高下而为之蓄泄。……是以《匠人》之田……必有一定之尺寸，若《遂人》止言夫间有遂，十夫有沟，百夫为洫，千夫有浍；盖是山谷薮泽之间，随地为田，横斜广狭皆可垦辟……非若匠人之田必拘以九夫，而其沟洫之必拘以若干尺也。”依马氏之说：则《遂人》所言，乃为不画井田而但制沟洫之制度。似比“井田通行天下”之说为较近理。

至于授田之法，《周礼》言之特长，为以前各书所无，亦可见当时经济思想之进步。今略述如次。

《大司徒》：“凡造都鄙，制其地域而封沟之，以其室数制之：不易之地家百亩，一易之地家二百亩，再易之地家三百亩。”

《遂人》：“辨其野之土：上地、中地、下地，以颁田里。上地夫一廛，田百亩，莱五十亩，余夫亦如之；下地夫一廛，田百亩莱二百亩，余夫亦如之。”（注：“莱谓休不耕者，郑司农云：户计一夫一妇而赋之田，其一户有数口者，余夫亦受此田也。廛，居也。”）

《小司徒》：“……乃均土地以稽其人民，而周知其数。上地家七人……中地家六人……下地家五人。”（注：一家男女七人以上，则授之以上地，所养者众也。男女五人以下，则授之以下地，所养者寡也）

以上为三等授田法之大概。此外尚有以阶级而分之制度，其所授亩数为普通农夫田五分之一，如《载师》内之士田、贾田、官田是也，又有无税之田，如藉田（见《天官甸师》），加田（《夏官司勋》）等等是也。今拘不事细述。

至于田制之行政，约略言之，则为《遂人》司井田间之交通，近人司井田间之水利，草人稻人司生产畅导之责。此外有五正（如卿正党正）四大夫、三师、二小司徒、一大司徒，其职在分配农地。今顺及之。

四、公羊传说

《公羊》至汉景帝时始由公羊寿与齐人胡毋子所写定（见《钦定四库全书总目》），其释春秋宣公十五年初税亩曰：

> 初者何？始也。税亩者何？履亩而税也。（何休注曰：“时宣公无恩信于民，民不肯尽力于公田，故履亩案行，择其善亩，谷最好者税取之”）古者什一而藉。（何休注曰：“什一以借民力，以什与民，自取其为公田”）。古者曷为什一而藉？什一者，天下之中正也。多乎什一，大桀小桀。寡乎什一，大貉小貉。什一者，天下之中正也。什一行而颁声作矣。

毛西河《四书剩言》（卷四页十）曰：“公羊传：‘多于什一，大桀小桀；少于什一，大貉小貉；则似反从孟子语袭入之者。”盖定论也。

此外尚应注意，则公羊之释“初税亩”，只及税制，而不及田制耳。

五、谷梁传说

唐杨士勋谓《谷梁》为谷梁赤所作。徐彦《公羊传疏》则谓《谷梁》乃是谷梁氏之著竹帛者题其亲友，故曰《谷梁传》，当为传其学者所作。《四库全书总目》谓：疑徐彦之言为得实，但谁著于竹帛则不可考。阮元《谷梁传注疏校勘记序》则引郑氏“谷梁为近孔子，公羊为六国时人”之说，而断定谷梁先于公羊。又谓其书非出于一人之手。陆德明《释谷梁传注疏序》（按：序为杨士勋所撰）谓：“谷梁子名淑，字元始，鲁人，一名赤，受径于子夏。为经作传，故曰谷梁。传孙卿，孙卿传鲁人申公，申公传博士江翁（按：此二人均汉初人），其后鲁人荣广大善谷梁，又传蔡千秋，汉宣帝好谷梁，擢千秩为郎，由是谷梁之传大行于世。”综合以上各说观之，当知谷梁之书至汉初始写定。谷梁之释春秋“初税亩”一语则兼及田制，其言曰：

> 初者，始也。古者什一，藉而不税。初税亩，非正也。古者三百步为里，名曰井田。井田者，九百亩，公田居一。私田稼不善则非吏，公田稼不善则非民。初税亩者，非公之，去公田而履亩十取一也。以公之与民为已悉矣（集注：悉谓尽其力。）古者公田为居，井灶葱韭尽取焉。

徐邈注“去公田而履亩十取一”，谓：“除去公田之外，又税私田之十一。”是此时公田与井田之制仍在，其说当不可信。孔广森注谓：“去公田而九家同井，每亩税取其什一。”是则公田虽废而井田仍在，且税法亦由九一而减为十一，更不足信。鲁宣公时当无井田制度存在，故知谷梁公羊均以孟子之井田制解春秋“初税亩”三字也。

胡适之曰：“依我看来，‘初税亩’不过是鲁国第一次征收地租。古代赋而不税，赋是地力所出，平时的贡赋和用兵时的‘出车徒给繇役’都是赋。税是地租——纯粹的 Land tax。古代但赋地力，不征地租。后来大概因为国用不足，于赋之外另加收地租，这叫做税。孟子不赞成税（他曾希望‘耕者助而不税’），但他又主张‘国中什一使自赋’。这可见赋与税的分别，宣公初行税亩，故《春秋》记载下来，其实和井田毫无关系的。”其言颇为切当。（参看《胡适文存》一集卷二页二七一）

六、韩诗外传说

汉文景时韩婴推诗之意而为内外传数万言，其外传言井田制云：

> 古者八家而井，田方里而为井。广三百步，长三百步一里，其田九百亩。广一步，长百步为一亩。广百步，长百步为百亩。八家为邻，家得百亩。余夫各得二十五亩。家为公田十，余二十亩共为庐舍，各得二亩半。八家相保，出入更守，疾病相忧患难相救，有无相贷，饮食相召，嫁娶相谋，渔猎分得，仁义施行，是以其民和亲而相好。诗曰：“中田有庐，疆场有瓜。”今或不然，今民相伍，有罪相伺，有刑相举，使搆造怨仇，而民相残。伤和睦之心，贼仁恩，害士化，所和者寡，欲败谷巨，于仁道泯焉！诗曰：“其何能淑，载胥及溺！”

此则忧时之论而托古以见意也。至其“余二十亩共为庐舍”一语，乃由演述《谷梁》“公田为居，井灶葱韭尽取焉”两语得来。

七、《汉书·食货志》说

《汉书·食货志》之言曰：“理民之道，地著为本。故必建步立亩，正其经界，六尺为步，步百为亩，亩百为夫，夫三为屋，屋三为井，井方一里，是为九夫，八家共之，各受私田百亩，公田十亩，是为八百八十亩，余二十亩以为庐舍。出入相友，守望相助，疾病相救，民是以和睦而教化齐同，力役生产可得而平也。民受田：上田夫百亩，中田夫二百亩，下田夫三百亩；岁耕种者为不易上田，休一岁者为一易中田，休二岁者为再易下田，三岁更耕之，自爰其处。农民户人已受田，其家众男为余夫，亦以口受田如比。士工商家受田五口乃当农夫一人。此谓平土可以为法者也。若山林薮泽原陵淳卤之地，各以肥硗多少为差。有赋、有税：税，谓公田什一及工商衡虞之入也。赋，共车马甲兵士徒之役，充实府库赐予之用。税给郊社宗庙百神之祀。天子奉养百官禄食庶事之费。民年二十受田，六十归田，七十以上，上所养也，十岁以下，上所长也。十一以上，上所疆也。种谷必杂五种，以备灾害；田中不得有树，用妨五谷。力耕数耘收获，如寇盗之至。还庐树桑。菜茹有畦，瓜瓠果蓏，殖于疆易，鸡豚狗彘，毋失其时。女修蚕织，则五十可以衣帛，七十可以食肉，在壄曰庐，在邑曰里，五家为邻，五邻为里，曰里为族，五族为党，五党为州，五州为乡，乡万二千五百户也。……此先王制土处民，富而教之之大略也。”

班固《汉书》晚出，故其井田论尤为赅博，盖乃参酌《孟子》《韩诗外传》与《周礼》而成。其所言民受田归田之幸，尤为以前各书所无。且对于耕种方法，言之独详。由是可见井田之说，至汉时而大备。据胡适之言，汉代的井田详说，除《食货志》外，尚有下列两家：（一）何休《公羊解诂》。这又是参考《周礼》《孟子》《王制》《韩诗》《食货志》做的。他不取礼的三等授田法，一律每人百亩，但加了一个“三年一换主易居”的调剂法。（二）《春秋井田记》。后汉书刘宠传注引此书，所引一段多与何休说相同。（从何休《公羊解诂》一行起，均用胡适之原文。）

八、《司马法》

《司马法》一书，四部正伪谓为真伪相杂。姚际恒《古今伪书考》断定其为后人伪造无疑。又谓其篇首但间袭戴记数语。可见此书之成，更在戴记之后。然《司马法》今存之五篇，于井田制度毫未置喙。其论井田制者只见于逸文。逸文者，乃佗书所引，多不见于五篇中者也。（附注：汉志：“原书百五十篇，今存五篇，他书所引，亦有不见五篇中者，皆逸文也。”）其言曰：

六尺为步，步百为亩，亩百为夫，夫三为屋，屋三为井，四井为邑，四邑为丘。丘有戎马一匹，牛三头，是四匹马匠牛。四丘为甸，甸六十四井，出长毂一，乘马四匹，牛十二头，甲士三人，步卒七十二人，戈楯具，谓之乘马。

又曰：

成方十里出革一乘。（原注："案有脱伪字"）

又曰：

六尺为步，步百为亩，亩百为夫，夫三为屋，屋三为井，井十为通，通为匹马，三十家，士一人。从二人。通十为成，成百井，三百家，革车一乘，士十人，从二十人。十成为终。终千井，三百家（愚按：此应为千字，想系印误）。革车十乘，士百人，从二百人。十终为同，同方百里，万井，三万家，革车百乘，士千人，从二千人。"（录自张澍《二酉堂丛书》道光元年初版）

此则行井田之制，而寓兵于农也。由上观之：可知自井以上，有以四进者，有以十进者。说者谓以四进者为政治上之小单位，所以便军事上之贡赋。以十进者为政治上之大单位，所以谋封建授受之便利。世又以为此为文王治岐之法云。

原刊《广东留平学会年刊》第二三期（1931 年或 1932 年）

马苏尔价值论述要

附言

本篇是拙著马苏尔经济理论中的一部分。拙著原本共分五章，目录如下：(1) 马氏的生平与著述及其经济学说的地位。(2) 马氏的经济哲学。(3) 价值论。(4) 分配论。(5) 马氏学说的批评。今因篇幅所限，只将第三章择要发表——即本文。

拙著作于两年前。不惬意之处甚多，而且纰缪想必屡出，但为时间所限，来不及修改了，读者谅之。

文中所引用《经济学原理》的页数，都指第八版本（1920）而言。

十月八日母亲生日的早上记。

一、绪论

未讨论马苏尔（ALFRED MARSHALL，1842－1924）价值论之先，我们似乎应当先对马氏经济学说的根本观念略加探究，这就是他的“赓续原理”（Principle of continuity）。马氏在《经济学原理》第一版本（1890）自序中说道：“倘若这本书有些它自己的特点，那就是它对于赓续原理的应用之特别重视。”他又在同书的卷首，题了一句拉丁格言：“Natura non facit saitum.”意思就是指：万千的经济进化的过程都是逐渐的与赓续的。他在《工业与贸易》（*Industry and Trade*，*1919*）一书卷首的题词，是一句英文格言：“The many in the one，the one in the many.”——意思是说：万归于一，一而成万。总括言之：马氏的意思以为经济的现象，是继续而不能划然分开的。这因为各种经济的势力都彼此交互的影响。所以研究某一种现象，定必要同时也研究其他各种足以影响这种现象的现象。那千殊万异的复杂的经济现象，自外表粗心看来，似乎彼此没有多大相连的关系，各受不同的原理所支配。但实际上是可以归纳到一条根本的大原理的底下，这就是赓续原理。平常我们研究各种经济问题，往往将它们分为某种某类，但这不过为研究利便起见，并非它们的性质是真可以分得清清楚楚的。所以伦理的势力，亦影响及于所谓“经济人”；而且事实上并没有绝对自私的经济人，因为人人都有家族之爱，即使在求经济利益时也定必含有这种心理的。但家族之爱，便是利他行为的一种，可见事实上不会有一个绝对自私的经济人。①

再说到经常价值与市价本来就没有一确切的区分；② 地租与利息，在某种情形之下，其性质也是相同的；③ 说到劳工与资本的区分，亦何莫不然。因为生产工具的资本，亦即为人工所造成。由此可见以上各种的区分，乃程度上的不同，而非性质上的差异。④

这个“赓续原理”的观念，应用于他的价值与分配论上的就是“需求与供给律”。他以为经济学上一切价值与分配的问题，都可以用这个律去解释之。所以他在工业经济学（*Economics of Industry*）第二版本自序里说：“在价格工资与赢利等学说的底下，有一共同根本的原则，各种工作的报酬，资本所得的利息和商品的价格，归根结底都由竞争而定；而竞争又是由经常价值律而定。这一条律在细则上，虽然有许多出入之处，但大体上无不表示价值乃由于需求与供给的各种关系而定；至于决定供给的最重要原素，则为生产成本。”现在先将

---

① 这一层马氏在分配论中发挥得甚详尽，例如：参看第 218、559 — 560、638 页便知。又参看《经济学原理》第一版自序。

② 这些区分，不外以时间的长短为根据：市价指最短的时间内的价值；经常价值是指在比较长时间内的价值。时间的长短虽有区分，但乃程度之不同，而非性质上的差别。又何况所谓长短，本无一定的界限呢？余详后。

③ 此即马氏的假地租（Quasi-rent）学说，详分配论中。

④ 参看《经济学原理》第一版自序。

上面的意思略为发散，以作将来讨论价值论之助。

由此可见马氏经济学说的观念，乃为一元的。至如 S. Evelyn Thomas 以为马氏的“价值由需求与供给的关系而决定”一观念，乃系一种二元论。[①] 此则仅就形式上观察，并非马氏的真意，因马氏所注重的乃需求与供给的关系，而非两者个独的情形呢。

二、价值论

（一）需求与供给平衡说

马氏在经济学说上最大的贡献，就是他的价值论。他的学说最重要的部分，也就是价值论。

他所讨论的价值，乃指相对的价值。即指某一商品与其他一商品在某一市场某一时间的交换的数量而言。换言之，即指此两者在某地某时上交易的相对的关系。[②] 但现代交易的计算方式，乃以货币为公分母——换言之，一切商品的价值，在现代交换制度底下，以货币为其客观测量的标准。所以马氏讨论价值，即以那代表固定的购买力的货币去表现出之。[③] 换言之，商品的价值，就是指它的货币价格。

价值如何决定的呢？马氏的意见，以为由于需求与供给的平衡而定。此为马氏价值论最重要的见解，今试为陈说如后。

以前关于价值的学说，在旧经典学派是注重生产成本，在奥国学派是注重效用。前者注重供给方面，后者注重需求方面。但马氏以为价值的决定，两者并重：决定价值唯一的势力，就是需求与供给的平衡。需求与供给，据马氏说，好像剪刀的两块刀片一样。我们拿剪刀去剪一张纸，将纸剪开以后，很难说是用剪刀的哪一块刀片剪开的，

① 参看 S. Evelyn Thomas，*Elements of Economics*，p. 668。

② 参看《经济学原理》，第 61 页。

③ 参看《经济学原理》，第 593 页。“Throughout the present volume we are supposed，in the absence of any special statement to the contrary，that all values are expressed in terms of money of fixed purchasing power.”

剪刀的两块刀片都有同等的力量。同样的理由，我们很难说是由需求或供给决定了价值，因为两种力量都是一样的大①。当着剪刀的一块刀片和其他的一块刀片相遇时，在这一点纸便被剪开了，这就等于需求与供给平衡时，价值也就决定了一个样。

平衡的观念，可以用生物或机械的现象去说明。例如树林由萌生而滋长，而老而死；又如某一种商业由发轫而发达，而衰而败。萌生滋长，发轫一发达的时期，正是兴盛的时候；及乎盛极难继，则渐入老死衰败的时候。当着盛衰交替的时候，就是这两种势力平衡的时期。前乎此时，盛气过于衰气，不能叫做平衡，后乎此时，衰气过于盛气，亦不能说是平衡。必定是在两者刚刚可以对峙的时候，才可以说是平衡。②

商品的需求与供给，因时间空间的关系，有消有长，这正与生物盛衰交替一样。但需求与价格是成反比例，价格愈高，需求愈少；价格愈低，需求愈多。而供给与价格是成正比例，即：价格愈高，供给愈多；价格愈低，供给愈少。所以需求与供给两种势力是相反的。然必有一种价格使需求与供给恰相等，在这个需求与供给恰相等的时候，我们便叫它做“需求供给的平衡”，在这个时候所定的价格，就叫做“平衡价格”（Equilibrium price）。③ 今为图解如下：

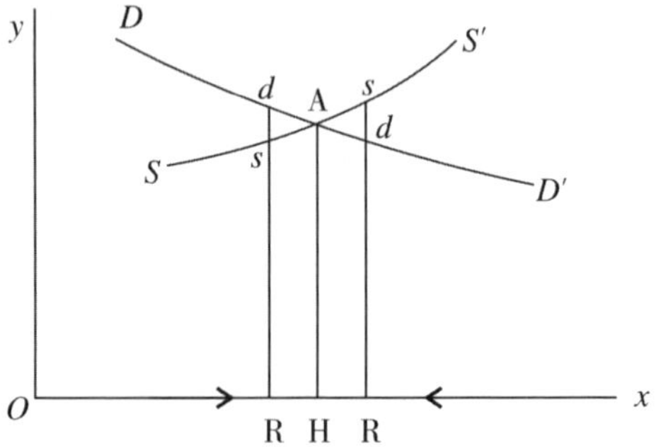

见《经济学原理》，第346页。

① 《经济学原理》，第345页。

② 《经济学原理》，第315—316、323页。

③ 《经济学原理》，第345页。

上图的 OX 代表某一种商品的容量，OY 代表某种商品的价格。DD’是需求曲线，它由上而下，因为需求和价格是成反比例的。SS 是供给曲线，它由下而上，因为供给和价格是成正比例的。依照此图，倘若 OR 代表现时生产的实际容量，则在需求价格 Rd 高于供给价格 Rs 时，此时生产定必非常有利，故定必增加。若以 R 代表“容量指标”（amount index），则 R 定必向右方移动。又设若 Rd 低于 Rs，则 R 定必向左方移动，及至 Rd 与 Rs 相等高时，即 R 正在需求供给两曲线交切点下之垂直线下之一点时（在图中为点 H），需求与供给才平衡。①

换言之：价格非为 AH，则需求供给必不平衡，而价格本身亦不稳定。价格好像天秤一样，必待双方面（需求与供给）的重量相等，才不至摆摇。

然应注意：马氏所说的平衡观念，是动的而非静的。经济社会本来是一个常常变动的组织，各种商品的需求与供给亦必常常变动，因之平衡亦常常改移。在现在需求与供给的情形底下有一种平衡。若需求供给的情形（不论一方面或双方面）有改变时，自然又应另有一种新的平衡了。

（二）需求与供给的研究②

价值既由需求与供给的平衡而定，则需求与供给的个独研究，亦甚重要，自无待言。所以马氏的《经济学原理》卷五，不曰价值论，而曰“需求、供给与价值的一般关系”，其故可想。马氏分析需求的学说，载在《经济学原理》卷三中。其理论大致与奥国学派相近。他以为需求分析的结果，最重要的定律为效用递减律（Law of diminishing utility）。所谓效用，就是指物品（或役务）之足以满足吾人欲望

---

① 此为受酬报递减律支配一类生产品的图解，至于受酬报递增律或酬报恒定律所支配两类的生产品，其图解的形式虽不同，但原理亦一样，因篇幅所限，故略之。

② 此节组织的大纲大半根据 P. T. Homan，*Contemporary Economic Thought*，pp. 222 – 226 而成。

的能力。大凡一种物品对个人的效用，与其额量成反比例——最简单言之：在一个指定的期间内，它的数量愈增加，它对个人的边际效用愈减少。这个定律，就叫做效用递减律。因此可以假定每个人在其心目中都有一个需求价格表（a schedule of demand prices）。每种物品的单位增加时，则个人所愿出的价格亦愈降低。[①] 但各人的入息不同，支出的能力亦异；兼之各人的嗜好亦所有不同，所以各人有各人的需求价格表。但各个人总不外乎将他的各种需求随着缓急轻重去分配，使得他所有对物品的各项边际支出得到一种平均状态。即不使某一种欲望过度的满足，而其他一种欲望得不着满足。但效用，在马氏的意思，是不能直接测量的，只可用货币价格作它间接的表现；[②] 并且人类又非永远绝对的理性，所以不能够说是各人的支出都能够用在获取最大的可能的满足的一方面。虽说是有这种趋势，但就科学分析上看来，我们最多只能知道购买者所支付的货币价格的数量若干，却无法能找出一个测定效用的绝对标准。再说在需求方面，最能影响价格的人，不过只是那班在现时物价底下的边际购买者。

由个人的需求上的分析，可以得到一条市场的规律，就是："价格降低，需求增加；价格增加，需求降低。"可是最多只能说"某一商品的价格测定了它对于购买者个人的边际效用"[③]，却无法能证明它亦可以测定此商品对于社会的边际效用。可见马氏意见，与 Jevons，Clark 等以为一物的价格即等于它的社会边际效用的意见不同。因为马氏以为对各个人的边际效用的总合不一定就等于社会边际效用。[④]

再则马氏以为用"效用递减"和"边际效用"两律去分析需求，亦只能用于短时间内。至若对于需求的预测一方面，例如需求对于价格高低的反应，其程度若何；以及将来需求的趋向又如何，却十分难以确定。统计的分析虽说能将过去价格的变动对于需求的影响一部分

---

① 《经济学原理》，第 96 — 97 页。

② 详拙著《马苏尔经济理论》第二章。

③ 《经济学原理》，第 100 页。

④ 《经济学原理》，BK. V. ch. XIV. esp. 第 470 — 475 页。

的指示出来，但它却不能将价格变动以外其他一切足以影响需求的影响亦通通指出来。而且某一种物品的价格上的改变对于其他一种物品的需求上的影响，实在亦没有法子去准确的量度。这因为需求的弹性随着各种物品与各等消费阶级而异。所以想对于过去需求的弹性求一正确的解释，其困难不亚于预测未来需求弹性的情形。并且即使对于过去的需求的情形得到相当准确的了解，但对于未来需求的预测一方面，仍有许多困难之点。各种变迁——例如货币价值、商业状况、社会嗜好、物品质地上等等的变迁都是——都足以使对于在较长时间内的消费者的需求的测度，非常困难。马氏对于这些困难，一一举示给我们。他以为现在对于需求这一问题实在无法解决。他希望统计方面有进步后，再有人去讨论它。①

因为需求方面的研究，现在尚有许多不可避免的困难。于是我们只好研究供给方面罢了。我们且看马氏供给方面的研究，其结果如何。

据马氏的意思，以为供给方面比之需求方面的研究容易得多，并且有把握多了。这因为前者的研究有客观的材料，有货币成本（money cost）作根据。所以马氏以后的分析，多偏重于供给方面。均详第四节中。

（三）市的空间与价值的关系

无论何种价格，都是在市上估定的，所以市与价值的关系，非常密切。马氏在他的《价值论》一卷当中第一章便研究市的性质。他以为“市”不止是指商品买卖的地方，它的经济学上的意义，应注重在买者与卖者在这个区域内可以有自由接触的机会，而使同样的商品在同一的时间内有同一的价格的一种趋势。②

大凡市的空间愈大，则供给和需求的调剂愈容易。结果，价格不易变动，而有与生产成本相合之趋势。但有几种状态足以影响市的空

① 《经济学原理》，第492—493页。

② 《经济学原理》，第324页。

间的范围的大小，此即：（1）物品的需求是否普遍？棉花、麦与铁的市的范围甚广者，便因其有普遍的需求（universal demand）；（2）物品的高低良劣是否易于类别（Suitability for grading and sampling）？倘易于类别，则远地买者自必放心购买此物，因之市的范围亦广。例如英国之谷类，乃由一独立机关按照谷的质地详细分为各等级，远地购者只要指明要哪一种，便可放心得到那种，有时甚至连货样都用不着瞧，便可以得到所欲购的物品。这类商品的范围，定必很广；（3）易转运否（Portability）？能耐久否（Durability）？砖头的市的范围甚狭者，以其量重而价贱，难于转运；菜蔬的市的范围甚窄者，以其易陈腐，不能耐久。①

以上是说市的空间对价值的关系。还有市的时间对价值的关系更为密切重要，更值得仔细的讨论。

（四）市的时间与价值的关系

市的时间有长有短，因为时间的长短而价值决定的情形亦有所不同。价值在时间上的分析，实为马氏价值论中最有精彩的一部分。马氏以为因着时间的长短不同，价值一问题亦可分而为四去讨论之，（1）暂时的价值，即市价（market price）；（2）短时间内常价的问题（normal price of short periods）；（3）长时期内常价的问题（normal price of long periods）；（4）年久期内常价的问题（normal price of secular movements）。②

然应注意，所谓时间的长短，本无一定的标准。今之分期，乃就其程度之不同而勉强分之，不过纯然为研究上的利便起见罢了。③

（甲）市价

所谓市价，例如某日某镇上谷市的价格可以作例。马氏说：此时价格的决定，一方面是看现在的需求，一方面是看市上现存的货额，

① 《经济学原理》，第 325 — 326 页。

② 《经济学原理》，第 379 页。

③ 《经济学原理》，第 378 页。

而差不多与生产成本没有关系。它的决定，是看买者与卖者的论价能力如何；而最终的价格，必定是将市上现有的供给额量全数取清的价格。换言之，即如何使价格低到叫买者将市上供给的总额整个购尽的一个问题而已。故知在这种情形之下，对于价格的决定，供给不过是消极的分子，需求才是积极的分子。这种情形，在那发卖易于毁坏的商品的市场内，更是显而易见，例如某一日内鱼市或菜市的价格便是。在这种情形之下，卖者但求将所有货量尽数估出，往往不能顾及生产成本，以免亏负更大。

马氏以为倘若我们只要找出像上面所说的在一个一定时间内的市价的解释，这工作当然比较的容易；但倘若将经济活动看作一个占有延长的时间的进程，则不能将供给看作一种固定的额量，而应将它看作货物的流通了。因为物品的流通可占有无限长的时间，而时间又为构成变化的分子，所以为研究上利便起见，我们不能不将时间稍为区分，以便从事研究价值。

又倘若我们假定经济社会是一个“固定状态”，在这个“固定状态”里，供给与需求都能息息调剂，而无或多或少的患，则所谓生产经常费用（normal expenses of production），边际费用（marginal expenses），与平均费用（average expenses），都不过是同样的东西。在这种情形之下，自无所谓长期与短期的分别，一切价值都由生产成本决定。[①] 但考之实际，此等“固定状态”究不会得到（马氏以为旧经典学派之失，亦仅在此种“固定状态”的假设上面），故又不能不将时间的长短略为区分以从事价值问题的研究。这因为时间的长短不同，而供给与需求的调剂的难易亦异，因之价值的决定的情形亦稍有不同。所以不能不有以下各分期内的价值论的研究。

在此还应附带地讲一句，就是：以下各分期内所讨论的价值乃指常价（normal price），与本节所讲的市价相对立而言。

① 《经济学原理》，第 367 — 398 页。

（乙）短时间价值

所谓“短时期”乃指生产者在此时期内虽然得利用他的原有一切供给上的设备（如劳动、资本、组织等），去适应需求上的变动；但却没有充分时间去使原有的一切生产分子有重大的改变。换言之，即：在此时期内供给对于需求变动的适应，只限它自己原有的设备的范围以内，却无法与需求作同速度的增减是也。这因为一切生产分子（即供给）在短时间内都是比较固定的。或增或减，都有相当的限制。譬如在商业兴旺的时期，一切生产定必尽量增加；但到了某一点时，便因原料的产额，人工的训练，生产的技术等等的限制，而无法增加。又倘若在商业冷淡的时期，或一切生产工具（例如机器、原料等）过剩的时期，则一切供给也不易立时全数从市面上收回，于是生产者只求生产品的价格能支付“原始成本”（prime cost）[①] 便已满足。这因为现代生产，多用大规模的贵重机器，“原始成本”不过仅占“总成本”（total cost）的一小部分。所以当着商业冷淡时，生产者但求其生产品能支付“原始成本”，亦必继续生产，盖毕竟胜于使一切生产工具（如机器等）完全停顿也。但生产者方面，定必顾虑到此种举动，容易破坏将来的市场，故生产品不会长久地在原始成本的价格便出卖。[②]

（丙）长时期价值

所谓长时期，乃指生产者在此期间内对于生产与生产分子（如劳动、资本等）都有充分的时间去增减。换言之，即：生产者在此期间内有充分的时间去将“供给”适应“需求”，而使两者刚刚相符合。在此时间内的价格，就叫做“长期常价”（Long period normal price），或叫做“真常价格”（True normal price）。马氏价值论所最注重的，

---

① 马氏以为生产“总成本”共分两种：一为“原始成本”或曰“特别成本”（special cost）或曰“直接成本”（direct cost），这包括原料与“按工给价”一类的工资等项；一为“补助成本”（supplementary cost）或曰“普通成本”（general cost），这包括机器经常耗蚀的开销，与上级职员的薪俸等项。后一项是不能随着需求方面的变动而立时增减的支出，今附及之。《经济学原理》，第360页。

② 《经济学原理》，第374—377页。

就是此种价值。他所要讨论的价值，也就专指此种。

此时期与上一时期不同之点，就是在此时期内因为时间较长，生产工具（即供给）的本身亦可以随着需求而增减，不比在前一时期内生产工具的增减只限于在原有的设备的范围以内。

在这个时期内生产品的价格，必得能支付一切开销。这就是说：生产品卖出去的价格必定要够“原始成本”与“补助成本”两项统共的开支。否则，生产者无利可图，定必停止或减少生产的数量。这样一来，供给便要减少，价格便要高升，直至所得的报酬足以支付“总成本”，生产者才会永远继续生产。又若生产物所得的报酬，多过“总成本”，则生产者定必争先生产，这样一来，供给过多，价格又要低落。由此看来，价格必待等于生产“总成本”时，才会稳定。过与不及，就都要发生不稳的情形了。所以我们可以总括地说：在此时期，供给才是决定价值的主要分子。——但我们要明白：生产成本与价值的关系，乃是间接的，而非直接的，它影响价值只因为它能影响供给罢了。

但生产成本，各商号的都不同。有些商号的生产成本高些，有些商号的成本低些。究竟用哪一种作标准呢？马氏之意，以为尽管有这些不同，但其中必有所谓“代表商号”（representative firm）这个“代表商号”，它的“内部经济”（internal economy）与“外部经济”（external economy）[①]。都处于普通中平的地位；再则它的管理与组织的能力亦属于中平。一切“生产成本”，即以此“代表商号”的为标准。影响价格的重要分子也就这个“代表商号”的“生产成本”。

马氏所以创造这“代表商号”一个观念，其原因不外乎求与现实动态社会的情形相近。他以为倘若社会的情形归入静态时，则所谓“代表商号”的成本即为一切商号所可达到的成本。此与普通所说的

① 所谓“外部经济”乃指某一行商业的一般发展状况而言，例如棉花业的一般市面状况是。所谓“内部经济”乃指同行内某一商号的私家经济，凡该商号由组织管理效率……各方面所得到的经济均属之。所谓“外部经济”与“内部经济”均指其对生产的总量（aggregate volume of production）而言，《经济学原理》，第266页。

“边际成本”不同。“边际成本”只是代表在一个指定情形底下的暂时平衡成本（market equilibrium cost），它只是代表那些时时刻刻都会被淘汰的“边际商号”的成本。但这些边际商号的生产情形在理论上没有多大重要。这因为价格并没有以它们的生产单位成本为常态（norm）而与之符合的趋势。至“代表商号”的“生产单位成本”才是这种“常态”，因为各种情形稳定时，这种成本，各商号都可以达到。价格亦有与之符合的趋势。所以我们倘若讨论现实流行的“边际成本”，即无异于专注重“非代表商号”（unrepresentative firms）与“非代表成本”（unrepresentative costs）了。①

再则生产的数量，与成本亦有密切的关系。多数的制造品，都是受酬报递增律所支配，这就是说：供给愈多则成本愈小。因此之故，那些“初出茅庐”的商号的成本，不能作为标准，因为它们的“生产总量”（aggregate volume of production）比较地小，因之成本也就比较贵些。同样的理由，那些著名“老招牌”的商号的成本，也不能用作标准，因为它们占有特殊的优越地位，“生产总量”较大，因之成本也就比较地小。所以我们又不能不用“代表商号”的成本作为标准。在这种商号底下，它的“生产总量”是处于中平地位，他的“内部”“外部”经济也是居于中平的状态，管理的效率和发达的状况都是中中平平。所以这个“代表商号”亦可称作“中平商号”（average firm），但因“中平”一名词在商业上可有多方面的解释，故用“代表”一名词出之。②

由此可见价格乃由成本而定，而成本的多寡又视乎产量的多寡，产量之多寡又视乎需求的多寡，需求的多寡又视乎值格的多寡。可见需求、供给与价格，都互相影响者也。此层实应注意。

不过最终的分析，还是：价值的决定由于需求供给的平衡。而因为时间的长短不同，需求与供给对于价值的决定所占的势力亦异。在

---

① 参看 Maxwell, J. A.,“An Examination of Some of Marshallian Concepts,” in *The American Economic Review* Vol. 19, No. 4 Dec. 1929, pp. 632 - 634。

② 《经济学原理》，第 317 — 318 页。

短时间内供给比较的固定，所以对价值的决定的势力，需求一方面占得重要些。若在长时间内则供给可以自由伸缩，对于价值的决定，供给便有更大的势力，在此时期内价值大约与“代表商号”的生产成本相同，这就是前节与本节的大概的结论。

关于生产成本的分析，留在本章最末一节讲。至于生产者对各种生产分子的支付，则留待下一章（即分配论）讲。

（丁）年久期内之价值

马氏所讨论的价值，只侧重于“长期常价”。至于“年久价格”（seculairtrend price，or long-run price），便没有多大的讨论。在他的《经济学原理》第六卷中第十二章，他也曾略略讨论到“经济进步”对年久价格的影响。然无甚新颖的见解，今姑述之。

所谓“年久期间”乃指在这期间内，社会上的人口、资本、生产技术（例如新发明等）等等，都有了大大的变更。在这期间内的价格，要视各类不同的商品情形亦有所不同。倘若那是受酬报递减律支配的商品，则社会经济情形愈发达，即人口愈增加与生产需求亦增加的情形之下，而倘无生产技术上的改进与土地的新发现等势力与之相抵消，则土地上生产品的价值便有向上增加的趋势。但倘若那些商品是受“酬报递增律”所支配的商品，则它们的价值便有下降的趋势。但以上都是指大概的情形而言，未可作为常论。比较稳当方法，还是对每一种不同的商品作个别的研究。

至于各种生产分子（agents of production）所受的影响，又各有不同。从大概说来：在进步的社会底下，地租有上涨的趋势，利率（资本的报酬）有下降的趋势；劳工的报酬则不能遽下定论，因为：一般有训练的劳工的报酬有比较上降低的趋势，但童工女工与特别技能的报酬则有上升的趋势。①.

（五）联合商品的价值

以上各节所讨论的都是指我们对某一种商品所付的价值。但仔细

① 《经济学原理》，第678—685页。

分析起来，便知我们对某一种商品的需求，也就是对其他好几种联合商品的需求。例如我们要吃面包，初看起来，好像我们只有对面包的需求，但实际上我们必须先有制造面包的机器和炉灶等，否则面包也制造不成。这就叫做“联合需求”。推而广之，我们对于几个生产基本分子的需求，也是联合的。因为无论生产什么东西，都要土地、劳动和资本，三者缺一不可。比如我们要盖房子，就需要各种劳动——泥水匠、瓦匠、木匠等等。因为房子才是直接满足我们欲望的工具，故我们叫这种需求做“直接需求”；至于泥水匠、瓦匠等个独的劳动，不能直接满足我们盖房子的欲望，只有这些劳动都联合起来才可以达到我们这个目的，所以我们对于这些需求叫做“间接需求”。我们对于这些“间接需求价格”（derived demand price）如何决定的呢？这自然也应当研究研究。假使在盖房子的进程中，以上几种劳动中忽然缺少了一种，则这一种劳动的价格定必增加，这是毫无疑问的。但增加的程度若何呢？大概因为这种劳动缺少，对于房子的供给也就发生了减少的影响，房子的价格也就因而增加。这种劳动的间接需求价格，就等于房价增加以后的价格减去其余几种劳动的“供给价格”之数。倘用公式表明，约即如下：

总需求价格 - 其他各种生产分子的供给价格 = （某一种生产分子的）间接需求价格。[①]

数种生产分子当中，若有一种忽然缺少，则这种生产分子的价格诚然要增高，但必须满足以下四条件：（1）它对于某一件商品的生产是绝对不可少的，且无他种相当分子可以代替它。（2）这一件商品自身的需求没有弹性。（3）它在所造成的这一件商品的成本中仅占一小部分。（4）要假定即使这一件商品的需求略为减少，别种生产分子的供给价格便要大大降低。否则这一种生产分子的供给虽然少去，它的价格仍不会增高。[②]

至于联合供给，即指联合商品而言，那就是指很难不在一起生产

① 《经济学原理》，第 383 页。

② 《经济学原理》，第 385 — 389 页。

的东西。例如我们有了牛肉便有牛皮，有了稻便有稻草，很难将牛肉与牛皮，稻与稻草分开地去生产。这种联合商品有一特点，就是它们的生产容量往往因物价不同而变更。譬如当着麦秆昂贵的时候，农民可以用科学方法使麦秆长长而使麦穗的容量减少。又如英国的羊毛大部分从外国输入，故英国羊毛多而羊肉少，因之羊肉价格比较昂贵。所以英国人用“杂配”种种方法使羊肉增加，即使羊毛减少，亦不之惜。至于这些联合商品价格的决定，我们可以就用上面所说的方法去求之。就是将它们的联合生产量上的比例设法变更——此即将各联合商品中的某一种的产量稍为减少，但同时要不致影响其他联合商品的产量，由此我们可以测定全部生产费用的那一部分可以省去，这省去的一部分费用就是那某一种商品的“边际供给价格”。①

（六）成本的分析

马氏《经济学原理》第五卷（即讨论价值的部分）共十五章。第十五章为前十四章的结论。前七章的内容，大约如本文以前各节所述。后七章的主要问题，就是成本的分析。关于成本的分析，前七章亦曾有讨论，但成本的一个最重要问题——地租是否成本原素之一？马氏并未有加以解决。后七章对此多所论列。今略述如左。

生产者所得的“自然利益”（natural advantages）各自不同。有人多得，则他的成本比较小些；有人少得，他的成本便要大些。但不论如何，生产品卖出的价格必定要等于那些没享有特别利益的生产者的成本。否则不然，这班生产者便要停止生产。供给便要减少，因之需求不能尽量满足，而价格又必增高（这当然是假定原来的需求与供给已在一种平衡状态）。并且高的程度必至恰和这班没享有特别利益的生产者的成本相等。至于那班享有特别利益的生产者，他们生产品所用的成本较小，则定必有剩余。这种特别利益倘若是由于自然得来（例如土地的沃度较高），则由这种利益得来的剩余便叫做“地租”

① 《经济学原理》，第390页，详细数学公式载在Mathematical Note XIX中。

或“生产者的剩余”（producer’s surplus）。

这班没享有特别利益生产者所生产的商品的价格，按照上面的理论，只够他们的成本，没有剩余，所以当然没有地租在内。由此看来，当知地租不是成本之一了。这因为成本只等于那些没有特别利益的生产者的生产价格。

这些没享有特别利益的生产者，可以叫做边际生产者，因为它们在那没有地租的边际上生产，他们的成本可以叫做边际成本。因为成本等于边际成本，于是经济学家如 Clark 等，都以价格为是代表生产工具的边际生产力（marginal productivity），但马氏不以为然。他说：“边际效用与边际成本不能支配价值，但与价值一样，同受供给与需求的关系所支配。”[①] 他亦承认，我们若研究价值，当然要到边际去研究，但是要明白边际是以供给和需求为转移的。

简而言之，马氏分析成本，乃根据经典学派的学说：一方面承认 Ricardo 的劳动价值学说，承认劳动为真正的成本。一方面又根据 Senior 的守候学说（Waiting Theory），把资本亦包括在成本的里面。

然此亦就大概的情形而言，若在短时期内，一切固定性质的劳动与资本，因不能即时跟着需求情形的改变去增减，故对于物价往往不发生影响，而不能算作成本的一部分。这种收入与土地的酬报的性质相同，最好叫做假地租（quasi-rent）。余详分配论中。

原刊《清华周刊》第 38 卷，1931 年

① 《经济学原理》，第 410 页。

梧州鸿爪印证

自余负笈来北平就学，前后凡九年。中间以第二年曾旋里一次，其后久未南归。今年八月初旬，家母自平返粤，乃随侍同行。是月下旬抵久别之故乡广州。时值家二兄供职广西梧州广西财政整理处，因彼此暌违已近四载，欲图相见，乃又有梧州之行。在梧勾留约近一星期之久，耳聆目睹，颇有所得，辄欲笔之于纸。

自粤北返，课余有暇，每自校中图书馆借取中国地志及游记浏览消遣。然所得关于梧州之资料并不多，即有亦简而不全，或旧不适用。因念梧州地位形势之重要，与其近年来建设进步之速，在我国西南部，差可首屈一指，此诚为有心人所亟欲知之者。因就前游历所得，并详为考订，作《梧州鸿爪印证》一文。

此文之成，多得力于家二兄甘仲，谨书之以志不忘！

旧志谓梧郡为“两广咽喉，八桂门户，三江关键，南海上游，西南一大都会也”云云，其形势之重要可知。盖自苍梧以东，可通入水八尺之汽船，西江汽船咸以苍梧为终点；香港及广州均有轮直达此间。轮船公司，计可分为中商、英商两种。然中商轮船亦悬外国旗帜，且雇用印度人司检查保卫之责，盖无非欲借重外人势力之意。由香港附轮至梧，三十余小时可到。由广州附轮，航路约二二〇哩，时间亦近三十小时（商务印书馆民十五出版之《中国旅行指南》第一十三版本及十四年出版之《日用百科全书》第十三版本所载三日始到者不确，意殆昔时梧粤间仅有帆航，尚无轮船来往耶?）。唯自广州至三水之航程，为盗薮所在，轮船过时，辄遇贼击。以故行客在粤多搭广三铁路火车至三水，再由三水附轮西上（省梧、港梧轮至三水均停留待客，以三水为寄港），以免意外。余此次赴梧，亦采取此种行程焉。

一、广三途中

余以八月廿七日自广州赴梧，同行者有家表叔冯氏。表叔往梧执教鞭，家祖父因约其与余同行，盖以余未尝到梧，人地生疏也。是日八时余自冯府雇人力车到西濠口，在此购火车票，即乘小火轮到石围塘车站。车以九时开，经五眼桥、三眼桥、邵边、谭边、奇槎、点头、横滘、佛山、街边、罗村、上柏、小唐、师山、走马营、西南各站而到三水。计三十四英里。十时五十分抵埠，途中凭窗眺望，每见轨道边莲塘参差，棕树杂生路左。此为岭南景色，与北方一望尽皆禾麦田亩者自异其致。

途中各站，当推佛山至繁盛。佛山为中国四大镇之一，广东第二大埠。清置佛山厅，民国废厅，徙南海县来治。十年前曾侍家父母游此。此地今已着手开辟马路，其已成者自车站可望见。此间手工业甚著名，炼铁业极盛，柱候食品尤为特出，所制造之盲公饼亦负盛誉，其味远胜于西南之杏仁饼。

三水当东西北三江之冲，故名三水。清光绪二十一年《中缅条约》附款订定县西门外为通商港，二十三年五月开放。车站在县城与商埠地之中间，由车站至商埠轮船码头，约一里半，行约二十分钟可达。余等下车时为时尚早，朝日喧妍，晨风和畅，步行田野间，至为适意，顷际车中拥挤之苦，遂乃一一忘怀矣。至河口即雇小艇上船，因船停河中心，无码头可渡也。余等不识价目，付小艇值八角，其实寻常三四角足矣。

二、西江轮上

船于三时半开行。沿途澄波似镜，众山如屏，好水好山，令人忘倦。轮于七时抵肇庆。此地在西汉至晋时，都属苍梧郡。民国三年六月划属广东粤海道，国民政府成立，废道，直属广东省政府。县有中学及邮局、电报局、电灯局等，近年亦已修筑马路，其沿岸一带尤佳，可通各种火车。所产端溪石，制砚极妙。茨实尤著名。其附近鼎湖、七星岩等名胜，在粤中堪称第一。过肇庆已天暮，暝色四合。至夜半抵德庆，亦一大县。过此则封川、都城两县，尚较重要。

翌早十一时船至粤桂交界处，船人指点谓以一涌为界，涌之东西坡上各有一树，属粤界者坡高树低，属桂界者坡低树高云。由此再行十许里，即到梧州。时正近十二时也。

三、梧州见闻

甲、梧州之沿革与地势

考梧州于春秋时为楚地，《战国策》苏秦说威王曰“南有苍梧”，即此。秦始皇时置为桂林郡地。后赵佗据之，以封其宗人赵光为苍梧王。汉置广信县为苍梧郡治，晋以后因之。隋徙郡治封川，改县曰苍梧，属扬州苍梧郡。唐于县置梧州，为岭南道梧州治。宋为广南西路梧州治。元为湖广省梧州路治。明为广西省梧州府治，成化六年设总督府于梧州，以韩雍镇之。清因之。民国二年六月裁府留县，三年六月划为广西苍梧道治。国民政府成立，废道，直属广西省政府。清光绪二十一年《中英续议缅甸条约》附款专条订定，二十二年开作商埠。近桂军盘踞南宁一带未去，梧州已俨然成为广西第二省会矣。

梧州东北一部错入广东肇庆、连州之间，西接平乐，地势山多而峭拔，有翻石、克石、大引诸秀峰，又当三江之冲——三江者：黔、郁、桂，三水也。黔、郁发源于黔滇，合于浔州，总称浔江，东流至梧州城西南，与桂江合。桂江即古漓水，与湘水同源，出兴安县南之海阳山；西南流，环桂林南下，因称桂江，经平乐至梧州。即与浔江合，总称西江。桂江水独澄碧，与浔水合处，清浊判然不混。流至城西，梧民称碧水曰抚河，黄水曰大河，又合称鸳鸯江云。

民六七年时，两粤有战事，以梧州当其要冲，故于狮子岭上建筑炮台，以资防御。盖梧东控番禺，西联黔郁，诚天然形势之地也。由此向南宁，则经浔州、贵县等地，有电船及汽船拖渡两种可达。水程计三六八哩，上航四五日，下航两日余。北指桂林，则经昭平、平乐等地，亦有电轮帆船来往，计二百数十哩，电轮由梧至桂约五日，由桂至梧约三日。然只限于春夏两季，一交秋后，河水渐涸，即不能通航，只赖帆船交通而已。近因战事关系，桂省内地交通，每陷于不灵活状态，亦无可奈何事也。

乙、梧州之物质环境与其建设

梧州枕山带水，林木满城风景绝丽，屋宅铺宇多为洋式，或濒水滨，或临山麓，与香港风味绝相似。然建筑物中有为梧所独有而他处所不经见者，厥名曰“簿”。簿之形状，以十数舟排水面，以木束之，而铺以板，上盖木屋，自成楼阁，外缭栏楯，内饰金碧，维以緪，随流高低（梧春夏盛潦，陡涨一二丈），状甚美观。其建筑之伟丽者，縻金动逾巨万。居此者多为巨商，或临江关厂征権，及缉私缉捕。又有依山麓以铁片结庐者，此则贫人所居也。

梧近年来市政建设进步之速，即以广州比之，亦觉瞠乎其后。其马路之修筑，始于七八年前，而盛于民十五六七数年顷。马路比广州马路略狭。多为士沥青（Asphalt）士敏土及辗碎石子所砌成，足与广州比美，最繁盛之街道，为大中路、大南路、大北路等。内街咸为石板路，亦清洁整齐可喜。梧州多山，然无山不有公路。

电灯、电话、电报局，梧均有之。广播无线电，尤为流行。市政府于马路电杆上安置无线电播音机多具，过路行人，均可一享耳福，斯真与民同乐之至意。此种设备，即广州亦无之。意者梧州地小，一切设备，较易举办，故有此设置欤？然梧尚无自来水。市民食水，今仍仰赖于河水及人工井。梧市设办自来水厂计划，酝酿多年，仍未实见。年前黄绍竑任桂省主席时，对于开办款项，已筹得十之七八，开始在即，而战事复起，又归停顿。所幸设备建筑，均已雏形略具，现下大局敉平，不难即日底成也。梧又有硫酸厂，成立时，用去百余万，不料开办未久，即发生变故，停办至今，每月由财处支付保管费三百五十元。但因屡驻军队，房屋机器毁坏不少，殊为可惜。此外又有卷烟厂，规模甚大，惜近亦已停办。

梧市楼居，近多新式。茶楼商店，类皆两三层。机关旅馆则五六层者甚多。水色山光，俯拾皆是，此福唯梧市居民有之！

北山公园，在市之北山上。山麓新建有党义牌坊，形式绝似北平之牌楼。由山麓至山巅，约一里许。入山之路，除大道外，尚有小路三支：曰民族路、曰民权路、曰民生路。沿小路结有紫藤架，延连至山巅，长可半里许，极雅韵，独惜未得见花开时节也！入山途径，均已修成公路，平坦若康庄，即此可睹梧市政之美。山巅有茶寮，即名北山，内有无线电播音机以娱嘉宾，入夜坐客常满，生意极旺。过此而东，则中山纪念堂在焉。楼新盖，未成。凡三层，占地一亩许。其中拟以一部分为一极大之图书馆，供市民阅读之所，其地点之适宜，诚足与现正建筑中之北平图书馆相媲美。纪念堂建筑费，闻在数十万元。余在梧时，工程已大部分告竣，大约今年底可全部完成。堂前有大空场一，将来拟遍植细草，四周围以电柱，甚壮观。由此下山，可取民族、民权、民生各支路。其下复有公共网球场。此外公共运动场所，尚有市立第一公共体育场。

自北山下望梧市，山川楼阁，一目了然。江流如练，冈峦起伏如昼。与北山对峙，另有一山，其顶削平如砚，遥望有塔高耸而立，或云建于清代，以杀王气。

苍梧，山陵，皆重层叠沓，若堆砌而成。山土多红色。此与北方之一气呵成作黛紫色者不同。玉笥瑶篸，森列无际，另有风致，令人百看不厌。苍梧山又多洞，说者谓湘南粤西凡石灰岩所成之山多潜流，故多巨洞，此理于徐霞客游记中一再言之。余于地质，素处门外，未敢置一辞也。

抚河之滨，鸳江彼岸，有一公共游水场焉，男女同浴，与广州东山之公共温水场相似。场之四周，围以竹架，其下有竹栅，水至深处可没顶，至浅处亦过颈际。初学者以手扶竹架，脚踏竹栅。黄昏时每有人满之患。余于抵梧之第四日，曾与二兄及其同事杨君等数人，买丹过彼岸，放乎中流，左右游之，至足乐也。

自大体言之，梧州之建设之宏伟繁盛，当未逮广州，然其进步之速，抑又过之。至其马路之整齐坚实，至少可以与南京、济南并驾齐驱而无愧色，傲视张家口、沈阳而有余。且粤西素称土瘠民贫，而能有市若此，盖亦有足多者矣。

丙、梧州社会之情形

粤西人民刻苦耐劳，勤俭节省，是其特性。然排外思想较盛，此则地域使然，未足为怪。

吾所居之财政整理处楼近水滨，其前一带为菜果市场。每早天微明时即闻劳动者之买卖交易声，载果菜之大车声，入夜始歇。繁盛之街道，每至夜深一二时始收市。下午五六时前，行人尚少。至五六时男女学生三五成群，结队出游。入夜则劳工者群聚大南酒店门前等处，围看市党部宣传部之标贴。标贴多以大白帐为之，上涂以颜色之图画。或绘帝国主义压迫中国之状况，或描写北伐军胜利之情形，于是劳动者乐矣。互相交头评论，口讲眼望，手指足动，一日之辛苦，此时殆已尽忘于怀。劳动者喜食纸卷之烟条，于是人堆中氤氲绕缭，远望之如烟塔、如云岛。图画颇少改换，而劳动者聚看之盛，不为稍衰，夜夜如是。时隔街无线电正传播广州海珠戏院，或乐善戏院之音乐，聚而听者又无虑百数十人。熙来攘往，接踵摩肩之状，至夜而特著。

至入夜之北山公园，则殆为上等阶级之人游憩之所。上等阶级人有诗意，或富爱美之心。每于山巅茶寮品茗，或待新月，或迎风，仰视浮云，俯瞰鸳水。则见万家灯火，庄严不夜之城，百丈江头，呕哑管弦之路（沿抚河之筏，为妓馆所在）。则亦自乐其乐也。

梧市有电影剧场二三，旧剧剧场若干所。余及二兄均不喜旧剧，而此间电影又率多十八世纪之作，不堪一盼。以素嗜电影之二兄，来梧半年，只赴友人之邀请去剧场两次，则其劣可知。

饭食馆之多，自比例言之，梧市不下于广州市。西餐馆有二三，中餐馆不下三四十。至出售糖水、牛奶、杏仁茶、绿豆沙之糖水铺，更不可胜数。南人嗜食，于此可见。冰结凌（即粤中所谓雪糕）在粤甚流行，在梧则不易得。梧食用较廉，非广州可及。鸭最便宜，二三角钱，可得半只。以故运粤者甚多。桂林米粉，此地饭馆亦多备办，价亦廉。粤西人喜食辣，饭馆桌上必置红胡辣末一碟。

在机关服务之人员，多穿西服或中山装；男学生则西服与短衣各半。短衣如北方女装短衣，唯边缘纽瓣，自各不同。广州学生亦多御此种短衣。盖南方天气炎热，日常长服，未免不便也。女生则多白衣黑裙，着旗袍者有之，短衣长裤者亦有之。大多数似较广州女生朴实。工商界则多衣短衣。

市内交通利器，有汽车，但不多见，人力车及轿无之，据云系因市府提倡人道主义之故。然梧市市面窄小，马路不多，市民勤俭，惯于步行，或为更重要之理由也。

赌在梧为公开，故市内赌馆甚多。考现在桂省税收，以烟赌为最大宗，此殊非好现象。所望全桂统一之后，即行取消也。

梧妇女工作者甚多，家庭手工业之为妇女担任无论矣，即舟艇事业，亦若广州，操之妇女之手。其他粗重工作由妇人操作亦多。例若挑水者尽皆妇人是也。梧男子无挑水者，亦一怪事。本地女子体格发育甚早，且多早婚。多数矮小健硕，肉色较粤中女子稍白。梧对妓女取缔甚严，故闻在此间操此种营业者不多。往日抚河公共游水场中，妓女溷迹其间者不少。今则全市妓女必穿黑衣带白纸花，违者驱逐出境，永远不得再在本市营业，于是妓女之冒充良家妇女泅水者乃绝迹。

丁、梧州之商业与教育情形

本地商业关系，除与广州、香港直接货物往来外，远及浔江与桂江流域各地。商业之权，仍操之粤人之手。故粤语最为通行。其本地言语，亦与粤语大同小异。其主要之输出品，以牛、皮革、生豚、家禽（鸡鸭占大部分）、桐油、锡、锑、青锭、锰矿砂（一九二七年出口量十九万担有奇），为大宗，其他薪材（尤以轻木板为最），大麻、钓鱼丝、西瓜子等次之。输入品以棉丝、石油、棉布类为首，咸鱼、火柴、药剂（梧有西药房多所），洋杂货次之。据最近海关报告，一九二七年度梧州海关贸易货价按关全数（value of whole trade）为二千三百万零四千二百八十八关平两（见《中国海关民十六年华洋贸易总册》上卷一三九页）；内地贸易货价按关总数（value of transit trade）为三十五万八千五百九十五关平两（同书二二三页）；海关内港轮船挂号按年总数为五十四只（同书一四三页）；人口估计概数为八万三千人（同书二二四页）。

梧市教育，亦见发达。广西大学，昔在南宁，今已移至梧市对岸之三角嘴，唯尚未开学。每月由本省财政整理处支付维持费毫洋四百元。省立第二中学每月经费四千五百元，省立第一女子中学每月经费三千五百元。另有普通师范及小学校若干所。第二中学为昔日冰井寺旧址，余表叔冯氏即掌教于此。居梧时曾与家二兄往访之。见校中一切设备，与北平之公立中学相仿佛，有三层红砖洋楼一所，教员学生宿舍皆在楼上两层，课堂则在楼下。宿舍可容学生二三百人，内有浴室，但甚简陋，此外尚有一部分教职员，住昔日冰井寺旧址，梵宇琳宫，禅房花木，盖别有世界焉。

梧中男女学生均极朴素俭约。女子多入学校，尽皆剪发天乳（广州女学生仍多未实行此二者），尤喜运动，爱交际。

此地书肆，有中华、商务两局分行。另有书店五六间，则皆贩卖一般流行之新小说及书报等。西文原文书籍，除一二教科书在中华、商务可得外，殆如凤毛麟角，渺不可得。闻梧现尚无公共图书馆，此亦一憾事也。

戊、梧之物产

梧州产苍梧树，故名曰苍梧。树于北山公园行下石阶小路可见。树上悬一木牌，云为苍梧一县特产，他处所无。今梧州市徽，即用此树树叶也。树高可七八尺，树皮略带白色，叶绿。叶为完全叶，蛋形，全边，羽状复叶，叶脉序为散脉，多肋，网形状。此树疑与梧桐同种，然遍觅植物学大辞典及植物名实图考，亦未得之。意殆其另有学术专名欤。又《广西通志·物产部》内，亦未载此。兹仅就记忆所及，用术语载出，甚愿国内植物学者一研究之！

著名之土产又有五爪之蛤蚧蛇，其头上有王字，以东门内近同园

（黄翘楚所建）者为最著，每年或数年乃能发现一二尾，其滋补云在人参鹿茸野桂之上。他若桑寄生（出槟洲乡）、红霉豆腐等，均为他处所无，有之亦不及也。

梧州之铁质，更以最良称。濒江多金沙。其他物产，有槟榔、波罗蜜、龙眼、荔子、五倍子、茯苓、白籐、栲皮、靛竹、嘉鱼、蚺蛇胆、紫乌蛇、白石英等。

《图书集成·梧州府部》谓城南隔江二里为火山，又名冲霄山。相传其上常有火光。三五之夜，一见如野烧状。或言其下水中有宝珠，光烛于上。或言盖南越王尉佗藏神剑于山阿，故深夜腾焰如火山。又山中产灵麖（亦称灵鹿），三足，有灾祥则先鸣云云。殊不足信。然山下丙穴，实产嘉鱼。鱼好藏穴中，喜寒畏热，九月始出。

再则梧为粤西商业中心，粤西各地土产，如沙田之柚、桂林之锥、马蹄（即荸荠）、皮蛋等，亦必先运送苍梧，再转散各地。楼台近水，鲜味先尝，固又不徒价廉已也。

一九三〇年，十月二十八日，于北平清华大学

原刊《时事日报》1930 年

宋元民兵述略
——读史劄记之一
(威中)

在原始的部落社会，凡是成年的壮健男子，都是保护本族的战斗员，兵与民是不分的。其后，随着社会的蜕化，兵的身份与职责，也转成了专门化与职业化！于是兵这一个阶级，或纯然以奴隶或农奴组成之，或仅由贵族为之（如春秋时的士），或平民中一小部分人专充之，更后又有雇募兵的出现。近代各国虽多行征兵制，全国国民固已军事化，然常备军则大半为职业军人所组成。

我国在战国秦汉时已有募兵，兵与民的划分，从此已颇为确定。其后历朝虽常有使兵民复合为一的企图——如西魏北周隋唐间的府兵制度，但终没有多大成功。到了晚唐九代两宋以后，兵的特殊的社会身份更明朗化起来，所以除了正规的常备的军队以外，还有所谓“民兵”。

民兵有种种特点，最主要的有二：一是征发，间或招募之于民；二是地方的（后备）军。“民兵”的名称，在北宋始有，其别名甚多，或以其所用的兵器而名，如：乡弓手、弓箭手、弩手、枪手、枪仗手等，或用种种代表威武忠勇的名义，如义勇、义军、义兵、神锐、忠勇、忠义、忠顺、勇敢、效用、保胜、保毅、强壮、强人、壮丁等，有时亦以其组成的份子起名，如“土丁”乃集边地士人为之。以上种种不同的称呼，多随地域（间或随时间）而异，如河东陕西的弓箭手，荆湖的弩手，广南东路的枪手，福建江西的枪仗手……是。他们在组织及编制上亦各有歧异，但从实质上看来都是民兵（北宋末南宋间各地自动集合的义勇兵不在列)。盖自宋以来民兵在全国的兵制上已占了一个重要的位置。司令许应龙讲故事说:“民兵可用,胜于官兵。”可见一斑。(参看《名臣奏议》)

金时民兵亦盛,如章宗泰和六年(宋宁宗开禧二年,1206 年)起河南民兵十七万入淮,十万入荆襄;又起河北十万戍居庸关及韩水大难川以防北边。民兵额数之多可见。民兵亦名民军,如宣宗兴定五年(宋宁宗嘉定十四年,1221 年)十二月诏罢新佥民军。至哀宗正大四年(宋理宗宝庆二年,1227 年)七月元兵入京兆,关中大震,故又佥民军。金代民兵的名称亦夥,有些是与宋代相同的,如:弓箭手、勇敢……是;有些是不相沿袭的,如:决胜军、家户军、人丁军……是。

元代藉民为兵的事国亦多。如世祖至元三年(宋度宗咸淳二年,1266 年)藉高丽民三百人为兵。六年佥民兵二万赴襄阳。十一年佥丁壮七百余人,并原拨保甲丁壮,令屯田总管李珣通领镇守颍州。至至元二十三年,在统一了中国以后,敕中外凡汉民持铁尺手挝及杖之藏刃者,悉输于官。顺帝至元三年(1337 年)复禁汉人、南人、高丽人不得执持军器,有马者拘入官。迨后,盗贼蜂起,国事日棘,蒙古军不足为用,始听汉人自相团结为义兵,如顺帝至正十三年(1353 年)十一月立义兵千户、水军千户所于江西,事平愿还者听。十四年五月立南阳、邓州等处毛胡芦义兵万户府,募土人为军,为其差役,令讨贼自效,因其乡人自相团结,号毛胡芦,故以名之。(《元史》卷四十三“顺帝六”)《朵尔直班传》云:“(至正五年)……为陕西行台御史……修筑奉元城垒,募民为兵,出库所藏银为大钱,射而中的者赏之,由是人皆为精兵。金商义兵以兽皮为矢房,状如瓠,号毛葫芦军,甚精锐,列其功以闻,赐敕褒契之,由是其军遂盛,而国家获其用。”(《元史卷》一百三十九“本传”),《大学衍义补》“今唐、邓山居者,以毒药渍矢以射兽,应弦而倒谓之毛葫芦。”《明史·兵志》云:“河南嵩县(乡兵)曰毛葫芦,长于走山,习短兵。”可见明代河南仍有毛葫芦，亦善射。

其后义兵迭奏肤功，乃下诏四处纷纷设立。至正十五年又立淮东等处宣慰司于天长县，统濠泗义兵万户府，并洪泽等处义兵，听富民愿出丁壮义兵五千名者为万户，五百名者为千户，一百名为百户。是年秋，杭州破，越民结义固守，江南行台官徹穆商古苏总统义兵护城池，乃更募得勇皆者三千余人，号曰："果毅军。"时御史大夫拜住哥又自统军三千曰"台军"。十六年贼寇辰州，守将和尚以乡兵击败之。奉元路判官王渊等以义兵复商州，升渊同知关商襄邓等处宣慰司事。十七年正月命山东团结义兵，每州添设判官，县添主簿各一员，专率义兵以事守御。仍命各路达鲁花赤提调，听宣慰司节制。同年十二月诏天下团结义兵，路府州县正官兼防御事。十八年二月议团结西山寨大小十一处，以为保障。命中书右丞达识帖木儿、左丞乌古孙良积等总行提调，设万夫长、千夫长、百夫长，编立牌甲，分守要害。

由上可知元末义兵乡兵，甚为普遍。当时中央地方的正式军队多不堪作战，故各地唯倚民兵以破贼。如《明史·章溢传》云：

> 蕲黄寇犯龙泉……集（龙泉）里民为兵，不旬日击破贼。……（石抹）宜孙宁台州，为贼所围，溢以乡兵赴援，却贼。已而贼陷龙泉，监县宝忽丁遁去，溢与其师（王）毅率壮士破贼，复其城。宝忽丁惭，谋杀溢，溢方参赞帅府事，宝忽丁乃杀毅以反，溢率兵击走之，因平松阳寇，又与胡深破贼丽水，又击长枪军于婺，论功，累授浙东都元帅。溢曰："吾所将皆乡里子弟，肝脑涂地，而吾独取功名，弗忍为也。"辞不受。（《明史稿》列传卷十八）

《诚意伯文集》记石抹宜孙用民兵之事尤悉：

> 至正十二年福建妖贼入处之龙泉，处婺大震，宪司趣起公领征讨事，公至龙泉，募乡兵击贼，走之……十四年海贼复叛，行省宪司又以副元帅起公分府台州，公辞不得已，乃命乡民作保伍

团结，扼要害，使贼不敢辄登岸，乃聚粮训兵，以图进讨。……冬十月公帅师进讨至宝定，而黄坛贼大出，焚民居，火照山谷，公分兵守宝定，自将麾下还城，而贼已薄河欲渡。先是沿海军悉发往江东，城中留者不满数百人，又大半老弱，公夜部分居民丁壮出拒战，斩不用命者三人。众乃奉奋，贼止不敢渡。……十有二月，公所募义士，击松阳贼，大破之。……松阳遂昌悉平。……于是（处州）七县豪酋相继纳款，公之力也。（刘基《诚意伯文集》卷七页二十二至二十四处，“公元帅府同知副都元帅石末公德政碑颂”，光绪吏于浙江书局重刊本）

《元史·石抹宜孙传》云：

当是之时，天下已多故，所在守将，各自为计相保守，于是浙东则宜孙在处州，迈里古思在绍兴为称首。十八年十二月大明兵取兰谿，且逼婺……即遣胡深等将民兵数万往赴援，而亲率精锐为之殿，兵至婺，与大明兵甫接，即败绩而还。（《元史》卷一百八十八“本传”）

《迈里古思传》云：至正十四年后……会江南行台移治绍兴，檄迈里古思为行台镇抚，乃大募民兵为守御计。处州山贼焚掠婺之永康东阳，迈里古思提兵往击之，与石抹宜孙约期夹攻其巢穴，山贼以平。擢江东廉访司经历，仍留绍兴，以兵卫台治。时浙东西郡县多残破，独迈里古思保障绍兴，境内晏然，民爱之如父母。（同上）

可见当时浙东西守境击贼，皆多赖民兵。但其后弊端渐见，或则到处剽掠，或则相率护变，如刘基感时述事五言古诗十首，其第四首叙民兵横行的状况可以为证：

荼狗不噬御，星驰募民兵。民兵尽乌合，何以壮干城？百姓虽云庶，教养素无行。譬彼原上草，自死还自生。安知徇大义，捐命为父兄！利财来应召，早怀逃窜情。出门即剽掠，所遇沸如羹。总戎无节制，颠倒迷章程。威权付便嬖，赏罚昧公平。饥寒莫与恤，锐挫怨乃萌。见贼不须多，奔溃土瓦倾。旌旗委田野，鸟雀噪空营。将军与左右，相顾目但瞠。此事已习惯，智巧莫能争。庙堂忽远算，胸次猜疑并。岂乏计策士，用之非至诚。德威两不立，何以御群氓？慷慨思古人，恻怆泪沾缨！（《诚意的刘文成公文集》卷十三四部丛刊本）。

按至正十七年石抹宜孙升行枢密院判官，总制处州，分院治于处，刘基以江浙儒学副提举为其院经历，是诗当写于军中，所纪为耳聆目睹的实事。又如胡粹中所云："兵贵精不贵多，将在和不必众，添设将领，团结义兵，不足御敌，适足以资敌耳。田丰等十万户相继背叛，而山东先矢团结，果何益哉！"民兵至此不但不足用以守御，反而大为民害了。

元代民兵，除义兵外，亦有"土兵"一名称，如成宗大德元年（1297 年）收亡宋左右两江土军，宁国、徽州亦有之，《钦定续通考》谓"此当是诸路所有"。除上以外，郡邑设"弓手"以防盗——内而京师南北两城兵马司，外而诸路县尉司巡检司捕盗所，皆置巡军弓手，职巡逻捕获。官有纲运及流徙者至，则执兵仗导送，以转相授受，外此并无他役。又有"急递铺兵"，职递运文书。弓手、铺兵，最初皆从民户佥取，皆为民兵。

明太祖未定天下时，已收元代民兵之用，以为己助，如《费聚传》云：

> 定远张家堡有民兵，无所属，郭子兴欲招之，念无可使者，太祖力疾请行，偕聚骑前往……败卒三千人。豁鼻山有秦把头八百余人，聚复招降之。（《明史稿》列传卷十五，本传）

及戊戌（元顺帝至正十八年，1358 年）十一月辛丑立管领民兵万户府，谕行中书省臣曰：

> 古者寓兵于农，有事则战，无事则耕，暇则讲武。今兵争之际，当因时制宜，所定郡县民间，岂无武勇之材？宜精加简拔，编辑为伍，立民兵万户府领之！俾农时则耕，闲则练习，有事则用之，事平有功者一体升擢，无功者令还为民。如此则民无坐食之弊，国无不练之兵，以战则胜，以守则固，庶几寓兵于农之意

也。（《明太祖实录》卷六）

此为明代民兵的滥觞。入明以后的民兵制度，尤多可述之处，别有专论。

原刊天津《益世报·史学》第五十三期 1937 年 5 月 2 日
以威中笔名撰写

评卜凯《中国土地利用》（英文）

Buck, J. L. , *Land Utilization in China*, 3 vols. Vol. I, Description, pp. xxxii, 494; II Atlas, pp. 146; III Statistics, pp. 492, Chicago, 1937.

The present work is the joint product of many years of painstaking research undertaken by a score of specialists in their respective fields concerning land utilization in China. The subject-matter treated in this work falls into the following five main divisions:

Ⅰ. Physical Factors-under which are included topography, soils and the land. A division of Chinese land based mainly on the type crops of grown into two major agricultural regions with eight sub-regions or areas is proposed.

Ⅱ. Man's use of the Land-this includes discussions on crops, livestock and fertility, size of farm business and farm labor, etc.

Ⅲ. Marketing, Price and Taxation.

Ⅳ. Population.

Ⅴ. Standard of Living-supplemented by an analysis of Nutrition.

Most of the descriptions and opinions contained in this work are said to have been drawn from statistical data collected through field investigation using the sampling method, which covered a study of 16, 786 farms in 168 localities, and 38, 256 farm families in 22 provinces in China, from the years 1929-1933.

Statistics and studies on land utilization in China produced during the past thirty years are not altogether lacking, but, like the statistics published annually during the years 1913-1921 by the Ministry of Agriculture and Commerce, they are so ill-constructed and notoriously defective that they seem to confuse the issues, rather than to clarify them. While a few scholarly works put out of late by competent writers, such as Dr. H. T. Fei's "Peasant Life in China" are more satisfactory guides, they suffer from the defect of narrowness of scope as they merely deal with local cases, and hence their applicability is considerably limited. The present work, happily filling the gaps between these two, may deservedly be counted as the most systematic and comprehensive treatment of the subject now available.

It is shown in Vol. II, Map 4 that a total of 168 intensive farm studies were made in each case including about one hundred farms, thus bringing the total number investigated to 16, 786. Furthermore, it is said that these studies were most numerous in the densely populated areas, such as the "Wheat Region" which contains 41 per cent of the farm population and 41 per cent of the studies (Cf. also Vol. I, pp. ix-x). While the statement may hold true as to the two major regions under discussion, a careful perusal of the whole work would reveal that this is not always the case when applied to the eight sub-regions or areas. Thus, the "Double Cropping Area" and the "Southwestern Rice Area" contain 12 localities respectively in which farm studies were made, while the percentage of total farm population in the former is 11, in the latter only 5. Furthermore, while the percentage of total farm population in the "Double Cropping Area" and the "Szechwan Rice Area" is exactly the same, there are 12 localities in which farm studies were made for the former, while only 8 studies were made for the latter. (Cf. Vol. I, p. 363, Table 2). These instances of uneven distribution of studies made in relation to farm population ratios cannot be so lightly ascribed to "unusual conditions," although such is the case in the southern part of Kiangsi, where no samples were obtained because that area was not under the control of the Central Government at the time of the investigation. On the whole, it is safe to conclude that comparatively intensive studies have been made in the winter Wheat-Kaoliang Area and in the Yangtze Rice Wheat Area, while the Double Cropping Area and the Szechwan Rice Area have been relatively neglected.

One feels that the selection of localities was somewhat arbitrary and not truly representative, since many desirable localities have not been included as objects of specific study. To mention only a few of them, such places as Panyu, Nanhai, and Shuntak of Kwangtung Province, Wu of Kwangsi Province, in the Double Cropping Area, Yenan of Shensi Province in the Spring Wheat Area should have been included judging from their population, production, and degree of commercialization, etc. The whole result would be considerably improved were the localities selected more evenly distributed in a geographical sense instead of, as has often been the case, a concentration in a few areas. It is evident that the selection of localities in many cases was based on the availability of suitable local investigators, with the result that many insignificant localities were included while important ones have been omitted. It is the opinion of the present reviewer that the selection of representative localities is of paramount importance and that the problem of obtaining suitable investigators is secondary. A short period of training would have provided the personnel needed, and would have made possible a selection of localities according to their relative importance. prof. M. N. Jen in his"A Survey of Land Utilization in Tsunyi of Kweichow Province"(1940) has reghtly pointed out that the average yield per acre for Tsunyi in Prof. Buck's book was considerably heigher than the one he got by actual surveying. Prof. Jen thought that this vast discrepancy was due to the fact that in Buck's book only the high grade land was used for sampling purposes, which he added, constituted only a very small percentage of the cultivated acreage in Tsunyi. Undoubtedly many errors of this nature will be discovered by future intensive studies.

It has been well pointed out in Vol. I, p. 171 that rates of land taxation for different hsien (that is, a political subdivision corresponding to a country) have little relation to productivity of the land but relate rather to the type of political administration within each hsien. The fact that the rates of land taxes vary from hsien to hsien without much regard to yield is a result of long historical development. Thus in scores of hsien in both provinces of Kiangsu and Chekiang of Yangtze Rice-Wheat Area the rates are more than ten times higher than those in other places. While the total land tax revenue of these two provinces is a little less than one quarter of that for the whole country, the total revenue of Kiangsu, and Shantung of the Winter Wheat-Kaoliang Area comprise almost a quarter of the national total. Hence a simple, unweighted average of all localities would certainly have given undue influence to the whole country in general, and to certain regions or areas in particular. It is therefore advisable in order to be more logical to follow the procedure used in the study of population (Vol. I, p. 361), which consisted of using political rather than physical boundaries as the basis for the study of land taxation. It is regrettable that the Tables 7 (1-3) in Vol. II, Ch. V. based on data obtained in the locality schedules from three well-informed local residents, contained 47 localities and 47 hsien only, which is less than one-thirtieth of the total number of hsien in the country. One has every reason to doubt the validity of any conclusions drawn from these tables as applied to large areas, not to mention the country as a whole. The deficiency is even more marked when one realizes that a number of very important hsien, such as Wu, Wukiang, Wusih, Kunshan, Changshu and Chinkiang in Kiangsu Province; Hang, Kasing, Shaohing and Yuyao in Checkiang Province; Chengtu, Lu and Tzechung in Szechwan Province; Changan, Fengsiang, Sienyang and Sanyüan in Shensi Province; Tienshiu in Kansu Province; Licheng, Lintze, and Tsining in Shantung Province; Nanyang, Shangkiu and Cheng in Honan Province; Hofei and Wuhu in Anhwei Province; Nanhai, Panyu and Chungshan in Kwantung Province, Kweiyang and Tsunyi in Kweichow Province, etc. were omitted. Not even a single hsien was included from Kwangsi Province.

No discussion of land utilization is complete without taking into consideration the farming implements in use. The present work however, makes no mention of them whatsoever. According to a study made a few years ago, there were more than two hundred varieties of farming implements in China, ranging from the most primitive stone-or wooden-hoes and ploughs, to the imported, steel-made havesters and combines. The difference in productivity between localities is often due in no small measure to the kinds of farming implements in use. A comparison of days of man-labor per acre required to grow various crops in China with other countries like the U. S. , as shown in Vo1. I, p. 303 would give little meaning without at the same time paying due regard to the technological aspect of the problem, that is, the difference of the quality and quantity of farming implements between the two countries. It is rather mechanical difference as against human labor difference that accounts for the difference in production efficiency.

The chapter on Marketing is less adequately treated than most of the other chapters. Three improvements should be made in this chapter. In the first place, the generalized statement that transport is eighty five per cent of the cost of marketing to distant markets(Vo1. I, p. 354) is exaggerated. As various intensive studies show, the transport cost for distant markets is much below this percentage. Messrs. P. K. Chang and T. Y. Chang in their work"A Study of Food Marketing in Chekiang Province" which gave figures concerning transport costs to local markets as well as to inter-provincial distant markets for the years 1930-1936, found that the costs varied from 31.4% to 87% of the marketing costs, generally being below 70%. In the second place, the high percentage of taxes(11.9%) in the marketing cost is equally exaggerated. According to Chang's study mentioned above, taxes within the whole province of Chekiang for the same period constituted only 1% to 7% of the marketing costs. It is to be noted that marketing to another province may be subject to a heavier tax, but here again we can see it is better to use the political rather than the physical boundaries as a basis for the study of taxes on food. In the third place, a study of the percentage of fees of commissions paid to the brokers or middlemen in the marketing costs should not be neglected, and according to Chang's Study and P. K. Chang's work, "Food Problems in Kwangsi Province"(1938), these costs ranged from 10 to 34%. It seems odd that Prof. Buck should have included investigation on tax costs as affecting marketing and neglected to investigate commissions and fees which comprise a much greater percentage of the costs of marketing.

In the last chapter of Vol. I, the Standard of Living, an attempt is made to show special expenditure per farm family common to all farms (Vol. I, p. 468; Vol. III, pp. 408-412). It lists weddings, dowries, birthdays, birth of sons, and funerals as large items of expenditure. The authors have not taken into account that on such occasions the family usually receives gifts and presents from friends and relatives in the form of money, according to Chinese custom. In some cases the family receives more than it pays out.

There are several places in this work which do not stand close scrutiny. For example, in Vol. I, Ch. XI, Table 6, the index number of wages of farm year labor in the Spring Wheat Area for the years 1904-1911 inclusive is abnormally high as compared with that for the subsequent years (Cf. Vol. III, pp. 151-152), yet no reason is given. This might have been due to the misinformation furnished by local residents. Table 20 of Ch. VI,

p. 193, which was based on a secondary source"Ching Tai Tung Shih," or the"History of the Ching Dynasty," is of unreliable character. Table 3 in Vo1. I, p. 270 showing the changes in size of farm from the year 1890 to 1930 is based on the oral report of three local residents of a limited area (Cf. Vo1. III, p. 288), and this too is unreliable.

The reviewer is quite aware of the difficulties under which field investigation is made in China. In the foregoing discussion he has merely brought out some of the major problems concerning the methodology as used in this work. In spite of the criticism here made, the book is important, since it is the first study of its type to attempt such a comprehensive and systematic approach to such a vast subject. The road of the pioneer is a difficult one, it remains for those that follow to improve upon his work.

Cambridge, Mass. July, 1945.

F. C. LIANG（梁方仲）

原刊《社会科学杂志》第九卷第二期，民国三十六年十二月出版

编者说明：该文稿曾由陈春声翻译成中文，题名为《卜凯〈中国土地的利用〉评介》，发表于《梁方仲经济史论文集集遗》（广东人民出版社 1990 年）和《梁方仲文集》（中华书局 2008 年）中。

丙 统计表格

编者按

梁方仲先生遗稿中有数叠经济史原始数据的统计表格，这些统计表格是梁先生研究、读书过程中做的笔记，我们以影印形式将其收录进《梁方仲遗稿》中，并未对其进行整理与核对。我们从中可以对梁方仲先生以统计表形式整理经济史数字的努力及其成就有更多的了解。

梁方仲先生还在清华大学经济学系就学时，即非常重视中国史籍中原始数据的统计整理和分析。他 1933 年提交的研究生毕业论文《明代田赋制度考》的附录即包含丰富的统计表格。后来这些统计表格经增补，题作《明代户口田地及田赋统计》发表于《中国近代经济史研究集刊》1935 年第 3 卷第 1 期。后来梁方仲先生与汤象龙先生等同仁一起在北平社会调查所（后合并改名中央研究院社会科学研究所）为研究中国近代经济史而从事清代档案整理，主要工作之一就是将各类黄册所载数据以统计表格形式进行整理。这些宝贵资料今存于中国社会科学院经济研究所图书馆，题作《清代黄册》，共计 293 巨册。

以统计表形式整理原始数字，是我国现代经济史学研究方法史上的里程碑。我国传统史学虽颇重视“旁行斜上”的表格这种表现形式，但局限于系谱、年表。对中国史籍中的数字史料以统计表形式整理、呈现，是现代经济史学的创造。从汉字到阿拉伯数字，从叙述形式到统计表形式，貌似只是呈现方式的差异，其实蕴含着全新的发现可能。这一变革之于 20 世纪中国经济史学的意义，不啻于今天数字人文的“可视化分析”之于 21 世纪的历史学研究，都是数据呈现形式改变给学术研究带来的创新契机。

以统计表形式对原始数字进行整理是一种方法，对其利用形式根据问题意识不同而不同。有些学人误以为梁先生缺乏对这些数字的批判分析，其实是一个误解。梁先生整理原始数字的本意，并不是要以这些数字为真实财政经济历史的指标，据此进行历史分析；而是要“将这些矛盾参差的各种记载，明白简单地提示出来”（梁方仲：《明代户口田地及田赋统计》）。梁先生自己的史料批判意识，从《中国历代户口、田地、田赋统计》的各种按语，特别是别编中都可以看出来。

一手史料上记录的财政经济原始数字，哪怕有再多缺陷，都是一切财经历史研究的出发点。利用这些数字的前提是对数字进行史料批判。但是数字史料的批判方法与叙述性史料不同，往往需要借助大量同类或关联史料的比对、统计分析才能够辨明数字的性质和职能。这就是以统计表形式对原始数字进行整理的意义所在。易言之，梁先生所进行的原始数字整理工作，是史料批判工作的第一步。这种统计，是将“原始数字”作为史料，而非史实的一种统计。近年来随着档案史料的开放和数据库技术发展，各种科研项目纷纷以量化数据库为骨干。此时我们更应该吸取梁先生的研究进路，以统计方式整理原始数字，借此探究作为史料的数字之历史，为进而构建可以作为真实历史指标的历史数据奠定基础。

收入《梁方仲遗稿》中这些统计表格稿大致可以分为两大类。

第一大类，是梁方仲先生从事相关研究、撰写学术论文的草表，对我们理解他相关学术作品的研究、写作过程很有帮助。例如《南海群岛诸国》《马来半岛诸国》《印度沿海诸国》，从《岛夷志略》《瀛涯胜览》《诸蕃志》《东西洋考》摘录其贸易所用交易手段的资料。《万历三年东西洋船水饷等第规则》《万历十七年、四十三年税额与货价》是根据《东西洋考》卷七《饷税考》编制的。这些显然是梁先生从事明代白银与国际贸易问题研究所积累资料，后来为《明代国际贸易与银的输出入》所采用。《明代国际贸易与银的输出入》有一条注释，以税率遵循“值百抽二”制度规定为前提推算货价并与现今价格相比。注释中梁先生只是给出结论，而略去了所依据的对照表格。而《梁方仲遗稿》所收《东西洋考》推算货价与《海关报告册》所载1931年（个别为1934年）货价对照表，则显然是梁先生这一注释结论的分析依据。

除了少数被论文采用的表格外，这些表格草稿中有的只是研究中积累的素材，撰写论文时没有直接采用。例如《明代银矿工人运动表》显然与梁先生研究国内银矿，为撰写《明代银矿考》所做的准备工作。这显示出梁先生研究中从来不是将物的生产和生产者作为人的社会活动割裂开来考虑，只是出于论文表达需要而有所取舍。这种取向一方面充分考虑经济现象作为独立分析对象和自我解释逻辑，不等同于将经济解释完全还原于社会关系的“社会经济史”；另一方面又在做经济分析时充分考虑社会关系因素，也不同于将经济分析要素从社会整体中割裂出来的“纯粹经济史”。这种既突出经济思维、不以社会史分析取代经济学逻辑，又不盲目以内在经济逻辑自洽为满足、无视历史整体的研究进路，尤其值得今天的经济史学研究者好好揣摩。

这些草表中，很多还是研究过程的整理工作，还没有最终形成为研究成果，有些还根本来没来得及展开研究。在这些未竟的研究准备中，最值得注意的有两种：

一是梁先生对《万历会计录》卷二至一六所载各地田赋数据做了详细统计整理。作者早年曾以《评〈万历会计录〉》专门推介《万历会计录》一书（刊《中国近代经济史研究集刊》第3卷第2期，1935年11月），指出它是研究明代乃至清代财政的一部“极重要的典籍”。1943年度中央研究院社会科学研究所经济史组工作和五年工作重心计划中，作者参与并领导明清两代财政史研究。现在这批依照《万历会计录》数据而制成的“各布政司各府州县税粮分组表”便是有关研究的前期资料整理之初步结果。作者1943年前后曾手写一份有关清代田赋史研究计划草稿，内中说道：“本项研究拟从明末万历一朝追溯，盖清初赋额，仍根据万历，而一切田赋制度亦多依于前明也，至于所根据材料，除正史官书私人撰述以外，其重要参考资料大约不外：《万历会计录》、毕自严撰《度支奏议》（上两书北平图新收藏）及本馆钞存档案钱粮册各件。预计此项《明清之际田赋额收》研究工作约两年内方可完成”。（中研院社会所经济史组 1943 年度工作计划和作者清代田赋史研究计划详见《无悔是书生》第 5 章第 2 节，北京：中华书局，2016 年，第 116—123 页）。《万历会计录》中原缺山东布政司田赋。故作者另附上《山东通志》卷七的一组数字，供参考用。

虽然在后来的《中国历代户口、田地、田赋统计》一书中采用《万历会计录》的资料并不多，但显然梁先生对《万历会计录》的研究计划绝非仅止步于发表一篇《万历会计录》的评介文章，摘录若干数据，而是有着一个长期规划。今天中国社科院经济所图书馆藏有中央研究院社会科学研究所整理的《万历会计录》统计表四巨册（索书号 F230/G939），将《万历会计录》中全部数据制成表格，并且抄录沿革事例于后。两相对照，再结合中研院社会科学研究所社会经济史组的工作计划，有理由认为《万历会计录》的整理工作是梁先生主持进行的。但这份整理成果长期不为人所知，直到 2015 年万明、徐英凯两先生的巨著《明代〈万历会计录〉整理与研究》出版，《万历会计录》才全部以方便今人阅读利用的表格形式公开问世。

二是梁先生对清代田赋档案的编年整理。梁先生与汤象龙先生等一起从事清朝档案资料整理工作是人所共知的事情，但是梁先生利用档案资料撰写的论文却不多，仅《易知由单的研究》为其代表。《遗稿》收录了他围绕征收钱粮“自封投柜”、“遵用滚单”、“顺庄滚催”等主题，对雍正、乾隆时期档案整理编制的若干年表，显示出他探究一条鞭法之后田赋在“征法”上后续变迁的学术关心。可惜天不假年，梁先生自己未能完成这一事业。直到 70、80 年代，日本学者川胜守、山本英史等才利用地方志资料在这一领域做出推进。直到今天系统挖掘档案资料对这些问题进行的专题研究似乎仍不多。

此外还有一些属于阅读他人研究论著而将其中统计资料抽出做的读书笔记，为今后研究积累资料。比如盛俊的《清乾隆朝江苏省物价工资统计》(《生命与生存》《学林》第2辑，上海：开明书店，1930年)，Irene B. Taeuber 和 Nai - Chi Wang 的“Population Report in the Ch’ing Dynasty”(*The Journal of Asian Studies*，Volume 19，Issue 4，August 1960)。

表格草稿的第二大类，是关于民国和共和国初期时期农业、财政、人口的统计表格。梁先生毕业于经济学系，且供职于社会科学研究所、经济学系长达19年，直到1953年才转任历史系教授。财政和农业经济是他自学生时代就一直关心的问题。他虽以经济史为主要研究方向，但这种专业背景使得他的学术问题意识始终来自对当代中国经济的关心，来自从历史维度更深刻地认识中国经济逻辑的关怀。这些表格主要集中在几个方面。首先是配合1939—1940年西北土地经济调查而编制的表格，如《陕西28年度县地方岁入预算表》，而又尤以绥德县为主（这是因为调查缘起于绥德行政专员何绍南提出的《土地公债券方案》)，如《陕西绥德县各乡人民职业分配表》、《陕西绥德县耕地分配表》等。其次是户口表格。这一类表格以从内政部档案抄录的《民国各省市历年户口表》（民国元年至二十五年）为集中。再次是对卜凯《中国土地利用》统计的摘录。其他还有一些关于田赋、地方财政、进出口、工业产值等的统计表格，来源包括《中国经济年鉴》《财政年鉴》《统计月报》《人民手册》等多种文献。

今天中国经济史研究在数据整理和统计分析上已经有很多新的进展，对今天的经济史学人而言，这些资料可能已经只在学术史方面具有重要的价值。但是它们默默诉说着我国经济史学第一代学人在问题意识、研究方法以及所利用史料上所做出的开创性工作。近年量化历史研究方兴未艾，已经超越经济史而得到整个社会科学的注意。回首来时路，我们看到无论重视量化分析，还是大规模挖掘档案资料，抑或思考理论与史实的对话可能，在20世纪30年代为中国经济史学奠基的第一代学人那里，已经开始了艰苦的努力，取得了可观的成果。限于时代条件，他们的工作在当时没有能够得到延续，很多还在探索过程，当然也难免存在种种缺憾。但他们的学术关怀，他们在艰难条件下所付出的努力和开创的进路，无疑是不应忘记的初心。

本辑所收表格，基本上是梁方仲先生在自己研究过程整理编成的表稿，是梁先生所作同类工作中残存下来的零散表格，并非研究的成果，故一定存在错漏且不完整。这是需要说明的。为便于检阅，我们编制了一个目录，目录标题，基本上采用原件的标题，个别原来没有标题的表格，我们参考其内容拟出。

浙江布政司各府税粮分组表

國立中央研究院社會科學研究所
統計室甲種稿紙

浙江布政司各府税粮分組表
（摘自萬曆會計錄卷之二）

分類號
登記號
計算者　　校算者
抄寫者　　校閱者
審正者

組別	府名	税粮額	府數	%
200,000 以上	嘉興府	656,840		
	湖州府	482,716		
	紹興府	332,645		
	杭州府	239,645	4	36.30
190,000—199,999	寧波府	191,529	1	9.10
180,000—189,999	金華府	189,433	1	9.10
150,000—159,999	台州府	157,549	1	9.10
100,000—109,999	溫州府	103,796	1	9.10
90,000—99,999	衢州府	92,260	1	9.10
60,000—69,999	處州府	64,735	1	9.10
10,000—19,999	嚴州府	11,482	1	9.10

浙江布政司各县税粮分组表

社會科學研究所
統計室甲種稿紙

分類號
登記號
計算者　　校算者
抄寫者　　校對者
審正者

浙江布政司各縣稅糧分組表

(據萬曆會計錄卷二)

組	別	縣名	稅糧額	縣數	%
150,000	159,999	烏程縣	152,878	1	1.30
130,000	139,999	嘉善縣	134,183		
		歸安縣	130,358	2	2.70
120,000	129,999	嘉興縣	129,287	1	1.30
110,000	119,999	秀水縣	115,751	1	1.30
80,000	89,999	山陰縣	84,403		
		平湖縣	84,163		
		長興縣	83,298		
		鄞　縣	81,315	4	5.30
70,000	79,999	仁和縣	79,080		
		海寧縣	75,936		
		德清縣	72,191		
		海鹽縣	70,265	4	5.30
60,000	69,999	崇德縣	66,434	1	1.30
50,000	59,999	桐鄉縣	58,767		
		會稽縣	54,289		
		餘姚縣	53,728	3	3.90
40,000	49,999	金華縣	41,786		
		臨海縣	40,530	2	2.70
30,000	39,999	慈谿縣	38,752		
		黃巖縣	38,433		
		上虞縣	38,158		
		蕭山縣	38,142		
		諸暨縣	35,351		
		平陽縣	34,948		
		錢塘縣	33,632		
		奉化縣	31,567	8	10.60
20,000	29,999	蘭谿縣	29,575		
		定海縣	29,122		
		東陽縣	26,777		
		西安縣	25,912		
		永嘉縣	25,602		
		瑞安縣	25,478		
		太平縣	23,682		

國立中央研究院社會科學研究所
統計室甲種橫紙

分類號
登記號
計算者　　校算者
抄寫者　　校對者
審正者

	縣名	桐株數	縣數	%
	義烏縣	23,317		
	天台縣	21,678		
	江山縣	20,751		
	嵊　縣	20,392		
	永康縣	20,235	12	16.90
10,000—19,999	龍游縣	19,274		
	武義縣	18,967		
	餘杭縣	18,699		
	寧海縣	18,414		
	象山縣	16,799		
	武康縣	15,901		
	樂清縣	15,192		
	浦江縣	14,985		
	安吉縣	14,964		
	富陽縣	14,878		
	建德縣	14,812		
	海鹽縣	13,775		
	孝豐縣	13,126		
	龍泉縣	12,506		
	松陽縣	11,223		
	分水縣	10,870		
	常山縣	10,775	17	22.10
9,000—9,999	昌化縣	9,524	1	1.30
8,000—8,999	新昌縣	8,152		
	縉雲縣	8,070	2	2.70
7,000—7,999	[illegible]	7,109	1	1.30
6,000—6,999	遂安縣	6,717	1	1.30
4,000—4,999	新登縣	4,231	1	1.30
3,000—3,999	青田縣	3,940		
	[illegible]	3,885		
	宣平縣	3,790		
	於潛縣	3,581		
	慶元縣	3,384		
	雲和縣	3,037	6	7.90
2,000—2,999	[illegible]	2,576		

國立中央研究院社會科學研究所
統計室甲種稿紙

分類號
登記號
計算者　　校算者
抄寫者　　校對者
審正者

	縣名	規格數	縣數	%
	建德縣	2,508		
	昌化縣	2,499	3	3.90
1,000—1,999	遂安縣	1,686		
	壽昌縣	1,605		
	分水縣	1,263		
	孝豐縣	1,198	4	5.30
1,000 以下	桐廬縣	537	1	1.30

府名		县次	县名
嘉兴府	6	上县	嘉兴、秀水、嘉善、海盐、崇德、平湖
	1	中县	桐乡
		下县	
绍兴府	1	上县	山阴
	5	中县	会稽、萧山、诸暨、余姚、上虞
	2	下县	嵊县、新昌
杭州府	2	上县	仁和、海宁
	1	中县	钱塘、富阳
	6	下县	富阳、余杭、临安、於潜、新城、昌化
宁波府	1	上县	鄞县
	2	中县	慈溪、奉化
	2	下县	镇海、象山
金华府		上县	
	1	中县	金华
	7	下县	兰溪、东阳、义乌、永康、武义、浦江、汤溪
台州府		上县	
	2	中县	临海、黄岩
	4	下县	天台、仙居、宁海、太平
温州府		上县	
	1	中县	平阳
	4	下县	永嘉、乐清、瑞安、泰顺
衢州府		上县	
		中县	
	5	下县	西安、龙游、常山、江山、开化
处州府		上县	
		中县	
	10	下县	丽水、青田、缙云、松阳、遂昌、龙泉、庆元、云和、宣平、景宁
严州府		上县	
		中县	
	6	下县	建德、淳安、桐庐、遂安、寿昌、分水
湖州府	4	上县	乌程、归安、长兴、德清
		中县	
	3	下县	安吉州、孝丰、武康

江西布政司各府税粮分组表

有缺号?

國立中央研究院社會科學研究所
統計室甲種績紙

江西布政司各府税粮分组表

（據萬曆會計錄卷之三）

分類號
登記號
計算者　　校算者
抄寫者　　校對者
審正者

组别	府名	税粮数	府数	%
200,000 以上	南昌府	482,667		
	吉安府	449,262		
	抚州府	303,627		
	袁州府	239,285		
	饶州府	230,088		
	临江府	227,585		
	瑞州府	224,441	7	53.80
130,000—139,999	广信府	134,105	1	7.70
90,000—99,999	建昌府	95,595	1	7.70
80,000—89,999	南康府	82,608	1	7.70
70,000—79,999	赣州府	70,684	1	7.70
40,000—49,999	九江府	45,650	1	7.70
20,000—29,999	南安府	20,015	1	7.70

4

江西布政司各县税粮分组表

國立中央研究院社會科學研究所
統計室甲種稿紙

江西布政司各縣稅糧分組表
（據萬曆會計錄卷二）

分類號
登記號
計算者 校算者
抄寫者 校對者
審正者

組別	縣名	稅糧額	縣數	%
120,000—129,999	南昌縣	126,543		
	豐城縣	122,640	2	2.70
110,000—119,999	高安縣	118,710	1	1.30
90,000—99,999	廬陵縣	91,417	1	1.30
70,000—79,999	宜春縣	75,146		
	臨川縣	73,559		
	新喻縣	72,202	3	3.90
60,000—69,999	新建縣	65,663		
	吉水縣	62,577		
	萍鄉縣	62,002		
	安福縣	61,999	4	5.30
50,000—59,999	鉛山縣	59,950		
	永新縣	59,835		
	鄱陽縣	57,379		
	南豐縣	57,043		
	新昌縣	56,131		
	泰和縣	54,581		
	永豐縣	54,181		
	清江縣	54,083		
	新淦縣	53,448		
	奉新縣	53,069	10	13.20
40,000—49,999	宜黃縣	49,852		
	上高縣	49,600		
	進賢縣	48,308		
	崇仁縣	46,649		
	分宜縣	45,094		
	樂平縣	44,684		
	餘干縣	40,361	7	9.10
30,000—39,999	金谿縣	38,993		
	貴溪縣	37,692		
	南城縣	36,604		
	[illegible]縣	34,544		
	[illegible]縣	34,390		
	建昌縣	30,922	6	7.90

國立中央研究院社會科學研究所
統計室甲種稿紙

2

分類號
登記號
計算者　校算者
抄寫者　校對者
審正者

	縣名	[illegible]	縣數	%
20,000—27,999	龍泉縣	28,013		
	高安縣	26,347		
	都昌縣	25,556		
	浮梁縣	24,810		
	新淦縣	23,858		
	[illegible]縣	23,622		
	安仁縣	23,128		
	武寧縣	22,769		
	南豐縣	22,265		
	玉山縣	21,180		
	宜都縣	21,144		
	上饒縣	20,994		
	德興縣	20,569		
	安遠縣	20,431		
	鉛山縣	20,060	15	19.70
10,000—19,999	贛縣	18,344		
	永豐縣	16,977		
	南康縣	15,383		
	靖安縣	14,285		
	彭澤縣	13,271		
	弋陽縣	13,217		
	寧岡縣	13,148		
	廣昌縣	12,870		
	湖口縣	12,191		
	永新縣	10,514	10	13.20
7,000—7,999	德安縣	7,035	1	1.30
6,000—6,999	[illegible]縣	6,587		
	瑞昌縣	6,568	2	2.70
5,000—5,999	大庾縣	5,822		
	星子縣	5,779	2	2.70
4,000—4,999	[illegible]縣	4,573		
	[illegible]縣	4,318		
	興安縣	4,085	3	3.90
3,000—3,999	崇義縣	3,772		
	龍南縣	3,666		

5

國立中央研究院社會科學研究所
統計室甲種稿紙

分類號
登記號
計算者　校算者
抄寫者　校對者
審正者

	縣名	稅畝額	縣數	%
	上猶縣	5,038	3	3.90
1,000—1,999	信豐縣	1,930		
	瑞金縣	1,545	2	2.70
1,000以下	會昌縣	855		
	定南縣	678		
	安遠縣	475		
	長寧縣	235	4	5.30

5

湖广布政司各府税粮分组表

国立中央研究院社會科學研究所
統計室甲種稿紙

各府
湖廣布政司稅粮分組表
（據萬曆會計錄卷之四）

分類號
登記號
計算者 核算者
抄寫者 校對者
審正者

組別	府名	稅粮額	府數	%
200,000以上	長沙府	587,008		
	黄州府	256,594		
	衡州府	222,308	3	19.90
180,000—189,999	岳州府	186,017	1	6.70
170,000—179,999	武昌府	174,936	1	6.70
160,000—169,999	荊州府	161,626	1	6.70
100,000—109,999	承天府	106,507	1	6.70
70,000—79,999	常德府	71,787		
	永州府	70,129	2	13.30
60,000—69,999	襄陽府	64,026	1	6.70
50,000—59,999	寶慶府	55,069		
	辰州府	51,606	2	13.30
40,000—49,999	德安府	42,800	1	6.70
30,000—39,999	漢陽府	30,021	1	6.70
10,000—19,999	鄖陽府	14,533	1	6.70

6

湖广布政司各州税粮分组表

國立中央研究院社會科學研究所
統計室甲種稿紙

分類號
登記號
計算者　校算者
抄寫者　校對者
審正者

湖廣布政司各州稅糧分組表
（據萬曆會計錄卷四）

組別	州名	稅糧數	州數	%
40,000—49,999	郴州	43,610	1	33.30
10,000—19,999	靖州	19,270	1	33.30
4,000—4,999	衛所合計	4,336	1	33.30

7

湖广布政司各县税粮分组表

國立中央研究院社會科學研究所
統計室甲種稿紙

湖廣布政司各縣稅糧分組表
（摘萬曆會計錄卷四）

分類號
登記號
計算者　　校算者
抄寫者　　校對者
審正者

組別	縣名	稅糧額	縣數	%
100,000－109,999	湘鄉縣	104,074	1	0.80
80,000－89,999	瀏陽縣	81,131	1	0.80
70,000－79,999	湘陰縣	76,931	1	0.80
60,000－69,999	衡陽縣	68,402		
	江陵縣	61,538	2	1.60
50,000－59,999	化縣	50,276	1	0.80
40,000－49,999	長沙縣	49,084		
	巴陵縣	46,823		
	蘄水縣	45,222		
	黃岡縣	43,513		
	夷陵州	42,666		
	平江縣	40,479	6	4.90
30,000－39,999	黃梅縣	37,016		
	江夏縣	36,609		
	益陽縣	35,879		
	湘潭縣	35,848		
	醴陵縣	33,908		
	寧鄉縣	32,442		
	武陵縣	32,346		
	耒陽縣	31,861		
	廣濟縣	31,507		
	衡山縣	31,380	10	8.10
20,000－29,999	荊門州	29,003		
	興國州	28,770		
	蘄州	28,389		
	武昌縣	28,291		
	監利縣	26,332		
	善化縣	24,630		
	華容縣	24,510		
	安仁縣	24,415		
	麻城縣	24,234		
	桃源縣	23,139		
	寧遠縣	23,058		
	景陵縣	22,823		
	漢陽縣	21,628		

9

國立中央研究院社會科學研究所
統計室甲種稿紙

分類號……
登記號……
計算者…… 校算者
抄寫者…… 校對者
審正者……

	縣名	稅糧額	縣數	%
	桂陽州	21,169		
	公安縣	21,032		
	澧州	20,344	16	13.00
10,000—19,999	安化縣	19,959		
	石首縣	19,802		
	邵陽縣	19,354		
	沔陽州	18,914		
	武岡州	18,903		
	大冶縣	18,545		
	襄陽縣	18,334		
	黃安縣	17,641		
	鄖縣	17,575		
	黃陂縣	17,530		
	蘄州縣	17,128		
	[illegible]桃縣	17,127		
	漵浦縣	15,562		
	孝感縣	15,441		
	石門縣	15,402		
	松滋縣	14,473		
	零陵縣	14,444		
	沅陵縣	14,260		
	龍陽縣	14,049		
	監利縣	13,529		
	通城縣	13,326		
	京山縣	12,942		
	臨湘縣	11,996		
	羅田縣	11,340		
	道州	11,180		
	咸寧縣	11,164		
	臨武縣	11,056		
	潛江縣	11,031		
	安鄉縣	10,934		
	新化縣	10,392	30	24.40
9,000—9,999	藍山縣	9,619		
	常寧縣	9,611		
	郴州	9,543		

9

國立中央研究院社會科學研究所
統計室甲種稿紙

分類號 ________
登記號 ________
計算者 ________ 核算者 ________
抄寫者 ________ 校對者 ________
審正者 ________

	縣名	稅糧額	縣數	%
	棗陽縣	9,478	4	3.20
8,000—8,999	鍾祥縣	8,848		
	隨　州	8,836		
	永興縣	8,825		
	桂陽縣	8,749		
	興寧縣	8,504		
	漢川縣	8,393		
	祁陽縣	8,236	7	5.70
7,000—7,999	會同縣	7,452	1	0.80
6,000—6,999	南漳縣	6,928		
	沅　州	6,834		
	嘉禾縣	6,749		
	永明縣	6,598		
	靖　州	6,313		
	巫山縣	6,281	6	4.90
5,000—5,999	光化縣	5,966		
	均　州	5,468		
	黔陽縣	5,445		
	耒陽縣	5,415		
	麻城縣	5,381		
	來鳳縣	5,351		
	鄖　縣	5,208	7	5.70
4,000—4,999	通山縣	4,876		
	宜章縣	4,866		
	宜城縣	4,788		
	枝江縣	4,787		
	長樂縣	4,754		
	綏寧縣	4,609		
	新寧縣	4,170	7	5.70
3,000—3,999	安陸縣	3,948		
	[illegible]州	3,800		
	瀘溪縣	3,175		
	桂東縣	3,123		
	房　縣	3,051	5	4.10
2,000—2,999	當陽縣	2,946		
	雲夢縣	2,913		

10

丙 统计表格

国立中央研究院社会科学研究所
统计室甲种稿纸

分类号……
登记号……
计算者……　校算者……
抄写者……　校对者……
审正者……

	县名	[illegible]根数	县数	%
	巴东县	2,875		
	宜都县	2,578		
	沅江县	2,258		
	城步县	2,250		
	林州	2,104	7	5.70
1,000—1,999	长阳县	1,952		
	竹山县	1,907		
	麻阳县	1,556		
	竹溪县	1,449		
	江华县	1,260		
	上津县	1,133		
	郧西县	1,079	7	5.70
1,000 以下	通道县	896		
	保康县	704		
	远安县	697		
	兴山县	636	4	3.20

府名		縣次	縣名
長沙府	3	上縣	湘陰，瀏陽，湘鄉，
	7	中縣	長沙，湘潭，寧鄉，醴陵，益陽，攸縣，茶陵州。
	2	下縣	善化，安化，
黃州府		上縣	
	4	中縣	黃岡，蘄水，廣濟，黃梅
	5	下縣	黃安，羅田，麻城，黃陂，蘄州，
衡州府	1	上縣	衡陽，
	2	中縣	衡山，耒陽，
	6	下縣	常寧，安仁，酃縣，桂陽州，臨武，藍山。
岳州府		上縣	
	2	中縣	巴陵，平江
	6	下縣	臨湘，華容，澧州，石門，慈利，安鄉
武昌府		上縣	
	1	中縣	江夏
	9	下縣	武昌，嘉魚，蒲圻，咸寧，崇陽，通城，興國州，大冶，通山
荊州府		上縣	
	1	中縣	江陵
	12	下縣	公安，石首，監利，松滋，枝江，夷陵州，長陽，宜都，遠安，歸州，興山，巴東
承天府		上縣	
		中縣	
	7	下縣	鍾祥，京山，潛江，沔陽州，景陵，荊門州，當陽
常德府		上縣	
	1	中縣	武陵，
	3	下縣	桃源，龍陽，沅江
永州府		上縣	
		中縣	
	7	下縣	零陵，祁陽，東安，道州，寧遠，永明，江華。
襄陽府		上縣	
		中縣	
	7	下縣	襄陽，宜城，南漳，棗陽，穀城，光化，均州。
寶慶府		上縣	
		中縣	
	5	下縣	邵陽，城步，新化，武岡州，新寧。
辰州府		上縣	
		中縣	
	7	下縣	沅陵，盧溪，辰溪，溆浦，沅州，黔陽，麻陽。

12

府名		縣次	縣名
德安府		上縣	
		中縣	
	6	下縣	安陸，雲夢，孝感，應城，隨州，應山
漢陽府		上縣	
		中縣	
	2	下縣	漢陽，漢川
鄖陽府		上縣	
		中縣	
	7	下縣	鄖縣，房縣，竹山，上津，竹谿，保康，鄖西

州名		县次	县名
郴州		上县	
		中县	
	6	下县	郴州,永兴,桂阳,宜章,兴宁,桂东
靖州		上县	
		中县	
	4	下县	靖州,会同,通道,绥宁

14

福建布政司各府税粮分组表

国立中央研究院社會科學研究所
統計室甲種稿紙

各府
福建布政司税粮分組表
(據萬曆會計錄卷之五)

分類號
登記號
計算者　　　　校算者
抄寫者　　　　校對者
審正者

組　　別	府　名	税粮數	府數	%
150,000—159,999	建寧府	159,614	1	11.10
130,000—139,999	福州府	139,091	1	11.10
110,000—119,999	漳州府	115,916	1	11.10
100,000—109,999	泉州府	109,736	1	11.10
80,000—89,999	汀州府	84,600		
	延平府	83,945	2	22.20
60,000—69,999	興化府	67,295		
	邵武府	62,356	2	22.20
20,000—29,999	福寧府	28,513	1	11.10

15

福建布政司各县税粮分组表

國立中央研究院社會科學研究所
統計室甲種稿紙

福建布政司各縣税粮分組表

(據萬曆會計錄卷之五)

分類號……
登記號……
計算者…… 核算者……
抄寫者…… 校對者……
審正者……

組別	縣名	税粮額	縣數	%
40,000—49,999	莆田縣	48,327	1	1.80
30,000—39,999	福清縣	32,457		
	晋江縣	30,746		
	邵武縣	30,378	3	5.30
20,000—29,999	龍溪縣	29,208		
	建安縣	27,363		
	長汀縣	24,101		
	南安縣	23,043		
	崇安縣	21,312		
	閩縣	20,492	6	10.70
10,000—19,999	仙遊縣	18,968		
	侯官縣	17,780		
	同安縣	17,153		
	沙縣	17,102		
	南平縣	16,209		
	南靖縣	15,809		
	惠安縣	15,749		
	漳浦縣	15,458		
	寧化縣	14,854		
	古田縣	14,201		
	順昌縣	13,832		
	光澤縣	12,991		
	長樂縣	12,751		
	懷安縣	12,642		
	海澄縣	12,638		
	連江縣	12,291		
	長泰縣	11,946		
	福寧州	11,837		
	將樂縣	11,763		
	建寧縣	11,305		
	尤溪縣	10,620		
	上杭縣	10,134		
	建陽縣	10,069	23	41.10
9,000—9,999	歸化縣	9,731		
	龍岩縣	9,549		
	清流縣	9,485		

16

國立中央研究院社會科學研究所
統計室甲種稿紙

分類號
登記號
計算者　　校算者
抄寫者　　校對者
審正者

	縣名	稅糧額	縣數	%
	永春縣	9,437		
	龍岩縣	9,310	5	8.90
7,000—7,999	安溪縣	7,997		
	建寧縣	7,698		
	泰寧縣	7,681		
	永安縣	7,473		
	南靖縣	7,352		
	政和縣	7,309		
	武平縣	7,079	7	12.50
6,000—6,999	大田縣	6,946		
	將樂縣	6,571	2	3.60
5,000—5,999	永定縣	5,856		
	德化縣	5,611		
	漳平縣	5,164		
	清流縣	5,147	5	8.90
4,000—4,999	長泰縣	4,118		
	平和縣	4,080	2	3.60
2,000—2,999	寧洋縣	2,754		
	壽寧縣	2,384	2	3.60

17

府名		縣次	縣名
建寧府		上縣	
		中縣	
	5	下縣	建安、浦城、政和、崇安、壽寧
福州府		上縣	
	1	中縣	福清
	9	下縣	閩縣、侯官、怀安、長樂、連江、羅源、古田、閩清、永福
漳州府		上縣	
		中縣	
	10	下縣	龍溪、南靖、長泰、漳浦、龍岩、漳平、平和、詔安、海澄、寧洋
泉州府		上縣	
	1	中縣	晉江
	6	下縣	南安、惠安、同安、安溪、永春、德化
汀州府		上縣	
		中縣	
	8	下縣	長汀、清流、歸化、上杭、連城、寧化、武平、永定
延平府		上縣	
		中縣	
	7	下縣	南平、沙縣、將樂、尤溪、順昌、永安、大田
興化府		上縣	
	1	中縣	莆田
	1	下縣	仙游
邵武府		上縣	
	1	中縣	邵武
	3	下縣	光澤、泰寧、建寧
福寧府		上縣	
		中縣	
	3	下縣	本州、寧德、福安

18

山西布政司各府税粮分组表

國立中央研究院社會科學研究所
統計室甲種稿紙

山西布政司各府税粮分組表

(據萬曆會計錄卷之七)

分類號
登記號
計算者　　校算者
抄寫者　　校對者
審正者

組別	府名	税粮額	府數	%
200,000 以上	平陽府	1,070,320		
	太原府	546,107		
	潞安府	203,671	3	75.00
100,000—109,999	大同府	109,024	1	25.00

20

山西布政司各州税粮分组表

国立中央研究院社会科学研究所
统计室甲种稿纸

山西布政司各州税粮分组表
（據萬曆會計錄卷七）

分类号
登记号
计算者　　校算者
抄写者　　校对者
审正者

组别	州	县	税粮额	州数	%
150,000–159,999	解	州	152,028	1	25.00
140,000–149,999	绛	州	148,050	1	25.00
40,000–49,999	沁	州	48,908	1	25.00
20,000–29,999	遼	州	27,474	1	25.00

山西布政司各县税粮分组表

國立中央研究院社會科學研究所
統計室甲種稿紙

山西布政司各縣稅糧分組表
（據萬曆會計錄卷七）

分類號 …… 1.
登記號 ……
計算者 …… 核算者 ……
抄寫者 …… 校對者 ……
審正者 ……

組別	縣名	稅糧額	縣數	%
60,000—69,999	蒲州	61,978	1	1.30
50,000—59,999	臨晉縣	58,958		
	臨汾縣	56,602		
	聞喜縣	54,957		
	稷山縣	54,014		
	安邑縣	53,587		
	平遥縣	50,787	6	6.20
40,000—49,999	文水縣	49,029		
	汾州	47,230		
	絳州	47,228		
	夏縣	45,154		
	介休縣	43,895		
	陽曲縣	43,557		
	曲沃縣	43,337		
	解州	42,151		
	長治縣	42,130		
	猗氏縣	40,628		
	榆次縣	40,228	11	11.30
30,000—39,999	忻州	39,350		
	翼城縣	37,132		
	洪洞縣	36,779		
	高平縣	36,022		
	榮河縣	34,498		
	長子縣	32,691		
	襄陵縣	31,968		
	崞縣	31,472		
	河津縣	30,669		
	陽城縣	30,523		
	太原縣	30,117	11	11.30
20,000—29,999	太平縣	29,886		
	潞城縣	29,568		
	絳縣	29,071		
	鳳臺縣	28,495		
	太谷縣	27,990		
	永寧州	27,083		
	芮城縣	26,955		

國立中央研究院社會科學研究所
統計室甲種稿紙

2

分類號
登記號
計算者　　校算者
抄寫者　　校對者
審正者

		縣名	稅糧數	縣數	%
		平遙縣	26,354		
		介休縣	25,484		
		孝義縣	25,029		
		祁縣	24,820		
		代州	24,591		
		壺關縣	24,016		
		趙城縣	23,095		
		襄垣縣	22,366		
		鄉寧縣	22,471		
		武鄉縣	21,316		
		忻州	21,034		
		隰州	20,530	19	19.60
10,000—	19,999	沁水縣	19,895		
		大同縣	19,625		
		解州	19,590		
		遼州	19,155		
		浮山縣	16,775		
		垣曲縣	16,584		
		石樓縣	16,520		
		壽陽縣	16,462		
		沁源縣	15,951		
		嵐縣	15,816		
		徐溝縣	15,785		
		汾州	15,002		
		吉州	15,308		
		翼城縣	15,229		
		蔚州	15,150		
		霍州	14,931		
		平定州	14,656		
		臨縣	14,488		
		盂縣	14,399		
		定襄縣	14,376		
		清源縣	13,741		
		五台縣	13,728		
		永和縣	13,009		
		靈石縣	12,992		

國立中央研究院社會科學研究所
統計室甲種稿紙

分類號
登記號
計算者　　校算者
抄寫者　　校對者
審正者

		縣名	稅額	縣數	%
		靜樂縣	12,979		
		交城縣	12,974		
		襄垣縣	12,291		
		蒲　縣	11,999		
		沁源縣	11,950		
		岳陽縣	11,030		
		榆社縣	10,992		
		寧鄉縣	10,642		
		大寧縣	10,551		
		浮山縣	10,446		
		和順縣	10,110	35	36.10
8,000—	8,999	朔　州	8,932	1	1.30
7,000—	7,999	永和縣	7,656		
		樂平縣	7,595		
		盂　縣	7,580		
		平順縣	7,654	4	4.10
6,000—	6,999	寧化州	6,630		
		遼　州	6,372	2	2.60
5,000—	5,999	石樓縣	5,932		
		馬邑縣	5,876		
		靈丘縣	5,819		
		廣靈縣	5,574	4	4.10
2,000—	2,999	廣昌縣	2,962		
		保德州	2,254	2	2.60
1,000—	1,999	河曲縣	1,776	1	1.30

府名		縣次	縣名
平陽府	1	上縣	蒲州,
	15	中縣	臨汾, 襄陵, 洪洞, 太平, 曲沃, 翼城, 臨晉, 榮河, 猗氏, 河津, 安邑, 夏縣, 聞喜, 絳州, 稷山,
	19	下縣	浮山, 趙城, 岳陽, 汾西, 蒲縣, 萬泉, 解州, 平陸, 芮城, 絳縣, 垣曲, 吉州, 鄉寧, 隰州, 大寧, 石樓, 永和, 霍州, 靈石,
太原府		上縣	
	5	中縣	陽曲, 榆次, 文水, 忻州, 崞縣,
	25	下縣	太原, 太谷, 祁縣, 徐溝, 清源, 交城, 壽陽, 臨縣, 盂縣, 靜樂, 河曲, 平定州, 樂平, 定襄, 代州, 五台, 繁峙, 岢嵐州, 嵐縣, 興縣, 保德州, 永寧州, 寧鄉
潞安府		上縣	
	3	中縣	長治, 長子, 屯留
	5	下縣	襄垣, 潞城, 壺關, 平順, 黎城,
大同府		上縣	
		中縣	
	11	下縣	大同, 懷仁, 渾源州, 應州, 山陰, 朔州, 馬邑, 蔚州, 廣靈, 廣昌, 靈丘

丙 统计表格

州名		县次	县名
泽州		上县	
	3	中县	本州，高平，阳城
	2	下县	陵川，沁水
汾州		上县	
	2	中县	本州，平遥
	2	下县	孝义，介休
沁州		上县	
		中县	
	3	下县	本州，沁源，武乡
辽州		上县	
		中县	
	3	下县	本州，榆社，和顺

河南布政司各府州税粮分组表

國立中央研究院社會科學研究所
統計室甲種稿紙

各府州
河南布政司稅糧分組表
（據萬曆會計錄卷之一七）

分類號
登記號
計算者　　核算者
抄寫者　　校對者
審正者

組別	府名	稅糧額	府數	%
200,000 以上	開封府	719,284		
	河南府	491,372		
	懷慶府	330,623		
	彰德府	251,953	4	50.00
140,000—149,999	衛輝府	145,751	1	12.50
120,000—129,999	汝寧府	121,708	1	12.50
110,000—119,999	南陽府	114,508	1	12.50
60,000—69,999	歸德府	67,676	1	12.50
	州名	稅糧額	州數	%
140,000—149,999	光州	147,807	1	100.00

河南布政司各县税粮分组表

国立中央研究院社會科學研究所
統計室甲種稿紙

分類號
登記號
計算者　　校算者
抄寫者　　校對者
審正者

1.

河南布政司各县税粮分组表
（據萬曆會計錄卷一）

組別	縣名	稅糧數	縣數	%
90,000—99,999	洛陽縣	91,598	1	0.90
80,000—89,999	河内縣	89,309	1	0.90
70,000—79,999	祥符縣	73,986		
	安陽縣	72,729	2	1.80
60,000—69,999	禹州	60,322	1	0.90
50,000—59,999	靈寶縣	58,888		
	杞縣	58,742		
	武陟縣	58,072		
	濟源縣	56,013		
	修武縣	52,914	5	4.60
40,000—49,999	汝州	45,301		
	長葛縣	43,186		
	滎陽縣	41,467		
	孟縣	41,370		
	湯陰縣	40,764	5	4.60
30,000—39,999	偃師縣	37,004		
	郟縣	35,967		
	臨漳縣	35,898		
	陽武縣	35,351		
	鄭縣	34,579		
	新鄭縣	34,496		
	林縣	33,442		
	封丘縣	33,422		
	浚縣	32,945		
	磁州	32,832		
	[illegible]縣	32,554		
	陝州	32,050		
	登封縣	31,653		
	寶豐縣	31,450	14	13.00
20,000—29,999	鄭州	29,078		
	中牟縣	28,786		
	嵩縣	27,797		
	許州	27,027		
	淇縣	25,230		
	武安縣	24,974		
	閿鄉縣	24,530		

2

國立中央研究院社會科學研究所
統計室甲種稿紙

分類號……
登記號……
計算者……校算者……
抄寫者……校對者……
審正者……

	縣名	稅額	縣數	%
	舞陽縣	22,875		
	襄城縣	22,068		
	葉縣	22,057		
	寶豐縣	21,255		
	新鄭縣	21,128		
	孟津縣	21,069		
	長葛縣	21,017	14	13.00
10,000–19,999	嵩縣	19,424		
	延津縣	19,292		
	澠池縣	18,650		
	夏邑縣	18,630		
	確山縣	18,512		
	上蔡縣	17,692		
	盧氏縣	17,286		
	通許縣	17,067		
	[illegible]州縣	16,754		
	南陽縣	16,410		
	鄢陵縣	16,077		
	睢州	15,814		
	郾城縣	15,813		
	淇縣	15,733		
	尉氏縣	15,455		
	伊陽縣	15,202		
	新安縣	15,184		
	永城縣	14,605		
	西平縣	14,595		
	陝州	13,422		
	[illegible]縣	13,173		
	原武縣	13,041		
	西華縣	12,877		
	武陟縣	12,759		
	滎陽縣	12,485		
	祥符縣	11,586		
	臨潁縣	11,569		
	商水縣	11,536		
	涉縣	11,264		

3.

國立中央研究院社會科學研究所
統計室甲種稿紙

分類號
登記號
計算者　　校算者
抄寫者　　校對者
審正者

	縣名	稅糧額	縣數	%
	內鄉縣	11,250		
	滎陽縣	10,913		
	汜水縣	10,904		
	固始縣	10,846		
	遂平縣	10,788	34	31.60
9,000—9,999	光山縣	9,502		
	裕州	9,270	2	1.80
8,000—8,999	確山縣	8,906		
	項城縣	8,886		
	商水縣	8,849		
	扶溝縣	8,785		
	淅川縣	8,050		
	夏邑縣	8,020		
	光州	8,010	7	6.50
7,000—7,999	南陽縣	7,838		
	汝陽縣	7,444		
	泌陽縣	7,345		
	商丘縣	7,217		
	鹿邑縣	7,137	5	4.60
6,000—6,999	羅山縣	6,661		
	密縣	6,447		
	鄧州	6,311		
	息縣	6,228	4	3.70
5,000—5,999	新野縣	5,901		
	河陰縣	5,572	2	1.80
4,000—4,999	唐縣	4,264		
	信陽州	4,205		
	鎮平縣	4,097	3	2.80
3,000—3,999	新蔡縣	3,457		
	南召縣	3,383		
	考城縣	3,264	3	2.80
2,000—2,999	鄢陵縣	2,997		
	沈丘縣	2,845		
	柘城縣	2,175		
	真陽縣	2,068	4	3.70
1,000—1,999	桐柏縣	1,867	1	0.90

24

府名		縣次	縣名
開封府	2	上縣	祥符,禹州
	4	中縣	陳留,杞县,陽武,封丘,
	28	下縣	通許,太康,尉氏,洧川,鄢陵,扶溝,中牟,原武,延津,蘭陽,儀封,陳州,商[illegible] 西華,項城,沈丘,許州,臨潁,襄城,郾城,長葛,新鄭,密县,鄭州,滎陽,滎[illegible] 河陰,汜水
河南府	1	上縣	洛陽
	6	中縣	偃師 宜陽 登封 永寧 陝州,靈寶
	7	下縣	鞏縣 孟津,新安,澠池 嵩县,盧氏,閿鄉.
懷慶府	1	上縣	河內
	5	中縣	濟源,修武,武陟,孟县,温县
		下縣	
彰德府	1	上縣	安陽
	4	中縣	湯陰,臨漳,林县,磁州
	2	下縣	武安,涉县
衛輝府		上縣	
	2	中縣	新鄉,輝县
	4	下縣	汲縣,胙城,獲嘉,淇县
汝寧府		上縣	
		中縣	
	14	下縣	汝陽,真陽,上蔡,新蔡,西平,遂平,信陽州,羅山 確山,光州 光山 固始,息[illegible] 商城
南陽府		上縣	
		中縣	
	13	下縣	南陽,鎮平,唐县,泌陽,桐柏,南召,鄧州,內鄉,新野,淅川 裕州,舞陽,葉[illegible]
歸德府		上縣	
		中縣	
	9	下縣	商丘,寧陵,鹿邑,夏邑,永城,虞城,睢州,考城,柘城.

25

州名		縣次	縣名
汝州		上縣	
	3	中縣	本州，郟縣，寶豐
	2	下縣	魯山，伊陽

陕西布政司各府税粮分组表

國立中央研究院社會科學研究所
統計室甲種稿紙

各府
陝西布政司稅粮分組表
(據[illegible]會計錄卷之九)

分類號
登記號
計算者　校算者
抄寫者　校對者
審正者

組別	府名	稅粮額	府數	%
200,000 以上	西安府	882,898	1	11.10
190,000–199,999	鳳翔府	192,486	1	11.10
180,000–189,999	延安府	184,569	1	11.10
150,000–159,999	平涼府	158,685	1	11.10
130,000–139,999	鞏昌府	139,588	1	11.10
100,000–109,999	慶陽府	109,107	1	11.10
40,000–49,999	臨洮府	43,095	1	11.10
30,000–39,999	漢中府	34,133	1	11.10
20,000–29,999	[illegible]	20,952	[illegible]	11.10

27

陕西布政司各县税粮分组表

1

國立中央研究院社會科學研究所
統計室甲種稿紙

陝西布政司各縣稅糧分組表
（據萬曆會計錄卷九）

分類號 ________
登記號 ________
計算者 ______ 校算者 ______
抄寫者 ______ 校對者 ______
審正者 ______

組別	縣名	稅糧額	縣數	%
70,000—79,999	蒲城縣	77,566	1	0.60
60,000—69,999	渭南縣	61,679		
	同州	60,759	2	1.20
50,000—59,999	富平縣	59,930	1	0.60
40,000—49,999	臨潼縣	46,933		
	邠州	41,256		
	澄城縣	41,018	3	1.80
30,000—39,999	洛川縣	38,599		
	扶風縣	37,195		
	寶雞縣	37,030		
	興平縣	34,395		
	鳳翔縣	34,119		
	郃陽縣	32,361		
	涇陽縣	31,686		
	安化縣	31,253		
	靈台縣	30,415	9	5.50
20,000—29,999	岐山縣	27,753		
	乾州	27,292		
	長安縣	26,858		
	三原縣	26,510		
	三水縣	26,173		
	盩厔縣	25,436		
	涇州	25,099		
	韓城縣	24,435		
	華州	24,317		
	隴西縣	23,896		
	咸寧縣	23,017		
	朝邑縣	22,616		
	宜川縣	22,104		
	淳化縣	21,656		
	白水縣	20,968		
	平涼縣	20,962		
	醴泉縣	20,393	17	10.00
10,000—19,999	安定縣	18,043		
	華陰縣	17,980		
	耀州	17,933		

28

2.

國立中央研究院社會科學研究所
統計室甲種稿紙

分類號
登記號
計算者　　　　校算者
抄寫者　　　　校對者
審正者

範圍	縣名	稅款數	縣數	%
	靜寧州	17,723		
	同州	17,540		
	河州	17,511		
	興平縣	17,023		
	安定縣	16,768		
	秦州	16,502		
	高陵縣	16,341		
	靖遠縣	16,222		
	鄜州	15,396		
	隴州	14,795		
	通渭縣	13,700		
	郿縣	13,530		
	同官縣	13,325		
	鄠縣	12,778		
	汧陽縣	11,842		
	永壽縣	11,553		
	武功縣	11,410		
	藍田縣	11,396		
	真寧縣	10,313		
	華亭縣	10,073	23	14.00
9,000—9,999	寧遠縣	9,436		
	伏羌縣	9,365		
	狄道縣	9,321		
	甘泉縣	9,089	4	2.40
8,000—8,999	金縣	8,880		
	會寧縣	8,680		
	膚施縣	8,158		
	綏德縣	8,140		
	安化縣	8,084	5	3.00
7,000—7,999	清澗縣	7,837		
	郃陽縣	7,762		
	延川縣	7,729		
	米脂縣	7,686		
	中部縣	7,514		
	延長縣	7,359		
	洋縣	7,219		

29

丙　统计表格

米[illegible] 3,102

國立中央研究院社會科學研究所
統計室甲種稿紙

分類號
登記號
計算者　　校算者
抄寫者　　校對者
審正者

	縣名	稅糧額	縣數	%
	隴州	7,110		
	咸陽縣	7,024	9	5.50
6,000—6,999	秦安縣	6,475		
	慶州	6,410		
	崇信縣	6,315		
	商州	6,133	4	2.40
5,000—5,999	安定縣	5,782		
	禮縣	5,630		
	西和縣	5,117		
	城固縣	5,103		
	鳳縣	5,032	5	3.00
4,000—4,999	合水縣	4,753		
	渭源縣	4,446		
	固原縣	4,164		
	清水縣	4,005	4	2.40
3,000—3,999	淳化縣	3,969		
	隆德縣	3,760		
	安塞縣	3,690		
	靈州	3,217		
	[illegible]	3,127		
	成縣	3,038	7	4.20
2,000—2,999	金州	2,983		
	蘭州	2,937		
	岷州衛	2,897		
	保安縣	2,886		
	徽州	2,619		
	南鄭縣	2,363		
	府谷縣	2,188		
	榆林衛	2,043		
	環縣	2,029	9	5.50
1,000—1,999	吳堡縣	1,903		
	文縣	1,901		
	西鄉縣	1,807		
	神木縣	1,754		
	洵陽	1,495		
	褒城	1,454		

30

國立中央研究院社會科學研究所
統計室甲種稿紙

分類號……
登記號……
計算者……　校算者……
抄寫者……　校對者……
審正者……

	縣名	稅糧額	縣數	%
	兩當縣	1,377		
	沔縣	1,252		
	鎮安縣	1,233		
	山陽縣	1,102	10	6.70
1,000 以下	漢陰縣	949		
	白河縣	902		
	商南縣	865		
	略陽縣	785		
	西固城千戶所	674		
	慶陽衛	595		
	石泉縣	561		
	平利縣	537		
	威武堡	480		
	靖虜衛	468		
	寧羌縣	401		
	臨洮遞運所	372		
	延安衛	369		
	紫陽縣	341		
	安邊營	262		
	三岔遞運所	250		
	靖邊營	249		
	周山縣	244		
	石清驛	233		
	靈州千戶所	230		
	洮州衛	220		
	萌城驛	218		
	小鹽池千戶所	196		
	黃沙驛	195		
	小鹽池驛	158		
	清平縣	156		
	涇陽遞運所	146		
	波羅堡	138		
	山丹遞運所	135		
	青陽驛	124		
	華山驛	124		
	山城驛	123		

31

國立中央研究院社會科學研究所
統計室甲種稿紙

分類號
登記號
計算者　　校算者
抄寫者　　校對者
審正者

縣名	稅糧額	縣數	%
定安營	120		
盤基堡	107		
大洲巡檢司	105		
高家堡	102		
本坪巡檢司	84		
榆林驛	79		
永寧堡	79		
臨城巡檢司	69		
龍州城	60		
三家驛	58		
清平驛	58		
撫遠堡	54		
新興堡	44		
涼山梧驛	37		
安山驛	35		
英涼梧驛	23		
青橋驛	16		
武關驛	14		
蓮山堡	12	51	31.20

32

府名		縣次	縣名
西安府	2	上縣	渭南、蒲城
	6	中縣	臨潼、涇陽、郃陽、澄城、富平、邠州
	28	下縣	長安、咸寧、咸陽、興平、高陵、鄠縣、藍田、三原、盩厔、商州、鎮安、雒[illegible] 山陽、商南、同州、朝邑、白水、韓城、華州、華陰、耀州、同官、乾州、醴[illegible] 武功、永壽、三水、淳化
鳳翔府		上縣	
	3	中縣	鳳翔、寶雞、扶風
	5	下縣	岐山、郿縣、麟游、隴州、汧陽
延安府		上縣	
	1	中縣	洛川
	18	下縣	膚施、安塞、甘泉、安定、保安、宜川、延川、延長、清澗、鄜州、中部、宜[illegible] 綏德、米脂、葭州、吳堡、神木、府谷
平涼府		上縣	
	2	中縣	鎮原、靈台
	8	下縣	平涼、崇信、華亭、固原、涇州、靜寧州、莊浪、隆德
鞏昌府		上縣	
		中縣	
	17	下縣	隴西、安定、會寧、通渭、漳縣、寧遠、伏羌、西和、成縣、秦州、秦安、清[illegible] 禮縣、階州、文縣、徽州、兩當
慶陽府	1	上縣	寧州
	1	中縣	安化
	3	下縣	合水、環縣、真寧
臨洮府		上縣	
		中縣	
	5	下縣	狄道、渭源、蘭州、金縣、河州
漢中府		上縣	
		中縣	
	27	下縣	南鄭、褒城、城固、洋縣、西鄉、鳳縣、寧羌、沔縣、略陽、金州、平利、[illegible] 洵陽、紫陽、漢陰、白河、[illegible]驛、[illegible]驛、[illegible]驛、[illegible]驛、[illegible]驛、[illegible]驛、[illegible]驛、[illegible] [illegible]驛、[illegible]驛、[illegible]驛
[illegible]		上縣	
		中縣	
	36	下縣	[illegible] 威武堡、清平堡、[illegible]、靖邊營、[illegible]、永濟堡、安邊營、新興堡、[illegible]

四川布政司各府税粮分组表

國立中央研究院社會科學研究所
統計室甲種稿紙

四川布政司各府稅粮分組表
（據萬曆會計錄卷之十）

分類號
登記號
計算者　　校算者
抄寫者　　校對者
審正者

組別	府名	稅粮額	府數	%
200,000 以上	重慶府	293,172	1	8.30
150,000—159,999	成都府	157,500	1	8.30
100,000—109,999	叙州府	105,476	1	8.30
60,000—69,999	順慶府	68,004	1	8.30
30,000—39,999	夔州府	30,235	1	8.30
10,000—19,999	保寧府	18,534		
	烏撒軍民府	10,000	2	16.70
9,000—9,999	龍安府	9,183	1	8.30
4,000—4,999	烏蒙軍民府	4,300		
	鎮雄府	4,184	2	16.70
3,000—3,999	東川軍民府	3,000	1	8.30
2,000—2,999	馬湖府	2,937	1	8.30

四川布政司各州税粮分组表

國立中央研究院社會科學研究所
統計室甲種稿紙

四川布政司各州税粮分组表
(據萬曆會計錄卷十)

分類號……
登記號……
計算者……校算者……
抄寫者……校對者……
審正者……

組別	州名	税粮額	州數	%
90,000-99,999	瀘州	90,567	1	6.70
40,000-49,999	嘉定州	40,915	1	6.70
30,000-39,999	眉州	31,835	1	6.70
20,000-29,999	潼川州	25,440		
	邛州	24,342	2	13.40
9,000-9,999	雅州	9,326	1	6.70
3,000-3,999	會川衛	3,879		
	[illegible]	3,250	2	13.40
1,000-1,999	[illegible]長官司	1,945		
	[illegible]長官司	1,859	2	13.40
1,000以下	[illegible]	641		
	[illegible]長官司	569		
	[illegible]衛	271		
	[illegible]	223		
	[illegible]安撫司	173	5	33.10

四川布政司各县税粮分组表

國立中央研究院社會科學研究所
統計室甲種稿紙

分類號
登記號
計算者 校算者
抄寫者 校對者
審正者

四川布政司各縣稅粮分組表
(據萬曆會計錄卷十)

組別	縣名	稅粮額	縣數	%
60,000—69,999	瀘州	67,137	1	0.70
40,000—49,999	富順縣	41,334		
	巴縣	40,808	2	1.30
20,000—29,999	長寿縣	29,920		
	大足縣	29,584		
	永川縣	28,666		
	合州	22,685		
	江津縣	20,748		
	眉州	20,420	6	3.90
10,000—19,999	隆昌縣	19,626		
	銅梁縣	18,504		
	廣安州	16,975		
	榮昌縣	16,455		
	涪州	14,842		
	墊江縣	14,567		
	璧山縣	14,058		
	南溪縣	13,469		
	江安縣	13,410		
	宜賓縣	12,050		
	岳池縣	12,035		
	內江縣	11,229		
	邛州	10,841	13	8.60
9,000—9,999	成都縣	9,886		
	溫江縣	9,708	2	1.30
8,000—8,999	崇慶州	8,944		
	[illegible]縣	8,906		
	灌縣	8,728		
	郫縣	8,658		
	蒲江縣	8,580		
	安岳縣	8,495		
	新都縣	8,323	7	4.60
7,000—7,999	大竹縣	7,838		
	渠州	7,834		
	嘉定州	7,677		

36

分類號
登記號
計算者　校算者
抄寫者　校對者
審正者

	縣名	耗粮額	縣數	%
	合江縣	7,553		
	大邑縣	7,402		
	蓬溪縣	7,216	6	3.90
6,000－6,999	彭縣	6,585		
	渠縣	6,566		
	綦江縣	6,419		
	仁壽縣	6,417		
	遂寧縣	6,292		
	龍安府	6,252		
	金堂縣	6,118		
	浦江縣	6,099		
	梁山縣	6,012	9	5.90
5,000－5,999	資陽縣	5,852		
	新繁縣	5,577		
	遂流縣	6,463		
	播州長官司	5,408		
	茂縣	5,350		
	犍為縣	5,345		
	新津縣	5,303		
	慶符縣	5,232		
	簡州	5,197		
	榮縣	5,026	10	6.60
4,000－4,999	長寧縣	4,866		
	播州宣撫司	4,818		
	洪雅縣	4,774		
	南川縣	4,745		
	華陽縣	4,735		
	南充縣	4,701		
	西充縣	4,582		
	綿竹縣	4,473		
	丹棱縣	4,313		
	安岳縣	4,130	10	6.60
3,000－3,999	開縣	3,978		
	巴州	3,901		
	忠州	3,857		
	高縣	3,837		

37

丙　统计表格

國立中央研究院社會科學研究所
統計室甲種稿紙

分類號……
登記號……
計算者……　核算者……
抄寫者……　校對者……
審正者……

	縣名	税糧數	縣數	%
	青神縣	3,608		
	新寧縣	3,551		
	彭山縣	3,494		
	達州	3,436		
	安縣	3,354		
	德陽縣	3,235		
	雅州	3,200		
	儀隴縣	3,178		
	武連縣	3,094		
	什邡縣	3,043	14	9.30
2,000–2,999	南部縣	2,994		
	崇寧縣	2,939		
	綦江縣	2,730		
	閬中縣	2,704		
	納谿縣	2,467		
	酆都縣	2,451		
	高縣	2,407		
	芦山縣	2,271		
	樂至縣	2,246		
	蓬溪縣	2,207		
	名山縣	2,203		
	彰明縣	2,139		
	建始縣	2,084		
	潼川州	2,084		
	雲陽縣	2,057		
	興文縣	2,017	16	10.60
1,000–1,999	井研縣	1,923		
	中江縣	1,923		
	彭水縣	1,775		
	沐川長官司	1,761		
	蓬州	1,757		
	蒼溪縣	1,735		
	營山縣	1,734		
	奉節縣	1,719		
	榮經縣	1,652		
	通江縣	1,641		

38

國立中央研究院社會科學研究所
統計室甲種積紙

分類號
登記號
計算者　　核算者
抄寫者　　校對者
審正者

	縣名	植株數	縣數	%
	珙縣	1,634		
	江油縣	1,506		
	綿州	1,486		
	石泉縣	1,425		
	大寧縣	1,421		
	筠連縣	1,408		
	巫山縣	1,353		
	南江縣	1,318		
	劍州	1,260		
	東鄉縣	1,228		
	射洪縣	1,146		
	羅江縣	1,139		
	梓潼縣	1,130		
	[illegible]縣	1,049		
	廣元縣	1,030	25	16.60
1,000 以下	茂州	949		
	威州	834		
	昭化縣	821		
	武隆縣	816		
	酉陽縣	816		
	[illegible]	692		
	[illegible]	688		
	[illegible]長官司	638		
	大邑縣	535		
	[illegible]長官司	479		
	保縣	414		
	[illegible]長官司	412		
	[illegible]長官司	398		
	[illegible]縣	390		
	[illegible]縣	330		
	[illegible]長官司	327		
	[illegible]長官司	284		
	汶川縣	281		
	[illegible]長官司	250		
	[illegible]長官司	231		
	[illegible]	204		

38

國立中央研究院社會科學研究所
統計室甲種稿紙

分類號……
登記號……
計算者……　校算者……
抄寫者……　校對者……
審正者……

縣名	稅糧額	縣數	90
[illegible]長官司	186		
[illegible]溪[illegible]長官司	185		
[illegible]長官司	161		
松潘衛	136		
[illegible]蓬長官司	124		
[illegible]長官司	114		
[illegible]	83		
[illegible] [illegible]司	57		
[illegible]長官司	48	30	19.90

42

府名		縣次	縣名
重慶府		上縣	
	1	中縣	巴縣
	32	下縣	江津、長壽、大足、永川、榮昌、綦江、南川、黔江、安居、璧山、合州、銅梁、定遠、忠州、豐都、墊江、涪州、武隆、彭水、[illegible]長官司、[illegible]安撫司、[illegible]安撫司、[illegible]安撫司、[illegible]長官司、[illegible]長官司、[illegible]長官司、真州長官司、[illegible]長官司、酉陽宣撫司、邑梅洞長官司、平茶洞長官司、[illegible]
成都府		上縣	
		中縣	
	36	下縣	成都、華陽、雙流、溫江、新繁、金堂、仁壽、新都、井研、郫縣、資縣、灌縣、彭縣、安縣、內江、崇寧、資陽、簡州、崇慶州、新津、漢州、什邡、綿竹、德陽、綿州、彰明、羅江、茂州、汶川、威州、保縣、[illegible]長官司、疊溪[illegible]長官司、隴木頭長官司、松潘衛、[illegible]千戶所
敘州府		上縣	
	1	中縣	富順
	9	下縣	宜賓、慶符、南溪、長寧、高縣、筠連、珙縣、興文、隆昌
順慶府		上縣	
		中縣	
	10	下縣	南充、西充、蓬州、營山、儀隴、廣安州、渠縣、大竹、岳池、鄰水
夔州府		上縣	
		中縣	
	14	下縣	奉節、巫山、大昌、雲陽、大寧、萬縣、開縣、新寧、梁山、建始、達州、東鄉、太平、[illegible]
保寧府		上縣	
		中縣	
	10	下縣	閬中、蒼溪、南部、廣元、昭化、巴州、通江、南江、劍州、梓潼
龍安府		上縣	
		中縣	
	3	下縣	平武、江油、石泉
馬湖府		上縣	
		中縣	
	5	下縣	[illegible]、泥溪長官司、平夷長官司、蠻夷長官司、沐川長官司

41

丙　统计表格

州名		县次	县名
泸州	1	上县	泸州
		中县	
	3	下县	纳溪、合江、江安
嘉定州		上县	
		中县	
	7	下县	嘉定州、峨眉、洪雅、夹江、犍为、荣县、威远
眉州		上县	
		中县	
	4	下县	眉州、彭山、丹棱、青神
潼川州		上县	
		中县	
	8	下县	潼川州、射洪、盐亭、中江、通泉、蓬溪、安岳、乐至
邛州		上县	
		中县	
	3	下县	邛州、大邑、蒲江
雅州		上县	
		中县	
	4	下县	雅州、名山、荥经、芦山

广东布政司各府州税粮分组表

國立中央研究院社會科學研究所
統計室甲種稿紙

廣東布政司(各府州)稅粮分組表
(據萬曆會計錄卷之十一)

分類號
登記號
計算者 校算者
抄寫者 校對者
審正者

組別	府名	稅粮額	府數	%
200,000 以上	廣州府	314,538	1	12.50
160,000-169,999	潮州府	166,496	1	12.50
130,000-139,999	肇慶府	138,456	1	12.50
60,000-69,999	惠州府	67,563	1	12.50
50,000-59,999	高州府	52,870	1	12.50
40,000-49,999	韶州府	49,931	1	12.50
30,000-39,999	南雄府	34,963	1	12.50
10,000-19,999	廉州府	18,262	1	12.50

組別	州名	稅粮額	州數	%
10,000-19,999	羅定州	17,072	1	100.00

43

广东布政司各县税粮分组表

國立中央研究院社會科學研究所
統計室甲種稿紙

廣東布政司各縣稅糧分組表
（據萬曆會計錄卷十一）

分類號
登記號
計算者 核算
抄寫者 校對
審正者

組別	縣名	稅糧額	縣數	%
50,000—59,999	南海縣	52,740	1	1.50
40,000—49,999	番禺縣	41,023	1	1.50
30,000—39,999	新會縣	36,719		
	東莞縣	35,831		
	順德縣	34,690		
	高要縣	30,352		
	保昌縣	30,082	5	7.60
20,000—29,999	海陽縣	28,650		
	增城縣	25,172		
	香山縣	22,864	3	4.50
10,000—19,999	博羅縣	19,021		
	新興縣	18,680		
	陽江縣	16,259		
	曲江縣	15,786		
	三水縣	15,126		
	英德縣	14,695		
	四會縣	14,522		
	茂名縣	14,090		
	德慶州	12,649		
	歸善縣	12,581		
	恩平縣	12,136		
	高明縣	10,872		
	新安縣	10,696		
	清遠縣	10,439		
	電白縣	10,004	15	22.80
9,000—9,999	羅定州	9,604		
	儋州	9,235	2	3.00
8,000—8,999	吳川縣	8,783		
	合浦縣	8,706		
	廣寧縣	8,454		
	化州	8,068		
	新寧縣	8,038	5	7.60
7,000—7,999	龍門縣	7,982		
	臨高縣	7,671		
	陽春縣	7,339		
	翁源縣	7,096		

49

* 封川縣 5,077

國立中央研究院社會科學研究所
統計室甲種稿紙

分類號
登記號
計算者 校算者
抄寫者 校對者
審正者

	縣名	稅糧額	縣數	%
	臺山縣	7,035	5	7.60
6,000— 6,999	樂昌縣	6,550		
	萬州	6,329		
	海豐縣	6,140		
	石城縣	6,098	4	6.00
5,000— 5,999	河源縣	5,939		
	信宜縣	5,827		
	連州	5,570		
	東安縣	5,561		
	文昌縣	5,211	6	9.10
4,000— 4,999	*始興縣	4,881		
	長樂縣	4,719		
	龍川縣	4,203	3	4.50
3,000— 3,999	崖州	3,995		
	永安縣	3,939		
	從化縣	3,535		
	仁化縣	3,229		
	長寧縣	3,094	5	7.60
2,000— 2,999	陽山縣	2,734		
	和平縣	2,716		
	翁源縣	2,575		
	欽州	2,521		
	開建縣	2,116	5	7.60
1,000— 1,999	西寧縣	1,907		
	昌化縣	1,743		
	樂會縣	1,703		
	陵水縣	1,504		
	連山縣	1,359	5	7.60
1,000 以下	感恩縣	888	1	1.50

45

府名		縣次	縣名
廣州府		上縣	
	5	中縣	南海，番禺，順德，東莞，新會
	11	下縣	從化，龍門，新寧，增城，香山，三水，清遠，連州，陽山，連山，新安
潮州府		上縣	
		中縣	
	1	下縣	海陽
肇慶府		上縣	
	1	中縣	高要
	10	下縣	四會，新興，陽春，陽江，高明，恩平，廣寧，德慶州，封川，開建
惠州府		上縣	
		中縣	
	10	下縣	歸善，博羅，長寧，永安，海豐，河源，龍川，長樂，興寧，和平
韶州府		上縣	
		中縣	
	6	下縣	曲江，樂昌，仁化，乳源，翁源，英德
南雄府		上縣	
	1	中縣	保昌
	1	下縣	始興
高州府		上縣	
		中縣	
	6	下縣	茂名，電白，信宜，化州，吳川，石城
廉州府		上縣	
		中縣	
	3	下縣	合浦，欽州，靈山

州名		縣次	縣名
罗定州		上县	
		中县	
	3	下县	本州，东安，西宁

47

广西布政司各府税粮分组表

國立中央研究院社會科學研究所
統計室甲種稿紙

廣西布政司各府稅粮分組表
(據萬曆會計錄卷之十二)

分類號
登記號
計算者 校算者
抄寫者 校對者
審正者

組別	府名	稅粮額	府數	%
110,000—119,999	桂林府	117,514	1	10.00
100,000—109,999	梧州府	101,761	1	10.00
60,000—69,999	柳州府	64,110	1	10.00
30,000—39,999	潯州府	39,898		
	南寧府	39,054	2	20.00
20,000—29,999	平樂府	29,015	1	10.00
10,000—19,999	慶遠府	16,091		
	思恩軍民府	13,283		
	直隸土官[illegible]	10,921	3	30.00
3,000—3,999	太平府	3,235	1	10.00

48

广西布政司各县税粮分组表

國立中央研究院社會科學研究所
統計室甲種稿紙

分類號……
登記號……
計算者…… 校…
抄寫者…… 校…
審正者……

廣西布政司各縣稅糧分組表
（據粤督會計錄卷十二）

組別	縣名	稅糧額	縣數	%
30,000—39,999	臨桂縣	30,459	1	0.90
20,000—29,999	全州	28,479	1	0.90
10,000—19,999	靈川縣	19,674		
	宣化縣	18,640		
	貴縣	18,408		
	蒼梧縣	18,039		
	藤縣	17,754		
	北流縣	14,160		
	鬱林縣	14,098		
	興安縣	13,856		
	融縣	13,072		
	博白縣	11,813		
	賓州	11,808		
	桂平縣	10,746		
	賀縣	10,525		
	柳城縣	10,017	14	13.30
9,000—9,999	平南縣	9,639	1	0.90
8,000—8,999	橫州	8,864		
	容縣	8,464	2	1.90
7,000—7,999	武緣縣	7,507		
	羅城縣	7,329		
	陸川縣	7,119	3	2.80
6,000—6,999	上林縣	6,334		
	來賓縣	6,271		
	灌陽縣	6,122		
	隆安縣	6,052	4	3.70
5,000—5,999	懷集縣	5,714		
	宜山縣	5,684		
	陽朔縣	5,339		
	九土司	5,776		
	興業縣	5,172	5	4.80
4,000—4,999	田州	4,866		
	平樂縣	4,492		
	永福縣	4,174		
	昭平縣	4,153	4	3.70
3,000—3,999	象州	3,909		

49

國立中央研究院社會科學研究所
統計室甲種稿紙

分類號
登記號
計算者　校
抄寫者　校
審正者

	縣名	稅糧額	縣數	%
	永淳縣	3,499		
	馬平縣	3,371		
	富川縣	3,331		
	永寧州	3,140	5	4.80
2,000—2,999	來賓縣	2,767		
	思恩縣	2,612		
	岑溪縣	2,428		
	荔浦縣	2,171		
	天河縣	2,146	5	4.80
1,000—1,999	洛容縣	1,904		
	武宣縣	1,872		
	恭城縣	1,802		
	河池州	1,689		
	泗城州	1,647		
	永安州	1,316		
	遷江縣	1,243		
	修仁縣	1,225		
	武緣縣	1,105		
	鎮安府	1,100		
	新寧州	1,057		
	東蘭州	1,014	12	11.30
1,000 以下	永定長官司	735		
	南丹州	729		
	向武州	654		
	萬承州	502		
	懷遠縣	484		
	龍州	462		
	歸德州	449		
	那地州	410		
	上林長官司	400		
	荔波縣	393		
	龍英州	376		
	永順長官司	359		
	忻城縣	320		
	果化州	286		
	都康州	241		

國立中央研究院社會科學研究所
統計室甲種稿紙

分類號……
登記號……
計算者……校算
抄寫者……校對
審正者……

縣名	稅根額	縣數	%
太平州	239		
左州	233		
江州	220		
萬承縣	215		
崇善縣	208		
安平州	190		
思城州	167		
陀陵縣	167		
憑祥州	165		
羅陽縣	156		
忠州	150		
赫明州	150		
養利州	148		
安隆長官司	142		
果化州	140		
全茗州	120		
茗盈州	103		
上下凍州	103		
下雷峒	100		
佶倫州	100		
利州	100		
鎮遠州	99		
都結州	98		
思明府	91		
思同州	88		
結安州	78		
上思州	67		
思明州	61		
永康縣	40		
湖潤寨	36		
遷隆州	36		
上石西州	30		
思陵州	30		
下石西下	25	49	46.20

51

府名	縣次	縣名
桂林府	上县	
1	中县	臨桂
8	下县	興安，靈川，陽朔，永寧州，永福，義寧，全州，灌陽
梧州府	上县	
	中县	
10	下县	蒼梧，藤县，容县，岑溪，懷集，鬱林，博白，北流，陸川，興業
柳州府	上县	
	中县	
12	下县	馬平，雒容，羅城，柳城，懷遠，融县，來賓，象州，武宣，賓州，遷江，上林
潯州府	上县	
	中县	
4	下县	桂平，平南，貴县，武靖
南寧府	上县	
	中县	
11	下县	宣化，新寧州，橫州，永淳，上思州，隆安，歸德州，果化州，忠州，下雷峒，湖潤寨
平樂府	上县	
	中县	
8	下县	平樂，恭城，富川，賀县，荔浦，修仁，永安州，昭平
慶遠府	上县	
	中县	
11	下县	宜山，天河，河池州，思恩，荔波，東蘭州，那地州，南丹州，忻城，永順長官司，永定長官司
思恩軍民府	上县	
	中县	
2	下县	九土司，武緣
直隸土官衙門	上县	
	中县	
20	下县	鎮安府，向武州，奉議州，都康州，歸順州，高[illegible]，思明府，思明州，上石西州，下石西州，江州，思… 思陵州，利州，遷隆州，上林長官司，安隆長官司，泗城州，田州，憑祥州
太平府	上县	
	中县	
19	下县	太平州，鎮遠州，萬承州，安平州，思同州，養利州，茗盈州，全茗州，結安州，龍英州，結倫州，都結州， 上下凍州，思城州，左州，崇善州，羅陽，陀陵，永康

云南布政司各府州税粮分组表

國立中央研究院社會科學研究所
統計室甲種稿紙

雲南布政司各府州稅粮分組表
(據萬曆會計錄卷之十三)

分類號
登記號
計算者　校算者
抄寫者　校對者
審正者

組別	府名	稅粮額	府數	%
30,000—39,999	雲南府	34,248	1	5.90
20,000—29,999	大理府	24,826	1	5.90
10,000—19,999	臨安府	16,105	1	5.90
9,000—9,999	楚雄府	9,039	1	5.90
8,000—8,999	永昌軍民府	8,427	1	5.90
7,000—7,999	曲靖軍民府	7,832		
	鶴慶軍民府	7,341		
	澂江府	7,216	3	17.60
4,000—4,999	蒙化府	4,852	1	5.90
3,000—3,999	姚安軍民府	3,638		
	武定軍民府	3,433		
	廣西府	3,302	3	17.60
2,000—2,999	尋甸軍民府	2,749		
	麗江軍民府	2,416	2	11.80
1,000—1,999	元江軍民府	1,930		
	景東府	1,150		
	廣南府	1,005	3	17.60

組別	州名	稅粮額	州數	%
2,000—2,999	北勝州	2,606	1	33.30
1,000以下	新化州	505		
	者樂甸長官司	70	2	66.60

53

云南布政司各县税粮分组表

國立中央研究院社會科學研究所
統計室甲種稿紙

雲南布政司各縣稅糧分組表
（據萬曆會計錄卷十三）

分類號
登記號
計算者　　校算者
抄寫者　　校對者
審正者

組別	縣名	稅糧額	縣數	%
7,000—7,999	太和縣	7,785		
	嵩明州	7,311		
	昆明縣	7,206	3	3.80
4,000—4,999	雲南縣	4,558		
	劍川州	4,336	2	2.50
3,000—3,999	騰越州	3,847		
	浪穹縣	3,828		
	霑益州	3,708		
	楚雄縣	3,481		
	趙州	3,402		
	安寧州	3,248	6	7.60
2,000—2,999	建水州	2,904		
	河陽縣	2,884		
	賓川州	2,818		
	晉寧州	2,760		
	保山縣	2,758		
	鄧川州	2,414		
	呈貢縣	2,366		
	昆陽州	2,365		
	石屏州	2,279		
	嶍峨縣	2,166		
	姚州	2,147		
	~~[illegible]~~	2,147		
	宜良縣	2,034	13	16.40
1,000—1,999	河西縣	1,914		
	南寧縣	1,774		
	新興州	1,622		
	寧州	1,600		
	蒙自縣	1,595		
	大姚縣	1,491		
	鎮南州	1,483		
	定遠縣	1,431		
	祿勸州	1,392		
	富民縣	1,383		
	羅次縣	1,383		

54

國立中央研究院社會科學研究所
統計室甲種稿紙

分類號
登記號
計算者　　校算者
抄寫者　　校對者
審正者

1,000 以下

縣名	稅糧額	縣數	%
廣通縣	1,374		
師宗州	1,351		
通安州	1,344		
新化縣	1,268		
沾益州	1,220		
阿迷州	1,187		
永平縣	1,059		
易門縣	1,055		
祿豐縣	1,052		
路南州	1,044		
和曲州	1,021		
元謀縣	1,020	23	29.10
江川縣	897		
馬龍州	847		
三泊縣	817		
陸涼州	802		
陽宗縣	769		
廣南府富州	758		
南安州	724		
王弄山長官司	687		
通海縣	674		
維摩州	579		
施甸長官司	536		
羅雄州	532		
巨津州	501		
定邊縣	445		
溪處甸長官司	424		
蘭州	293		
富州	247		
虧容甸長官司	231		
鳳溪長官司	227		
寶山州	222		
納樓茶甸長官司	200		
永勝縣	159		
廣西府彌勒	152		
順州	142		

55

國立中央研究院社會科學研究所
統計室甲種稿紙

分類號
登記號
計算者　　校算者
抄寫者　　校對者
審正者

縣名	槍枝數	縣數	%
嶍峨縣	101		
虧容甸長官司	78		
[illegible]縣	56		
左能寨長官司	55		
思陀甸長官司	41		
[illegible]	30		
十二關長官司	21		
落恐甸長官司	20	32	40.60

56

府名		縣次	縣名
雲南府		上县	
		中县	
	13	下县	昆明、富民、宜良、嵩明州、晋寧州、歸化、呈貢、安寧州、羅次、祿豐、昆陽州、三泊、易门
大理府		上县	
		中县	
	8	下县	太和、趙州、雲南、鄧川州、浪穹、賓川州、雲龍州、十二關長官司
臨安府		上县	
		中县	
	17	下县	建水州、石屏州、阿迷州、寧州、通海、河西、嶍峨、蒙自、納樓茶甸長官司、教化三部長官司、[illegible]長官司、[illegible]長官司、[illegible] [illegible]
楚雄府		上县	
		中县	
	7	下县	楚雄、定遠、廣通、定邊、[illegible]、南安州、鎮南州
永昌軍民府		上县	
		中县	
	5	下县	保山、永平、騰越州、施甸長官司、鳳溪長官司
曲靖軍民府		上县	
		中县	
	6	下县	南寧、亦佐、霑益州、陸涼州、馬龍州、羅雄州
鶴慶軍民府		上县	
		中县	
	3	下县	[illegible]、劍川州、順州
澂江府		上县	
		中县	
	5	下县	河陽、江川、陽宗、新興州、路南州
姚安軍民府		上县	
		中县	
	2	下县	姚州、大姚
武定軍民府		上县	
		中县	
	3	下县	和曲州、元謀、祿勸州
廣西府		上县	
		中县	
	4	下县	本府親轄、師宗州、彌勒州、維摩州

57

府名	县次	县名
丽江军民府	上县	
	中县	
5	下县	通安州，宝山州，兰州，巨津州，临西。
广南府	上县	
	中县	
2	下县	本府附郭，富州，

贵州布政司各县税粮分组表

國立中央研究院社會科學研究所
統計室甲種稿紙

1.

分類號
登記號
計算者　核算者
抄寫者　校對者
審正者

貴州布政司各縣稅糧分組表
（據萬曆會計錄卷十四）

組別	縣名	稅糧額	縣數	%
6,000—6,999	[illegible]	6,862	1	0.90
2,000—2,999	[illegible]	2,472	1	0.90
1,000—1,999	[illegible]	1,788		
	[illegible]長官司	1,738		
	[illegible]長官司	1,722		
	十二營長官司	1,695		
	畢節衛	1,116		
	[illegible]衛	1,095	6	5.20
1,000 以下	[illegible]長官司	847		
	康佐長官司	822		
	普定衛	798		
	獨山州	764		
	[illegible]長官司	753		
	[illegible]長官司	720		
	赤水衛	674		
	[illegible]長官司	665		
	程番長官司	644		
	[illegible]長官司	631		
	[illegible]長官司	630		
	[illegible]	555		
	[illegible]長官司	516		
	安南衛	497		
	銅仁長官司	490		
	新添長官司	481		
	[illegible]長官司	473		
	[illegible]長官司	465		
	[illegible]長官司	450		
	貴州衛	442		
	[illegible]	439		
	[illegible]長官司	436		
	[illegible]	[illegible]		
	[illegible]	[illegible]		
	[illegible]縣	372		
	[illegible]	364		
	[illegible]縣	351		

[illegible]-250

國立中央研究院社會科學研究所
統計室甲種稿紙

分類號
登記號
計算者　核算者
抄寫者　校對者
審正者

縣名	機構數	縣數	%
[illegible]長官司	324		
[illegible]長官司	323		
印江縣	321		
麻哈州	312		
[illegible]長官司	308		
[illegible]長官司	293		
[illegible]	287		
[illegible]長官司	285		
[illegible]長官司	283		
[illegible]	282		
[illegible]長官司	280		
[illegible]長官司	270		
[illegible]長官司	266		
[illegible]長官司	263		
貴州前衛	262		
[illegible]長官司	261		
[illegible]長官司	260		
[illegible]長官司	254		
[illegible]縣	254		
[illegible]長官司	251		
[illegible]山長官司	245		
[illegible]長官司	245		
[illegible]長官司	241		
[illegible]長官司	241		
[illegible]長官司	236		
[illegible]長官司	213		
清平縣	206		
[illegible]長官司	202		
威清縣	199		
[illegible]長官司	198		
[illegible]	189		
[illegible]長官司	188		
[illegible]長官司	187		
[illegible]長官司	183		
[illegible]	182		
[illegible]長官司	180		

國立中央研究院社會科學研究所
統計室甲種橫紙

分類號……
登記號……
計算者…… 校算者……
抄寫者…… 校對者……
審正者……

县名	钱粮额	县数	%
[illegible]长官司	166		
[illegible]街	162		
[illegible]长官司	161		
新[illegible]街	161		
[illegible]长官司	160		
[illegible]长官司	159		
[illegible]长官司	153		
[illegible]长官司	150		
[illegible]	150		
[illegible]长官司	149		
[illegible]长官司	135		
[illegible]长官司	134		
丹平长官司	133		
青山长官司	123		
[illegible]长官司	118		
[illegible]长官司	111		
[illegible]长官司	102		
大瓜长官司	96		
[illegible]长官司	81		
[illegible]长官司	92		
[illegible]长官司	77		
[illegible]长官司	72		
施里街	72		
大华长官司	71		
兴隆街	71		
[illegible]长官司	69		
[illegible]长官司	68		
[illegible]长官司	64		
[illegible]长官司	63		
[illegible]长官司	61		
施秉县	61		
丹行长官司	60		
喜市所	49		
[illegible]长官司	45		
麻哈长官司	36		
平越街	34		

60

4

國立中央研究院社會科學研究所
統計室甲種稿紙

分類號
登記號
計算者　　校算者
抄寫者　　校對者
審正者

縣名	[illegible]	縣數	%
[illegible]	20		
[illegible]	16		
[illegible]	15		
[illegible]	10		
[illegible]	8		
[illegible]	8		
[illegible]	2	107	93.00

62

州名		县次	县名
贵州宣慰使司		上县	
		中县	
	10	下县	本司直隶下，水东长官司，龙里长官司，底寨长官司，中曹蛮夷长官司，养龙坑长官司，青山长官司，札佐长官司，白纳长官司，乖西蛮夷长官司
贵州等二十一卫所		上县	
		中县	
	21	下县	贵州卫，贵州前卫，毕节卫，乌撒卫，赤水卫，永宁卫，威清卫，平坝卫，普定卫，安庄卫，安南卫，普安卫，龙里卫，新添卫，平越卫，清平卫，兴隆卫，都匀卫，[illegible]卫，普市所，黄平千户所 以上俱下
安顺州		上县	
		中县	
	3	下县	本州直隶[illegible]，宁谷寨，西堡长官司
镇宁州		上县	
		中县	
	3	下县	本州直隶下，十二营长官司，康佐长官司
永宁州		上县	
		中县	
	3	下县	本州直隶下[illegible]，顶营长官司，慕役长官司
新添卫		上县	
		中县	
	5	下县	新添长官司，小平伐长官司，把平寨长官司，丹平长官司，丹行长官司
平越卫		上县	
		中县	
	2	下县	本卫直隶下[illegible]下，杨义长官司

61

府名		縣次	縣名
貴陽府		上县	
		中县	
	21	下县	木官寨长官司，通州寨长官司，金筑长官司，程番长官司，上马桥长官司，小程番长官司，卢番长官司，方番长官司，韦番长官司，洪番长官司，卧龙番长官司，大龙番长官司，小龙番长官司，金石番长官司，罗番长官司，卢山长官司，木瓜长官司，麻响长官司，大华长官司，青竹长官司，平伐长官司
都匀府		上县	
		中县	
	11	下县	都匀长官司，邦水长官司，平浪长官司，平州六洞长官司，麻哈州，平定长官司，乐平长官司，独山州，丰宁长官司，合江州陈蒙烂土长官司，清平县
黎平府		上县	
		中县	
	13	下县	潭溪蛮夷长官司，八舟蛮夷长官司，洪州泊里长官司，古州蛮夷长官司，曹滴洞蛮夷长官司，新化蛮夷长官司，欧阳蛮夷长官司，亮寨蛮夷长官司，中林验洞蛮夷长官司，龙里蛮夷长官司，湖耳蛮夷长官司，赤溪湳洞蛮夷长官司，永从
思南府		上县	
		中县	
	6	下县	水德江长官司，蛮夷长官司，沿河祐溪长官司，朗溪蛮夷长官司，印江县，婺川县
铜仁府		上县	
		中县	
	6	下县	铜仁长官司，省溪长官司，提溪长官司，大万山长官司，乌罗长官司，平头著可长官司
石阡府		上县	
		中县	
	4	下县	石阡长官司，龙泉坪长官司，葛彰葛商长官司，苗民长官司
思州府		上县	
		中县	
	4	下县	都坪峨异溪蛮夷长官司，黄道溪长官司，都素蛮夷长官司，施溪长官司
镇远府		上县	
		中县	
	3	下县	邛水一十五洞蛮夷长官司，偏桥长官司，镇远，施秉

北直隶布政司各府州税粮分组表

北直隸布政司各府州稅糧分組表
（據萬曆會計錄卷之十三）

分類號 ……
登記號 ……
計算者 …… 校算者 ……
抄寫者 …… 校對者 ……
審正者 ……

組別	府名	稅糧數	府數	%
140,000—149,999	大名府	147,176	1	12.50
110,000—119,999	真定府	117,091	1	12.50
60,000—69,999	河間府	65,803		
	順天府	64,009		
	保定府	61,774	3	37.50
50,000—59,999	廣平府	59,325	1	12.50
40,000—49,999	順德府	43,002	1	12.50
30,000—39,999	永平府	33,350	1	12.50

組別	州名	稅糧數	州數	%
5,000—[illegible]	[illegible]慶州	5,651	1	50.00
1,000—1,999	保安州	1,461	1	50.00

63

北直隶布政司各县税粮分组表

国立中央研究院社会科学研究所
统计室甲种稿纸

北直隸布政司各縣稅糧分組表
(據萬曆會計錄卷十三)

分類號
登記號
計算者 校算者
抄寫者 校對者
審正者

組	別	縣名	稅糧數	縣數	%
20,000 —	29,999	清 縣	29,920		
		開 州	21,619	2	1.60
10,000 —	19,999	滑 縣	17,131		
		長垣縣	15,530		
		魏 縣	14,888		
		清豐縣	13,554		
		滦 州	12,610		
		邯鄲縣	11,565		
		永年縣	10,625		
		元城縣	10,477	8	6.40
9,000 —	9,999	曲周縣	9,111	1	0.80
8,000 —	8,999	邢台縣	8,661		
		景 州	8,415		
		新河縣	8,414	3	2.40
7,000 —	7,999	內黃縣	7,587		
		曲陽縣	7,244	2	1.60
6,000 —	6,999	深 州	6,932		
		文安縣	6,863		
		廣平縣	6,693		
		成安縣	6,612		
		獻 縣	6,582		
		行唐縣	6,205	6	4.80
5,000 —	5,999	東平縣	5,981		
		沙河縣	5,775		
		唐 縣	5,867		
		河間縣	5,634		
		內丘縣	5,627		
		任丘縣	5,555		
		冀 州	5,295		
		真定縣	5,488	8	6.40
4,000 —	4,999	完 縣	4,908		
		遵化縣	4,778		
		南樂縣	4,776		
		鹽山縣	4,835		
		滄 州	4,698		
		蠡縣	4,625		

64

2.

國立中央研究院社會科學研究所
統計室甲種稿紙

分類號
登記號
計算者　　　　校算者
抄寫者　　　　校對者
審正者

	縣名	税粮额	縣數	%
	任县	4,583		
	吴桥县	4,471		
	景州	4,443		
	延庆州	4,424		
	博野县	4,300		
	清苑县	4,187		
	巨鹿县	4,179		
	平山县	4,165		
	灵寿县	4,071		
	南和县	4,061		
	[illegible]县	4,018		
	鸡泽县	4,017	18	14.40
3,000—3,999	饶阳县	3,949		
	藁城县	3,872		
	元氏县	3,836		
	青县	3,778		
	静海县	3,777		
	唐山县	3,767		
	[illegible]县	3,693		
	武邑县	3,683		
	[illegible]县	3,571		
	交河县	3,325		
	[illegible]县	3,292		
	武强县	3,269		
	栾城县	3,261		
	遵化州	3,254		
	大名县	3,254		
	深州	3,207		
	束鹿县	3,161		
	隆平县	3,076		
	无极县	3,073		
	南宫县	3,069		
	冀州	3,067		
	武清县	3,055		
	密云县	3,042	23	18.40
2,000—2,999	[illegible]县	2,980		

3.

國立中央研究院社會科學研究所
統計室甲種稿紙

分類號＿＿＿＿
登記號＿＿＿＿
計算者＿＿＿＿ 校算者＿＿＿＿
抄寫者＿＿＿＿ 校對者＿＿＿＿
審正者＿＿＿＿

	縣名	稅糧額	縣數	%
	[illegible]郡縣	2,958		
	新[illegible]縣	2,923		
	新河縣	2,826		
	廣宗縣	2,811		
	獲鹿縣	2,809		
	[illegible]縣	2,806		
	[illegible]縣	2,792		
	[illegible]縣	2,753		
	[illegible]縣	2,664		
	[illegible]縣	2,657		
	趙州	2,651		
	威縣	2,645		
	[illegible]縣	2,595		
	薊州	2,516		
	[illegible]縣	2,511		
	[illegible]縣	2,507		
	祁州	2,504		
	[illegible]縣	2,495		
	[illegible]縣	2,441		
	井陘縣	2,405		
	固安縣	2,372		
	[illegible]縣	2,370		
	盧龍縣	2,359		
	[illegible]縣	2,324		
	[illegible]縣	2,294		
	[illegible]縣	2,275		
	臨榆縣	2,282		
	三河縣	2,232		
	[illegible]縣	2,195		
	雞澤縣	2,095		
	[illegible]縣	2,082		
	易州	2,077	38	26.40
1,000—1,999	玉田縣	1,877		
	行唐縣	1,836		
	永清縣	1,828		
	[illegible]縣	1,825		

65

国立中央研究院社會科學研究所
統計室甲種橫飭

分類號
登記號
計算者 校算者
抄寫者 校對者
審正者

	縣名	耕地畝數	縣數	%
	柏鄉縣	1,810		
	吳橋縣	1,773		
	高邑縣	1,728		
	香河縣	1,655		
	大安縣	1,626		
	新樂縣	1,651		
	平鄉縣	1,4[illegible]		
	阜平縣	1,410		
	唐山縣	1,403		
	元氏縣	1,377		
	清河縣	1,316		
	永清縣	1,225		
	定興縣	1,023	17	13.60
1,000以下	平谷縣	965		
	容城縣	812		
	徐水縣	762		
	保定縣	386	4	3.20

丙 统计表格

府名		县次	县名
大名府		上县	
		中县	
	11	下县	元城，大名，南乐，魏县，清丰，内黄，濬县，滑县，东明，开州，长垣
真定府		上县	
		中县	
	32	下县	真定，井陉，获鹿，元氏，灵寿，藁城，栾城，无极，平山，阜平，定州，新乐，曲阳，行唐，冀州，南宫，新河，枣强，武邑，晋州，安平，饶阳，武强，赵州，柏乡，隆平，高邑，临城，赞皇，宁晋，深州，衡水
河间府		上县	
		中县	
	18	下县	河间，献县，阜城，肃宁，任丘，交河，青县，兴济，静海，宁津，景州，吴桥，东光，故城，沧州，南皮，盐山，庆云
顺天府		上县	
		中县	
	26	下县	大兴，宛平，良乡，固安，永清，东安，香河，通州，三河，武清，宝坻，漷县，顺义，密云，怀柔，涿州，房山，蓟州，文安，大城，保定，霸州，玉田，丰润，遵化，平谷
保定府		上县	
		中县	
	13	下县	清苑，满城，安肃，定兴，新城，唐县，博野，庆都，容城，完县，蠡县，易州，涞水
广平府		上县	
		中县	
	9	下县	永年，邯郸，成安，肥乡，广平，曲周，鸡泽，威县，清河
顺德府		上县	
		中县	
	9	下县	邢台，广宗，钜鹿，平乡，南和，任县，唐山，内丘，沙河
永平府		上县	
		中县	
	6	下县	卢龙，迁安，抚宁，昌黎，滦州，乐亭，

66

州名	縣次	縣名
延慶州	上县	
	中县	
2	下县	夲州、永寧、

南直隶布政司各府州税粮分组表

国立中央研究院社会科学研究所
统计室甲种稿纸

南直隶布政司各府州税粮分组表

(据万历会计录卷之十六)

分类号
登记号
计算者　　校算者
抄写者　　校对者
审正者

组别	府名	税粮数	府数	%
200,000以上	苏州府	2,09?,557		
	松江府	1,031,487		
	常州府	761,346		
	淮安府	375,276		
	扬州府	246,254		
	应天府	226,615		
	凤阳府	212,738	7	50.00
190,000—199,999	镇江府	197,263	1	7.10
170,000—179,999	徽州府	172,357	1	7.10
130,000—139,999	安庆府	130,949	1	7.10
100,000—109,999	太平府	108,172		
	宁国府	102,292	2	14.40
70,000—79,999	庐州府	76,931	1	7.10
60,000—69,999	池州府	69,060	1	7.10

组别	州名	税粮数	州数	%
140,000—149,999	徐州	147,014	1	25.00
10,000—19,999	广德州	17,703		
	和州	10,935	2	50.00
8,000—8,999	滁州	8,597	1	25.00

67

南直隶布政司各县税粮分组表

國立中央研究院社會科學研究所
統計室甲種稿紙

南直隸布政司各縣稅糧分組表
（據萬曆會計錄卷十六）

分類號
登記號
計算者 校算者
抄寫者 校對者
審正者

組別	縣名	稅糧數	縣數	%
200,000 以上	華亭縣	508,820		
	長洲縣	414,620		
	吳江縣	392,616		
	上海縣	332,197		
	常熟縣	304,218		
	崑山縣	295,165		
	嘉定縣	290,151		
	太倉州	226,416		
	武進縣	224,821	9	8.40
190,000—199,999	青浦縣	190,770	1	0.90
180,000—189,999	宜興縣	184,605		
	無錫縣	182,177	2	1.90
130,000—139,999	吳縣	135,812	1	0.90
120,000—129,999	江陰縣	127,005	1	0.90
90,000—99,999	丹徒縣	92,857	1	0.90
70,000—79,999	寶應縣	72,770		
	泰州	71,564		
	徐州	70,115	3	2.80
60,000—69,999	金壇縣	61,416		
	溧陽縣	60,275	2	1.90
50,000—59,999	興化縣	52,804	1	0.90
40,000—49,999	邳州	47,366		
	海州	46,656		
	山陽縣	46,733		
	宣城縣	45,837		
	丹陽縣	42,991		
	靖江縣	42,738		
	歙縣	42,624		
	句容縣	42,533		
	鹽城縣	41,704	9	8.40
30,000—39,999	婺源縣	39,060		
	沭陽縣	38,945		
	宿州	38,358		

丙
统计表格

國立中央研究院社會科學研究所
統計室甲種稿紙

分類號
登記號
計算者　校算者
抄寫者　校對者
審正者

	縣名	稅糧額	縣數	%
	崇明縣	37,489		
	宿遷縣	37,132		
	休寧縣	36,732		
	桃源縣	32,958		
	泗州	32,318		
	蕭縣	31,861		
	江都縣	31,657		
	高淳縣	31,065	11	10.30
20,000—29,999	全椒縣	29,604		
	上元縣	29,048		
	婺源縣	28,698		
	江寧縣	27,755		
	贛榆縣	26,861		
	溧水縣	26,165		
	盱眙縣	24,719		
	沛縣	23,301		
	來安縣	22,532		
	清河縣	22,417		
	蕪湖縣	22,340		
	貴池縣	20,676		
	合肥縣	20,572		
	績溪縣	20,560	14	13.10
10,000—19,999	南陵縣	17,899		
	黟縣	17,162		
	涇縣	16,445		
	祁門縣	16,248		
	無為州	15,909		
	通州	14,985		
	如皋縣	14,788		
	旌德縣	14,687		
	銅陵縣	13,867		
	望江縣	13,842		
	高郵州	13,599		
	青陽縣	13,272		
	繁昌縣	13,062		
	碭山縣	12,899		

68

3

國立中央研究院社會科學研究所
統計室甲種摘紙

分類號……
登記號……
計算者…… 核算者……
抄寫者…… 校對者……
審正者……

	縣名	稅糧額	縣數	%
	虹縣	11,434		
	廣德州	10,407		
	六安州	10,020	17	15.90
9,000— 9,999	鳳陽縣	9,853		
	潁州	9,774		
	亳州	9,530		
	定遠縣	9,365		
	盱眙縣	9,277		
	[illegible]縣	9,124	6	5.60
8,000— 8,999	[illegible]縣	8,858		
	[illegible]縣	8,824		
	和州	8,312		
	江浦縣	8,201	4	3.80
7,000— 7,999	臨淮縣	7,866		
	[illegible]縣	7,678		
	舒城縣	7,616		
	建平縣	7,296		
	廬江縣	7,176		
	五河縣	7,010	6	5.60
6,000— 6,999	太平縣	6,836		
	石埭縣	6,405		
	英山縣	6,325		
	[illegible]縣	6,120		
	[illegible]縣	6,112		
	來安縣	6,018	6	5.60
5,000— 5,999	壽州	5,511		
	[illegible]縣	5,020	2	1.90
4,000— 4,999	太和縣	4,809	1	0.90
3,000— 3,999	滁州	3,356		
	[illegible]縣	3,235		
	[illegible]縣	3,093		
	霍山縣	3,053	4	3.80
2,000— 2,999	天長縣	2,904		
	[illegible]縣	2,805		
	全椒縣	2,753		
	含山縣	2,623		

國立中央研究院社會科學研究所
統計室甲種稿紙

分類號
登記號
計算者　　校算者
抄寫者　　校對者
審正者

縣名	總穀物	縣數	%
東莞縣	2,308		
六合縣	2,579	6	5.60

府名		县次	县名
苏州府	7	上县	吴县、长洲、昆山、常熟、吴江、嘉定、太仓州
	1	中县	崇明
		下县	
松江府	3	上县	华亭、上海、青浦
		中县	
		下县	
常州府	4	上县	武进、无锡、江阴、宜兴
	1	中县	靖江
		下县	
淮安府		上县	
	10	中县	山阳、盐城、清河、安东、桃源、沭阳、海州、赣榆、邳州、宿迁
	1	下县	睢宁
扬州府	1	上县	泰州
	2	中县	江都、兴化
	7	下县	仪真、泰兴、高邮州、宝应、如皋、通州、海门
应天府	1	上县	溧阳
	2	中县	句容、高淳
	5	下县	上元、江宁、溧水、江浦、六合
凤阳府		上县	
	2	中县	泗州、宿州
	16	下县	凤阳、临淮、怀远、定远、五河、虹县、寿州、霍丘、蒙城、盱眙、天长、灵璧、颍州、颍上、太和、亳州
镇江府	2	上县	丹徒、金坛
	1	中县	丹阳
		下县	
徽州府		上县	
	3	中县	歙县、休宁、婺源
	3	下县	祁门、黟县、绩溪
安庆府		上县	
		中县	
		下县	
太平府	1	上县	当涂
		中县	
	2	下县	芜湖、繁昌

府名		县次	县名
宁国府		上县	
	1	中县	宣城
	5	下县	南陵、泾县、宁国、旌德、太平
庐州府		上县	
		中县	
	8	下县	合肥、庐江、舒城、无为州、巢县、六安州、英山、霍山
池州府		上县	
		中县	
	6	下县	贵池、铜陵、青阳、石埭、东流、建德

州名		県次	県名
徐州	1	上県	本州
	1	中県	蕭県
	3	下県	沛県、碭山、豊県
廣德州		上県	
		中県	
	2	下県	本州、建平
和州		上県	
		中県	
	2	下県	本州、含山
滁州		上県	
		中県	
	3	下県	本州、全椒、来安

70

四川布政司夏税秋粮表

國立中央研究院社會科學研究所
統計室甲種稿紙

分類號
登記號
計算者　校算者
抄寫者　校對者
審正者

	夏税		秋粮		税粮合計	
	麦額(石)	佔全省%	米額(石)	佔全省%	米麦額(石)	佔全省%
四川省布政司總計	309,891	100.00	718,653	100.00	1,028,544	100.00
成都府	48,486	15.70	109,768	15.30	158,254	15.40
保寧府	9,525	3.10	9,682	1.30	19,207	1.90
順慶府	23,357	7.60	49,123	6.80	72,480	7.00
敍州府	32,887	10.60	85,542	11.90	118,429	11.50
重慶府	109,833	35.50	248,021	43.60	357,854	34.70
夔州府	8,760	2.80	21,805	3.00	30,565	2.90
馬湖府	833	0.30	2,103	0.30	2,936	0.30
龍安府	2,215	9.70	7,013	1.00	9,228	0.90
[illegible]			4,185	0.60	4,185	0.40
[illegible]			10,000	1.40	10,000	1.00
[illegible]			3,000	0.40	3,000	0.30
[illegible]			4,300	0.60	4,300	0.40
潼川州	11,053	3.50	15,879	2.20	26,932	2.60
眉州	9,785	3.20	22,328	5.10	32,113	3.10
嘉定州	10,842	3.40	30,429	4.20	41,271	4.00
邛州	6,117	1.90	18,375	2.50	24,492	2.40
瀘州	31,467	10.20	59,572	8.30	91,039	8.80
雅州	2,304	0.70	7,148	1.00	9,452	0.90
[illegible]	637	0.20	1,220	0.20	1,857	0.20
[illegible]	926	0.30	1,018	0.10	1,944	0.20
[illegible]	161	0.05	408	0.06	569	0.04
[illegible]	9		164	0.02	173	0.01
[illegible]	258	0.09	2,992	0.40	3,250	0.30
[illegible]			223	0.03	223	0.01
[illegible]	53	0.02	218	0.03	271	0.01
[illegible]	237	0.08	3,642	0.60	3,879	0.30
[illegible]	146	0.05	495	0.07	641	0.05

山东布政司夏税秋粮表

注：(1)原数据855,161 (2)原数据1,995,831

国立中央研究院社会科学研究所
统计室甲种稿纸

山东通志卷七七

分类号
登记号
計算者　　核算者
抄寫者　　校對者
審正者

	官民田(顷)	夏税 麦额(石)	秋粮 米额(石)	税粮合计 米麦额(石)	夏税 %	秋粮 %
山东布政司总计	573,261	855,257	1,996,356	2,851,607	30.00	70.00
济南府合计	179,517	255,861	596,376	852,237	29.90	70.60
兖州府合计	83,577	134,885	315,430	450,315	29.90	70.10
东昌府合计	59,704	95,586	223,404	318,990	30.00	70.00
青州府合计	133,911	200,943	469,185	670,128	29.90	70.10
登州府合计	50,491	70,995	165,661	236,654	30.00	70.00
莱州府合计	66,064	96,985	226,300	323,285	30.00	70.00

丙　统计表格

清代雍正、乾隆朝征收钱粮方式表

年代	地域			說明	題報日期及題報者		
雍正12.2.4.—乾隆2.5.15.	浙江省		淳安縣	順庄滾徵儎料不摽	乾隆2.7.6.	吏部尚書張廷玉	1
		嘉興府	通判	監收漕白二糧禁絕浮派	〃〃2.3.13.	浙江總督兼巡撫嵇曾筠	2
			太平縣	徵收錢粮並無加派	〃〃2.3.13	〃〃〃〃〃	3
			蘭谿〃	徵收錢粮照例順莊滾催	〃〃2.3.13	〃〃〃〃〃	4
			西安〃	徵收錢粮亦無加派	〃〃2.3.13	〃〃〃〃〃	5
		金衢嚴道		嚴禁各屬加派重耗	〃〃2.3.13	〃〃〃〃〃	6
		嘉興府		暫徵七色錢糧禁絕火耗	〃〃2.3.13	〃〃〃〃〃	7
			歸安縣	徵收錢糧聽民自封投櫃並無加派	〃〃2.3.13	〃〃〃〃〃	8
			山陰〃	徵收錢糧順莊滾催從無加派	〃〃2.3.13	〃〃〃〃〃	9
			象山〃	徵收錢糧並無加派	〃〃2.3.13	〃〃〃〃〃	10
乾隆22.12.15.—23.12.15			建德〃	徵收錢糧順莊滾催	〃〃26.3.15	浙江巡撫莊有恭	11
〃〃32.11.18—33.11.18			新城〃	徵收錢糧順莊滾催	〃〃34.2.6	〃〃〃永德	12
〃〃37.10.11—38.9.11			長興〃	徵收錢糧順莊滾催	〃〃38.12.18	吏部尚書舒赫德	13
〃〃42.6.2—43.6.2			於潛〃	徵收錢糧順莊滾催令民自封投櫃	〃〃44.3.29	浙江巡撫王亶望	14
〃〃46.9.19—47.7.19			定海〃	錢糧按莊滾催	〃〃48.6.29	吏部尚書阿桂	15
〃〃49.7.20—50.7.20			諸暨〃	徵收錢糧順莊滾催	〃〃51.1.26	〃〃〃〃〃	16
〃〃27.X5.12—29.1.14			平湖〃	徵收錢糧順莊滾催	〃〃30.12.10	〃〃〃傅恒	17

年代	地域	說明	題報日期	及題報者	
雍正13.2.18—乾隆2.2.19	陝西省 白河縣	催科得法陋弊悉除	乾隆2.9.6.	吏部尚書 張廷玉	1
乾隆51.10.22—52.10.22	南鄭〃	徵收錢糧俱令花户自封投櫃	〃〃53.3.12.	〃〃〃〃 劉墉	2
〃〃51.11.17—52.11.17	洛川〃	催徵錢糧全民自封投櫃	〃〃53.4.17	陝西巡撫 巴延三	3
〃〃54.11.15—55.11.15	靖遠〃	徵收錢糧散給由單俱令户民自封投櫃	〃〃55.12.8	〃〃〃〃 勒保	

年代	地域	說明	題報日期	及題報者	
乾隆7.12.—8.12	甘肅省寧夏府 寧夏縣	徵收錢糧選用滾單	乾隆14.12.1.	甘肅巡撫 黄廷桂	1
〃〃47.7.26—48.7.26	大通〃	徵收錢糧令花户自行完納	〃〃49.1.24	吏部尚書 阿桂	2
〃〃54.11.15—55.11.15	靖遠〃	徵收錢糧散給由單俱令户民自封投櫃	〃〃55.12.8	陝甘總督署甘肅巡撫 勒保	3

年代	地域			說明	題报日期及題报者		
雍正13.4.17—乾隆1.4.17	江西省	撫州府	東鄉縣	徵收錢糧設立滚單照依部頒法馬令民自封投櫃並無加耗	乾隆1.11.26	江西巡撫俞兆岳	1
乾隆1.3.19—12.13		饒〃	萬年〃	徵收錢糧力行滚單並無加耗 徵收漕米革除陋規令民自行平量並無浮加斛面	〃〃1.12.13	〃〃〃〃	2
雍正13.7.9—乾隆1.7.9		南康〃	星子〃	徵收錢糧力行滚單令民自封投納 徵收漕米革除陋規令民自行平量並無勺合浮多	〃〃2.3.9	吏部尚書張廷玉	3
〃〃13.10.27—乾隆1.10.27		吉安〃	永新〃	錢糧則自封投櫃並無重耗 漕米則平盪兑收從不許加斛面	〃〃2.7.28	〃〃〃〃	4
〃〃13.10.12—〃〃1.4.12		贛州〃	雩都〃	徵收錢糧設立滚催令民自封投櫃並無加耗	〃〃2.6.24	江西巡撫岳濬	5
		南康〃	建昌〃	徵糧則令民自封投櫃 收漕則聽民戶自行量盪並無淋尖踢斛	〃〃2.11.26*	吏部尚書張廷玉	6
		撫州〃	東鄉〃	輸納錢糧令民自封投櫃 徵收漕米並無加耗浮多	〃〃3.11.15	江西巡撫岳濬	7
		饒〃	餘干〃	徵收錢糧令民自封投櫃 平量漕米並無加耗浮收	〃〃3.12.17	吏部尚書張廷玉	8
		撫〃〃		嚴飭各屬徵收錢糧照依部法收漕遵用制斛毋許重耗浮收	〃〃23.4.27	江西巡撫阿思哈	9
		吉安〃		嚴飭所屬徵收錢糧照依法馬收徵漕米遵用制斛毋許重耗浮收	〃〃23.4.27	〃〃〃〃	10
			南昌縣	徵收錢糧遵用滚催並無重耗	〃〃23.4.27	〃〃〃〃	11
			浮梁〃	徵收錢漕照依部法制斛並無重耗浮收	〃〃23.4.27	〃〃〃〃	12
			新淦〃	徵收錢糧遵用滚催並無重耗	〃〃23.4.27	〃〃〃〃	13
		南昌府		督率各屬徵收錢糧遵用滚單毋許重耗	〃〃23.4.27	〃〃〃〃	14
		〃〃	寧州	徵收漕米聽民平盪亦無浮高 徵收錢糧令民自封投櫃毋致重耗	〃〃23.4.27	〃〃〃〃	15
乾隆21.11.9—22.11.9		建〃	瀘溪縣	徵收錢糧並無重耗 收漕照依制斛	〃〃23.11.15	吏部尚書傅恒	16
〃〃32.7.12—33.8.1		吉安〃	安福〃	徵收錢糧令民自封投櫃並無重耗 收漕聽民平盪亦無浮多	〃〃34.3.9	〃〃〃〃託庸	17
〃〃36.7.26—9.10		臨江〃	清江〃	徵收錢糧照依滚單令民自封投櫃並無重耗	〃〃36.11.16	〃〃〃〃劉統勳	18
〃〃35.4.22—36.3.22		贛州〃	雩都〃	徵收錢糧遵用滚催令民自封投櫃並無重耗	〃〃36.5.28	江西巡撫海明	19
〃〃42.11.10—43.10.10		建昌〃	新城〃	徵收錢糧照依法馬令民自封投櫃 徵收漕米聽民平較並無浮高	〃〃44.4.21	吏部尚書德保	20
〃〃54.6.10—55.6.10		〃〃	瀘溪〃	催徵錢糧設立滚單令民自封投櫃並無重耗	〃〃55.9.6	江西巡撫託倫	21
		南昌〃		督率各屬徵收錢糧遵用滚單毋許重耗 收漕照依制斛毋許浮高	〃〃50.4.6	〃〃〃〃伊星阿	22
		廣信〃		嚴飭各屬徵收錢糧遵用法馬收漕照依制斛毋許重耗浮高	〃〃50.4.6	〃〃〃〃	23
			浮梁縣	徵收錢糧遵用滚催並無重耗	〃〃50.4.6	〃〃〃〃	24
		南昌府	寧州	徵收錢糧令民自封投櫃並無重耗 收漕令民自盪亦無浮高斛面	〃〃3.6.17	吏部尚書張廷玉	25
		贛州〃	石城縣	徵收錢糧遵用滚催	〃〃3.6.17	〃〃〃〃	26
		饒〃	德興〃	徵收錢糧令民自封投櫃並無加耗 收漕令民自盪亦無浮加斛面	〃〃3.6.17	〃〃〃〃	27

* 大約日期

年代	地域			說明	題報日期	及題報者			
雍正13.6.26—乾隆3.5.11	直隸省	宣化府	西寧縣	徵收錢糧不加重耗	乾隆3.6.22	吏部尚書	張廷玉	✓	1
乾隆23.7.16—24.26.16		廣平〃	永年〃	徵收錢糧遵用滾單令民自封投櫃並無加派重耗	〃〃24.9.23	直隸總督	方觀承	✓	2
〃〃34.6.1—35.25.1		宣化〃	懷來〃	徵收錢糧俱令花戶自封投櫃	〃〃35.12.2	吏部尚書	劉統勳	✓	3
〃〃40.5.22—42.4.22		順天〃	東安〃	徵收錢糧令民自封投櫃	〃〃43.2.14	〃〃	阿桂	✓	4
〃〃40.12.23—41.12.23		保定〃	完〃	徵收錢糧令花戶自封投櫃	〃〃43.2.9	〃〃	〃	✓	5
〃〃42.7.8—42.12.2		〃〃	安肅〃	徵收錢糧令民自封投櫃	〃〃43.3.3	〃〃	〃	✓	6
〃〃39.2.21—42.3.19		永平〃	灤州	徵收錢糧令民自封投櫃	〃〃43.2.6	〃〃	〃	✓	7
〃〃48.7.22—49.6.22		大名〃	清豐縣	徵收錢糧遵用滾單並無浮派	〃〃49.12.12	〃〃	〃	✓	8
〃〃54.9.9—55.9.8		正定〃	新樂〃	徵收錢糧設立滾單聽民自封投櫃	〃〃56.1.19	直隸總督	梁肯堂	✓	9

年代	地域		説明	題報日期	及題報者		
雍正13.11.—乾隆2.11.6	廣東省	廣州府清遠縣	錢粮勞立滾單催科不擾	乾隆2.11.6.	署理廣東總督山西布政使 王謩	/	1
乾隆21.8.24—22.9.26		瓊〃〃會同〃	徵收錢粮聽民自封投櫃並無加耗	〃〃22.11.28.	吏部尚書 傅恒	/	2
〃〃36.5.16—39.10.27		德慶州 德慶州	徵收錢粮令民自封投納革除陋規	〃〃42.5.27	廣東巡撫 李質穎	/	3
40.7.11—41.12.1		潮州南澳 同知	徵收錢粮令民自封投納革除陋規	〃〃42.5.27	……	/	4

年代	地域		説明	題報日期	及題報者		
乾隆46.12.5—47.12.5	奉天	蓋平縣	徵收錢糧全民自封投櫃	乾隆47.12.16	奉天府尹 粤興	/	1

年代	地域			說明	題報日期	及題報者		
乾隆1.8.11—2.8.11	湖北省	宜昌府	興山縣	錢糧通用滾單	乾隆3.6.7	吏部尚書	張廷玉	1
		安陸〃	沔陽州	徵收錢糧通用滾單催輸聽民自捅自櫃	〃〃25.12.12	湖廣總督兼湖北巡撫	蘇昌	2
			天門縣	徵收錢糧通用滾單傳催從不差擾累民亦無加派浮收	〃〃25.12.12	〃〃	〃〃	3
			公安〃	徵收錢糧通用滾單銀令自封投櫃米令自行執概並無加派浮收	〃〃25.12.12	〃〃	〃〃	4
乾隆30.5.14—31.5.14			襄陽〃	徵收錢糧通用滾單	〃〃31.10.28	吏部尚書	傅恒	5

年代	地域			說明	題報日期	及題報者		
乾隆21.6.19—22.6.19	湖南省		慈利縣	徵收錢糧自封投櫃	乾隆23.10.19	吏部尚書	傅恒	1
〃〃40.1.26—42.12.26			黔陽〃	徵收錢糧令民自封投櫃	〃〃43.4.2	湖南巡撫	顏希深	2

年代	地域	說明	題報日期及題報者	
乾隆3.7.20—5.8.20	四川省重慶府江津縣	徵收錢糧令民自封投櫃	乾隆5.8.20. 四川巡撫方顯	1
〃〃3.6.12—6.2.23	嘉定〃樂山〃	徵收錢糧遵照法馬並無重耗	〃〃6.4.19 吏部尚書張廷玉	2
〃〃10.3.9—12.2.20	重慶〃定遠〃	徵收錢糧令民自封投櫃並無重耗累民	〃〃12.2.20 四川巡撫紀山	3
〃〃14.9.21—15.9.21	邛州蒲江〃	徵收錢糧並無重耗	〃〃16.6.1. 吏部尚書傅恒	4
〃〃20.3.20—23.3.20	眉州丹棱〃	徵收錢糧令民自封投櫃	〃〃23.4.20 四川總督開泰	5
〃〃22.2.20—23.2.20	敘州〃興文〃	徵收錢糧令民自封投櫃註無重耗	〃〃23.4.20 〃〃〃〃	6
〃〃34.8.22—35.8.22	成都〃新都〃	徵收錢糧令民自封投櫃註無重耗	〃〃35.12.5 署四川總督湖南巡撫德福	7
〃〃36.8.27—37.9.6	資州	徵收錢糧令民自封投櫃註無重耗	〃〃38.5.7 吏部尚書劉統勳	8
〃〃40.2.1—41.2.1.	重慶府南川縣	徵收錢糧並無重耗	〃〃41.7.3 四川總督文綬	9
〃〃57.4.24—58.4.24	潼川〃遂寧〃	徵收錢糧令民自封投櫃並無重耗	〃〃59.11.24 吏部尚書和珅	10

年代		地域			說明	題报日期	及題报者		
乾隆9.3.27.—	11.3.27	福建省	福寧府	寧德縣	徵收錢粮聽民自封投櫃	乾隆12.2.11.	吏部尚書	張廷玉	1
〃 〃 11.4.27.—	9.17		泉州〃	晋江〃	徵收錢粮遵用滾單聽民自封投櫃	〃 〃 12.2.5	〃 〃 〃 〃	〃 〃	2
〃 〃 14.1.28.—	15.1.28		福〃〃	屏南〃	徵收錢粮遵用法馬聽民自封投櫃	〃 〃 15.6.27	〃 〃 〃	傅恒	3
〃 〃 30.12.20—	31.12.20		漳〃〃	南靖〃	徵收錢粮遵用[illegible]法馬聽民自封投櫃[illegible]	〃 〃 32.1.23	閩浙總督兼署福建巡撫	蘇昌	4
〃 〃 42.4.27.—	43.4.27		建寧府	建寧〃	徵收錢糧聽民自封投櫃	〃 〃 43.6.6.	閩浙總督兼署福建巡撫	楊景素	5
〃 〃 43.10.4.—	44.10.4		興化〃	莆田〃	徵收錢糧遵用滾單令花户自封投櫃	〃 〃 44.12.12	福建巡撫	富綱	6
〃 〃 43.10.5.—	44.10.5		延平〃	將樂〃	徵收錢糧令民自封投櫃註無中札	〃 〃 45.3.1	吏部尚書	程景伊	7
〃 〃 55.1.16.—	56.1.16		建寧〃	建安〃	徵收錢糧遵用法馬聽民自封投櫃	〃 〃 57.9.15	〃 〃 〃 〃	和珅	8
〃 〃 6.4.9.—	7.12.7		汀州〃	武平〃	徵收錢糧令民自封投櫃	〃 〃 7.12.7	福建巡撫	劉[illegible]	9

年代	地域			說明	題報日期	及題報者		
乾隆21.9.27—22.9.27	河南省	開封府	密縣	徵糧遵用滾單	乾隆23.10.29.	河南巡撫	胡寶瑔	1
〃〃22.9.17—23.9.17		陝州	靈寶縣	徵收錢糧遵用滾單並無重耗浮收	〃〃23.11.24	〃〃	〃〃	2
〃〃28.3.15—31.6.19		開封府	鄭州	徵收錢糧遵用滾單納戶自封投櫃並無加耗私派	〃〃31.7.29.	吏部尚書	託恩多	3
〃〃30.12.24—31.12.24		陝州	靈寶縣	徵收錢糧聽民自封投櫃並無浮收重耗	〃〃32.2.24	河南巡撫	阿思哈	4
〃〃35.9.3—36.6.26		汝寧府	汝陽〃	徵收錢糧遵用滾單	〃〃36.10.12.	〃〃	何煟	5
〃〃53.2.6—55.4.13		陝州	靈寶〃	徵收錢糧遵用滾單聽民自封投櫃	〃〃56.12.7	〃〃	穆和藺	6

年代	地域			說明	題報日期	及題報者		
乾隆25.11.8—26.11.7	安徽省		建平縣	徵收錢糧全民自封投櫃	乾隆27.4.5.	吏部尚書	傅森	1
〃〃26.7.3—27.6.3			黟〃	徵收錢糧全民自封投櫃	〃〃27.12.5	〃〃	傅恒	2
〃〃41.10.14—42.10.14			霍山〃	徵收錢糧民自完納	〃〃43.3.5	〃〃	阿桂	3

年代	地域			説明	題報日期	題報者	
	山西省	平定州		徵收錢糧遵照部法聽民自封投柜	乾隆1.6.13	山西巡撫 石麟	1
		汾州府	介休縣	徵收錢糧令民自封投柜	〃〃23.9.26	〃〃〃 塔永寧	2
		太原〃	祁〃	徵收錢糧遵照奉頒法馬令花戶自封投柜並無絲毫重耗	〃〃23.9.26	〃〃〃 〃〃	3
乾隆29.6.10—34.5.15		朔平〃	左雲〃	徵收錢糧令民自封投柜	〃〃34.8.18	〃〃〃 鄂寶	4
〃〃4326.9—45.6.9		澤州〃	太平〃	徵收錢糧令花戶自封投柜	〃〃45.10.11	吏部尚書 阿桂	5
〃〃55.12.3—58.12		太原〃		嚴飭西屬徵收錢糧令民自封投柜並無重耗	〃〃58.12.13	山西巡撫 蔣兆奎	6
〃〃55.12—58.12		隰州		徵收錢糧令民自封投柜並無重耗	〃〃58.12.13	〃〃〃 〃〃	7
〃〃55.12—58.12		太原府	岢嵐州	徵收錢糧令花戶自封投柜並不加重絲毫	〃〃58.12.13	〃〃〃 〃〃	8
〃〃55.12—58.12		〃〃	榆次縣	徵收錢糧令花戶自封投柜並無重耗	〃〃58.12.13	〃〃〃 〃〃	9
〃〃55.12—58.12		平陽〃	曲沃〃	徵收錢糧令民自封投柜	〃〃58.12.13	〃〃〃 〃〃	10
〃〃55.12—58.12		潞安〃	潞城〃	徵收錢糧令花戶自封投柜	〃〃58.12.13	〃〃〃 〃〃	11
〃〃38.6.11—42.9.1		絳州		徵收錢糧令民自封投柜	〃〃43.1.25	吏部尚書 阿桂	12
〃〃41.10.26—42.10.5		朔平府	朔州	徵收錢糧令民自封投柜	〃〃43.1.27	〃〃〃 〃〃	13
乾隆37.11.3—40.7.7		〃〃	〃〃	徵收錢糧令民自封投柜	〃〃40.7.19	山西巡撫 巴延三	14

年代	地域			説明	題報日期	題報者	
乾隆1.8.1—2.5.7	山東省	東昌府	清平縣	徵糧遵用滾單收糧平量向撞絕浮多之弊	乾隆2.6.27	吏部尚書 張廷玉	1
雍正12—乾隆2.12.1		濟南〃	長清〃	徵收錢糧遵行滾單照依部頒法馬令民自封投柜亦無加派重耗	〃〃2.12.1	山東巡撫 法敏	2
〃〃12—〃〃2.12.1		兗州〃	魚臺〃	徵收錢糧遵用滾單照依部頒法馬令民自封投柜並無加派重耗	〃〃2.12.1	〃〃〃 〃	3
〃〃12—〃〃2.12.1		東昌〃	冠〃	徵收錢糧遵行滾單照依部頒法馬令花戶自封投柜並無重耗加派等弊	〃〃2.12.1	〃〃〃 〃	4
乾隆13.10.13—15.10.13		登州〃	萊陽〃	徵糧遵用滾單	〃〃16.6.26	吏部尚書 傅恆	5
〃〃34.6.13—35.5.13		濟南〃	長山〃	徵收錢糧遵用滾單	〃〃35.8.6	山東巡撫 富明安	6
〃〃33.7.13—36.6.13		〃〃	鄒平〃	徵收錢糧遵用滾單	〃〃36.8.6	〃〃〃 周元理	7
〃〃41.5.8—42.5.8		〃〃	〃〃	徵收錢糧遵用滾單花戶自封投柜	〃〃42.11.25	吏部尚書 阿桂	8
〃〃48.9.22—49.6.22		兗州〃	曲阜〃	徵收錢糧遵用滾單	〃〃49.11.27	〃〃〃 和珅	9
〃〃56.4.26—57.4.26		濟南〃	長清〃	徵收錢糧遵用滾單令民自封投柜	〃〃57.8.30	山東巡撫 吉慶	10

年代	地域		說明	題報日期及題報者	
	江蘇省	上海縣	徵收錢糧設立滾單催輸	乾隆6.6.14 戶部尚書張廷玉	1
乾隆41.9.14—42.9.14		青浦〃	徵收錢糧聽民自封投櫃	〃〃43.4.24〃〃〃阿桂	2
〃〃52.12—55.12		元和〃	徵收錢糧遵用滾單	〃〃56.4.20 江蘇巡撫長麟	3
〃〃52.12—55.12		上海〃	徵收錢糧遵用滾單聽民自封投櫃	〃〃56.4.20〃〃〃〃〃	4

年代	地域			說明	題報日期及題報者	
	江寧		淮安衛守備	徵收屯户錢糧除正耗外並無私加[illegible]	乾隆17.10.27 江寧巡撫莊有恭	1
		通州		徵收錢糧用滾單按糧聽民自封投納隨到隨收並無派累	〃〃21.2.4〃〃〃〃〃〃	2
		松江府	華亭縣	徵收錢糧用滾催繳 收漕依期開兑並無浮收苛索	〃〃21.2.4〃〃〃〃〃〃	3
		〃〃	上海〃	徵收地丁耗銀並用滾單勻平收納	〃〃21.2.4〃〃〃〃〃〃	4

民国八年度与二十年度田赋比较表

民國八年度與二十年度田賦比較表

單位：元

省市別	八年度	二十年度	比較增減：增	比較增減：減
山東	8842757	14957747	6114990	
江蘇	8644162	11926483	3282321	
浙江	5691524	9390648	3699124	
河南	7064448	8155972	1091524	
四川	7261494	7261494		
廣東	4241879	7014978	2773099	
山西	6449516	6272403		177113
河北	6495798	4981611		1514187
江西	4604743	4604743		
安徽	4225865	4150000		75865
福建	3235290	3825026	589736	
遼寧	3710691	3710691		
湖南	2801952	3372770	570818	
陝西	5005343	3300367		1704976
廣西	1543500	2526121	982621	
吉林	1950135	1950135		
甘肅	1946444	1946444		
黑龍江	1460217	1460217		
新疆	1940246	1434308		505938
湖北	2897293	1175955		1721338
雲南	1153377	750000		403377
察哈尔	295496	696875	401379	
貴州	783273	665260		118013
寧夏		620484	620484	
西康	249437	249437		
熱河	122126	229694	107568	
綏遠	89709	89709		
青海	[illegible]	米 40000石 31089	米 40000石 31089	
青島市		567682	567682	
上海市		555069	555069	
威海衛		25000	25000	
北平市		3660	3660	
總計	92706715	米 40000石 107902072	米 40000石 21416164	6220807

附註：以上项增减数目相抵计实增15,195,357元——青海增米40,000石未计入。

来源：中国经济年鉴上（D）203-205。

民國八年度與二十年度田賦比較表

（八年度田賦預算數見民國八年度預算各省歲入分類表）

年度／金額／省市別	八年度	廿年度	比較增減：增	比較增減：減	備考
山東	8,862,757元	14,957,747元	6,114,990元	元	
上海市		555,069	555,069		
安徽	4,225,865	4,150,000		75,865	
察哈尔	295,496	696,875	401,379		
江蘇	8,644,162	11,926,483	3,282,321		
浙江	5,691,524	9,390,648	3,699,124		
河南	7,064,448	8,155,972	1,091,524		
河北	6,495,798	4,981,611		1,514,187	右表係錄自中國經濟年鑑第四章財政(D)203—205頁
湖南	2,801,952	3,372,770	570,818		
熱河	122,126	229,694	107,568		
陝西	5,005,343	3,300,367		1,704,976	
寧夏		620,484	620,484		
雲南	1,153,377	750,000		403,377	
貴州	783,273	665,260		118,013	
山西	6,449,516	6,272,403		177,113	
湖北	2,897,293	1,175,955		1,721,338	
廣東	4,241,879	7,014,978	2,773,099		
北平市		3,660	3,660		
青島市		567,682	567,682		
威海衛管理公署		25,000	25,000		
青海		米 40,009石 銀 31,089元	米 40,009石 銀 31,089元		
新疆	1,940,246	1,434,308		505,938	
福建	3,235,290	3,825,026	589,736		
廣西	1,543,500	2,526,121	982,621		
江西	4,604,743	4,604,743			
遼寧	3,710,691	3,710,691			
吉林	1,950,135	1,950,135			
黑龍江	1,460,217	1,460,217			
甘肅	1,946,444	1,946,444			
四川	7,261,494	7,261,494			
綏遠	89,709	89,709			
西康	249,437	249,437			
總計	92,706,715	米 40,009石 銀 107,902,072元	米 40,009石 銀 21,416,164元	6,220,807	以上兩項增減數目相抵計實增15,195,357元

各省市二十年度田赋概数表

各省市二十年度田赋概数表

單位：元

省市別	賦目及收數												合計		說明
	地丁		漕粮		租課		差徭		雜項收入		附加收入				
	实数	%	实数	%	实数	%	实数	%	实数	%	实数	%	实数	%	
山東	12,589,706	84.17	2,215,535	14.81	41,968	0.28			110,538	0.74			14,957,747	100.00	
江蘇	11,926,483	100.00											11,926,483	100.00	該省二十年度概算僅列田賦總數無從分填
浙江	3,886,538	41.39	1,722,928	18.35					619,380	6.60	3,161,802	33.67	9,390,648	100.00	
河南	6,231,453	76.40	916,937	11.24	38,385	0.47					969,197	11.88	8,155,972	100.00	
廣東	6,051,719	86.27							875,039	12.47	88,220	1.26	7,014,978	100.00	
山西	5,254,522	83.77							263,722	4.20	754,159	12.02	6,272,403	100.00	
河北	4,700,627	94.36	46,858	0.94	119,808	2.40	109,061	2.19	5,260	0.11			4,981,611	100.00	
安徽	4,150,000	100.00											4,150,000	100.00	該省二十年度概算僅列田賦總數無從分填
福建	1,696,620	44.36	369,736	9.67							1,758,670	45.98	3,825,026	100.00	
湖南	3,100,000	91.91									272,770	8.09	3,372,779	100.00	該省二十年度概算僅列正項附加二種未能分類填列
陝西	2,827,665	85.68			14,683	0.44	458,019	13.88					3,300,367	100.00	
廣西	2,526,121	100.00											2,526,121	100.00	該省二十年度僅報田賦大數未送詳細概算無從分填
新疆	874,786	60.99			107,786	7.51			170,015	11.85	281,721	19.64	1,434,308	100.00	
湖北	622,540	52.94	309,148	26.29	35,554	3.02					208,713	17.75	1,175,955	100.00	
雲南	750,000	100.00											750,000	100.00	該省二十年度概算僅列田賦總數無從分填
察哈尔	410,036	58.84			260,317	37.35					26,522	3.81	696,875	100.00	
貴州	665,260	100.00											665,260	100.00	該省二十年度概算僅列田賦總數無從分填
寧夏	620,484	100.00											620,484	100.00	仝上
青海	米 40,000石 1,445	 36.81			9,024	29.07					10,620	34.16	米 40,000石 31,089		
熱河	229,694	100.00											229,694	100.00	該省二十年度概算僅列田賦總數無從分填
青島市	155,166	27.33			407,483	71.78			5,033	0.89			567,682	100.00	
上海市	122,025	21.98	157,153	28.21	6,600	1.19			1,743	0.31	267,548	48.20	555,069	100.00	
威海衛	25,000	100.00											25,000	100.00	
北平市	2,974	81.26			34	0.93					652	17.81	3,660	100.00	
總計	米 40,000石 69,430,864		5,738,295		1,041,639		567,080		2,050,730		7,800,594		米 40,000石 86,629,202		

来源：中國经济年鑑，上，（D）200—202.

各省市田赋正附税额总表

各省市田赋正附税额总表

单位：元

	省市别	正税额徵数	附税额数	正附税总额	附税佔正税百分数	备考
1	江苏	14998019.000	21500447.000	36498466.000	143.36	正税额徵数係原额除去荒芜后之数，有县正税须计入内，附税係将串教事数徵收费及一切附加计入
3	浙江	10416342.000	13842073.000	24258415.000	132.89	正税额徵数係就十九年度应徵数填列，外杭州市地价税320000元併计在内
9	安徽	5239373.000	6133423.000	11372796.000	117.06	正税额徵数条係就熟地额徵数填列
7	江西	9343894.000	3670892.990	13014786.990	39.29	
10	湖北	2860429.396	6630744.000	9491173.396	231.81	
5	湖南	3597856.002	11559769.645	15157625.647	321.30	正附税额依就省财厅二十二年报部数字填列
17	四川	7537683.382石		7537683.382石		正税额徵数内係将正税副税徵解一併计入，就省财厅十九年册报填列，附税额数不详
26	西康	25218.200石		25218.200石		正税额数係据廿年川边调查员报告数字填列
17	福建	2719609.009	2612975.000	5332584.009	96.08	
15	广东	毫洋7859937.296 1570463.667		毫洋7859937.296 1570463.667		广州市开办临时地税大洋1,150,000元併计在内
18	广西	2491261.114	2374130.080	4865391.194	95.30	正附税额係就二十二年省财厅报部数填列
23	云南	994007.607	176326.905	1170334.512	17.74	正附税额就係二十二年省财厅报部九十五县额数填列，尚有十餘县未计入
27	贵州	761456.670		761456.670		额徵数係就十九年省财厅报部数字填列
8	河北	6365511.877	5301426.962	11666938.839	83.28	
2	山东	15157747.000	10960240.000	26117989.000	72.31	
12	山西	5983651.000	2564427.000	8548078.000	42.86	
4	河南	7152011.179	11496174.181	18648185.360	160.74	正税额数中有堆地租课未计入，附税中有补助费未计入
14	陕西	5304642.008	1379407.000	6684049.008	26.00	
20	甘肃	164001.008 1309451.000	373957.390	1640011.008 1683408.390		
20	宁夏	605730.557	1857584.060	2463314.617	306.67	各项数额中有盐池豫旺二县未计入
24	青海	46462.139两 39.000	14634.517	46462.139两 14673.517		
22	察哈尔	660696.909	666378.815	1327075.724	100.86	正附税额係就二十一年度填列
21	绥远	560411.809	859643.145	1420054.954	153.39	正附税额係就二十二年度填列
19	新疆	2757166.516	702668.064	3459834.580	25.49	
6	辽宁	4909736.000	9561146.000	14470882.000	194.74	正附税额係就十九年度省财厅报部数字填列
11	吉林	2890424.696	5868640.687	8759065.383	203.04	仝上
16	黑龙江	2915375.000	2965802.000	5881177.000	101.73	仝上
25	热河	261517.000		261517.000		正税额徵数係就二十二年八月省财厅册报接填列
	上海市	930832.980	192849.080	1123682.060	20.72	
	北平市	26715.261		26715.261		
	青岛市	189567.000		189567.000		
	威海卫区	24800.000	22320.000	47120.000	90.00	
	*合计	235681.337两 毫洋7859937.296 120536420.622	123288082.521	235681.337两 毫洋7859937.296 243824503.143		

原註："表列各项除备考栏内有说明者外，其餘皆係根据二十三年五月各省市财厅局册报填列"

* 原本上合计正税作127,217,457.522；附税作123,287,991.432；总额作250,505,448.155元

来源：财政年鉴下：最近各省市田赋正附税额总表 pp.2017-8.

民国二十一年度上海市田赋税率表

上海市田赋税率

名称	税率	二十一年度收入额	備考
地银正税	每亩自.119角至2.227角详附表1	56,156.95	
〃市附税	.02——.371	9,360.13	
——地方附税	.024——.446	11,476.70	
——手续费	.01——.183	4,606.71	
〃带征市政经费	.167——3.12	59,365.00	
——滞纳金		4,168.89	滞纳金即罚款
漕粮正税	每亩自.027角至2.978角详附表1	90,646.20	
〃市附税	.009——.993	27,503.91	
——地方附税	.009——.993	28,293.78	
——带征市政经费	.0157——.6	24,664.37	
——手续费	.003——.298	8,820.77	
——滞纳金		6,065.15	
芦课正税	每亩自.515角至4.877角详附表2	4,327.94	
——各附税	.055——1.492	3,580.30	
——滞纳金		196.74	
金山帮津运正税	每亩8.2角	1,311.55	
——附税	——4.92分	588.45	
屯租正税	——1.1439元	1,542.95	
——附税	——6.57分	692.26	
——滞纳金		33.48	
执业证代征地漕	每亩2元 在未清查粮其换道之执证未经调换前每亩暂收2元于调换执证时补收	15,494.24	
洋商年租	上海县每亩1两；宝山——2元	98,003.71	

Total——456,708.

上海市忙漕每亩征数表

上海市忙漕每畝征數表 ~~附表1~~

捐税名稱		舊上海縣屬					舊寶山縣屬								備考
		上田	准田	下田	准折田	上折田	三斗田	二斗五升田	二斗田	一斗五升田	一斗田	六升落	三升塗	一升塗	
忙	正税	1.715角	1.740角	1.417角	1.740角	1.715角	2.227角	1.872角	1.517角	1.162角	.807角	.474角	.261角	.119角	
	市附税	.286〃	.290〃	.236〃	.290〃	.286〃	.371〃	.312〃	.253〃	.194〃	.134〃	.079〃	.044〃	.020〃	
	地方附税	.343〃	.348〃	.283〃	.348〃	.343〃	.446〃	.394〃	.303〃	.232〃	.161〃	.095〃	.052〃	.024〃	
	手續費	.141〃	.143〃	.116〃	.143〃	.141〃	.183〃	.154〃	.124〃	.095〃	.066〃	.039〃	.021〃	.010〃	
銀	市政經費	1.800〃	1.800〃	1.800〃	1.800〃	1.800〃	3.120〃	2.628〃	2.130〃	1.631〃	1.132〃	.666〃	.367〃	.167〃	
漕	正税	2.700〃 2.850〃	2.850〃	2.396〃	2.978〃	2.550〃 2.700〃 2.850〃	.732〃	.610〃	.488〃	.407〃	.271〃	.163〃	.081〃	.027〃	上田各税并分二種上折田分三種如何分請查詳
	市附税	.900〃 .950〃	.950〃	.799〃	.993〃	.850〃 .900〃 .950〃	.244〃	.203〃	.163〃	.135〃	.090〃	.054〃	.027〃	.009〃	
	地方附税	.900〃 .950〃	.950〃	.799〃	.993〃	.850〃 .900〃 .950〃	.244〃	.203〃	.163〃	.135〃	.090〃	.054〃	.027〃	.009〃	
	手續費	.270〃 .280〃	.285〃	.240〃	.298〃	.255〃 .270〃 .280〃	.073〃	.061〃	.049〃	.041〃	.028〃	.016〃	.009〃	.003〃	
米	市政經費	.600〃	.600〃	.600〃	.600〃	.600〃	1.410〃	1.176〃	.941〃	.783〃	.523〃	.313〃	.157〃	.052〃	

捐税名稱	舊上海縣屬								舊寶山縣屬							
	甲等	乙等	丙等	丁等	戊等	己等	庚等	辛等	熟田	次熟田	上地	芦灘	下田	下地	草灘	泥灘
正税	4.643角	4.613角	3.382角	3.075角	1.568角	1.538角	1.076角	.923角	4.877角	3.229角	2.261角	2.261角	1.615角	.970角	.930角	.515角
附税	.279〃	.277〃	.203〃	.184角	.094〃	.092〃	.065角	.055〃	1.492〃	1.393〃	1.036〃	1.036〃	.997〃	.459〃	.459〃	.430〃

社會科學研究所統計表冊稿紙
3-1-5(1)10000

最近各省市田賦正附稅額及其百分比§

計算者
核算者
審正者

	正稅		附稅		正附合計	
	額徵數	百分比	額徵數	百分比	額徵數	百分比
江蘇	14 998 019.000元	41.1	21 500 447.000元	58.9	36 498 466.000元	100.0
浙江	10 416 342.000元	42.9	13 842 073.000元	57.1	24 258 415.000元	100.0
安徽	52[illegible] 373.000元	46.1	6 133 423.000元	53.9	11 372 796.000元	100.0
江西	93[illegible] 894.000元	71.8	3 670 892.990元	28.2	13 014 786.990元	100.0
湖北	2 860 429.396元	30.1	6 630 744.000元	69.9	9 491 173.396元	100.0
湖南	3 597 856.002元	23.7	11 559 769.645元	76.3	15 157 625.647元	100.0
四川	7 537 683.382元	100.0	——	——	7 537 683.382元	100.0
西康	25 218.200元	100.0	——	——	25 218.200元	100.0
福建	2 719 609.000元	51.0	2 612 975.000元	49.0	5 332 584.000元	100.0
廣東	1 570 462.667大洋	100.0	——	——	1 570 462.667大洋	100.0
	7 859 937.296毫洋	100.0	——	——	7 859 937.296毫洋	100.0
廣西	2 491 261.114元	51.2	2 374 130.080元	48.8	4 865 391.194元	100.0
雲南	994 007.607元	84.9	176 326.905元	15.1	1 170 334.572元	100.0
貴州	761 456.670元	100.0	——	——	761 456.670元	100.0
河北	6 365 511.877元	54.6	5 301 426.962元	45.4	11 666 938.839元	100.0
山東	15 157 747.000元	58.0	10 960 242.000元	42.0	26 117 989.000元	100.0
山西	5 983 651.000元	70.0	2 564 427.000元	30.0	8 548 078.000元	100.0
河南	7 152 011.179元	38.4	11 496 174.181元	61.6	18 648 185.360元	100.0
陝西	5 304 642.000元	79.4	1 379 407.000元	20.6	6 684 049.000元	100.0
甘肅	164 001.000元	100.0	——	——	164 001.000元	100.0
	1 309 451.000元	77.8	373 957.390元	22.2	1 683 408.390元	100.0
寧夏	605 730.557元	24.6	1 857 584.060元	75.4	2 463 314.617元	100.0
青海	46 462.139元	100.0	——	——	46 642.139元	100.0
	39.000元	0.3	14 634.517元	99.7	14 673.517元	100.0
察哈爾	660 696.909元	49.8	666 378.815元	50.2	1 327 075.724元	100.0
綏遠	560 411.809元	39.5	859 643.145元	60.5	1 420 054.954元	100.0
新疆	2 757 166 516元	79.7	702 668.064元	20.3	3 459 834.580元	100.0
遼寧	4 909 736 000元	33.9	9 561 146.000元	66.1	14 470 882.000元	100.0
吉林	2 890 424 696元	33.0	5 868 640.687元	67.0	8 759 065.383元	100.0
黑龍江	2 915 375 000元	49.6	2 965 802.000元	50.4	5 881 177.000元	100.0
熱河	261 517 000元	100.0	——	——	261 517.000元	100.0
上海市	930 832 980元	82.8	192 849.080元	17.2	1 123 682.060元	100.0
北平市	26 715 261元	100.0	——	——	26 715.261元	100.0
青島市	189 567 000元	100.0	——	——	189 567.000元	100.0
威海衛	24 800 000元	52.6	22 320.000元	47.4	47 120.000元	100.0
合計	235 681.339元	100.0	——	——	235 681.339元	100.0
	127 217 457.523元	50.8	123 287 991.432元	49.2	250 505 448.955元	100.0

§ 本表根據財政年鑑第十三篇第三章頁二〇一七至二〇一八。

c. 实欠额、实额、实收、~~青海　实收占额征　95.5%~~

附表：最高山东　实收占额征　94.2%

(最近)　〃低江西　〃〃〃〃　39.7%

普通约在　70%

d. 地域的分配

附表：最高山东　15,157,747元　(附税10,960,24[illegible]元

(最近)　〃低青海　39元 (另米46,462石)

西康　米25,218石

热河　261,517元

不附合：最高江苏　36,498,466元

山东　26,117,989元

最低青海　14,673元 (不附税39元
0.3%，正税99.7%

e. 在地方收入总额的地位 (最近)　附表

最高山东：廿四年 60%；廿一年 62%，廿二年 66%

山西：　55%　48%　6[illegible]%

青海　廿年　75%

最低湖北　廿年　11%　18

北平　17年度　在支入总　0.04　经收　0.05

18　0.09　0.13

19　0.31　0.50

20　0.25　0.30

21　0.29　0.34

~~各地经费收之比~~

莆田县官田统计表

土田　本府要領三縣田地山各有起科則例以民善有未盡知者今備考之凡里書推造錢糧文册可就此以推凡各則内言科夏稅鈔者皆另徵本色鈔言科秋租鈔者每鈔一文折徵米四勺於秋粮内帶納

莆田縣官田統計表（計共650頃73畝8分。内興化縣廣業里歸併田地山等則與本縣不同故見各則之内）

種類＼面積	頃	畝	分	釐	註号
官租田	79	16	6		A
沒官田	262	43	5		B
抄没拼賜公田	4	11	3		C
職田		57	1		D
府學田	15	50	1		E
縣學田	1	41	2		F
涵江書院田	1	35	8		G
三皇廟田		16	5		H
廢寺田	1	82	1		I
積禪寺田		80	3		J
瀨溪塘田	21	17	3		K
木蘭陂田	4	90	7		L
官莊田	257	31	3		M

A. 凡三則 上則每畝科秋租鈔5.97169文 秋粮科正米原3.6斗今2.88斗 中則每畝秋租鈔3.98112 秋粮科正米原2.4斗今1.92斗 下則每畝科秋租鈔3.48348 秋粮科正米原2.1斗今1.08斗 俱每斗帶耗米0.0035石 共該鈔7錠374文 米2766.081石 據官租田與官莊田則例俱同但官租田科秋租鈔加耗折米半官莊科夏稅鈔共耗

B. 凡二則 上則每畝科秋粮正米原2.7斗今2.208斗 下則每畝科秋粮正米原2.5斗今2斗 俱每斗帶耗米0.035斗 共該米5558.615石

C. 秋粮每畝科正米原5斗今3.5斗 每斗帶耗米0.035斗 共該米148.994石

D. 秋粮每畝科正米原1石今7斗 每斗帶耗米0.035斗 共該米41.769石

E. 凡二則 上則秋粮每畝科正米原6.66786斗今4.66472斗 下則每畝科正米原2.0048斗今2.0076斗 俱每斗帶耗米0.035斗 共該米739.644石

F. 秋粮每畝科正米原3.2057斗今2.6028斗 每斗帶耗米0.035斗 共該米75.075石

G. 秋粮每畝科正米原3.2057斗今[illegible]

耗米0.035斗共該米43.619石

H. 秋粮每畝科正米原5斗今3.5斗每斗帶耗米0.035斗共該米5.978石

I. 秋粮分每畝科正米原5.6斗今4.32761斗每斗帶耗米0.035斗共該米81.564石

J. 秋粮每畝科正米原5.5492斗今3.88444斗每斗帶耗米0.035斗共該米32.284石

K. 九二等上塘田11頃35畝七分秋粮每畝原科正米1.6斗今1.28斗下塘田9頃91畝6分秋粮每畝原科正米4.3598斗今3.17786斗俱每斗帶耗米0.035斗共該米475.278石

L. 內除撥歸陂正副各祠廟香火田3頃24畝8分收租不科外實實收田16頃65畝9分每畝科粮原9.98625斗今6.99725斗折秋粮米3.4953625斗每斗帶耗米0.035斗共該米60.017石

M. 九五則上則每畝科夏稅鈔28.8文秋粮科正米原3.6斗今2.88斗中則每畝科夏稅鈔19.2文秋粮科正米原2.4斗今1.92斗下則每畝科夏稅鈔16.8文秋粮正原2.1斗今1.68斗景泰黃里歸併本縣者上則每畝科夏稅鈔16.576文秋粮科正米原2.1斗今1.6576下則每畝科夏稅鈔13.496文秋粮科正米1.75斗今1.7490斗俱每石帶耗0.07斗共該鈔93錠1貫60文米4992.711石

重刊興化府志　卷十　四一六頁

莆田县官地统计表

莆田縣官地統計表：（共78頃61畝4分）

種類＼面積	頃	畝	分	註号
官租地		73	2	A
没官地	73	45	8	B
官莊地	1	45	1	C
府學地	2	52	1	D
涵江書院地		17	2	E
廢寺地		16		F
没官海蕩地	3	41	1	G
没官池塘地		60	9	H
没官海塘地		3		I
没官火麻地		2	6	J
没官舊墩地		2	6	K
官房地		12		L

A 秋粮每畝科正米原2.1斗今1.68斗每斗帶耗米0.035斗共該米12.728石
B 凡六則列遍地秋粮每畝科正米原5斗今3.5斗上則地每畝科正米原2.76斗今2.28斗僧則地每畝科正米原2.208斗今1.7664斗下則地每畝科正米原1.656斗今1.32484斗廣業里下則每畝科正米原0.89斗今0.09斗俱每斗帶耗米0.035斗共該米1054.070石
C 中下二則起科與官莊田同共夏税鈔2貫7百7文秋粮米26.823石
D 每畝科秋粮鈔240文749毫共鈔12錠693文
E 每畝科秋租鈔616文9分共鈔2錠611文
F 每畝秋租鈔84.2文共該鈔1貫347文
G 凡二則上則每畝科正米原1.75斗今1.4斗下則每畝科正米原1.15斗今0.92斗俱每斗帶耗米0.035斗共該米40.528石
H 秋粮每畝科正米原2.5斗今2斗每斗帶耗米0.035斗共該米12.606石
I 起科與池塘地同共該米0.621石
J 秋粮每畝科正米原2.76斗今2.208斗每斗帶耗米0.035斗共該米5.94斗
K 起科與火麻地同共該米0.57石
L 凡二等臨街地每畝科賃鈔2貫200文 僻地每畝科賃鈔1貫800文共該鈔4錠7貫720文

重刊興化府志 卷二 六一七頁

莆田县官山统计表 / 莆田县民地统计表

莆田縣官山統計表(共40頃22畝1分)

種類＼面積	頃	畝	分	註號
沒官山	42	64	3	A
廢寺山		57	8	B

A 凡三則 僧則每畝科正米原2.5斗今2斗 民則每畝科正米原1.15斗今0.92斗 廣業里民則每畝科正米原0.59斗今0.46斗 俱每斗帶耗米0.075斗 共該米407.984石

B 每畝科秋租鈔7.007文 共該鈔405文

民田一色共計3747頃24畝. 凡二則 上則每畝科夏稅鈔4.416文 秋糧科正0.552斗 下則每畝科夏稅稅鈔4文 秋糧科正米0.5斗 俱每斗帶耗米0.07斗 共該鈔305錠960文 米20409.734石

莆田縣民地統計表(共2745頃13畝7分)

種類＼面積	頃	畝	分	註號
本色民地	2615	71		A
民海蕩地	68	18	6	B
民火麻地	2	47	5	C
民苧麻地		3	2	D
民藍澱地	2	42	4	E
民池塘地	6	31		F

A 凡五則 上則每畝科夏稅鈔4.416文 秋糧科正米0.552斗 僧則每畝科夏稅鈔4文 秋糧科正米0.5斗 中則每畝科夏稅鈔7.5328文 秋糧科正米0.4416斗 下則每畝科夏稅鈔鈔2.0496文 秋糧科正米0.3312斗 廣業里一則地每畝科夏稅鈔0.553文 秋糧科正0.069斗 俱每斗帶耗米0.07斗 共鈔149錠4貫679文 米10026.975石

B 每畝科夏稅鈔0.92文 秋糧科正米0.115斗 每斗帶耗米0.07斗 共鈔1錠1貫273文 米83.93石

C 每畝科夏稅鈔4.416文 秋糧科正米0.552斗 每斗帶耗米0.07斗 共該鈔1貫93文 米14.618石

D 起科與火麻地同 共夏稅鈔14文 米1.89斗

E 起科與火麻地同 共夏稅鈔1貫70文 米14.317石

F 每畝科夏稅鈔4文 秋糧科正米0.4斗 每斗帶耗米0.07斗 共鈔2貫5[illegible] 米33.759石

重刊興化府志 卷十 七一八頁

仙游县官田统计表

莆田縣民山一色共計1760頃20畝1分

凡三則 儒則每畝科夏稅鈔4文 秋粮科正米0.5斗 民則每畝科夏稅鈔0.92文 秋粮科正米0.115斗 黄蒙里民則山每畝科夏稅鈔0.368文 秋粮科正米0.056斗 係每斗帶耗米0.07斗 共該鈔32錠1貫900文 米2178.886石

莆田縣官房398間（賃鈔218錠840文）

莆田縣民房77577間（不科賃鈔）

莆田縣官牛24頭

[illegible]每頭月租米2.5斗 年租米3石 黄牛每頭月租米2.08斗 年租米24.96斗 [illegible]上聞 [illegible]户部侍郎[illegible]本部[illegible]奏除之

莆田縣民牛9926頭（不科租米）

仙游縣官田統計表（共47頃18畝7分）

内與化縣與泰里归併田地山等與本縣不同泰民各則之内

種類＼面積	頃	畝	分	註号
官租田	8	61		A
没官田	17	21	8	B
官莊田	4	94	2	C
职田	12	21	4	D
抽收撥賜公田		73	6	E
府學田	1	35	9	F
蔡方學田		34	5	G
廢寺田	1	76	3	H

A. 凡三則 上則每畝科秋租鈔1.785文 秋粮科正米原1.32979斗 今1.718324 中則每畝科秋粮正米原2.1551639斗 今1.0578184斗 下則每畝科秋粮正米原1.1548377斗 今1.3498752斗 係每斗帶耗米0.035斗 共該秋租鈔1貫473文 米97.119石

B. 每畝科秋粮正米原2.5斗 今2斗 每斗帶耗米0.035斗 共該米357.419石

C. 凡二則 上則每畝科夏稅鈔10.576文 秋粮科正米原2.72斗 今1.6576斗 下則每畝科夏稅鈔13.496文 秋粮科正米原1.75448斗 今1.3496斗 係每斗帶耗米0.07斗 共該鈔1錠2貫123文 米[illegible].225石

D. 每畝科秋粮正米原1石 今7斗 每斗帶耗米[illegible]斗 共該米8[illegible].99石

E. 每畝科秋粮正米原5斗 今3.5斗 每斗帶耗米0.035斗 共該米26.66二石

F. 凡三則 上則每畝科秋粮正米原13.[illegible]斗 今10.507斗 中則每畝科秋

仙游县官地统计表

糧正米原2.706147斗今2.0969344斗 下則每畝科秋糧正米原2.7060147斗今2.0969344斗 下則每畝科秋糧正米原2.600988斗今2.00076斗 俱每斗帶耗米0.035斗共該米33.338石
G 每畝科正米原2.633668斗今2.098344斗每斗帶耗米0.035斗共該米7.495石
H 凡二則上則每畝科秋糧正米原6.318448斗今4.80[illegible]斗 下則每畝科秋糧正米原5.625893斗今4.32761斗 俱每斗帶耗米0.035斗共該米87.651石

僊遊縣官地統計表(共2頃23畝4分4釐)

種類＼面積	頃	畝	分	註号
没官地	2	4	4	A
没官宗廟地			1	B
府學地		45	6	C
廢寺地		20		D
房地		3	44	E
又房地		1		F

A 凡二則上則每畝科秋糧正米原1.196斗今0.92斗 下則每畝科秋糧正米原0.847斗今0.652斗 俱每斗帶耗米0.035斗共該米19.06石
B 例每畝科正米2.5斗 減等2斗今1分該[illegible]等米0.2斗 加耗米0.007斗
C 凡二則上則每畝科秋租鈔269.8文 下則每畝科秋租鈔102.18文共鈔1錠1貫772文
D 每畝科秋租鈔227.7文 共該鈔4貫474文
E 凡二等臨街每畝科賃鈔2貫636.585文 僻靜地每畝科賃鈔2貫157文 共該鈔1錠2貫439文
F 此則乃一則不照上例起科只每畝科賃鈔2貫今1分該徵鈔200文

官山2頃6分 皆一邑沒官山 凡二則僧則每畝科秋糧正米原0.86斗今0.62斗 民則每畝科秋糧正米原0.598斗今0.46斗 俱每斗帶耗米0.035斗共該米12.616石
民田一色共計2828頃30畝[illegible]分 每畝科夏稅鈔4文 秋糧科正米0.5斗 每斗帶耗米0.07斗共該鈔226錠324文 米15131.453石

仙游县民地统计表

仙遊縣民地統計表(共4516頃82畝5分)

面積 種類	頃	畝	分	註号
本邑民地	446	2	7	A
民蓋瀨地		33	1	B
民苧麻地	1	16	7	C
民紅花地		18	6	D
民池塘地	5	11	4	E

A 凡四則 上則每畝科夏稅鈔0.490文 秋糧科正米0.3312斗 中則每畝科夏稅鈔0.736文 秋糧科正米0.069斗 下則每畝科夏稅鈔0.522文 秋糧科正米0.069斗 僧則每畝科鈔4文 秋糧科正米0.5斗 俱每斗帶耗米0.07斗 共鈔7錠2貫727文 米504.609石

B 每畝科夏稅鈔4文 秋糧科正米0.5斗 每斗帶耗米0.07斗 共鈔132文 米1.771石

C 起科與蓋瀨地同 共該鈔467文 米6.243石

D 起科與蓋瀨地同 共鈔74文 米9.95斗

E 起科與蓋瀨地同 共該鈔2貫46文 米27.36石

民山一色 共計1358頃50畝8分 凡四則 民則一等每畝科夏稅鈔0.496文 秋糧科正米0.062斗 又民則一等每畝科夏稅鈔0.92文 秋糧科正米0.115斗 僧則每畝科夏稅鈔4文 秋糧稅正米0.5斗 與原里归併民山一則每畝科夏稅鈔0.368文 秋糧科正米0.046斗 俱每斗帶耗米0.07斗 共該鈔24錠4貫964文 米1671.403石

官房屋436間 賃鈔7錠4貫140文
民房屋5500間 無賃鈔

官牛7頭 水牛黃牛 年月租俱與莆田縣同 但莆田縣已經奏豁 仙遊縣未經開奏 猶徵納如初

重刊興化府志 卷十 八一十二頁

唐代宗室、贵戚、功臣食实封户数

唐代宗室、貴戚、功臣、食實封户數

敕令年月	食封人名	實封户數
神龍元年(705)十一月	安國相公	10,000
神龍元年(705)十一月	太平公主	10,000
神龍元年(705)十二月	安樂公主	6,000
神龍元年(705)十二月	長寧公主	3,500
神龍元年(705)十二月	衛王	2,500
神龍元年(705)十二月	溫王	2,500
開元二十一年(733)四月	寧王憲	2,000
開元二十一年(733)四月	薛王業	2,000
開元二十一年(733)四月	慶王潭	2,000
開元二十一年(733)四月	忠王亨	2,000
開元二十一年(733)四月	棣王洽	2,000
開元二十一年(733)四月	鄂王清	2,000
開元二十三年(735)七月	榮王琬以下各	3,000
至德二年(757)十二月	楚王豫	1,000
寶應二年(763)七月	雍王适	2,000
大曆十四年(779)閏五月	郭子儀	2,000
檢年月未獲	渾瑊	1,800
貞觀二十三年(649)九月	裴寂	1,500
武德九年(626)十月	荊王元景	2,500
神龍元年(705)正月	武三思	1,500
廣德二年(764)七月	李光弼	1,500
廣德二年(764)七月	僕固懷恩	1,500
武德九年(626)十月	長孫無忌	1,300
武德九年(626)十月	王君廓	1,300
武德九年(626)十月	尉遲敬德	1,300
武德九年(626)十月	房玄齡	1,300
武德九年(626)十月	杜如晦	1,300
神龍元年(705)十月	新都	1,300
神龍元年(705)十月	宜城	1,300
神龍元年(705)十月	定安公主	1,300
神龍元年(705)十月	長孫順德	1,200
神龍元年(705)十月	柴紹	1,200
神龍元年(705)十月	羅藝	1,200
神龍元年(705)十月	趙郡王孝恭	1,200

檢勅未獲	王武俊	1,200
顯慶元年(656)	劉宏基	1,100
總章元年(668)十二月	李勣	1,100
檢勅未獲	韓遊瓌	1,100
武德九年(626)十月	侯君集	1,000
武德九年(626)十月	張公謹	1,000
武德九年(626)十月	劉師立	1,000
顯慶四年(659)七月	武士彠	1,000
神龍元年(705)正月	武攸暨	1,000
神龍元年(705)十二月	宣城公主	1,000
唐隆元年(710)六月	薛崇簡	1,000
唐隆元年(710)七月	邠王守禮	1,000
開元十年(722)	永穆公主	1,000
開元二十四年(736)七月	樂安王瑗	1,000
開元二十五年(737)四月	高都公主以上各	1,000
大曆五年(770)三月	魚朝恩	1,000
大曆八年(773)二月	田承嗣	1,000
貞觀元年(627)	高士廉	900
貞觀元年(627)	段志元	900
貞觀十七年(643)正月	魏徵	900
檢勅未獲	李晟	900
檢勅未獲	李元諒	900
神龍元年(705)正月	李湛	800
寶應元年(762)三月	李輔國	800
武德九年(626)十月	宇文士及	700
武德九年(626)十月	秦叔寶	700
武德九年(626)十月	程知節	700
神龍元年(705)十二月	李多祚	700
神龍元年(705)十二月	敬暉	700
神龍元年(705)十二月	桓彥範	700
神龍元年(705)十二月	張柬之	700
神龍元年(705)十二月	崔元暐	700
先天二年(713)七月	姜皎	700
先天二年(713)八月	劉幽求	700
檢勅未獲	馬燧	700

檢勅未獲	唐朝臣	550
武德九年（626）十月	安興貴	600
武德九年（626）十月	安修仁	600
武德九年（626）十月	唐儉	600
武德九年（626）十月	竇軌	600
武德九年（626）十月	屈突通	600
武德九年（626）十月	蕭瑀	600
武德九年（626）十月	封德彝	600
武德九年（626）十月	劉義節	600
檢勅未獲	溫嘉順	600
神龍元年（705）十二月	魏元忠	550
貞觀四年（630）八月	李靖	500
興元二年（785）二月	段秀實	500
興元二年（785）二月	李抱真	500
貞元二年（786）四月	陳仙奇	500
元和十二年（817）十一月	李愬	500
元和十四年（819）二月	劉悟	500
元和二年（807）十一月	田宏正	300
元和二年（807）十一月	張子良	150
元和二年（807）十一月	田少卿	150
元和二年（807）十一月	李奉仙	150
長慶元年（821）二月	安奉敬	50
		11,600

以下找不到 [illegible] p405

资料来源："唐會要"卷90"食實封數"

民国各省市歷年户口表

时期

来源抄内政部檔案

河南省歷年戶口統計登記表

年別	戶數	口數 男	口數 女	口數 合計	每戶平均口數	每百女子所當男子數	備考
民國九年	4 838 612	19 575 700	16 324 383	35 900 083	7.420	119.92	根據內務統計表冊
〃〃二〃	4 730 983	14 881 578	13 636 859	28 518 437	6.028	109.13	同上
〃〃三〃	6 304 880	16 202 321	14 409 678	30 611 999	4.855	112.44	同上
〃〃四〃	6 210 577	16 281 811	14 449 985	30 731 796	4.948	112.68	同上
〃〃五〃	5 839 772	16 083 790	14 503 434	30 587 224	5.238	110.91	同上
〃〃六〃							
〃〃七〃							
〃〃八〃							
〃〃九〃							
〃〃十〃							
〃〃十一〃							
〃〃十二〃							
〃〃十三〃							
〃〃十四〃							
〃〃十五〃							
〃〃十六〃							
〃〃十七〃							
〃〃十八〃							
〃〃十九〃							
〃〃二十〃	5 235 947	15 067 471	13 231 885	28 299 356	5.405	113.87	據該省民政廳根據各縣呈報數
〃〃廿一〃	4 147 783			31 191 861	7.520		同上
〃〃廿二〃	5 731 303	17 634 421	15 038 507	32 672 928	5.701	117.26	該省民政廳根據保安處各縣區保甲戶口數
〃〃廿三〃							
〃〃廿四〃							
〃〃廿五〃							

1

山西省歷年户口統計登記表

年別	户數	口數 男	口數 女	口數 合計	每户平均口數	每百女子所當男子數	備考
民國元年	2 099 618	5 743 144	4 338 752	10 081 896	4.802	132.37	
〃〃二〃	2 081 634	5 869 608	4 379 939	10 249 547	4.924	134.01	
〃〃三〃	2 048 563	5 974 691	4 470 850	10 445 541	5.099	133.64	
〃〃四〃	2 085 828	5 941 602	4 420 377	10 361 979	4.968	134.41	
〃〃五〃	2 110 295	6 015 264	4 514 559	10 529 823	4.990	133.24	
〃〃六〃	2 241 642	6 538 309	4 801 649	11 338 958	5.058	136.20	
〃〃七〃	2 147 100	5 907 845	4 574 067	10 481 912	4.882	129.16	
〃〃八〃	2 269 446	6 392 655	4 958 349	11 351 004	5.002	128.93	
〃〃九〃	2 305 192	6 580 767	5 027 895	11 608 662	5.036	130.89	
〃〃十〃	2 296 586	6 515 174	5 090 648	11 602 922	5.0[illegible]	127.98	
〃〃十一〃	2 296 296	6 285 917	5 090 954	11 376 871	4.954	123.47	
〃〃十二〃	2 378 450	6 227 304	5 121 606	11 348 910	4.772	121.59	
〃〃十三〃	2 327 050	6 248 354	5 165 418	11 413 772	4.905	120.97	
〃〃十四〃							
〃〃十五〃							
〃〃十六〃							
〃〃十七〃	2 292 250	7 070 459	5 157 696	12 228 155	5.335	137.09	根據十七年户口調查統計報告
〃〃十八〃	2 248 001	6 572 253	5 087 558	11 659 811	5.187	129.18	該省民政廳根據各縣户口統計表
〃〃十九〃	1 857 481	6 646 390	5 002 491	11 648 881	6.271	132.86	同
〃〃二十〃	2 191 278	6 860 962	5 128 428	11 989 390	5.471	133.78	根據該省廿一年十一月廿五日呈報户口統計表
〃〃廿一〃	2 196 708	6 840 021	5 085 764	11 925 785	5.429	134.49	〃〃〃〃廿二年九月十七日〃〃〃〃〃〃〃
〃〃廿二〃							
〃〃廿三〃							
〃〃廿四〃							
〃〃廿五〃							

2

山東省歷年戶口統計登記表

年別	戶數	口數 男	口數 女	口數 合計	每戶平均口數	每百女子所當男子數	備攷
民國元年	5 652 638	16 477 131	14 511 721	30 988 852	5.482	113.54	根據內務統計表冊
〃 〃 二 〃	5 615 258	16 661 308	14 767 662	31 428 970	5.597	112.82	同上
〃 〃 三 〃							
〃 〃 四 〃	5 374 565	16 150 827	14 223 211	30 374 038	5.651	113.55	同上
〃 〃 五 〃							
〃 〃 六 〃							
〃 〃 七 〃							
〃 〃 八 〃							
〃 〃 九 〃							
〃 〃 十 〃							
〃 〃 十一 〃							
〃 〃 十二 〃							
〃 〃 十三 〃							
〃 〃 十四 〃							
〃 〃 十五 〃							
〃 〃 十六 〃							
〃 〃 十七 〃							
〃 〃 十八 〃							
〃 〃 十九 〃	6 631 977	19 627 948	16 847 688	36 502 636	5.504	116.50	根據該省民政廳查復數
〃 〃 二十 〃							
〃 〃 廿一 〃							
〃 〃 廿二 〃							
〃 〃 廿三 〃							
〃 〃 廿四 〃							
〃 〃 廿五 〃							
〃 〃 廿六 〃							

北平市歷年户口統計累計表

年別	户數	口數 男	口數 女	口數 合計	每户平均口數	每百女子所當男子數	備攷
民國元年	139 099	468 609	256 426	725 035	5 212	182 82	根據内務統計表冊（外縣户口均不在内）
〃 〃 二	144 111	476 128	253 675	729 803	5 050	186 90	同 上
〃 〃 三	152 371	497 527	271 790	769 317	5 049	183 06	同 上
〃 〃 四	154 093	507 156	281 967	789 123	5 121	179 86	同 上
〃 〃 五	160 602	515 568	285 568	801 136	4 988	180 54	同 上
〃 〃 六	166 522	515 535	296 021	811 556	4 874	174 15	同 上
〃 〃 七	160 532	506 753	292 642	799 395	4 980	173 16	同 上
〃 〃 八	164 870	523 561	302 970	826 531	5 013	172 81	同 上
〃 〃 九	168 949	531 060	318 494	849 554	5 028	166 74	同 上
〃 〃 十	170 482	541 063	322 146	863 209	5 073	176 96	同 上
〃 〃 十一	169 380	530 242	311 703	841 945	4 971	170 11	同 上
〃 〃 十二	173 188	544 944	302 163	847 107	4 891	180 35	同 上
〃 〃 十三	174 107	550 895	321 681	872 576	5 012	171 26	同 上
〃 〃 十四	260 574	775 116	491 032	1 266 148	4 859	157 85	根據該市造报歷年户口統計表
〃 〃 十五	260 673	738 095	486 319	1 224 414	4 697	151 77	同 上
〃 〃 十六	265 484	799 449	527 214	1 326 663	4 997	151 64	同 上
〃 〃 十七	266 433	903 876	532 246	1 436 122	5 390	169 82	根據十七年户口調查統計报告
〃 〃 十八	268 658	895 929	536 147	1 432 076	5 330	167 11	根據該市十九年五月卅日呈报户口統計表
〃 〃 十九	269 470	888 247	537 304	1 425 551	5 290	165 32	〃 〃 〃 二十年四月十三日 〃 〃 〃 〃
〃 〃 二十	280 607	928 819	559 545	1 488 364	5 304	166 00	〃 〃 〃 廿一年五月十日 〃 〃 〃 〃
〃 〃 廿一	293 381	971 026	578 524	1 549 550	5 282	167 85	〃 〃 〃 廿二年五月十三日 〃 〃 〃 〃
〃 〃 廿二	295 072	913 458	573 538	1 486 996	5 039	159 27	〃 〃 〃 廿二年七月份户口变易統計表
〃 〃 廿三							
〃 〃 廿四							
〃 〃 廿五							

4

陝西省歷年戶口統計彙計表

年別	戶數	口數 男	口數 女	口數 合計	每戶平均口數	每百女子所當男子數	備考
民國元年	1 635 988	8 268 761	4 095 099	12 363 860	7.557	201.92	根據內務統計表冊
〃 〃 二 〃							
〃 〃 三 〃							
〃 〃 四 〃							
〃 〃 五 〃							
〃 〃 六 〃							
〃 〃 七 〃							
〃 〃 八 〃							
〃 〃 九 〃							
〃 〃 十 〃							
〃 〃 十一 〃							
〃 〃 十二 〃							
〃 〃 十三 〃							
〃 〃 十四 〃							
〃 〃 十五 〃							
〃 〃 十六 〃							
〃 〃 十七 〃	2 042 903	6 593 175	5 209 271	11 802 446	5.777	126.97	根據十七年戶口調查統計報告
〃 〃 十八 〃							
〃 〃 十九 〃	1 744 811	5 776 850	4 519 681	10 296 531	5.901	127.83	根據該省廿年十二月呈報之戶口統計表
〃 〃 二十 〃							
〃 〃 廿一 〃							
〃 〃 廿二 〃							
〃 〃 廿三 〃							
〃 〃 廿四 〃							
〃 〃 廿五 〃							

甘肅省歷年戶口統計登記表

年別	戶數	口數 男	口數 女	口數 合計	每戶平均口數	每百女子所當男子數	備考
民國元年	986 406	2 724 944	2 264 963	4 989 907	5.059	120.31	根據內務統計表册
〃 〃 二 〃							
〃 〃 三 〃							
〃 〃 四 〃							
〃 〃 五 〃							
〃 〃 六 〃							
〃 〃 七 〃							
〃 〃 八 〃							
〃 〃 九 〃							
〃 〃 十 〃	1 131 526	3 261 028	2 697 408	5 958 436	5.266	120.89	根據內務統計表册
〃 〃 十一 〃	1 169 597	3 493 110	2 910 229	6 403 339	5.475	120.03	同上
〃 〃 十二 〃							
〃 〃 十三 〃							
〃 〃 十四 〃							
〃 〃 十五 〃							
〃 〃 十六 〃							
〃 〃 十七 〃							
〃 〃 十八 〃							
〃 〃 十九 〃							
〃 〃 二十 〃							
〃 〃 廿一 〃							
〃 〃 廿二 〃							
〃 〃 廿三 〃							
〃 〃 廿四 〃							
〃 〃 廿五 〃							

6

四川省歷年戶口統計登記表

年別	戶數	口數 男	口數 女	口數 合計	每戶平均口數	每百女子所當男子數	備攷
民國元年	9 259 484	27 343 294	20 786 302	48 129 596	5.198	131.54	根據內務統計表册
〃〃二〃	10 214 881	27 672 996	21 176 182	48 849 178	4.782	130.68	同上
〃〃三〃	9 813 272	28 161 997	21 394 874	49 556 871	5.050	131.63	同上
〃〃四〃							
〃〃五〃	9 950 246	28 751 057	22 015 279	50 766 336			根據該省民政廳查後數說明見原表
〃〃六〃							
〃〃七〃							
〃〃八〃							
〃〃九〃							
〃〃十〃							
〃〃十一〃							
〃〃十二〃							
〃〃十三〃							
〃〃十四〃							
〃〃十五〃							
〃〃十六〃							
〃〃十七〃							
〃〃十八〃							
〃〃十九〃							
〃〃二十〃							
〃〃廿一〃							
〃〃廿二〃							
〃〃廿三〃							
〃〃廿四〃							
〃〃廿五〃							

7

新疆省歷年戶口統計登記表

年別	戶數	口數 男	口數 女	口數 合計	每戶平均口數	每百女子所當男子數	備考
民國元年	461 961	1 112 179	985 584	2 097 763	4.541	112.84	根據內務統計表冊
〃〃二〃	467 401	1 162 385	1 022 950	2 185 335	4.675	113.63	同上
〃〃三〃	482 594	1 189 816	1 053 028	2 242 844	4.647	112.99	同上
〃〃四〃	483 171	1 218 928	1 074 086	2 293 014	4.745	113.49	同上
〃〃五〃	483 791	1 211 075	1 067 652	2 278 728	4.710	113.43	同上
〃〃六〃	458 323	1 297 094	1 124 197	2 421 291	5.283	115.95	同上
〃〃七〃	458 468	1 312 788	1 133 536	2 446 324	5.357	115.81	同上
〃〃八〃	505 510	1 345 546	1 170 455	2 516 001	4.978	114.96	同上
〃〃九〃							
〃〃十〃							
〃〃十一〃	566 150	1 638 426	1 240 977	2 879 403	4.086	132.03	根據內務統計表冊
〃〃十二〃	566 991	1 652 343	1 253 690	2 906 033	5.125	131.80	同上
〃〃十三〃							
〃〃十四〃							
〃〃十五〃							
〃〃十六〃							
〃〃十七〃	530 910	1 414 228	1 137 513	2 551 741	4.806	124.33	根據十七年戶口調查統計報告
〃〃十八〃							
〃〃十九〃							
〃〃廿〃							
〃〃廿一〃							
〃〃廿二〃							
〃〃廿三〃							
〃〃廿四〃							
〃〃廿五〃							

8

江蘇省歷年户口統計登記表

年别	户數	口數 男	口數 女	口數 合計	每户平均口數	每百女子所當男子數	備考
民國元年	6 076 869	16 965 542	15 317 239	32 282 781	5.312	110.76	根據內務統計表冊
〃 二 〃	6 172 810	17 491 251	15 757 947	33 249 198	5.386	111.00	仝 上
〃 三 〃	6 090 748	16 906 961	15 591 307	32 498 268	5.270	108.44	仝 上
〃 四 〃	6 139 325	16 914 939	15 684 227	32 599 166	5.310	107.85	仝 上
〃 五 〃	6 183 628	17 185 352	15 738 341	32 903 693	5.321	109.19	仝 上
〃 六 〃	6 209 133	17 437 655	15 857 084	33 294 739	5.362	109.96	仝 上
〃 七 〃	6 151 683	17 201 460	15 774 164	32 975 624	5.361	109.05	仝 上
〃 八 〃	6 002 754	16 801 824	14 577 756	31 379 580	5.228	115.26	仝 上
〃 九 〃	6 211 272	17 003 804	14 420 004	31 423 808	5.059	117.92	仝 上
〃 十 〃	6 227 095	17 042 990	14 482 638	31 525 628	5.063	117.69	仝 上
〃 十一 〃							
〃 十二 〃							
〃 十三 〃							
〃 十四 〃							
〃 十五 〃							
〃 十六 〃							
〃 十七 〃	6 886 852	18 159 855	15 966 002	34 125 857	4.955	113.74	根據十七年户口調查統計報告
〃 十八 〃							
〃 十九 〃							
〃 廿 〃	6 298 040	16 893 258	15 301 095	32 194 353	5.128		該省民政廳根據各縣報告統計之數
〃 廿一 〃							
〃 廿二 〃							
〃 廿三 〃							
〃 廿四 〃							
〃 廿五 〃							

9

浙江省历年户口统计登记表

年别	户数	口数 男	口数 女	口数 合计	每户平均口数	每百女子所当男子数	备考
民国元年	4 474 699	11 506 858	9 933 293	21 440 151	4.791	115.84	根据内务统计表册
〃〃二〃	4 483 274	11 762 701	10 119 351	21 882 052	4.881	116.24	仝上
〃〃三〃	4 579 409	11 910 871	10 228 830	22 139 701	4.835	116.44	仝上
〃〃四〃	4 623 705	12 202 532	10 283 229	22 485 761	4.863	118.66	仝上
〃〃五〃	4 666 983	12 346 543	10 343 981	22 690 495	4.862	119.36	仝上
〃〃六〃	4 731 197	12 490 559	10 321 298	22 811 857	4.822	121.02	仝上
〃〃七〃	5 093 186	13 351 182	10 707 127	24 058 309	4.724	124.69	仝上
〃〃八〃	5 034 571	13 592 251	10 785 047	24 397 298	4.742	126.03	仝上
〃〃九〃							
〃〃十〃							
〃〃十一〃							
〃〃十二〃							
〃〃十三〃							
〃〃十四〃							
〃〃十五〃							
〃〃十六〃							
〃〃十七〃	4 644 815	11 603 889	9 038 812	20 642 701	4.444	128.38	根据十七年户口调查统计报告
〃〃十八〃							
〃〃十九〃							
〃〃二十〃	4 658 726	11 205 812	9 075 523	20 281 335			根据该省民政厅查复数 说明见原表
〃〃廿一〃							
〃〃廿二〃	4 705 456	11 195 392	9 136 345	20 331 737			根据该省民政厅查复数 说明见原表
〃〃廿三〃							
〃〃廿四〃							
〃〃廿五〃							

10

江西省歷年戶口統計登記表

年別		戶數	口數 男	口數 女	口數 合計	每戶平均口數	每百女子所當男子數	備	考
民國	元年	4 579 348	13 337 922	10 649 791	23 987 713	5.238	125.24	根據內務統計表冊	
〃	二〃	4 673 304	13 635 245	11 013 868	24 649 113	5.274	123.30	仝上	
〃	三〃	4 727 568	13 834 454	11 105 981	24 940 435	5.274	124.57	仝上	
〃	四〃	4 739 691	13 885 653	11 146 933	25 032 586	5.281	124.57	仝上	
〃	五〃	4 958 363	13 615 168	11 475 666	25 090 834	5.060	118.94	仝上	
〃	六〃	4 977 101	13 601 424	11 479 340	25 080 764	5.039	118.47	仝上	
〃	七〃								
〃	八〃								
〃	九〃								
〃	十〃								
〃	十一〃								
〃	十二〃								
〃	十三〃								
〃	十四〃								
〃	十五〃								
〃	十六〃								
〃	十七〃								
〃	十八〃								
〃	十九〃								
〃	二十〃								
〃	廿一〃								
〃	廿二〃								
〃	廿三〃								
〃	廿四〃								
〃	廿五〃								

湖北省歷年户口統計登記表

年别	户数	口数 男	口数 女	口数 全计	每户平均口数	每百女子所當男子數	備考
民國元年	4 843 892	15 899 960	13 690 348	29 590 308	6.109	116.14	根據內務統計表冊
〃〃二〃	5 955 957	16 155 110	13 862 148	30 017 260	5.215	110.95	仝上
〃〃三〃	5 261 965	16 196 947	13 896 752	30 093 699	5.719	116.55	仝上
〃〃四〃	5 301 200	14 892 422	12 041 960	26 934 382	5.081	123.67	仝上
〃〃五〃		15 099 062	12 148 364	27 245 426		124.27	仝上
〃〃六〃	5 090 682	14 373 439	11 595 709	25 969 148	5.101	123.95	仝上
〃〃七〃	5 062 983	14 353 401	11 585 935	25 939 336	5.123	123.89	仝上
〃〃八〃	5 399 396	14 483 354	11 723 490	26 206 844	4.854	123.54	仝上
〃〃九〃							
〃〃十〃							
〃〃十一〃							
〃〃十二〃							
〃〃十三〃							
〃〃十四〃							
〃〃十五〃							
〃〃十六〃							
〃〃十七〃	5 490 712	14 753 306	11 945 820	26 699 126	4.863	123.50	根據十七年户口調查統計報告
〃〃十八〃							
〃〃十九〃							
〃〃廿〃							
〃〃廿一〃							
〃〃廿二〃							
〃〃廿三〃							
〃〃廿四〃							
〃〃廿五〃							

12

湖南省歷年户口統計彙記表

年別	户數	口數 男	口數 女	口數 合計	每户平均口數	每百女子所當男子數	備考
民國元年	5 367 467	14 744 672	12 872 036	27 616 708	4 788	114 52	根據内務統計表册
〃〃二〃	5 475 671	15 056 762	13 124 510	28 181 272	5 147	114 72	仝上
〃〃三〃	5 696 516	16 483 701	14 334 086	30 817 787	5 410	113 49	仝上
〃〃四〃							
〃〃五〃							
〃〃六〃							
〃〃七〃							
〃〃八〃							
〃〃九〃							
〃〃十〃							
〃〃十一〃							
〃〃十二〃							
〃〃十三〃							
〃〃十四〃							
〃〃十五〃							
〃〃十六〃							
〃〃十七〃	6 115 693	17 550 062	17 951 150	31 501 212	5 149	125 80	根據十七年户口調查統計報告
〃〃十八〃							
〃〃十九〃							
〃〃二十〃							
〃〃廿一〃							
〃〃廿二〃							
〃〃廿三〃							
〃〃廿四〃							
〃〃廿五〃							

13

贵州省历年户口统计汇编表

年别	户数	口数 男	口数 女	口数 合计	每户平均口数	每百女子所当男子数	备考
民国元年	2 062 906	5 097 136	4 568 091	9 665 227	4.685	111.58	根据内务统计表册
〃 〃 二 〃	2 143 728	5 753 917	5 098 362	10 852 079	5.062	112.85	仝上
〃 〃 三 〃	1 600 291						
〃 〃 四 〃	1 600 370						
〃 〃 五 〃	1 600 389						
〃 〃 六 〃	1 600 421						
〃 〃 七 〃	1 600 429						
〃 〃 八 〃	1 600 489						
〃 〃 九 〃	1 600 519						
〃 〃 十 〃	1 600 519						
〃 〃 十一 〃	1 600 519						
〃 〃 十二 〃	1 600 583						
〃 〃 十三 〃							
〃 〃 十四 〃							
〃 〃 十五 〃							
〃 〃 十六 〃							
〃 〃 十七 〃							
〃 〃 十八 〃							
〃 〃 十九 〃							
〃 〃 二十 〃							
〃 〃 廿一 〃							
〃 〃 廿二 〃	1 600 817	3 491 250	3 415 111	6 906 361	4.314	102.23	根据该省民政厅据各县查报数
〃 〃 廿三 〃							
〃 〃 廿四 〃							
〃 〃 廿五 〃							

14

雲南省歷年户口統計登記表

年别	户数	口数 男	口数 女	口数 合计	每户平均口数	每百女子所当男子数	备考
民國元年	1 904 463	4 975 527	4 492 170	9 467 696	4 971	110 76	根据内務統計表册
〃〃二〃							
〃〃三〃							
〃〃四〃							
〃〃五〃							
〃〃六〃							
〃〃七〃							
〃〃八〃							
〃〃九〃							
〃〃十〃							
〃〃十一〃							
〃〃十二〃							
〃〃十三〃							
〃〃十四〃							
〃〃十五〃							
〃〃十六〃							
〃〃十七〃							
〃〃十八〃							
〃〃十九〃							
〃〃廿〃							
〃〃廿一〃							
〃〃廿二〃	2 338 272	6 095 549	5 699 937	11 795 486	5 045	106 94	根據該省民政廳查报數
〃〃廿三〃							
〃〃廿四〃							
〃〃廿五〃							

福建省歷年戶口統計登記表

年別	戶數	口數 男	口數 女	口數 合計	每戶平均口數	每百女子所當男子數	備考
民國元年	3 012 394	8 907 602	6 941 694	15 849 296	5.261	128.32	根據內務統計表冊上
〃〃二〃	3 088 401	9 113 458	7 052 718	16 166 176	5.234	129.22	仝
〃〃三〃							
〃〃四〃							
〃〃五〃							
〃〃六〃							
〃〃七〃							
〃〃八〃							
〃〃九〃							
〃〃十〃							
〃〃十一〃							
〃〃十二〃							
〃〃十三〃							
〃〃十四〃							
〃〃十五〃							
〃〃十六〃							
〃〃十七〃							
〃〃十八〃							
〃〃十九〃							
〃〃二十〃							
〃〃廿一〃							
〃〃廿二〃				10 977 152	5.234		根據內政部現有材料估計所得
〃〃廿三〃							
〃〃廿四〃							
〃〃廿五〃							

16

遼寧省歷年戶口統計登記表

年別	戶數	口數 男	口數 女	口數 合計	每戶平均口數	每百女子所當男子數	備考
民國元年	1 804 550	6 672 537	5 460 866	12 133 403	6 724	122 19	根據奉天省內務統計表冊
〃〃二〃	1 866 461	6 684 898	5 521 272	12 206 170	6 540	121 08	仝 乂
〃〃三〃	1 858 993	6 696 354	5 617 126	12 313 480	6 624	119 21	仝 乂
〃〃四〃	1 853 312	6 827 447	5 481 110	12 308 557	6 641	124 56	仝 乂
〃〃五〃	1 876 774	7 045 566	5 562 176	12 607 742	6 718	126 67	仝 乂
〃〃六〃	1 989 013	6 993 541	5 642 022	12 635 563	6 353	123 95	仝 乂
〃〃七〃	2 087 835	7 068 093	5 526 670	12 594 763	6 072	127 89	仝 乂
〃〃八〃							
〃〃九〃							
〃〃十〃							
〃〃十一〃							
〃〃十二〃							
〃〃十三〃							
〃〃十四〃							
〃〃十五〃							
〃〃十六〃							
〃〃十七〃	2 257 746	8 502 333	6 730 790	15 233 123	6 747	126 32	根據十七年戶口調查統計報告
〃〃十八〃							
〃〃十九〃	2 311 315	8 457 166	6 796 521	15 253 687	6 601	124 43	根據該省廿年七月廿一日呈報戶口統計表
〃〃廿〃							
〃〃廿一〃							
〃〃廿二〃							
〃〃廿三〃							
〃〃廿四〃							
〃〃廿五〃							

吉林省歷年戶口統計登記表

年別	戶數	口數 男	口數 女	口數 合計	每戶平均口數	每百女子所當男子數	備攷
民國元年	726 569	3 154 389	2 425 641	5 580 030	7.680	130.04	根據內務統計表冊
〃〃二〃	800 761	3 075 623	2 414 795	5 490 418	6.857	127.37	仝上
〃〃三〃	771 205	2 964 283	2 397 731	5 362 014	6.953	123.63	仝上
〃〃四〃	765 858	3 004 244	2 416 357	5 420 601	7.078	124.33	仝上
〃〃五〃	800 100	3 164 027	2 470 384	5 634 411	7.042	128.08	仝上
〃〃六〃	833 618	3 288 378	2 698 816	5 987 194	7.182	121.85	仝上
〃〃七〃	913 391	3 463 392	2 690 462	6 153 854	6.739	128.73	仝上
〃〃八〃	911 346	3 537 370	2 768 127	6 305 497	6.919	127.79	仝上
〃〃九〃	840 410	3 711 062	2 923 640	6 634 702	7.895	126.93	仝上
〃〃十〃	851 086	3 871 404	2 980 139	6 851 543	8.050	129.91	仝上
〃〃十一〃							
〃〃十二〃							
〃〃十三〃							
〃〃十四〃							
〃〃十五〃							
〃〃十六〃							
〃〃十七〃							
〃〃十八〃	1 062 823	4 140 919	3 196 403	7 337 322	6.904	129.55	根據該省十年三月十九日呈報戶口統計表
〃〃十九〃							
〃〃二十〃							
〃〃廿一〃							
〃〃廿二〃							
〃〃廿三〃							
〃〃廿四〃							
〃〃廿五〃							

18

黑龍江省歷年戶口統計登表

年別	戶數	口數 男	口數 女	口數 共計	每戶平均口數	每百女子所當男子數	備攷
民國元年	302 809	1 150 435	878 341	2 028 776	6.698	130.98	根據內務統計表冊
〃 〃 二	327 343	1 279 577	988 940	2 268 517	6.930	129.39	仝上
〃 〃 三	335 069	1 352 992	1 049 015	2 402 007	7.169	128.98	仝上
〃 〃 四	330 682	1 271 666	1 028 700	2 300 366	6.956	123.62	仝上
〃 〃 五	357 696	1 510 089	1 097 091	2 607 180	7.289	137.64	仝上
〃 〃 六	380 196	1 568 501	1 167 490	2 735 991	7.196	134.35	仝上
〃 〃 七	390 057	1 589 031	1 209 713	2 798 744	7.175	131.36	仝上
〃 〃 八	406 573	1 657 026	1 277 944	2 934 970	7.219	129.66	仝上
〃 〃 九	430 078	1 809 650	1 360 682	3 170 332	7.372	133.06	仝上
〃 〃 十	448 835	1 737 926	1 402 932	3 140 858	6.998	123.88	仝上
〃 〃 十一							
〃 〃 十二							
〃 〃 十三							
〃 〃 十四							
〃 〃 十五							
〃 〃 十六							
〃 〃 十七	649 072	2 124 964	1 599 774	3 724 738	5.739	132.83	根據十七年戶口調查統計報告
〃 〃 十八							
〃 〃 十九							
〃 〃 二十							
〃 〃 廿一							
〃 〃 廿二							
〃 〃 廿三							
〃 〃 廿四							

河北省歷年户口統計表

年別	户數	口數 男	口數 女	口數 合計	每户平均口數	每百女子所當男子數	備攷
民國元年	4 548 901	13 373 454	10 936 555	24 310 009	5.344	122.28	根據直隸及順天府內務統計表冊
〃〃二〃	4 512 464	13 461 437	10 979 238	24 440 675	5.416	122.61	仝上
〃〃三〃	4 574 278	13 594 134	11 172 970	24 767 104	5.414	121.67	根據直隸及京兆內務統計表冊
〃〃四〃	4 591 141	13 654 435	11 265 154	24 919 589	5.428	121.21	仝上
〃〃五〃	4 603 263	13 725 000	11 332 181	25 057 181	5.443	121.12	仝上
〃〃六〃	4 727 414	14 156 082	11 719 149	25 873 231	5.473	120.82	仝上
〃〃七〃							
〃〃八〃							
〃〃九〃							
〃〃十〃							
〃〃十一〃							
〃〃十二〃							
〃〃十三〃							
〃〃十四〃							
〃〃十五〃							
〃〃十六〃							
〃〃十七〃	5 452 347	17 274 341	13 957 790	31 232 131	5.728	123.76	根據十七年户口調查統計報告
〃〃十八〃	4 995 143	15 526 084	13 013 005	28 539 089	5.713	119.31	根據該省廿二年一月十七日呈报户口統計表
〃〃十九〃	5 018 500	15 274 152	13 192 378	28 466 530	5.672	115.78	根據該省民政廳查報數
〃〃二十〃							
〃〃廿一〃							
〃〃廿二〃							
〃〃廿三〃							
〃〃廿四〃							
〃〃廿五〃							

20

察哈爾省歷年戶口統計登記表

年別	戶數	口數 男	口數 女	口數 合計	每戶平均口數	每百女子所當男子數	備考
民國元年	325 426	926 775	695 683	1 622 458	4 99	133 22	根據直隸及察哈爾內務統計表冊
〃〃二〃	341 337	934 057	701 719	1 635 776	4 79	133 11	仝　上
〃〃三〃	290 950	901 518	656 146	1 557 664	5 35	137 40	仝　上
〃〃四〃	342 736	1 083 942	763 077	1 847 019	5 39	142 05	仝　上
〃〃五〃	349 920	1 087 261	760 571	1 847 772	5 28	142 96	仝　上
〃〃六〃	348 837	1 105 447	776 429	1 881 876	5 39	142 38	仝　上
〃〃七〃	375 117	1 185 805	800 696	1 986 501	5 30	148 10	仝　上
〃〃八〃	386 751	1 195 549	830 889	2 026 438	5 24	143 89	仝　上
〃〃九〃	392 318	1 266 620	885 407	2 152 027	5 49	143 06	仝　上
〃〃十〃	394 177	1 295 105	902 701	2 197 806	5 58	143 49	仝　上
〃〃十一〃							
〃〃十二〃							
〃〃十三〃							
〃〃十四〃							
〃〃十五〃							
〃〃十六〃							
〃〃十七〃	396 377	1 176 350	820 665	1 997 015	5 04	143 34	根據十七年戶口調查統計報告
〃〃十八〃	387 588	1 145 103	835 118	1 980 221			該省民政廳根據省會公安局暨各縣呈報之數
〃〃十九〃	398 838	1 197 936	828 321	2 026 257	5 08	144 62	根據該省廿年六月六日呈報戶口統計表
〃〃二十〃	376 990	1 111 409	773 144	1 884 553	5 00	143 75	根據該省廿一年七月廿日〃〃〃〃〃
〃〃廿一〃	372 053	1 103 645	774 127	1 877 772	5 05	142 57	〃〃〃〃廿二年九月廿六日〃〃〃〃〃
〃〃廿二〃							
〃〃廿三〃							
〃〃廿四〃							
〃〃廿五〃							

綏遠省歷年戶口統計登記表

年別	戶數	口數 男	口數 女	口數 合計	每戶平均口數	每百女子所當男子數	備考
民國元年							
〃〃二〃							
〃〃三〃							
〃〃四〃	219 953	677 899	461 895	1 139 794	5 18	146 76	根據察哈爾及綏遠內務統計表冊
〃〃五〃	224 767	688 922	474 511	1 163 433	5 18	145 19	仝上
〃〃六〃	231 494	701 987	484 146	1 186 133	5 12	144 99	仝上
〃〃七〃	284 582	766 615	532 907	1 299 522	4 57	143 86	仝上
〃〃八〃	310 881	957 867	617 032	1 574 899	5 07	155 24	仝上
〃〃九〃	316 888	990 816	638 851	1 629 667	5 14	155 09	仝上
〃〃十〃	323 058	1 132 811	716 425	1 849 236	5 72	158 12	仝上
〃〃十一〃							
〃〃十二〃							
〃〃十三〃							
〃〃十四〃							
〃〃十五〃							
〃〃十六〃							
〃〃十七〃	387 523	1 293 750	830 018	2 123 768	5 48	155 87	根據十七年戶口調查統計報告
〃〃十八〃	369 455	1 234 472	898 605	2 133 077	5 50	154 58	根據該省廿年二月四日呈報戶口統計表
〃〃十九〃							
〃〃廿〃							
〃〃廿一〃							
〃〃廿二〃							
〃〃廿三〃							
〃〃廿四〃							
〃〃廿五〃							

22

热河省历年户口统计登记表

年别	户数	口数 男	口数 女	口数 合计	每户平均口数	每百女子所当男子数	备考
民国元年	646 749	2 619 365	2 010 425	4 629 790	7.16	130.29	根据内务统计表册
〃 〃 二 〃							
〃 〃 三 〃							
〃 〃 四 〃							
〃 〃 五 〃							
〃 〃 六 〃							
〃 〃 七 〃							
〃 〃 八 〃							
〃 〃 九 〃							
〃 〃 十 〃							
〃 〃 十一 〃							
〃 〃 十二 〃							
〃 〃 十三 〃							
〃 〃 十四 〃							
〃 〃 十五 〃							
〃 〃 十六 〃							
〃 〃 十七 〃							
〃 〃 十八 〃	551 438	1 267 352	1 009 283	2 276 635	4.13	125.57	根据该省廿年九月廿八日呈报户口统计表
〃 〃 十九 〃							
〃 〃 二十 〃							
〃 〃 廿一 〃							
〃 〃 廿二 〃							
〃 〃 廿三 〃							
〃 〃 廿四 〃							
〃 〃 廿五 〃							

安徽省歷年户口統計登記表

年别	户數	口數 男	口數 女	口數 合計	每户平均口數	每百女子所當男子數	備考
民國元年							
〃〃二〃							
〃〃三〃							
〃〃四〃							
〃〃五〃							
〃〃六〃							
〃〃七〃							
〃〃八〃							
〃〃九〃							
〃〃十〃							
〃〃十一〃							
〃〃十二〃							
〃〃十三〃							
〃〃十四〃							
〃〃十五〃							
〃〃十六〃							
〃〃十七〃	3 830 315	12 211 581	9 503 815	21 715 396	5.67	128.49	根据十七年户口調查統計报告
〃〃十八〃							
〃〃十九〃							
〃〃廿〃							
〃〃廿一〃							
〃〃廿二〃	3 670 392	12 197 056	9 895 900	22 093 000	6.02	123.25	該省民政廳根据各縣依户調查之數
〃〃廿三〃							
〃〃廿四〃							
〃〃廿五〃							

24

青島市歷年戶口統計登記表

年別	戶數	口數			每戶平均口數	每百女子所當男子數	備考
		男	女	合計			
民國元年							
〃〃二〃							
〃〃三〃							
〃〃四〃							
〃〃五〃							
〃〃六〃							
〃〃七〃							
〃〃八〃							
〃〃九〃							
〃〃十〃							
〃〃十一〃							
〃〃十二〃	55 384	164 279	97 838	262 117	4.73	167.91	根據該市廿年十月廿五日造报歷年戶口統計表
〃〃十三〃	57 553	170 772	102 685	273 457	4.75	166.31	仝　上
〃〃十四〃	60 221	168 963	106 777	275 740	4.58	158.24	仝　上
〃〃十五〃	61 702	167 589	109 249	276 838	4.49	153.40	仝　上
〃〃十六〃	64 037	198 971	121 509	320 480	5.00	163.75	仝　上
〃〃十七〃	65 481	210 746	125 259	336 005	5.13	168.25	仝　上
〃〃十八〃	67 057	217 980	133 113	351 093	5.24	163.76	根據該市十九年一月十日造报戶口統計表
〃〃十九〃	71 403	227 466	140 398	367 864	5.15	162.12	〃〃〃〃廿年二月廿二日〃〃〃〃〃〃〃
〃〃廿〃	72 743	240 030	150 794	390 824	5.37	159.18	〃〃〃〃廿一年二月廿九日〃〃〃〃〃〃〃
〃〃廿一〃	78 945	253 294	161 511	414 805	5.25	156.83	〃〃〃〃廿二年二月十八日〃〃〃〃〃〃〃
〃〃廿二〃	85 360	266 056	171 665	437 721	5.13	154.99	〃〃〃廿二年七月份戶口異動統計表
〃〃廿三〃							
〃〃廿四〃							
〃〃廿五〃							

南京市歷年户口統計登記表

年別	户數	口數 男	口數 女	口數 合計	每户平均口數	每百女子所當男子數	備考
民國元年							
〃〃二〃							
〃〃三〃							
〃〃四〃							
〃〃五〃							
〃〃六〃							
〃〃七〃							
〃〃八〃							
〃〃九〃							
〃〃十〃							
〃〃十一〃							
〃〃十二〃							
〃〃十三〃							
〃〃十四〃							
〃〃十五〃							
〃〃十六〃							
〃〃十七〃	89 123	309 621	186 905	496 526	5.57	165.66	根據十七年户口調查統計報告
〃〃十八〃	102 122	326 842	213 278	540 120	5.29	153.25	根據首都警察廳户口數
〃〃十九〃	110 658	348 927	221 145	570 072	5.15	157.78	根據該市十九年四月呈報户口統計表
〃〃二十〃	126 797	399 696	254 252	653 948	5.16	157.20	根據首都警察廳户口數
〃〃廿一〃	129 871	402 542	257 075	659 617	5.08	156.59	同上
〃〃廿二〃	132 846	415 491	262 286	677 777	5.10	158.41	根據該市廿二年六月份户口統計表
〃〃廿三〃							
〃〃廿四〃							
〃〃廿五〃							

26

上海市歷年戶口統計登記表

年別	戶數	口數 男	口數 女	口數 合計	每戶平均口數	每百女子所當男子數	備考
民國元年							
〃〃二〃							
〃〃三〃							
〃〃四〃							
〃〃五〃							
〃〃六〃							
〃〃七〃							
〃〃八〃							
〃〃九〃							
〃〃十〃							
〃〃十一〃							
〃〃十二〃							
〃〃十三〃							
〃〃十四〃							
〃〃十五〃							
〃〃十六〃							
〃〃十七〃	311 144	861 640	638 460	1 500 100	4.82	134.96	根據十七年戶口調查統計報告
〃〃十八〃	341 785	926 922	683 814	1 610 736	4.71	135.55	根據該市廿年十月三十日造報歷年戶口統計表
〃〃十九〃	370 605	996 433	734 497	1 730 930	4.67	135.66	〃〃〃〃廿年十月三十日〃〃〃〃〃〃〃
〃〃二十〃	390 641	1 051 292	772 695	1 823 987	4.67	136.06	同上
〃〃廿一〃	355 929	1 002 542	741 856	1 744 398			根據該市公安局造報數"外國人不在內"
〃〃廿二〃	361 292	1 011 249	753 589	1 769 838	4.90	134.85	〃〃〃〃廿二年八月份戶口統計表"外國人在外"
〃〃廿三〃							
〃〃廿四〃							
〃〃廿五〃							

27

寧夏省歷年戶口統計登記表

年別	戶數	口數 男	口數 女	口數 合計	每戶平均口數	每百女子所當男子數	備考
民國元年							
〃 〃 二 〃							
〃 〃 三 〃							
〃 〃 四 〃							
〃 〃 五 〃							
〃 〃 六 〃							
〃 〃 七 〃							
〃 〃 八 〃							
〃 〃 九 〃							
〃 〃 十 〃							
〃 〃 十一 〃							
〃 〃 十二 〃							
〃 〃 十三 〃							
〃 〃 十四 〃							
〃 〃 十五 〃							
〃 〃 十六 〃							
〃 〃 十七 〃	75 198	232 067	223 069	455 136			根據該省民政廳查報數
〃 〃 十八 〃	74 525	272 343	221 842	494 185			仝 上
〃 〃 十九 〃	85 041	273 141	222 929	496 070			仝 上
〃 〃 二十 〃	77 150	266 378	219 533	485 911			仝 上
〃 〃 廿一 〃	75 625	255 261	215 562	470 823			仝 上
〃 〃 廿二 〃	73 060	230 834	181 643	412 477			仝 上
〃 〃 廿三 〃							
〃 〃 廿四 〃							
〃 〃 廿五 〃							

28

威海衛省歷年戶口統計[illegible]計表

年別	戶數	口數 男	口數 女	口數 合計	每戶平均口數	每百女子所當男子數	備考
民國元年							
〃二〃							
〃三〃							
〃四〃							
〃五〃							
〃六〃							
〃七〃							
〃八〃							
〃九〃							
〃十〃							
〃十一〃							
〃十二〃							
〃十三〃							
〃十四〃							
〃十五〃							
〃十六〃							
〃十七〃							
〃十八〃							
〃十九〃							
〃廿〃							
〃廿一〃	36 487	105 754	94 229	199 983	5.481	112.23	根據該署查報數
〃廿二〃							
〃廿三〃							
〃廿四〃							
〃廿五〃							

19世纪初至20世纪初新加坡华侨人口数及其在当地人口总数所占之百分数

19世纪初至20世纪初新加坡~~[illegible]总数中华侨人数及其所占百分率~~华侨人口数及其在当地人口总数所占之百分率

年份	新嘉坡人口总数	华侨人数	华侨在全部人口中之百分率
1821（清道光1年）	4,727	1,159	26
1824（〃〃〃4〃）	10,683	3,317	33
1825（〃〃〃5〃）	11,851	3,828	32
1826（〃〃〃6〃）	12,905	4,279	33
1827（〃〃〃7〃）	13,732	6,088	45
1828（〃〃〃8〃）	14,885	6,120	42
1829（〃〃〃9〃）	18,819	7,575	40
1830（〃〃〃10〃）	16,634	6,555	40
1832（〃〃〃12〃）	19,715	7,762	40
1833（〃〃〃13〃）	20,978	8,517	40
1834（〃〃〃14〃）	26,329	10,767	41
1836（〃〃〃16〃）	29,984	13,749	46
1840（〃〃〃20〃）	35,389	17,704	50
1849（〃〃〃29〃）	59,043	27,988	48
1860（〃咸丰10〃）	81,934	50,043	61
1871（〃同治10〃）	97,111	54,572	56
1881（〃光绪7〃）	139,208	86,766	62
1891（〃〃〃17〃）	184,554	121,908	69
1901（〃〃〃27〃）	228,555	164,041	72
1911（〃宣统3〃）	303,321	219,577	73

资料来源：姚楠先 英属新加坡历届人口统计中之华侨地位（载东方杂志第25卷第8号，1928年4月25日）。

编者注：华侨人数中之男女口数及其百分比，请参看表2。

19世纪初至20世纪初新加坡华侨男女口数及其百分比

表2

19世纪初至20世纪初新加坡華僑男女口数及其百分比

年份	男	%	女	%
1824（清道光4年）	2,956	89	361	11
1825（〃〃5〃）	3,561	93	267	7
1826（〃〃6〃）	3,833	91	396	9
1827（〃〃7〃）	5,747	94	341	6
1829（〃〃9〃）	7,163	94	412	6
1830（〃〃10〃）	6,021	92	534	8
1832（〃〃12〃）	7,149	92	613	8
1833（〃〃13〃）	7,650	90	867	10
1834（〃〃14〃）	9,944	92	823	8
1836（〃〃16〃）	12,870	94	879	6
1849（〃〃29〃）	25,749	80	5,594	20
1860（〃咸丰10〃）	46,795	94	3,248	6
1871（〃同治10〃）	46,104	86	7,468	14
1881（〃光绪7〃）	72,571	84	14,195	16
1891（〃〃17〃）	100,446①	82	21,462	18
1901（〃〃27〃）	130,367	79	33,674	21
1911（〃宣统3〃）	161,648	74	57,929	26

資料来源：姚楠 星嘉坡历届人口统計中之华侨地位（載東方雜誌第25卷第8號，1928年4月25日）。

编者注：原文作"10,446"，显係误植。据本表1891年男、女口数百分比及女口数，計算得出為100,446。這一数字与表1中1891年"华侨人数"相符。

南海群岛诸国（一）

√苏门答剌	岛夷志略须文答剌条 贸易之货用西洋丝布、樟脑、蔷薇水、黄油伞、青布、五色缎之属。	瀛涯胜览 此处多有番船往来，所以国中诸般番货多有卖者。其国使用金钱、锡钱。金钱番名底那儿（dinar），以七成淡金铸造，每个圆径官寸五分，面底有纹，官秤二分三厘，一日每四十八个重金一两四分。锡钱番名加失。凡买卖恒以锡钱使用。	
√蓝无里（Lāmuri）	诸蕃志 番商转易用檀香、丁香、脑子、金银、瓷器、马、象、丝帛等货。	岛夷志略喃哑哩条 贸易之货用金银、铁器、蔷薇水、红丝布、樟脑、青白花碗之属。	瀛涯胜览南浡利国条 使用铜钱。
那孤儿（Battak）		岛夷志略花面条 货用铁条、青布、粗碗、青处器之属。	
√淡洋（Tamian）		岛夷志略淡洋条 贸易之货用赤金、铁器、粗碗之属。	
√苏吉丹	诸蕃志 民间贸易用杂白银凿为币，状如骰子，上镂番官印记，六十四只准货金一两，每只博米三十升或四十升至百升，其他贸易悉用，是名曰阇婆金。（明史V.324有苏吉丹传）		
重迦罗（Jāngala）		岛夷志略 贸易之货用花银、花宣绢、诸色布。	
假里马打（Karimata）		岛夷志略 煮海为盐，以通他国易米。贸易之货用硫黄、珊瑚珠、阇婆布、青色烧珠、小花印布之属。	

南海群岛诸国：(二)

勾栏山 (Gelam)		岛夷志略 贸易之货用谷，米，五色绢，青布，铜器，青器之属。
√渤泥 (Borneo)	诸蕃志 其日多用……番商兴贩用货金，货银，假锦，建阳锦，五色绢，五色茸，琉璃珠，琉璃瓶子，白锡，乌铅，网坠，牙臂环，胭脂，漆碗楪，青瓷器等博易。	岛夷志略浡泥条 货用白银，赤金，色缎，牙箱，铁器之属。(明史v.325婆罗，及323婆罗条均指此国。)
√苏禄 (Sulu)		岛夷志略 地产……珍珠，价高昂，中国人首饰用之，……大者已直七八百余锭……贸易之货，赤金，花银，八都剌布，青珠，处器，铁条之属：(明史325，苏禄传)
三屿 (Mait)	诸蕃志 博易用瓷器，皂绫，缬绢，五色烧珠，铅网坠，白锡为货。蒲哩噜 (Polillo) 与三屿联属，……风俗博易与三屿同。	岛夷志略三岛条 地产黄蜡，木棉花布。贸易之货用铜珠，青白花碗，小花印布，铁块之属：
麻逸 (Mait)	诸蕃志 商人用瓷器，货金，铁鼎，乌铅，五色琉璃珠，铁针等博易。	岛夷志略 贸易之货用鼎，铁块，五采红布，红绢，牙锭之属：蛮贾议价，领去博易土货，然后准价。舶商守信始终，不爽约也。
√文老古 (Moluccas)		岛夷志略 贸易之货用银，铁，水绫，丝布，巫仑，八节那涧布，土印布，象齿，烧珠，青瓷器，埕器之属。(明史323美洛居传)
√古里地闷 (Timūr / Timor)		岛夷志略 以银，铁，碗，西洋丝布，色绢之属为之贸易也。

马来半岛诸国

马来半岛诸国:(一)

丹丹	梁书卷54 大同元年(535)復遣使献金银琉璃杂宝香药等物.		
盘盘	新唐书卷222下 赋率输银二铢		
√凌牙斯加(Laṅkāsukā)	诸蕃志凌牙斯国条 番商兴贩用酒米、荷池、缬绢、瓷器等为货,各先以此等物准金银,然后打博,如酒一墱准银一两,准金二钱,米二墱准银一两,十墱准金一两之类.	岛夷志略龙牙犀角条 贸易之货土印布、八都剌布、青白花碗之属.	
√佛啰安(Beranang)	诸蕃志 番以金银、瓷铁、漆器、酒米、糖麦博易,又有蓬丰(Pahang)、登牙侬(Trengganu)、吉兰丹(Kelantan)类此.		
√单马令(Tāmbraliṅga)	诸蕃志 番商用绢伞、雨伞、荷池、缬绢、酒、米、盐、糖、瓷器、盆钵粗重等物,及用金银为盘盂博易.	岛夷志略丹马令条 贸易之货用甘理布、红布、青白花碗、鼓之属.	宋史卷489丹眉流国传 贸易以金银
彭坑(Pahang)		岛夷志略 富贵女顶带金圈数四……凡讲婚姻,互造换白银五钱重为准.贸易之货用诸色绢、阇婆布、铜铁器、漆磁器、鼓板之属.(明史v.325 彭亨传)	
吉兰丹(Kelantan)		岛夷志略 货用塘头市布、占城布、青盘花碗、红绿焇珠、琴阮、鼓板之属.(明史v.326 吉兰丹)	
丁家卢(Trengganu)		岛夷志略 货用青白花磁器、占城布、小红绢、斗锡、酒之属.	

马来半岛诸国：（二）

满剌加(Malaka)

《瀛涯胜览》
花锡有二处山坞锡场，王令头目主之，差人淘煎，铸成斗样，以为小块输官，每块重官秤一斤八两，或一斤四两，每十块用藤缚为小把，四十块为一大把，通市交易皆以此锡行使……水牛一头直锡一斤以上。（明史v.325 〔满剌加〕传）

柔佛(Johore)

明史v.325柔佛传
王用金银为食器，群下则用磁。

印度沿海诸国

印度沿海诸国（一）

天竺（Inde）	梁书卷54中天竺国传 土俗出犀象貂鼲玳瑁火齐金银铁。~~……~~	宋史卷490天竺国传 市易用铜钱，有文漫圆径如中国之制，但实其中心，不穿贯耳。（注辇国）…… 注辇外道（阿里烟）自云本国王号黑衣，姓阿长名啰没……今谈货以礼为贸易。		
朋加剌（Bangala, Bengale）		岛夷志略 国铸银钱名唐加（tanka），每个钱八分重，流通使用。互易则以𧴩子（kauri）一万五百二十有余，以权小钱便民，良有益也……贸易之货用南北丝，五色绢缎，丁香，荳蔻，青白花器，白缨之属。	瀛涯胜览榜葛剌条 国王以银铸钱名倘伽（tanka），每个重官秤三钱，径官寸一寸二分，底面有纹，一应买卖皆以此钱论价零用。海𧴩，番名考嚟（kauri），论个数交易。	明史卷326榜葛剌传 贸（㈣）伏安宝金，金银，金钱，宝石，子到等用良
乌爹（Odra）		岛夷志略 贸易之货用银，五色缎，丁香，荳蔻，茅香，青白花器，鼓瑟之属。每个银钱重二钱八分，准中统钞一十两，易𧴩子计一万一千五百二十余。（以下未用）		
注辇（Cola）		岛夷志略 马八儿屿（Ma'bar） 贸易之货用沙金，青缎，白矾，红绿烧珠之属。		明史卷325 琐里（Cola, Soli）条 西洋琐里皆指今一地
師子国（Ceylan）	新唐书卷221下，师子国 天宝（742—755）再遣使献大珠细金，宝璎，等。	岛夷志略高郎步（Colombo）条 贸易之货用八丹布，斗锡，酒，蔷薇水，苏木，金银之属。	瀛涯胜览锡兰国条 王以金为钱，通行使用，每钱一个，重官秤一分六厘。中国麝香，纻丝，色绢，青瓷盘碗，铜钱，樟脑甚喜，则将宝石珍珠换易。	
小唄喃（Kūlam, Quilon）		岛夷志略 贸易之货用金银，青白花器，八丹布，五色缎，铁器之属。	瀛涯胜览小葛兰国条 王以金铸钱，每个重官秤一分，通行使用。	
古里佛（Calicut）		岛夷志略 某始买自西经来，故以舶载至此国，每匹互易则金钱千百或至四千为率，不则番人议其国空言也。	瀛涯胜览古里国条 王以六成金铸钱行使，名吧南（fanam），每个径面官寸三分八厘，面底有纹，又以银为钱，名搭儿（tar），每个约重三厘，零用此钱。……	

印度沿海诸国(二)

柯枝(Koči / Cochin)

瀛涯胜览

王以九成金铸钱行使，名曰法南(fanam)，重官秤一分一厘。又以银为钱，比海螺靥大，每个官秤四厘，名曰答儿(tar)。每金钱一个，倒换银钱十五个，街市行使零用，则以此钱。

√南毗(Namburi)

诸蕃志

凿杂白银为钱，镌官印记，民用以贸易……土产之物，东国运至吉啰达弄(Kwala Terong)、三佛齐(Palembang)，用荷池、缬绢、瓷器、樟脑、大黄、黄连、丁香、脑子、檀香、豆蔻、沉香为货，商人就博易焉……亦有用金钱，以银钱十二准金钱之一……

须文那(Sumanata)

岛夷志略

贸易之货用五色细缎、青缎、荳蔻、大小水埕、苏木之属。

扶南	晋书卷97扶南传 贡赋以金银为之，亦使 以金银珠香。	南齐书卷58扶南传 货易金银彩帛，镯 镮钏银食器。	梁书卷54扶南传 出金银铜锡等	新唐书v.222下扶南传 国出金……以金珠香为税	
真腊(Kampuja)			诸蕃志卷上 米谷廉平，每两乌铅可博米二斗……番商兴贩 用金银、瓷器、假锦、凉伞、皮鼓、酒、糖、醯醢之属博易。		
阇婆(爪哇)			诸蕃志卷上 以铜银鍮锡杂铸为钱，钱六十准金一两，三十二准金半两。番商兴贩 用夹杂金银及金银器皿、五色缬绢、皂绫、川芎、白芷、朱砂、 绿矾、白矾、硼砂、砒霜、漆器、铁鼎、青白瓷器交易。此 番胡椒萃聚，商船利倍蓰，往往冒禁，潜载铜钱博 换，朝廷屡行禁止兴贩。 岛夷志略 爪哇条 使铜钱，俗以银锡鍮铜杂铸如螺甲大，名为银钱，以权 铜钱（元大德，1297-1307年间）		宋史卷489 阇婆国传 剪银叶为钱博易，官以粟一斛二斗博 金一钱。 瀛涯胜览 爪哇国条 中国商人多到此处买卖，金子诸 般宝石一应番货多有卖者……买卖交易 行使中国历代铜钱……国人最喜 中国青花磁器，并麝香、销金纻丝 烧珠之类，则用铜钱买易。
三佛齐(Palembang)			诸蕃志卷上 无缗钱，止凿白金贸易……番商兴贩，用金银、瓷器、 锦绫、缬绢、糖、铁、酒、米、干良姜、大黄、樟脑等物博易。 岛夷志略 三佛齐条 贸易之货，用色绢、红硝珠、丝布、花布、铜铁锅之属。 瀛涯胜览 旧港条 市中交易亦使中国铜钱，并用布帛之类。		宋史489 无缗钱，土俗以金银贸易诸物。 岛夷志略 旧港条 贸易之货用门邦丸珠、四色烧珠、 麒麟粒、处瓷、铜鼎、五色布、大小 水埕、瓮之属。

万历十七年与万历四十三年货物税额、货价表

For Prices,
cf. 材料 v.120

貨名	單位	萬曆十七年		萬曆四十三年	
		稅額(兩)	貨價 稅額/0.02 (兩)	稅額(兩)	萬曆四十三年稅額占萬曆十七年稅額%
胡椒	100斤	0.25	12.50	0.216	86.4
象牙成器者	〃	1.00	50.00	0.864	86.4
〃〃不成器者	〃	0.50	25.00	0.432	86.4
苏木，東洋來小	〃	0.02	1.00	0.021	105.0
〃〃，西洋來大	〃	0.05	2.50	0.043	86.0
檀香，成器者	〃	0.50	25.00	0.432	86.4
〃〃，不成器者	〃	0.24	12.00	0.207	86.3
奇楠香	每斤	0.28	14.00	0.242	86.4
犀角花白成器者	10斤	0.34	17.00	0.294	86.5
〃〃烏黑不成器者	〃	0.10	5.00	0.104	104.0
沈香	〃	0.16	8.00	0.138	86.3
没药	100斤	0.32	16.00	0.276	86.3
玳瑁	〃	0.60	30.00	0.518	86.3
肉豆蔻	〃	0.05	2.50	0.043	86.0
冰片上者	10斤	3.20	160.00	2.765	86.4
〃〃中者	〃	1.60	80.00	1.382	86.4
〃〃下者	〃	0.80	40.00	0.691	86.4
燕窩白者	100斤	1.00	50.00	0.864	86.4
〃〃中者	〃	0.70	35.00	0.605	86.4
〃〃下者	〃	0.20	10.00	0.173	86.5
鶴頂上者	10斤	0.50	25.00	0.432	86.4
〃〃次者	〃	0.40	20.00	0.346	86.5
蓽撥	100斤	0.06	3.00	0.052	86.7
黄蠟	〃	0.18	9.00	0.155	86.1
鹿皮	100張	0.08	4.00	0.069	86.3
子綿	100斤	0.04	2.00	0.034	85.0
番被	每牀	0.012	0.60	0.010	83.3
孔雀尾	千枝	0.03	1.50	0.027	90.0
竹布	每疋	0.008	0.40	0.007	87.5
嘉文席	每牀	0.05	2.50	0.043	86.0
番藤席	〃	0.01	0.50	0.012	120.0
大風子	100斤	0.02	1.00	0.017	85.0
阿片	10〃	0.20	10.00	0.173	86.5
交阯絹	每疋	0.01	0.50	0.014	140.0
檳榔	100斤	0.024	1.20	0.021	87.5
水藤	〃	0.01	0.50	0.009	90.0

[illegible]	[illegible]	0.20	10.00	0.173	[illegible]
交阯絹	每疋	0.01	0.50	0.014	140.0
檳榔	100斤	0.024	1.20	0.021	87.5
水藤	〃	0.01	0.50	0.009	90.0
[illegible]藤	[illegible]	0.016	0.80	0.014	87.5
牛角	〃	0.02	1.00	0.018	90.0
牛皮	10張	0.04	2.00	0.035△	87.5
藤黄	100斤	0.16	8.00	0.138	86.3
黑鉛	〃	0.05	2.50	0.043	86.0
番錫	〃	0.16	8.00	0.138	86.3
番藤	〃	0.026	1.30	0.022	84.6
烏木	〃	0.018	0.90	0.015	83.3
紫檀	〃	0.06	3.00	0.052	86.7
紫梗	〃	0.10	5.00	0.086	86.0
珠母殼	〃	0.05	2.50	0.043	86.0
番米	每石	0.014	0.70	0.010	71.4
降香	100斤	0.0[illegible]	2.00	0.034	85.0
白豆蔻	〃	0.14	7.00	0.121	86.4
血碣	〃	0.40	20.00	0.346	86.5
孩兒茶	〃	0.18	9.00	0.155	86.1
束香	〃	0.21	10.50	0.181	86.2
乳香	〃	0.20	10.00	0.173	86.5
木香	〃	0.18	9.00	0.155	86.1
番金	每両	0.05	2.50	0.043	86.0
丁香	100斤	0.18	9.00	0.155	86.1
鸚鵡螺	100個	0.014	0.70	0.012	85.7
嗶布	每疋	0.04	2.00	0.034	85.0
鎖眼 红者	〃	0.16	8.00	0.138	86.3
〃 〃 餘色	〃	0.10	5.00	0.086	86.0
阿魏	100斤	0.20	10.00	0.173	86.5
蘆薈	〃	0.20	10.00	0.173	86.5
馬錢	〃	0.016	0.80	0.014	87.5
椰子	100個	0.02	1.00	0.017	85.0
海菜	100斤	0.03	1.50	0.026	86.7
没石子	〃	0.20	10.00	0.173	86.5
兜豹皮	10張	0.04	2.00	0.035△	87.5
龜筒	100斤	0.20	10.00	0.173	86.5
苏合油	10斤	0.10	5.00	0.086	86.0
安息香	100斤	0.12	6.00	0.104	86.7
鹿角	〃	0.014	0.70	0.012	85.7
番紙	10張	0.006	0.30	0.005△	83.3
暹羅红紡	100斤	0.50	25.00	0.414	82.8
棕竹	100枝	0.06	3.00	0.052	86.7
沙魚皮	100斤	0.068	3.40	百張 0.059	?
螺蛳	每石	0.02	1.00	0.017	85.0
獐皮	100張	0.06	3.00	0.052	86.7
獺皮	10張	0.06	3.00	0.052	86.7
尖尾螺	100個	0.016	0.80	0.014	87.5

貨名	單位	萬曆十七年 稅額(兩)	萬曆十七年 貨價	萬曆四十三年 稅額(兩)	萬曆四十三年稅額占萬曆十七年稅額%
番泥瓶	100斤	0.04	2.00	0.034	85.0
丁香枝	100斤	0.02	1.00	0.017	85.0
明角	〃	0.04	2.00	0.034	85.0
馬尾	〃	0.10	5.00	0.090	90.0
鹿脯	〃	0.04	2.00	0.034	85.0
磺土	〃	0.01	0.50	0.009	90.0
花草	〃	0.20	10.00	0.173	86.5
油麻	每石	0.012	0.60	0.010	83.3
黃絲	100斤	0.40	20.00	0.346	86.5
錦魴魚皮	100張	0.04	2.00	0.034	85.0
甘蔗鳥	每個	0.01	0.50	0.009	90.0
排草	100斤	0.20	10.00	0.173	86.5
鈸銅	〃	0.05	2.50	0.043	86.0

貨名	單位	萬曆四十三年 稅額(兩)	萬曆四十三年 貨價*
哆囉嗹，紅色	每疋	0.519	30.17
〃〃〃，餘色	〃	0.346	20.12
番鏡	每面	0.017	0.99
番銅鼓	〃	0.087	5.06
紅銅	100斤	1.155	9.01
烟銅	〃	0.087	5.06
土絲布	每疋	0.016	0.93
粗絲布	〃	0.008	0.47
西洋布	〃	0.017	0.99
東京烏布	〃	0.020	1.16
八丁荷	100斤	0.100	5.81
青花筆筒	每个	0.004	0.23
青琉璃筆筒	〃	0.0045	0.26
白琉璃盞	〃	0.004	0.23
琉璃瓶	〃	0.010	0.58
鸚哥	〃	0.030	1.74
草席	每牀	0.009	0.52
漆	100斤	0.200	11.63
紅花米	〃	0.200	11.63
犀牛皮	〃	0.100	5.81
鹿皮	100張	0.346	20.12

紅花茶		〃	0.200	11.63
犀牛皮		〃	0.100	5.81
馬 皮		100張	0.346	20.12
蛇 皮		〃	0.200	11.63
獚皮		〃	0.100	5.81
沂魚翅		100斤	0.068	3.95
翠鳥皮		40張？	0.050	2.91
樟腦		100斤	0.100	5.81
蝦米		〃	0.100	5.81
火炬		1000支	0.100	5.81
樓竹枯		100枝	0.030	1.74
綠豆		每石	0.010	0.58
黍仔		〃	0.010	0.58
胖大子		100斤	0.030	1.74
石 花		〃	0.026	[illegible]51

*由"税数"项被除于~~00~~1.72%而得（1.72%乃由原定2%税率再减14%而得）

△ 原數為百張價今推十張計算之

来源：根据张燮著：東西洋考，卷七，餉稅考，陸餉頁九六一九八。

万历十七年与1931年货价表

貨名	單位	萬曆十七年貨價（兩）	1931年*貨價（關兩）
胡椒	100斤	12.50	50.16
檀香	〃	18.50	33.26
冰片	10斤	93.33	74.33
白燕窩	100〃	50.00	3515.16
黄蠟	〃	9.00	89.80
竹布	每疋	0.40	10.08
阿片	10斤	10.00	190.54
檳榔	100〃	1.20	11.31
牛角	〃	1.00	13.18*
番米	每石	0.70	7.79
白豆蔻	100斤	7.00	266.84
乳香	〃	10.00	19.32*
丁香	〃	9.00	54.24
海菜	〃	1.50	10.31
黄綠	〃	20.00	395.32

* 價格據是年海關報告~~AH~~

* 1934年貨價

萬曆四十三年，漳州府議東西二洋稅額27,087.633兩，以貨價稅率2%推算，其交易數字為1,354,381.65兩

來源：根據張燮著：東西洋考，卷七，餉稅考，陸餉頁九六。

貨名	單位	萬曆十七年貨價 兩	1931年* 貨價 關兩
胡椒	100斤	12.50	50.16
檀香	〃	18.50	33.26
冰片	10〃	93.33	74.33
白燕窩	100〃	50.00	2515.16
黄蜡	〃	9.00	89.80
竹布	1疋	0.40	10.08
阿片	10斤	10.00	190.54
檳榔	100〃	1.20	11.31
牛角	〃	1.00	13.18#
番米	1石	0.70	7.79
白豆蔻	100斤	7.00	266.84
乳香	〃	10.00	19.32#
丁香	〃	9.00	54.24
海菜	〃	1.50	10.31
黄緑	〃	20.00	395.32

* 根據當年海關報告冊

\# 1934年貨價

來源：根據張燮著：東西洋考，卷七，餉稅考，陸餉頁九六。

万历三年东西洋船水饷等第规则

萬曆三年東西洋船水餉等第規則*

船面闊度（丈）	每尺抽率（兩）	一船應徵銀數（兩）
1.6	5.0	80.0
1.7	5.5	93.5
1.8	6.0	108.0
1.9	6.5	123.5
2.0	7.0	140.0
2.1	7.5	157.5
2.2	8.0	176.0
2.3	8.5	195.5
2.4	9.0	216.0
2.5	9.5	237.5
2.6	10.0	260.0

* 販東洋船，每船照西洋船丈尺稅則量抽十分之七。

來源：東西洋考(二) 張燮著，卷七 第九十五頁

明代各布政司（省）铁矿产地一览表

明代各布政司(省)铁矿产地一览表

布政司	铁矿产地	资料来源
北直隶	临城县(今内丘县)西南铁山产铁。	《明史》卷40
(今河北省)	沙河县西南磐口山产铁。	〃 〃
	卢龙县洞山产铁，有铁冶。	《大明一统志》卷5
	迁安县蟒山产铁 有冶。	〃 〃
	遵化县出铁矿 有铁冶厂。	《嘉靖遵化县志》卷3
	武安县矿山出青铁矿。	《嘉靖武安县志》卷1
南直隶	霍山县东南有铁炉山 多铁冶。	《明史》卷40
(今江苏	溧阳县东南十五里产铁，西南有铁冶山。	〃 〃
省、安徽省)	南陵县出铁。	《大明一统志》卷15
	铜陵县出铁。	〃 卷18
	徐州(今铜山县属)东北九十里盘马山产铁。	〃 〃
山西	汾西县西有青山产铁。	《明史》卷41
	稷山县西北絳山产铁。	〃 〃
	永和县西南有铁矿。	〃 〃
	怀仁县(今山阴县)西清凉山、西南锦屏山有铁冶。	〃 〃
	交城县出产云子铁。	〃 卷81

	吉州（今吉县）、太源（今阳曲县）、泽（今晋城县）、潞（今长治县）各有铁冶所。	《明史》卷81
	榆次、五台及平定州（今平定县）出铁矿。	《大明一统志》卷19
	临汾、乡宁二县出铁矿。	〃 卷20
	废云内州（今右玉县）出青镔铁矿。	〃 卷21
	孝义县薛颉山出铁矿。	〃 〃
	高平县出铁矿。	〃 〃
	阳城县东北三十里史山产铁，西金囊谷堆下有铁矿。	《读史方舆纪要》卷43
	盂县出铁矿。	《万历太原府志》卷10
山东（包括今辽宁省部分地区）	文登县南有铁槎山，西有铁官山产铁。	《明史》卷41
	盖州卫（今辽宁盖平县）北有铁场。	〃 〃
	金州卫（今辽宁金县）东有铁场。	〃 〃
	广宁中屯卫（今辽宁锦县）城南及西南有铁场。	〃 〃
	宁远卫（今辽宁兴城县）南有铁场。	〃 〃
	定辽中卫（今辽宁辽阳县）東南安平山有铁场。	〃 〃
	广宁前屯卫（今辽宁兴城县）南有铁场。	〃 〃

	广宁右屯卫(今辽宁锦县东南)西麻子山谷有铁场。	《明　史》卷41
	蓬莱县西有龙山，产铁　。	《大明一统志》卷25
	栖霞县涧山、北曲山产铁。	〃　〃
	登州府(今蓬莱县)龙洞山产铁。	〃　〃
	即墨县出铁矿。	〃　〃
	莱芜县東十三里大石山产铁。	《嘉靖山东通志》卷5
	临朐县嵩山产铁。	《嘉靖临朐县志》
河　南	禹州(今禹县)铁母山产铁。	《大明一统志》卷26
	汲县苍山产青铁矿。	〃　〃卷28
	涉县出铁矿　。	《嘉靖河南通志》卷11
	济源、巩县、宜县三县出铁矿。	〃　〃
	登封、嵩县、新安三县产铁。	〃　〃
	南阳、内乡、汝州(今临汝县)出铁矿。	〃　〃
陕　西(包括今甘肃、新疆部分地区)	沔县北有铁山产铁。	《明　史》卷42
	徽州(今甘肃徽成县)東南有铁山产铁。	〃　〃
	终南山(連蓝田、长安　、咸宁、	

	盩厔四县之境）产铁。	《大明一统志》卷32
	郿县出铁矿。	〃　〃卷34
	宁远县（今武山县）太阳山出铁矿。	〃　〃卷35
	宁夏麦垛山（今甘肃武山县属）在城东南三百里，产铁。	〃　〃卷37
	哈密卫（今新疆哈密县）出产镔铁。	〃　〃卷89
	火州（今新疆吐鲁番西）出产镔铁。	〃　〃
	亦力把力（今新疆库车、焉耆县属）产铁。	〃　〃
	湿阳县西北五十里岩谷山出铁矿。	《读史方舆纪要》卷53
	壶关县太谷岭、赵屋山岭有铁矿。	《肇域志》第3册
	翼城县浍高山产铁。	〃　〃第34册
	高平县走马岭出铁矿。	〃　〃第37册
	城固、略昌（今甘肃陇西县）二县出铁矿。	《万历陕西通志》卷35
	蓝田县出铁矿。	《雍胜记》卷10
浙　江	鄞县东有灌顶山，产铁。	《明　史》卷44
	处州（永嘉青县西有铁场）各县均产铁矿。	《大明一统志》卷44
	宁波府海中出土铁。	〃　〃卷46
	临海、黄岩、仙居、宁海四县均产铁。	〃　〃卷47
	永嘉县出铁矿，有铁治。	〃　〃卷48

	云和县有铁冶炉七处。	《成化处州府志》卷16
	景宁县(今丽水县)铁冶炉三十八处。	〃 〃 卷18
	松阳县(今遂昌县)铁冶一处。	〃 〃 卷19
	西安(今衢县)、龙游两县出铁矿。	《弘治衢州府志》卷2
江西	上饶县丁溪山、万安县东蕉源山产铁。	《明史》卷43
	新喻(今新余市)有铁冶所。	〃 〃 卷81
	丰城、进贤二县出铁矿，有冶。	《大明一统志》卷49
	玉山、贵溪、弋阳三县出铁矿，有场。	〃 〃 卷51
	临川县产铁。	〃 〃 卷54
	分宜县产铁。	〃 〃 卷57
	安远县出铁矿。	〃 〃 卷58
	兴国县产铁。	《嘉靖赣州府志》卷4
湖广(今湖南、湖北省)	武昌县(今鄂城县属)碧山产铁。	《明史》卷44
	兴国(今阳新县属)有铁冶。	〃 〃 卷81
	黄梅、广济、蕲水(今浠水县)三县产铁	《大明一统志》卷61
	巴陵县(今岳阳县)出铁矿。	〃 〃 卷62
	浏阳、攸县、安化、宁乡、醴陵五县产铁。	〃 〃 卷63
	零陵、祁阳、江华、永明(今江永县)宁远五县出铁矿。	〃 〃 卷65
	郴州(今郴县)、宜章俱出铁矿。	〃 〃 卷66

	建昌行都司盐井卫(今盐源县属)西北七十里有铁山,山有磐石,烧之成铁。	〃 〃 卷8
	邛州(今邛崃县属)铜官山有石矿,烧之成铁。	〃 〃
	合州(今合川县)出铁矿。	〃 〃 卷69
	龙安府(今平武县)出铁矿。	〃 〃 卷70
	云阳、巫山、东乡(今宣汉县)、大宁(今巫溪县)建始(今湖北建始县属)五县均产铁。	《正德夔州府志》卷3
福建	大田县东银屏山产铁。	《明史》卷45
	闽清、福清、古田三县产生熟铁。	《八闽通志》卷25
	建安、瓯宁(今建瓯县)政和、松溪四县均产铁。	〃 〃
	安溪、永春、德化、同安、长汀、上杭、宁化七县俱出铁矿。	〃 〃 卷26
	邵武、光泽、龙溪、龙岩、宁德五县产铁。	〃 〃
	延平府(今南平县属)铁有冶,在南平县者四处,在尤溪县者十七处。	〃 〃
	漳平县产铁。	《嘉靖漳平县志》卷4
	清流县东南铁石山产铁。	《嘉靖清流县志》卷2

	建阳、浦城、武平等县有铁冶。	《肇域志》第10册
	永定县南松柏嶂产铁。	〃 〃
广东	仁化、連州(今連阳县)、番禺、清远、連山、阳山等县均产铁。	《大明一统志》卷79
	高要、阳江二县出铁矿。	〃 〃 卷81
	从化县西五十里，蜈蚣山一带有铁场坑。	《读史方舆纪要》卷101
	归善(今惠阳县)、海丰、河源、龙川、和平、长宁县(今新丰县)均产铁有冶。	《崇祯惠州府志》卷3
	乳源县出铁矿。	《嘉靖韶州府志》卷2
	兴宁县铁嶂山有铁冶。	《嘉靖兴宁县志》卷2
	阳春县东二十里铁坑山产铁，西南铅坑岗亦有铁矿砂。	《万历广東通志》卷45
	揭阳县五房山多产铁矿。	《清潮州府志》
	长乐县(今五华县)南九十里蒿螺山多铁。	《肇域志》第14册
	平远县卓笔山有铁矿。	〃 〃
	程乡县(今梅县)香炉山出铁矿。	〃 〃
	翁源县平顶山出铁矿。	〃 〃
广西	郁林州(今郁林县属)绿鸦山取其青坭，可烧成铁。	《大明一统志》卷84
	融县东有宝积山产铁。	《万历广西通志》卷21

云　南	永平县花桥山产铁。	《明　史》卷46
	昆明县（今晋宁县）出铁矿。	《大明一统志》卷86.
	新兴州（今玉溪县）出铁矿	〃　〃
	永昌軍民府（今丽江县屬）产铁。	〃　〃卷87
	乌撒軍民府（今镇雄县及贵州威宁县境屬）产铁。	〃　〃 ?
	安宁州（今安宁县）产铁。	《正德云南志》卷2
	河西（今通海县）嶍峨（今峨山县）二县出铁矿。	〃　〃卷4
	定远县出铁矿。	〃　〃卷5
	蒙化府（今巍山县屬）罗求场等处出铁矿。	〃　〃卷6
	陆凉（今陆良县屬）、霑益（今金县）二州出铁矿。	〃　〃卷9
	丽江軍民府（今丽江县屬）产铁。	〃　〃卷11
	北胜州（今永胜县屬）南山关产铁。	〃　〃卷12
	金齿軍民指挥使司（今保山县屬）出铁矿。	〃　〃卷13
	車里軍民宣慰使司（今宁洱、景洪县屬）产铁。	〃　〃卷14

	鄙阳州(今四川甘源县境)南二十里有铁冶所。	《肇域志》第18册
贵州	镇远镇(今三穗县属)东北有铁溪出铁矿。	《明史》卷46
	贵阳府(今贵阳市属)土产有铁。	《大明一统志》卷88
	普安州(今盘县属)土产有铁。	〃 〃
	思州府(今岑巩县属)出铁矿。	《弘治贵州图经新志》
	思南府(今思南县属)出铁矿。	〃 〃
	石阡府(今石阡县属)产铁。	〃 〃
	铜仁、省溪二长官司(今均入县)出铁矿。	〃 〃
	黎平府(今黎平县属)产铁。	〃 〃
	安顺州(今安顺县属)产铁。	〃 〃
	镇远府(今镇远县属)产铁。	〃 〃
	贵州宣慰使司(今贵州市属)产铁。	〃 〃
	龙里卫大平伐司出铁矿	〃 〃

明代银矿工人运动表

明代銀礦工人運動表(一)

時間	地点	成员	人數	簡單紀事	根據材料
宣德四年(1429)三月前	四川会川衛	軍民		潛取所屬山内青綠、銀銅諸礦。	欽定續文獻通考卷二三
七年	浙江	豪民	萬餘	豪民項三等領導潛入銅塘禁山採銀礦，又在四十二都地名包公尖、五十都地名横山頭、五十三都地名流水坑等處起立炉場十三处，“因而流劫”。被福建行都司擒获驅散。	天下郡國利病書卷八二江西四
十年　八月	雲南新興 四川会川			“每至楚雄銀礦藏庫，挾兇器者，劫掠銀礦。”	欽定續文獻通考卷二三
宣德間	河南嵩縣	民		“地產銀礦，民私竊煉。”	典故紀聞卷十
宣德間	廣東番禺	民		“地有銀礦，民多竊取竊煉。”	同上
正統三年(1438)四月二十九日	福建福安	無賴流民	數千	“私置兵器，出入山林”，“采取銀礦”。	英宗實錄卷四二。
十二月十五日	浙江福建	軍民		“聚衆開坑穴，私盜銀礦。”	同上卷四九。
七年　五月十一日	福建政和			“處州賊盜銀礦。”	同上卷九二。
七年　十月	浙江福建	“礦手”	萬餘	陳鑑胡葉宗留領導礦徒(武裝)私採銅塘宝峯諸處銀冶，要求政府“礦場”“听我採”，否則“定限某日大战”。政府對他們的要求和警告，置若罔聞，(繼續)派兵追捕。十三年秋，被迫正式起義，“宗留自稱大王，國號太平”，“置兵器”，訓練隊伍。與福建鄧茂七領導的農民起義軍互為声援，轉战各地，到處殺貪官污吏，官軍望風逃走。队伍壮大至万餘人，革命声势相当浩大。可惜，队伍分散，被官軍各個擊破，並運用分化政策，瓦解農民軍，到景泰元年才告失败。	天下郡國利病書卷八二江西四，西園聞見錄卷九二，皇明世法錄卷八三。
十年　四月前	浙江福建	礦首 匠作 亡賴		千百成群“盜採”銀礦。	英宗實錄卷一二八
五月二日	四川會川	軍队指揮 “豪勢”	千餘	“私立主事、行事、掌事并千百長名色，持兵放銃嘯聚山林”，且於密勒山銀場突開官	英宗實錄卷一二九

明代銀礦工人運動表（二）

時間		地點	成員	人數	簡單紀事	根據材料
			軍田養據		洞，取礦煎銀。	
十年	六月九日	貴州	官軍		烏撒衛事都指揮僉事千羽從軍盜礦。	英宗實錄卷一二〇
	十月十日	云南	官軍家人		不時挑帶兵器聚衆私採八寨長官司地方銀礦。	英宗實錄卷一三五
十二年	四月	福建江西			「浙江處州山多田少，民無以爲生」，而「盜採」福建江西諸銀鐵場，官軍往討，「以致含嬉俱不敢歸」，日加滋漫，后以分化政策始降2500人。	英宗實錄卷一五二
十三年	十月二十九日	福建浦城			「縣民相聚劫礦」。	英宗實錄卷一七三
十三年		福建尤溪	爐主、居民、貧人	万餘	時福建參政宋彰向人民課外誅索，「小民甚苦剋逼」，於是尤溪爐主蔣福成等集居民貧人起義，參加鄧茂七隊伍。	天下郡國利病書卷九一，福建一
天順七年(1463)		廣信永豐		數千	私採銀礦，官軍「憚其驍礦不敢制」。	明史卷一七二
成化二年(1466)		浙江溫處			「新礦一出，盜竊據之」。	福建列傳卷二一
三年	二月四日	云南楚雄	征軍		「擅開銀場，聚衆爭利」。	憲宗實錄卷三九
四年		福建壽寧		千餘	豪民鄧萼，「盜採」銀礦，出入隨兵甲拒捕官軍。	明史卷一八三
四年	十一月八日	浙江	「賊徒」	三千餘	強採太順縣長山降尾新坑銀礦，「殺民快十五人，劫官庫器物」。	憲宗實錄卷六十 憲宗實錄卷六一
	十二月二十日	浙江福建	「盜賊」		「盜賊聚衆，劫取銀礦」。	
七年	六月十二日	建寧壽寧		千餘	聚衆強採建寧府壽寧等縣銀礦。	憲宗實錄卷九二
~~十一年~~		~~浙江景寧~~	~~「礦盜」~~	~~數千~~	~~「礦盜起至數千人」，官兵往捕十二人，餘即散去。~~	~~明史卷一八六~~
七年	十一月二十日	河南等省	「姦民」		「河南盧氏永寧嵩縣內鄉淅川鎮平，陝西商縣洛南，金州、洵陽，湖廣鄖縣，均州上津諸州縣地產銀礦，多有姦民聚衆盜礦爲業，巡礦官吏莫敢誰何，至有交通以分利者」。	憲宗實錄卷九八
十一年		浙江景寧	「礦盜」	數千	「礦盜起至數千人」，官兵往捕十二人，餘即散去。	明史卷一八六

明代銀礦工人運動表（二）

時間	地點	成員	人數	簡單記事	根據材料
弘治十八年二月二十日（1505）	密云县	無籍軍民		「百十成群」，大開礦場，「晝夜劫殺，軍衛有司畏不敢言」。	孝宗實錄卷二二一
正德四年（1509）前後	蘇州		千餘	「嘯聚」採銀礦，明金華趙氏礦工的處置事繹法是：密籌設策，防禁隐業，或以王者命，使其採用分化政策。	唐荊川先生文集卷一四
八年	浙江遂安		二万餘	礦工領袖王浩八領導礦工二万餘人活動于德興、開化、婺源、遂安一帶。	遂安县志卷八
正德中	廣東	豪民、畲蠻、「惡少」		惠之歸善、海豐，廣之从善皆有銀礦，順德豪民及畲蠻「招集惡少，托投里胥」，「勾引勢家，糾集逃賊及向來賊徒，偽撑朝旨指盟，乃開礦採煎，每年得銀暨至三千餘兩」。	廣州府志卷七八前事略四；天下郡國利病書卷一〇四廣東四八。
四年	浙江龍游	礦徒	數百	祝十八領導，從江山經玉山程村，往蒲城欲攻平洋、銅塘，為官軍所拒，遂至幸山，「殺傷縣官」，後敗。	天下郡國利病書卷八二江西四。
嘉靖元年（1522）四月	直隸山西	流民游俠		趙吳啟封山神堂庵諸礦洞。	世宗嘉靖實錄卷十
元年	金山			「礦盜作亂」，官軍討平，「塞其礦穴」。	明史卷二〇一。
二年	山東青州	礦工、市井無賴、鄉間無聊者。		王堂、張進領導，活動于東昌、徐州、濟南、曹州、考城、東明、長垣、河南、保定一帶，屢敗官軍，威脅京師，震動四方，「宇宙咸告急」。	明史卷一七八，山東通志卷一一六，王士禎：香祖筆記卷二，蓬窗日錄寓言卷一。
三年	處州	礦徒	五百餘	「劫掠樹嶺盜礦」。	遂安縣志卷八，
八年	雒南	礦徒		「官軍驅礦徒，填礦口」。	乾隆雒南縣志卷一
十五年七月十三日	建寧	礦賊		挖溫地銀礦盜鑄，居民搖動，藏匿，以教者入山谷。	世宗實錄卷一八九
嘉靖間	福建莆田			「蔡家坑礦脈偶發，填礦口群盜嘯聚」，私自採礦	世宗實錄卷八七
二十七年	浙江處州				麗水縣志卷一四
二十九年	雒南	礦盜		黃守臣領導採礦，殺指揮劉德，後敗。	乾隆雒南县志卷一

明代銀礦工人運動表（四）

時間	地點	成員	人數	簡單紀事	材料根據
嘉靖中	浙江金衢	礦賊		活動于[illegible]一帶。	天下郡國利病書卷八五浙江三
三十七年六月十四日	浙江八寶山	鹽商	萬餘	施文六、方弟太領導武裝強採銀礦，“大張旗于山林，示為國增課，無敢誰何”。後被官軍追捕，領袖被殺，餘眾以處州礦工領袖楊輝領導，繼續反對礦禁斗爭。	天下郡國利病書卷八七浙江五
四十五年 ↓至閏↑	浙江江西	礦賊		時開化德興礦賊作亂，“劫掠直隸徽寧等處，二月中突入婺源，焚燒縣治，大掠而去”。	世宗實錄卷五五六、欽定文獻通考卷二三、明史卷八一。
四十五年 正月	浙江遂安	礦寇	四百餘	據銅山，活動于十五都、東嶺、歙縣、遂安一帶，曾屢敗官軍。	遂安縣志卷八。
三月	終南山	饑民	數千	遇饑荒民嘯聚採礦，後官府給票，復業始散。	張瀚《松窗夢語》卷一。
嘉靖末年	雄南縣	土人	萬餘	“何然等聚眾白若嶺盜礦……四十年不能制”，“後請於朝合兵始剿平”。	乾隆雄南縣志卷一。
隆慶二年(1568)	廣東清遠	礦炭之徒	千餘家	“近年以來，其黨漸眾，遂合礦炭之徒為盜”，“負恃溪頭為窟穴”。	天下郡國利病書卷九二，廣東二。
隆慶間	雄南縣	礦盜		“白若嶺礦盜大閧”，圍困邑令徐旭，後人來救，始釋。	乾隆雄南縣志卷一。
萬曆九年(1581)前後	徐邳	礦賊		活動于六安霍山一帶	明史卷二二三
十六年 十一月	山西五台	也平人		張守清私採銀礦，被逮，“閉塞礦洞”	明史紀事本末卷六五
二十一年		亡命者	三千餘	張守清被釋放後，仍自開礦洞，招納亡命三千餘眾，設立頭子二百餘名，締婚代藩潞城新寧二王，“擅開銀礦，勢甚張大”。	神宗實錄卷二六六。
二十四年	河南南陽	礦盜		右僉都御史出按河南，討平南陽礦盜。	明史卷二二七
二十五年 閏二月初四日	浙江	礦徒		活動于處州一帶。	神宗實錄卷三〇八
二十七年	浙江	奸民亡命		“奸民以礦採故，多起為盜”，“趙一平用妖術倡亂”，事覺，亡匿徐州，卒被擒後，	明史卷二三三。

明代銀礦工人運動表（五）

時　間	地點	成員	人數	簡單紀事	根據材料
				與其黨盧紀勳、馬登儒等聚亡命，署偽官。期明年諸方並起，事洩皆就捕。	
二十八年　閏	蔚州			蔚州民畢鐵「咄散礦夫」，率領畢詩杰等人毆傷礦監王虎的參隨王守富等。	神宗實錄卷三四四
萬曆中	湖南臨武	礦丁	三千	私採於郴陽之嶺。	光緒湖南通志卷一〇一
萬曆年間	福建漳浦			屢次停革採礦，以兵守之，「然盜礦如故」。	天下郡國利病書卷七四，福建四，
萬曆三十六年（[illegible]）四十年	郴州東山	「礦徒」	千餘 千餘	「四行劫取礦洞」。 「能結聚十人者，予署部目；五百人者署掌旗；一千人者，而一二可以動眾者也」，他們就是這樣組織起來，「結營自固以待官軍」。	神宗實錄卷四四八，~~神宗實錄卷~~ 明史卷二五〇。
[illegible]年	廣東龍門	礦徒		與藍徒炭黨暴動，「殺商人擄掠」，擾經七邑，歷時十餘年。	天下郡國利病書卷九八，廣東二，
萬曆末年	雒南	礦寇		「全唯賊礦寇橫起」。	乾隆雒南縣志卷一。
天啟年間（1621—1627）	湖南	礦工	數萬	活動于郴州常宁桂阳一带，後與湘鄉農民起義軍聯合，進攻湘潭、江西袁州等州縣，聲勢浩大。后被朝廷調大軍鎮壓、擊散，大部分礦工參加了張獻忠农民起义。	湖南通志卷八五食货四、礦廠。

明代银矿开闭纪事表

第一表 明代銀礦開閉紀事表

洪武二十五年至萬曆二十五年(1387—1597)

年 月 日	紀 事	根據材料
洪武二十年(1387)前後	設福建延平府尤溪縣銀屏山銀場局炉局四十二座，又浙江溫州府平陽縣、處州府麗水縣等共七縣亦設場局。	明史卷八一，食貨五。
永樂元年(1403)正月三日	罷浙江處州府松陽縣小蘇獅子巖鶴演覘山銀賽銀坑四所，以不奮故也。	太宗实録卷一六。
三年 十一月二十四日	開雲南大理銀冶，命所司定額督办。	太宗实録卷三九
六年 十二月	罷浙江處州溫州銀鉛坑冶六十處。	太宗实録卷六十
十年 五月四日	開廣西貴河池縣銀礦。	太宗实録卷八三
十二年	開河南府陝州及西安府商縣鳳皇山銀坑八所，福建建寧府浦城縣馬鞍等坑三所，交阯(或貴州)葛溪銀場局，雲南大理銀冶。	明史卷八一。
十三年	差御史及部中等官至湖廣貴州，於辰州銅仁等處金銀場採办金銀課。	萬曆會典卷三七，課程六，金銀諸課。
宣德五年(1430)	置四川會川衛密勒山銀場，遣官闸採。	嘉慶一統志
五年 十月二十七日	浙江諸郡溫處二府平陽麗水等七縣銀冶，因所產礦石有僅足課額者，有不足者，有礦尽絕者，閘办之官督令坑首冶夫賠納，而使富者至于貧困，貧者至于逃亡他處，故命減額或罷從。	宣宗实録卷七二。
五年 前後	命官煩廣東番禺銀錫坑洞。	明書卷八二，食貨志二礦採。
六年 九月二十五日	罷河南嵩縣白泥溝銀礦，以得不償所失故也。	宣宗实録卷八三。
十年(英宗即位)正月十日	詔各處閘辦金銀硃砂銅鉄等課悉皆停罷，將坑冶封閉，差去閘办内外官员人等即便回京。	英宗实録卷一。
正統三年(1438)十二月二十五日	封閉各處坑穴，禁人盜採，罷閘办銀課，因銀課擾民故也。	英宗实録卷四九
七年 九月十八日	革福建尤溪縣銀屏山銀場局，并罷該處銀場。	英宗实録卷九六。
九年 閏七月三十一日	命户部右侍郎王質往福建浙江重開銀場，定銀課額，以復開銀場則利歸於上而盜無所容故也。	英宗实録卷一一九。
十年	令開福建浙江雲南銀礦。	王圻續文獻通考卷二七

2.

年　月　日	紀　事	根據材料
正統十年三月二十八日	封閉浙江處州府松溪縣小葉等七處銀坑，停止礦課，因礦脈枯竭故也。	英宗實錄卷一二七。
四月一日	復開浙江福建各處銀場，遣監察御史一員巡視銀場，閘辦銀課。	英宗實錄卷一二八。
十四年四月十六日	復命監察御史李俊等十三員各帶監生及內使閘辦浙江福建銀場。	英宗實錄卷一七七
景泰元年（1450）二月十一日	召浙江處州銀場閘辦內外官員人等還京，命有司差人守護坑場，復罷採福建浙江諸處銀課。	英宗實錄卷一八九景泰附錄七，續文獻通考卷二三
三年　閏九月二十四日	復閉浙江處州府松陽等縣銀場，因禁綱疏寬，礦盜復起，以杜其患之故也。	英宗實錄卷二二一景泰附錄卷三九。
四年　三月三十一日	閉福建建寧府銀場。	英宗實錄卷二二七景泰附錄卷四五。
五年　正月二十日	罷福建福州建寧二府各銀場，以礦脈微細或全無礦脈，難于閘辦，且器具夫工力皆出于民，恐致逃竄成患故也。	英宗實錄卷二三七景泰附錄卷五五。
天順二年（1457）二月十九日	雲南福建浙江產有銀礦之所，各遣內外官員閘場煎辦，以濟國用。	英宗實錄卷二八七
四年　四月三日	命太監盧永、羅珪、少監馮讓、內使何能分頭督辦福建浙江雲南四川各銀場銀課。	英宗實錄卷三一四。
七年　三月二十三日	各處銀場煎辦銀課者，俱且停止，原開坑場，悉行封閉，該管有司官員時常巡視，不許諸人偷採，差去內外官員，即便回京。	英宗實錄卷三五〇。
成化三年（1467）三月十六日	復開浙江福建四川雲南諸處銀坑，遣內臣或令鎮守內臣督其事。	憲宗實錄卷四十。
十月二十七日	詔暫閉四川密勒山銀場，以供億之煩，民不堪命故也。	憲宗實錄卷四七
四年	復開四川密勒山銀場。	萬曆會典卷三七。
七年	令福建浙江雲南四川採辦銀課。	同上
九年四月	奏准各處山場有新生礦脈者，從各鎮巡三司等官勘實開採，以補附近坑場賠納之數。	王圻續文獻通考卷二七 坑冶

年 月 日	紀事	根據材料
十一年 二月四日	詔閉河南宜陽等衛銀洞，以礦脈細微故也。	憲宗实録卷一三八
四月十三日	禁北直隸永平府遷安縣銀礦，以礦石將絕，且地近边塞不可輕啟故也。	憲宗实録卷一四〇
八月二十三日	閉陝西秦州火地山西當縣申家莊銀峒，以各山道險，礦脈細微，費多得少，勞民啟釁故也。	憲宗实録卷一四四.
十四年 三月十九日	封閉貴州烏撒衛銀天生橋稻田霸奈童場等處銀峒，以礦脈微細，且密邇夷境，恐生边患故也。	憲宗实録卷一七六
二十年 十月十九日	罷雲南石江等府麼迺於浮明光教化密只等處銀坑，以地遠礦微故也。	憲宗实録卷二五七.
弘治二年(1489)三月二十日	命封閉四川會川衛密勒山銀場，以礦脈細微故也。	孝宗实録卷二四.
十月二十一日	復罷福建浦城縣陳伯隴坑銀冶，其歲辦銀課准以丁粮補納，從鎮守太監陳道請也。	孝宗实録卷三一.
五年 三月二十五日	禁北直隸永平府麻谷山銀礦，以山谷深遠難尋，況密邇虜境，恐致生外患故也。	孝宗实録卷六一.
十一月	封閉溫處銀礦。	明書卷十一，明史卷十五。
十二月二十八日	裁革浙江管理銀礦官布政司右參議按察司僉事及處州府同知遂昌慶元龍泉、景寧四縣縣丞各一員，以銀坑填塞故也。	孝宗实録卷七十.
十三年 十一月十二日	雲南都御史李士实奏，云南銀場有九，判山高材廣運宝泉四場，礦脈久絕，乞免其課。名可。四川山東礦穴亦先後封閉。	孝宗实録卷一六八、明史卷八一
十六年 十二月二十二日	封閉山東兗州府沂州胡陵山礦穴。	孝宗实録卷二〇六
十七年 十一月	罷雲南銀場。	明史卷十五。
十八年 二月二十八日	禁北直隸順天府密云縣銀冶。	孝宗实録卷二二一.
正德二年(1507)十二月十一日	開福建，浙江，四川銀礦，以國用不足故也。 武宗实録卷二三	明史卷一六，武宗本紀，參明史卷二八二，邵宝。
三年 二月二十九日	詔令鎮巡并三司掌印官率僉輔親往河南盧氏	

4、

年　月　日	紀　事	根據材料
	永寧、宜陽、嵩縣四處山場，踏勘礦洞，應開與否，务見明白。	武宗實錄卷三五
三年	令河南府宜陽縣永寧盧氏嵩縣等處洞口俱照舊封閉。	萬曆會典卷三七
六年	議准雲南銀場九處自正德七年以後俱各封閉，銀課免办。（鎮巡以地震奏故也。）	萬曆會典卷三七；滇雲曆年傳卷七。
九年　六月二十四日	命開雲南大理之新安、北崖、洱海之寶泉、楚雄之南安、廣運、臨安之判山等銀場，以益國課，令如先年崔安例採办，且以鎮守太監梁裕等管理之。	武宗實錄卷一一三
十六年　五月四日	命雲南銀礦新興場并新開處所一律封閉，以後不許妄開。	萬曆會典卷三七；世宗實錄卷二，
十七年　五月	罷大理銀礦。	明史卷一七，世宗本紀一。
嘉靖十五年(1536)七月二日	武定侯郭勛陳言，其山東河南順天等處原有礦場可採者，下撫按設法採办，輸送工部以助營建之費，工畢，停止。	世宗實錄卷一八九
九月八日	罷順天等處所進礦砂，以課額不足，恐縣官徒為國歛，科之于民故也。	世宗實錄卷一九一
十二月四日	開薊州遵化礦洞，遣司礼監謹厚内臣及錦衣衛千户各一員往督其事。	世宗實錄卷一九四
十六年　正月十五日	閉永平府汗兒莊礦山，以利源微薄亏費鉅故也。	世宗實錄卷一九六
五月廿一日	宜行天下有礦地方，設法取採。	世宗實錄卷二〇〇
六月	命開山東沂州寶山、龍爬山、石井山等處銀礦。	續文獻通考卷二三
十一月四日	順天府房山縣傳得本等奏開水洞銀山口等處銀坑，以済大工，詔遣錦衣衛千户一員往核實以聞。	世宗實錄卷二〇六
十七年　二月	開北直隸順天府房山縣銀洞。	明書卷十三
四月二十九日	命錦衣衛千户范鏞等查勘各處礦山。	世宗實錄卷二一一
七月二十日	命開雲南大理等府河南宜陽等縣銀礦。	世宗實錄卷二〇四

年　月　日	紀　事	根據材料
十八年五月二十三日	遣中官崔成等開觀海衛銀礦。	世宗实録卷二二四
十九年	令四川建昌衛府、合村落聚迭迭二廠並會川衛密勒山礦場及陝西甘州等處大黃山等礦洞俱照舊封閉。	萬曆會典卷三七
十月	罷各處礦場，以得不償所費，且為盜窟故也。	世宗实録卷二四二
二十年　六月八日	開礦有損無補，命封閉各處礦場，敕內外官照例回京，令御史拘問請開礦官員。	世宗实録卷二五〇
十一月六日	令停採薊州銀礦。	世宗实録卷二五五
二十七年　十一月二十四日	詔撫各撫按官多方採獻生砂金。	世宗实録卷三四二
三十四年　十二月四日	遣官往四川山東開取礦銀。	世宗实録卷四三〇
三十五年　五月三十日	遣制敕房辦事左通政王槐等人採銀礦于薊州玉田谷。	世宗实録卷四三五
三十六年　正月三十一日	詔封閉遷安縣荊子峪、撫寧縣牛欄峪、昌平州大長峪礦洞。	世宗实録卷四四三
正月	開遷鐵銀礦。	明書卷十四
六月十三日	停止陝西採礦。	世宗实録卷四四八
三十七年　正月十四日	以天寒罷河南採礦，召主事沈應乾等還京。	世宗实録卷四五五
四十五年　三月二十九日	因"礦賊作亂"，令浙江衢州府開化縣雲霧山場等嚴加封閉，派官兵防守。	世宗实録卷五五六
隆慶二年(1568)	罷薊州鎮開採、南直浙江江西各處礦山，亦勒石嚴禁。	明史卷八一食貨志；萬曆會典卷三七
十一月十一日	以河南災荒免征河堡夫礦工銀兩。	穆宗实録卷二六
萬曆十二年(1584)十二月二十一日	罷開銀礦。	神宗实録卷一五六
十六年　十一月	開塞山西大同府廣昌靈丘銀礦。	明史紀事本末卷六五
二十四年　七月三日	差郎中戴紹科往河南開礦，又命户科遣官往真保薊永房山湯莊地方開採，又開灤縣昌黎旗嶺礦。	神宗实録卷二九九
八月十日	命户部開採河南葉縣等礦。	神宗实録卷三〇〇
閏八月一日	命太監陳增同府軍衛指揮曾守約往山東青州等府開礦	神宗实録卷三〇一

年　月　日	紀　事	根據材料
二十四年閏八月三日	命太監陳增于山東沂州龍拔八山虎頭溝三山洞等處開礦。	神宗實錄卷三〇一
四日	勅太監陳增開山東棲霞招遠等縣銀礦。	神宗實錄卷三〇一
二十[illegible]日	勅太監王虎併開採北房山等處礦洞，太監王忠開永平礦洞。	神宗實錄卷三〇一
九月十五日	命內官陳增并開山東文登縣礦洞，王虎并開房縣礦洞。	神宗實錄卷三〇二
二十六日	勅王虎等會同該道分委廉能官採房山礦，差太監田進開昌黎礦。	神宗實錄卷三〇二
十月十三日	開橫嶺礦	神宗實錄卷三〇三
十一月二十日	開山東金積等處礦	神宗實錄卷三〇四
壬申日	差太監曹金開採浙江孝豐諸暨等處礦洞，太監趙鑒開採陝西西安等處礦洞	神宗實錄卷三〇四
丁丑日	命開陝西藍田等縣，河南信陽州等礦洞。	神宗實錄卷三〇四
二十五年二月二十三日	命太監張忠併採山西安邑等縣礦洞。	神宗實錄卷三〇五

6

年 月 日	紀事	根据材料
二十四年閏八月三日	命太監陳增于山東沂州龍扒山虎頭滿三山洞等處开礦	神宗实録卷三〇一
四日	勅太監陳增开山東棲霞招遠等縣银礦.	同上
六日	勅造河南开礦、中官錦衣紀魯坤等各給关防	同上
八日	給河南开礦关防	同上
二十一日	勅太監王虎併开採水房山等處礦洞，太監王忠開永平礦洞.	同上
九月十五日	命内官陳增并開山東文登縣礦洞、王虎并開房山礦洞.	神宗实録卷三〇二
二十六日	勅王虎等会同該道分委廉能同採房山礦，差太監田進开昌黎礦.	同上
十月十三日	开横嶺礦	神宗实録卷三〇三
十一月二十日	开山東金積等處礦.	神宗实録卷三〇四.
二十二日	差太監曹金开採浙江孝豐諸暨等處礦洞，太監趙監开採陕西西安等處礦洞.	同上
二十七日	命开陕西藍田等县、河南信陽州等礦洞.	同上
二十五年正月四日	户科給事中程紹奏請罷中州开採，以固邊心，不報.	神宗实録卷三〇六
二月五日	罷[永平府]昌黎礦，太監田進以与王虎争採也，命太監田進回京，原奏礦洞下王虎并採.	神宗实録卷三〇七 永平府志卷三〇紀事
十日	命太監張忠併採山西安邑等县礦洞	神宗实録卷三〇七.
三月十九日	富峪衛指揮王守信啟于平定州山等處开礦，請并遣太監張忠开採，不報。	神宗实録卷三〇八
二十七年二月十四日	命高寀帶管礦务于福建，楊榮开礦云南.	神宗实録卷三三一.
二十日	遣内監丘乘云督原奏千户雒遵太等征税开礦于四川.	同上
六月一日	命太監王虎兼理真保蓟永礦务	神宗实録卷三三六
三日	遣御馬監丞論永寿往廣東开礦征税.	同上.
九月五日	命山東税監陳增督原奏官張傑开礦于济南府等處，湖廣税監陳奉督原奏韓本程等開礦于德安府等處	神宗实録卷三三九.
二十八年三月二日	命欽差内官魯坤督率开採彰德衛輝怀庆开封等府礦洞三十二處.	神宗实録卷三四四
十四日	差内官劉忠会同巡按开採浙江衢州等處金銀礦	同上.

7

年月日	纪事	根据材料
三十三年十二月二日	诏罢採礦，以税务归有司，释礦税在狱承天诸生沈檄等十二人。	神宗实録卷四一六 明史紀事本末卷六
四十八年七月　日	「上有疾，召諭辅臣罢礦税，释逮繫补用科道，復建言诸臣职」	神宗实録卷四六八
七月十八日	神宗卒，遗詔停止一切榷税（包括矿税在内）	神宗实録卷五九六
崇祯九年十月	命採平阴凤翔诸矿，以储国用。	明季北略卷一二
崇祯十七年二月廿四日	劉澤清请开青登诸山开矿	同上卷二十

清代各省产银地统计表

清代各省產銀地統計表　R. one

(統部) 省	府		根據材料 (大清一統志卷表)
安徽	徽州	唐志出績溪縣府志大鄣山出	79
	寧國	唐書地理志宣州貢銀，又南陵寧國二縣有銀	81
浙江	處州	各縣俱出	236
湖北	武昌	唐書地理志鄂州江夏郡貢銀武昌有銀元和志鄂州開元貢銀元和貢銀五十兩宋史地理志鄂州貢銀明統志興國州西黃姑山出舊有銀場今廢	260
四川	寧遠	會理州出明時嘗置銀場	305
	潼川	寰宇記梓州產	308
	綿州	唐書地理志巴西有銀	313
廣東	廣州	唐書地理志廣州南海郡土貢銀明統志番禺清遠東莞出	340
	韶州	元和志曲江有銀山出銀九域志曲江翁源樂昌湞陽浛洭皆有銀場	341
	惠州	九域志歸善有銀場	343
	潮州	唐書地理志潮州貢九域志海陽有銀場	344
	肇慶	元和志新州康州端州貢銀唐書地理志新州春州勤州恩州皆貢銀明統志四會高要二縣出銀府志出陽江縣南津銀坑山礦脈甚微又高明銀礦山即銀礦石產也明萬曆皆常開採尋罷	345
	高州	唐書地理志高州潘州竇州辯州羅州皆貢銀明統志化州電州信宜石城縣出銀。	347
	廉州	唐書地理志廉州欽州陸州貢。	348
	瓊州	唐書地理志崖州萬安州貢銀	350
	連州	唐書地理志桂陽有銀明統志連州出	352
	嘉應州	唐書地理志程鄉縣有銀場九域志興寧縣有銀場	353
廣西	桂林	府境產銀	356
	慶遠	元和志柳州象州貢	358
	思恩	宋史地理志宜州貢銀又河池有銀場明統志南丹土州孟英山出	359
	平樂	元和志昭州賀州俱貢銀九域志臨賀縣有太平銀場	361
	潯州	唐書地理志潯州貴州土貢	363
	南寧	唐書地理志邕州橫州皆土貢銀	364
雲南	楚雄	楚雄南安出	379

各省產銀地統計表　p. two

(統部) 省	府		根據材料 (大清一統志卷數)
西藏		皆在喀木產出	413
西域新疆	葉爾羌	漢書西域傳莎車有雜髡出銀	419之三
	(朝鮮)	有銀	421
(荷蘭)		有銀	423之二
(日本)		有銀	424之一
(榜葛剌)		有銀	424之六
(爪哇)		有銀	424之拾

洪武十一年造军器统计表

洪武十一年造軍器統計

	甲(件)冑	馬步軍刀(把)	弓(把)	矢(枝)
總計	1,3465	21,000	35,010	1,720,000
浙江布政使司	2,000	2,000	3,000	
江西布政使司	2,000	2,000	3,000	
湖廣布政使司	850	(甲) 1,000	1,500	200,000
廣東布政使司	600	3,000	1,000	
廣西布政使司	600	2,000	1,000	150,000
河南布政使司	500		1,000	150,000
福建布政使司	1,600	2,000	4,000	300,000
山東布政使司	600		1,500	
山西布政使司	500		3,000	
北平布政使司	1,000		5,212	
直隸湖州府	250	(乙) 1,000	700	100,000
松江府	300	(乙) 1,000	800	100,000
嘉興府	250	1,000	800	100,000
蘇州府	300	(乙) 1,000	800	100,000
太平府	150	500	300	50,000
徽州府	200	(乙) 1,000	1,000	100,000
廣德州	100	(乙) 400		30,000
鎮江府	200	(甲) 600	700	100,000
寧國府	300	(乙) 1,000	700	100,000
廬州府	150	(乙) 400	288	50,000
淮安府	300	(乙) 500	300	100,000
揚州府	220		200	
安慶府	125	(乙) 600		
常州府	200		150	
池州府	250			

甲是馬步軍刀
乙是步軍刀

资料来源《洪武实录》卷118，第4页。

25×24=600

清乾隆朝江蘇省物價工資統計　　戢伩

節録於生命與生存 學林第二輯——民國廿九年十二月初版發行.

物料	清乾隆年間價值		民國十五年價值					***	民國十五年價值比清乾隆年價值增加百分率
	單位	價值(庫平兩)	單位	價值(規元兩)	折合單位	價值(規元兩)	折合單位	折合價值([illegible])	
杉木	徑六寸長二丈	0.468	圓徑三錢碼長16根*	5.338	徑六寸長二丈	6.672	徑六寸長二丈	6.068	+1196.6
石灰	千觔(庫平)	1.729	挑(240磅)	1.172	千觔(漕平)	6.314	千觔(漕平)	5.742	+232.1
生鐵	觔(漕平)	0.016	英噸	36.208	觔(漕平)	0.021	觔(漕平)	0.019	+18.8
桐油	觔(漕平)	0.029	桶(84.48市斤)	20.479	觔(漕平)	0.284	觔(漕平)	0.258	+789.7
生漆	觔(漕平)	0.357	磅秤擔	108.800	觔(漕平)	1.055	觔(漕平)	0.959	+168.6
黄蔴	觔(漕平)	0.013	絲蔴秤擔	13.846	觔(漕平)	0.132	觔(漕平)	0.120	+823.1

* 木尺即營造尺　　** 庫平兩等於規元1.0997兩　　*** 根據國定稅則委員會編上海物價月報及貨價季刊.

匠夫工資見於清會典事例卷952所載京城之例,足資參証者如下:

甲 匠工

清順治十六年	内工	銀二錢四分
	外工	二錢二分
康熙四年	内工	二錢四分
	外工	二錢二分
雍正元年	各項匠役	一錢八分
乾隆元年前	長工	錢一百八十文
	短工	一百四十文
乾隆元年後	長短工	一百五十四文

乙 夫工

清順治十六年	内工	銀一錢二分
	外工	一錢
康熙四年	内工	一錢二分
	外工	八分
雍正元年	内工	一錢二分
	外工	八分
乾隆元年前	長工	錢八十文
	短工	六十文
乾隆元年後	長短工	七十五文

表一 江苏省物料工价值表
清乾隆二十六年至三十年
价值单位：库平银两

	杉木径尺六寸长二丈	杉木径尺四寸长二丈	杉木径尺二寸长二丈	杉木径尺长二丈	杉木径八寸长二丈	杉木径六寸长二丈	柏木径尺六寸长二丈	柏木径尺四寸长二丈	柏木径尺二寸长二丈	柏木径尺长二丈	柏木径八寸长二丈	柏木径六寸长二丈	青石长一丈折见方一丈	石灰 块灰 礦灰 洋灰	石灰 面灰 细灰 水灰	鉛 白 鉄	熟铁	生铁	铁钉
	根	根	根	根	根	根	根	根	根	根	根	根		千斤	千斤	斤	斤	斤	斤
江宁府平均	3.820	2.970	2.155	1.458	0.830	0.360	3.399	2.756	1.979	1.477	0.906	0.637	0.830	1.567	1.233	0.043	0.034	0.019	0.032
上元、江宁	3.820	2.970	2.160	1.458	0.830	0.360	3.352	2.567	1.886	1.310	0.838	0.471	0.830	1.600	1.200	0.040	0.032	0.016	0.032
句容	3.820	2.970	2.150	1.458	0.830	0.360	3.420	2.850	2.026	1.560	0.940	0.720	0.830	1.500	1.200	0.050	0.040	0.020	0.040
溧水	3.820	2.970	2.150	1.458	0.830	0.360	3.420	2.850	2.026	1.560	0.940	0.720	0.830	1.600	1.200	0.048	0.030	0.024	0.030
江浦	3.820	2.970	2.160	1.458	0.830	0.360	3.430	2.850	2.026	1.560	0.940	0.720	0.830	1.500	1.200	0.040	0.030	0.020	0.030
六合	3.820	2.970	2.160	1.458	0.830	0.360	3.420	2.850	2.026	1.560	0.940	0.720	0.830	1.600	1.400	0.042	0.038	0.020	0.025
高淳	3.820	2.970	2.150	1.458	0.830	0.360	3.352	2.567	1.886	1.310	0.838	0.471	0.830	1.600	1.200	0.040	0.032	0.016	0.032
苏州府平均	3.770	3.420	2.542	1.766	0.866	0.388	6.120	5.200	4.900	3.615	2.314	1.301	0.600	1.500	1.000	0.050	0.040	0.012	0.048
吴县、长洲、元和	3.770	3.420	2.542	1.766	0.866	0.389	6.120	5.200	4.900	3.615	2.314	1.301	0.600	1.500	1.000	0.050	0.040	0.012	0.048
昆山、新阳	3.770	3.420	2.542	1.766	0.866	0.389	6.120	5.200	4.900	3.615	2.314	1.301	0.600	1.500	1.000	0.050	0.040	0.012	0.048
常熟、昭文	3.770	3.420	2.542	1.766	0.866	0.389	6.120	5.200	4.900	3.615	2.314	1.301	0.600	1.500	1.000	0.050	0.040	0.012	0.048
吴江、震泽	3.770	3.420	2.542	1.766	0.866	0.384	6.120	5.200	4.900	3.615	2.314	1.301	0.600	1.500	1.000	0.050	0.040	0.012	0.048
太仓州平均	3.068	2.349	1.726	1.198	0.767	0.431	—	—	—	—	—	—	0.723	1.600	1.000	0.050	0.040	0.012	0.040
镇洋	2.768	2.119	1.557	1.081	0.692	0.389	—	—	—	—	—	—	0.785	1.600	1.000	0.050	0.040	0.012	0.040
崇明	3.667	2.808	2.063	1.433	0.917	0.516	—	—	—	—	—	—	0.600	1.600	1.000	0.050	0.040	0.012	0.040
嘉定、宝山	2.768	2.119	1.557	1.081	0.692	0.389	—	—	—	—	—	—	0.785	1.600	1.000	0.050	0.040	0.012	0.042
松江府平均	2.488	[illegible]	1.400	1.970	0.622	0.350	—	—	—	—	—	—	0.600	1.500	1.030	0.040	0.035	0.012	0.035
华亭、娄县	2.488	1.905	1.400	1.970	0.622	0.350	—	—	—	—	—	—	0.600	1.500	1.030	0.040	0.035	0.012	0.035
奉贤	2.488	1.905	1.400	1.970	0.622	0.350	—	—	—	—	—	—	0.600	1.500	1.030	0.040	0.035	0.012	0.035
金山	2.488	1.905	1.400	0.970	0.622	0.350	—	—	—	—	—	—	0.600	1.500	1.030	0.040	0.035	0.012	0.035
上海	2.488	1.905	1.400	0.970	0.622	0.350	—	—	—	—	—	—	0.600	1.500	1.030	0.040	0.035	0.012	0.035
南汇	2.488	1.905	1.400	0.970	0.622	0.350	—	—	—	—	—	—	0.600	1.500	1.030	0.040	0.035	0.012	0.035
青浦	2.488	1.905	1.400	0.970	0.622	0.350	—	—	—	—	—	—	0.600	1.500	[illegible]	0.040	0.035	0.012	0.035

表一、

常州府平均	3.770	3.420	2.880	2.060	0.866	0.389	0.120	5.200	4.445	3.087	1.976	1.111	0.600	1.300	1.000	0.050	0.040	0.020	0.040
武進,陽湖	3.770	3.420	2.880	2.060	0.866	0.389	0.120	5.200	4.445	3.087	1.976	1.111	0.600	1.300	1.000	0.050	0.040	0.020	0.040
無錫,金匱	3.770	3.420	2.880	2.060	0.866	0.389	0.120	5.200	4.445	3.087	1.976	1.111	0.600	1.300	1.000	0.050	0.040	0.020	0.040
江陰	3.770	3.420	2.880	2.060	0.866	0.389	0.120	5.200	4.445	3.087	1.976	1.111	0.600	1.300	1.000	0.050	0.040	0.020	0.040
宜興,荊溪	3.770	3.420	2.880	2.060	0.866	0.389	0.120	5.200	4.445	3.087	1.976	1.111	0.600	1.300	1.000	0.050	0.040	0.020	0.040
靖江	3.770	3.420	2.880	2.060	0.866	0.389	0.120	5.200	4.445	3.087	1.976	1.111	0.600	1.300	1.000	0.050	0.040	0.020	0.040
鎮江府平均	3.731	3.228	2.545	1.797	0.867	0.387	5.960	5.390	4.460	3.098	1.982	1.115	0.419	1.650	1.100	0.050	0.043	0.012	0.038
丹徒	3.770	3.246	2.385	1.656	0.866	0.389	—	—	—	—	—	—	0.300	1.800	—	—	0.050	—	0.025
丹陽	3.613	3.767	2.033	1.412	0.870	0.390	—	—	—	—	—	—	0.600	1.800	—	—	0.040	0.012	0.048
金壇	3.770	3.480	2.880	2.060	0.866	0.380	5.800	5.200	4.460	3.098	1.982	1.115	0.300	1.600	1.200	—	0.040	0.012	0.040
溧陽	3.770	3.420	2.880	2.060	0.866	0.389	6.120	5.580	4.460	3.098	1.982	1.115	0.476	1.400	1.000	0.050	0.040	0.013	0.040
淮安府平均	5.741	4.395	3.229	2.242	1.435	0.807	—	—	—	—	—	—	0.304	1.400	—	—	—	0.020	0.040
山陽	5.741	4.395	3.229	2.242	1.435	0.807	—	—	—	—	—	—	0.304	1.400	—	—	—	0.020	0.040
阜寧	5.741	4.395	3.229	2.242	1.435	0.807	—	—	—	—	—	—	0.304	1.400	—	—	—	0.020	0.040
鹽城	5.741	4.395	3.229	2.242	1.435	0.807	—	—	—	—	—	—	0.304	1.400	—	—	—	0.020	0.040
清河	5.741	4.395	3.229	2.242	1.435	0.807	—	—	—	—	—	—	0.304	1.400	—	—	—	0.020	0.040
安東	5.741	4.395	3.229	2.242	1.435	0.807	—	—	—	—	—	—	0.304	1.400	—	—	—	0.020	0.040
桃源	5.741	4.395	3.229	2.242	1.435	0.807	—	—	—	—	—	—	0.304	1.400	—	—	—	0.020	0.040
海州平均	6.959	5.438	2.976	2.597	1.400	0.600	5.405	4.729	4.053	3.378	2.312	1.300	0.800	3.233	2.500	0.050	0.040	0.021	0.030
海州	6.959	5.438	2.976	2.597	1.400	0.600	5.405	4.729	4.053	3.378	2.532	1.424	0.800	3.200	2.500	0.050	0.040	0.023	0.030
贛榆	6.959	5.438	2.976	2.597	1.400	0.600	5.405	4.729	4.053	3.378	2.187	1.230	0.800	3.200	2.500	0.050	0.040	0.020	0.030
沭陽	6.959	5.438	2.976	2.597	1.400	0.600	5.405	4.729	4.053	3.378	2.216	1.246	0.800	3.200	2.500	0.050	0.040	0.020	0.030
揚州府平均	3.850	3.010	2.200	1.481	0.868	0.392	—	—	—	—	—	—	1.072	1.600	1.440	0.040	—	0.012	0.030
江都,甘泉	3.850	3.010	2.200	1.481	0.868	0.391	—	—	—	—	—	—	1.072	1.600	1.440	0.040	—	0.012	0.030
儀徵	3.850	3.010	2.200	1.481	0.868	0.390	—	—	—	—	—	—	1.072	1.600	1.440	0.040	—	0.012	0.030
高郵	3.850	3.010	2.200	1.481	0.868	0.392	—	—	—	—	—	—	1.072	1.600	1.440	0.040	—	0.012	0.030
興化	3.850	3.010	2.200	1.481	0.868	0.391	—	—	—	—	—	—	1.072	1.600	1.440	0.040	—	0.012	0.030
寶應	3.850	3.010	2.200	1.481	0.868	0.391	—	—	—	—	—	—	1.072	1.600	1.440	0.040	—	0.012	0.030
泰州	3.850	3.010	2.200	1.481	0.868	0.398	—	—	—	—	—	—	1.072	1.600	1.440	0.040	—	0.012	0.030

表一

14

通州平均	3.460	2.700	1.980	1.330	0.640	0.380	2.180	1.904	1.633	1.360	1.091	0.820	1.156	2.067	1.333	0.047	0.030	0.020	0.030
通州	3.460	2.700	1.980	1.330	0.640	0.380	—	—	—	—	—	—	0.897	1.600	1.200	0.045	0.030	0.020	0.030
如皋	3.460	2.700	1.980	1.330	0.640	0.380	2.180	1.900	1.630	1.360	1.091	0.820	1.435	3.000	1.600	0.050	0.030	0.020	0.030
泰興	3.460	2.700	1.980	1.300	0.640	0.380	2.179	1.904	1.635	1.360	1.091	0.819	1.136	1.600	1.200	0.045	0.030	0.020	0.030
徐州府平均	7.400	5.800	4.262	2.960	1.496	0.660	4.944	4.326	3.708	3.090	1.983	1.116	0.750	1.600	1.200	—	0.040	0.020	0.030
銅山	7.400	5.800	4.262	2.960	1.496	0.660	4.944	4.326	3.708	3.090	1.983	1.116	0.750	1.600	1.200	—	0.040	0.020	0.030
蕭縣	7.400	5.800	4.262	2.960	1.496	0.660	4.944	4.326	3.708	3.090	1.983	1.116	0.750	1.600	1.200	—	0.040	0.020	0.030
碭山	7.400	5.800	4.262	2.960	1.496	0.660	4.944	4.326	3.708	3.090	1.983	1.116	0.750	1.600	1.200	—	0.040	0.020	0.030
豐縣	7.400	5.800	4.262	2.960	1.496	0.660	4.944	4.326	3.708	3.090	1.983	1.116	0.750	1.600	1.200	—	0.040	0.020	0.030
沛縣	7.400	5.800	4.262	2.960	1.496	0.660	4.944	4.326	3.708	3.090	1.983	1.116	0.750	1.600	1.200	—	0.040	0.020	0.030
邳縣	7.400	5.800	4.262	2.960	1.496	0.660	4.944	4.326	3.708	3.090	1.983	1.116	0.750	1.600	1.200	—	0.040	0.020	0.030
宿遷	7.400	5.800	4.262	2.960	1.496	0.660	4.944	4.326	3.708	3.090	1.983	1.116	0.750	1.600	1.200	—	0.040	0.020	0.030
睢寧	7.400	5.800	4.262	2.960	1.496	0.660	4.944	4.326	3.708	3.090	1.983	1.116	0.750	1.600	1.200	—	0.040	0.020	0.030
全省平均	4.369	3.512	2.627	1.805	0.969	0.468	4.875	4.215	3.597	2.729	1.795	1.057	0.714	1.729	1.284	0.047	0.038	0.016	0.036

表　江蘇省物料工資價值表（續）

清乾隆二十六年至三十年　　價值單位：庫平銀（兩）

	紙筋	黄蔴	金箔（紅金）見方九分五厘	銀硃	黄丹	銀紅（鎗紅）（紫紅）	藤黄（彩黄）	面黄	洋青	石綠（銅綠）	煙煤（松煤）	松粉	陀僧	生漆	熟漆	桐油	水膠	工價 匠	工價 夫
	斤	斤	百張	斤	斤	斤	斤	斤	斤	斤	斤	斤	斤	斤	斤	斤	斤	每工	每工
江寧府平均	0.013	0.014	0.094	0.763	0.083	0.030	0.303	0.083	0.992	0.390	0.025	0.081	0.080	0.344	0.300	0.031	0.046	0.050	0.040
上元、江寧	0.015	0.012	0.090	0.750	0.080	0.030	0.200	0.080	1.000	—	0.025	0.070	0.080	0.320	0.280	0.030	0.040	0.050	0.040
句容	0.012	0.012	0.100	0.800	0.070	0.027	0.360	0.100	0.960	0.360	0.024	0.080	—	0.380	0.280	0.030	0.044	0.050	0.040
溧水	0.012	0.012	0.090	0.840	0.120	0.030	0.380	0.075	1.200	0.480	0.025	0.095	—	0.320	0.300	0.034	0.048	0.050	0.040
江浦	0.012	0.012	—	0.640	0.080	0.030	0.320	0.080	1.000	0.320	0.025	0.080	—	0.340	0.320	0.030	0.050	0.050	0.040
六合	0.012	0.020	0.100	0.800	0.070	0.030	0.360	0.080	1.800	0.400	—	—	—	0.360	0.320	0.030	0.050	0.050	0.040
高淳	0.015	0.018	0.090	0.750	0.080	0.030	0.200	0.080	—	—	—	—	—	—	—	—	—	—	—
蘇州府平均	0.030	0.010	0.090	0.600	0.080	0.020	0.250	0.080	1.200	0.400	—	0.080	—	—	0.350	0.027	0.050	0.060	0.040
吳縣、長洲、元和	0.030	0.010	0.090	0.600	0.080	0.020	0.250	0.080	1.200	0.400	—	0.080	—	—	0.450	0.027	0.050	0.060	0.040
崑山、新陽	0.030	0.010	0.090	0.600	0.080	0.020	0.250	0.080	1.200	0.400	—	0.080	—	—	0.250	0.027	0.050	0.060	0.040
常熟、昭文	0.030	0.010	0.090	0.600	0.080	0.020	0.250	0.080	1.200	0.400	—	0.080	—	—	0.250	0.027	0.050	0.060	0.040
吳江、震澤	0.030	0.010	0.090	0.600	0.080	0.020	0.250	0.080	1.200	0.400	—	0.080	—	—	0.450	0.027	0.050	0.060	0.040
太倉州平均	0.010	0.016	0.097	0.600	0.080	0.020	0.250	0.080	1.200	0.400	0.030	0.080	0.080	0.360	0.450	0.030	0.052	0.050	0.040
鎮洋	0.010	0.016	0.090	0.600	0.080	0.020	0.250	0.080	1.200	0.400	0.030	0.080	0.080	0.360	0.450	0.030	0.060	0.050	0.040
崇明	—	0.016	0.100	0.600	0.080	0.020	0.250	0.080	1.200	0.400	0.030	0.080	0.080	0.360	0.450	0.030	0.085	0.050	0.040
嘉定、寶山	0.010	0.016	0.100	0.600	0.080	0.020	0.250	0.080	1.200	0.400	0.030	0.080	0.080	0.360	0.450	0.030	0.060	0.050	0.040
松江府平均	0.010	0.020	—	0.600	—	0.025	—	—	—	—	—	—	0.050	0.360	0.250	0.027	0.030	0.050	0.040
華亭、婁縣	0.010	0.020	—	0.600		0.025							0.050	0.360	0.250	0.027	0.030	0.050	0.040
奉賢	0.010	0.020	—	0.600		0.025							0.050	0.360	0.250	0.027	0.030	0.050	0.040
金山	0.010	0.020	—	0.600		0.025							0.050	0.360	0.250	0.027	0.030	0.050	0.040
上海	0.010	0.020	—	0.600		0.025							0.050	0.360	0.250	0.027	0.030	0.050	0.040
南匯	0.010	0.020	—	0.600		0.025							0.050	0.360	0.250	0.027	0.030	0.050	0.040
青浦	0.010	0.020	—	0.600		0.025							0.050	0.360	0.250	0.027	0.030	0.050	0.040

表一(續)

常州府平均	0.010	0.012	0.098	0.600	0.080	0.028	0.250	0.080	1.200	0.400	0.040	0.080	—	0.360	0.250	0.029	0.030	0.050	0.040
武進陽湖	0.010	0.012	0.100	0.600	0.080	0.020	0.250	0.080	1.200	0.400	0.040	0.080	—	0.360	0.250	0.030	0.030	0.050	0.040
無錫金匱	0.010	0.012	0.100	0.600	0.080	0.030	0.250	0.080	1.200	0.400	0.040	0.080	—	0.360	0.250	0.030	0.030	0.050	0.040
江陰	0.010	0.012	0.100	0.600	0.080	0.030	0.250	0.080	1.200	0.400	0.040	0.080	—	0.360	0.250	0.030	0.030	0.050	0.040
宜興荊溪	0.010	0.012	0.090	0.600	0.080	0.030	0.250	0.080	1.200	0.400	0.040	0.080	—	0.360	0.250	0.027	0.030	0.050	0.040
靖江	0.010	0.012	0.100	0.600	0.080	0.030	0.250	0.080	1.200	0.400	0.040	0.080	—	0.360	0.250	0.030	0.030	0.050	0.040
鎮江府平均	0.012	0.010	0.100	0.625	0.067	0.020	0.250	0.073	0.720	0.028	0.038	0.080	0.050	0.360	0.270	0.029	0.030	0.050	0.040
丹徒	0.012	—	—	0.800	0.060	0.020	—	—	—	—	0.030	0.080	0.060	—	—	0.030	0.030	0.050	0.040
丹陽	0.012	0.010	—	0.500	—	0.020	—	—	—	—	0.030	—	0.040	—	—	0.030	0.030	0.050	0.040
金壇	0.012	0.010	—	0.600	0.060	0.010	0.250	0.065	0.720	0.028	0.050	—	—	—	0.270	0.030	0.030	0.050	0.040
溧陽	0.013	0.010	0.100	0.600	0.080	0.030	0.250	0.080	0.720	0.028	0.040	0.080	—	0.360	0.270	0.027	0.030	0.050	0.040
淮安府平均	0.012	—	—	0.640	0.080	0.020	0.300	0.070	0.800	0.100	0.040	0.090	0.050	—	—	0.030	0.030	0.050	0.040
山陽	0.012	—	—	0.640	0.080	0.020	0.300	0.070	0.800	0.100	0.040	0.090	0.050	—	—	0.030	0.030	0.050	0.040
阜寧	0.012	—	—	0.640	0.080	0.020	0.300	0.070	0.800	0.100	0.040	0.090	0.050	—	—	0.030	0.030	0.050	0.040
鹽城	0.012	—	—	0.640	0.080	0.020	0.300	0.070	0.800	0.100	0.040	0.090	0.050	—	—	0.030	0.030	0.050	0.040
清河	0.012	—	—	0.640	0.080	0.020	0.300	0.070	0.800	0.100	0.040	0.090	0.050	—	—	0.030	0.030	0.050	0.040
安東	0.012	—	—	0.640	0.080	0.020	0.300	0.070	0.800	0.100	0.040	0.090	0.050	—	—	0.030	0.030	0.050	0.040
桃源	0.012	—	—	0.640	0.080	0.020	0.300	0.070	0.800	0.100	0.040	0.090	0.050	—	—	0.030	0.030	0.050	0.040
海州平均	0.012	0.007	0.100	0.680	0.087	0.050	0.283	0.080	1.200	0.400	0.035	0.080	—	0.350	0.450	0.030	0.050	0.050	0.040
海州	0.012	0.007	0.100	0.640	0.080	0.050	0.300	0.080	1.200	0.400	0.035	0.080	—	0.350	0.450	0.030	0.050	0.050	0.040
贛榆	0.012	0.007	0.100	0.800	0.100	0.050	0.300	0.080	1.200	0.400	0.035	0.080	—	0.350	0.450	0.030	0.050	0.050	0.040
沭陽	0.012	0.007	0.100	0.600	0.080	0.050	0.250	0.080	1.200	0.400	0.035	0.080	—	0.350	0.450	0.030	0.050	0.050	0.040
揚州府平均	0.010	0.018	0.120	0.800	0.100	0.020	[illegible]	0.090	1.200	0.392	0.030	0.098	0.048	0.360	0.450	0.030	0.030	0.050	0.040
江都甘泉	0.010	0.018	—	0.800	0.100	0.020	0.360	0.080	1.200	0.360	—	0.100	0.048	0.360	0.450	0.030	0.030	0.050	0.040
儀徵	0.010	0.018	—	0.800	0.100	0.020	0.250	0.100	1.200	0.400	0.030	0.090	0.048	0.360	0.450	0.030	0.030	0.050	0.040
高郵	0.010	0.018	—	0.800	0.100	0.020	0.250	—	1.200	0.400	0.030	0.100	0.048	0.360	0.450	0.030	0.030	0.050	0.040
興化	0.010	0.018	—	0.800	0.100	0.020	—	0.080	1.200	—	0.030	0.100	0.048	0.360	0.450	0.030	0.030	0.050	0.040
寶應	0.010	0.018	—	0.800	0.100	0.020	0.250	—	1.200	0.400	0.030	0.150	0.048	0.360	0.450	0.030	0.030	0.050	0.040
泰州	0.010	0.018	—	0.800	0.100	0.020	0.250	0.100	1.200	0.400	0.030	0.100	0.048	0.360	0.450	0.030	0.030	0.050	0.040

表一（續）

通州平均	0.010	0.013	0.080	0.733	0.080	0.026	0.247	0.071	1.067	0.220	0.040	0.087	—	0.360	0.280	0.031	0.030	0.053	0.043
通州	0.010	0.012	—	0.800	—	0.020	0.240	—	0.800	—	0.040	0.080	—	0.400	0.240	0.032	—	0.050	0.040
如皋	0.010	0.015	0.080	0.800	0.080	0.030	0.250	0.080	1.200	0.080	0.040	0.100	—	0.320	0.300	0.032	0.030	0.060	0.050
泰興	0.010	0.012	—	0.600	0.080	0.028	0.250	0.062	1.200	0.360	0.040	0.080	—	0.360	0.300	0.030	0.030	0.050	0.040
徐州府平均	0.012	0.007	0.100	0.600	0.080	0.030	0.250	0.080	1.200	0.400	0.040	0.080	—	0.360	0.450	0.030	0.050	0.050	0.050
銅山	0.012	0.007	0.100	0.600	0.080	0.030	0.250	0.080	1.200	0.400	0.040	0.080	—	0.360	0.450	0.030	0.050	0.050	0.050
蕭縣	0.012	0.007	0.100	0.600	0.080	0.030	0.250	0.080	1.200	0.400	0.040	0.080	—	0.360	0.450	0.030	0.050	0.050	0.050
碭山	0.012	0.007	0.100	0.600	0.080	0.030	0.250	0.080	1.200	0.400	0.040	0.080	—	0.360	0.450	0.030	0.050	0.050	0.050
豐縣	0.012	0.007	0.100	0.600	0.080	0.030	0.250	0.080	1.200	0.400	0.040	0.080	—	0.360	0.450	0.030	0.050	0.050	0.050
沛縣	0.012	0.007	0.100	0.600	0.080	0.030	0.250	0.080	1.200	0.400	0.040	0.080	—	0.360	0.450	0.030	0.050	0.050	0.050
邳州	0.012	0.007	0.100	0.600	0.080	0.030	0.250	0.080	1.200	0.400	0.040	0.080	—	0.360	0.450	0.030	0.050	0.050	0.050
宿遷	0.012	0.007	0.100	0.600	0.080	0.030	0.250	0.080	1.200	0.400	0.040	0.080	—	0.360	0.450	0.030	0.050	0.050	0.050
睢寧	0.012	0.007	0.100	0.600	0.080	0.030	0.250	0.080	1.200	0.400	0.040	0.080	—	0.360	0.450	0.030	0.050	0.050	0.050
全省平均	0.013	0.013	0.098	0.658	0.082	0.027	0.266	0.079	1.078	0.313	0.035	0.084	0.060	0.357	0.350	0.029	0.039	0.050	0.040

表二　江蘇省物料工資價值表
清乾隆二十六年至三十年　價值單位：庫平銀兩

物料或工資		單位	全省平均價	各府廳最高價	各府廳最低價	備考
杉木	徑一尺六寸 長二丈	根	4.369	7.400	2.488	最高：徐州府 最低：松江府
杉木	徑一尺四寸 長二丈	根	3.512	5.800	1.905	同上
杉木	徑一尺二寸 長二丈	根	2.627	4.262	1.400	同上
杉木	徑一尺 長二丈	根	1.805	2.960	0.970	同上
杉木	徑八寸 長二丈	根	0.969	1.496	0.622	同上
杉木	徑六寸 長二丈	根	0.468	0.807	0.350	最高：淮安府 最低：松江府
柏木	徑一尺六寸 長二丈	根	4.875	6.120	2.180	最高：蘇州府、常州府 最低：通州
柏木	徑一尺四寸 長二丈	根	4.215	5.390	1.904	最高：鎮江府 最低：通州
柏木	徑一尺二寸 長二丈	根	2.597	4.900	1.633	最高：蘇州府 最低：通州
柏木	徑一尺 長二丈	根	2.729	3.615	1.360	同上
柏木	徑八寸 長二丈	根	1.795	2.314	0.906	最高：蘇州府 最低：江寧府
柏木	徑六寸 長二丈	根	1.057	1.301	0.637	同上

物料或工資		單位	全省平均價	各府廳最高價	各府廳最低價	備考
金箔	見方九分五厘	百張	0.098	0.120	0.080	最高：揚州府 最低：通州
銀硃		斤	0.658	0.800	0.600	最高：揚州府 最低：蘇州府、太倉州、松江府、常州府、徐州府
黃丹		斤	0.082	0.103	0.067	最高：揚州府 最低：鎮江府
銀紅	錠紅、紫紅	斤	0.027	0.050	0.020	最高：海州 最低：太倉州、鎮江府、淮安府、揚州府
藤黃	彩黃	斤	0.266	0.303	0.247	最高：江寧府 最低：通州
面黃		斤	0.079	0.090	0.070	最高：揚州府 最低：淮安府
淨青		斤	1.078	1.200	0.720	最高：蘇州府、太倉州、常州府、海州、揚州、徐州 最低：鎮江府
雲綠	銅綠	斤	0.313	0.400	0.028	最高：蘇州府、太倉州、常州府、海州府、徐州府 最低：鎮江府
煙煤	木煤	斤	0.035	0.045	0.025	最高：常州、淮安、通州、徐州府 最低：江寧府
鉛粉		斤	0.084	0.098	0.080	最高：揚州府 最低：蘇州、太倉州、常州、鎮江、海州、徐州府

表二

青石	長一丈闊寬 皇尺		0.714	1.156	0.304	最高：通州 最低：淮安府
石灰	塊灰、礦灰 淨灰	千斤	1.729	3.233	1.300	最高：海州 最低：常州府
石灰	面灰、细灰 水灰	千斤	1.284	2.500	1.000	最高：海州 最低：蘇州府、太倉州、常州府
剉白鐵		斤	0.047	0.050	0.040	最高：蘇州府、太倉州、常州府、鎮江府、海州 最低：揚州
熟鐵		斤	0.038	0.043	0.030	最高：鎮江府 最低：通州
生鐵		斤	0.016	0.021	0.012	最高：海州 最低：蘇州府、太倉州、松江府、鎮江府、揚州
鐵釘		斤	0.036	0.048	0.030	最高：蘇州 最低：海州、揚州府、徐州府
紙筋		斤	0.013	0.030	0.010	最高：蘇州府 最低：太倉州、松江府、常州府、揚州府、通州
黄蔴		斤	0.013	0.020	0.007	最高：松江府 最低：海州、徐州府

生漆	斤	0.357	0.360	0.344	最高：太倉州、松江府、常州府、鎮江府、揚州府、通州、徐州府 最低：江寧府
熟漆	斤	0.350	0.450	0.250	最高：海州、徐州府、揚州府、太倉州 最低：松江府、常州府
桐油	斤	0.029	0.031	0.027	最高：江寧府、通州 最低：蘇州府、松江府
水膠	斤	0.039	0.052	0.030	最高：太倉州 最低：松江府、常州府、鎮江府、淮安府、揚州、通州
匠工	每工	0.050	0.060	0.050	最高：蘇州府 最低：江寧、太倉州、松江府、常州府、鎮江府、淮安府、海州、揚州府、徐州府
木工	每工	0.040	0.050	0.040	最高：徐州府 最低：江寧府、蘇州府、太倉州、松江府、常州府、鎮江府、淮安府、海州、揚州府

表三　江蘇省物料工資價值表

清乾隆二十六年至三十年　價值單位：庫平銀兩

物料或工資	單位	全省平均價	各州縣最高價	各州縣最低價	最高最低價之比率(最低價=100)	物料或工資	單位	全省平均價	各州縣最高價	各州縣最低價	最高最低價之比率(最低價=100)
杉木 徑一尺六寸 長二丈	根	4.369	7.400	2.488	297.4%	紙筋	斤	0.013	0.030	0.010	300.0%
杉木 徑一尺四寸 長二丈	根	3.512	3.800	1.905	304.5%	黃蔴	斤	0.013	0.020	0.007	285.7%
杉木 徑一尺二寸 長二丈	根	2.627	4.262	1.400	304.4%	金箔 見方[illegible]分五厘	百張	0.098	0.120	0.080	150.0%
杉木 徑八寸 長二丈	根	0.969	1.496	0.622	240.5%	銀硃	斤	0.658	0.800	0.500	160.0%
杉木 徑六寸 長二丈	根	0.468	0.807	0.350	230.6%	黃丹	斤	0.082	0.120	0.060	200.0%
杉木 徑一尺 長二丈	根	1.805	2.960	0.970	305.2%	洋紅 銀紅、紫紅	斤	0.027	0.050	0.010	500.0%
柏木 徑一尺六寸 長二丈	根	4.875	6.120	2.179	280.9%	籐黃 彩黃	斤	0.266	0.380	0.200	190.0%
柏木 徑一尺四寸 長二丈	根	4.215	5.580	1.900	293.7%	白黃	斤	0.079	0.100	0.065	153.8%
柏木 徑一尺二寸 長二丈	根	3.597	4.900	1.630	300.6%	洋青	斤	1.078	1.200	0.720	166.7%
柏木 徑一尺 長二丈	根	2.729	3.615	1.310	276.0%	石綠 銅綠	斤	0.313	0.480	0.100	480.0%
柏木 徑八寸 長二丈	根	1.795	2.532	0.838	302.1%	煙煤 木煤	斤	0.035	0.050	0.024	208.3%
柏木 徑六寸 長二丈	根	1.057	1.424	0.471	302.3%	鉛粉	斤	0.084	0.100	0.070	142.9%

P.（？）

表三.

[illegible]石	長一丈折寬 厚一尺		0.714	1.435	0.300	478.3%	生漆	斤	0.357	0.400	0.320	125.0%
石灰	塊灰,礦灰 洋灰	千斤	1.729	3.300	1.300	253.8%	熟漆	斤	0.350	0.450	0.240	187.5%
石灰	白灰,细灰 水灰	千斤	1.284	2.500	1.000	250.0%	桐油	斤	0.029	0.034	0.027	125.9%
對白鉄		斤	0.047	0.050	0.040	125.0%	水膠	斤	0.039	0.060	0.030	200.0%
熟鉄		斤	0.038	0.050	0.030	166.7%	匠工	每工	0.050	0.060	0.050	120.0%
生鉄		斤	0.016	0.024	0.012	200.0%	夫工	每工	0.040	0.050	0.040	125.0%
鉄釘		斤	0.036	0.048	0.025	192.0%						

P12

表四、　江蘇省物料工資項目對照表

類名	原冊 品名	項數	表一所收 品名	項數	備考
木料	杉木 徑自二寸至一丈二寸 長二丈	6	同上	6	
	柏木 徑自二寸至一丈二寸 長二丈	6	同上	6	
	栗木、松木板、樸板、裝板、檀板	5	無		徑長尺寸不同，刪去
石料	青石長一丈，折寬厚一尺	1	同上	1	
	黄石、蠻石、碎石	3	無		寬厚尺寸單位不同，刪去、
磚	城磚、諭磚、大磚、中磚、小磚、方磚、門磚、望磚、哼磚、貓磚、牆磚、條磚、客底磚、樓磚、副磚、單料磚、雙料磚、韓料磚、除料磚、八料磚、十料磚、滾磚、條滾磚、吐磚、坟模磚、合方磚、線磚、角脊磚、坐板磚、開凡磚、大明光磚	31	無		種類單位各不同，刪去、
瓦	筒瓦、板瓦、瓦頭、滴流筒瓦、花簷滴水、花邊瓦、勾頭、獸頭、垂獸、海馬、獅頭、鰲魚、	12	無		種類單位各不同，刪去、
灰　〃	塊灰、礦灰、淨灰	3	同上	1	
	面灰、細灰、水灰	3	同上	1	
土	泥土	1	無		單位不同刪去
金屬	對白鐵	1	同上	1	
	熟鐵	1	同上	1	
	生鐵	1	同上	1	
	鐵釘	1	同上	1	
	荒鐵、兩頭釘、鐵鍋、鐵鍬、剷鍋	5	無		品質不明單位不同刪去、
蔴	黄蔴	1	同上	1	
	苧蔴、火蔴、絡蔴、蔴皮	4	無		品質參差刪去、
竹	毛竹、律竹、斑竹、蘿竹、淡竹、筀竹、大竹篾、小竹篾	8	無		種類及徑長尺寸不同刪去

P13.

表四. 江蘇省物料工價項目對照表(續)

類名	原冊 品名	項數	表一所收 品名	項數	備考
顏料	金箔	1	同上	1	
	銀硃	1	同上	1	
	洋紅、錠紅、紫紅	3	同上	1	
	藤黃、粉黃	2	同上	1	
	西黃	1	同上	1	
	黃丹	1	同上	1	
	雲綠、銅綠	2	同上	1	
	淨青	1	同上	1	
	杭粉	1	同上	1	
	鉛錫	1	同上	1	
	煙煤、木煤	2	同上	1	
	西紅、煙子、洋紅、金黃、西綠、石青、石藍、錠花、銀粉、黑墨、墨煤、煤	12	無		品質參差刪去
漆	生漆	1	同上	1	
	熟漆	1	同上	1	
	金漆、退光漆	2	無		品質參差刪去
桐油雜類	桐油	1	同上	1	
	水膠	1	同上	1	
	紙筋	1	同上	1	
	白麵、蘆蓆、蘆葦、蘆柴、稻草、毛竹、掃帚、土箕、大籃、泥沙、泥絡、爐底	14	無		雜品瑣碎品質參差刪去
匠工		1	同上	1	
夫工		1	同上	1	
		142		38	

P4

表五　江蘇省物料價值表補遺

清乾隆二十六年至三十年　　價值單位：庫平銀兩

物料	單位	價值	備考	物料	單位	價值	備考	
檀木 徑一尺一寸六分 長四尺五寸	件	0.250	蘇州府：吳縣、長洲、元和	苧蔴	斤	0.100	淮揚府：山陽	注：表末所列各項物料，其價值並不能作各州縣之比較，而其物品之性質用途，尚屬明瞭，今若並不甚懸殊者，姑選取一二地方之價值以入本表，藉窺一斑。
栗木 徑一尺二寸 長二丈	根	0.760	同上	絡蔴	斤	0.100	太倉州：鎮洋	
栗木 徑一尺二寸 長二丈	根	3.280	海州：海州	火蔴	斤	0.060	淮安府：阜寧	
松木板 長八尺寬一尺 厚一寸	件	0.070	太倉州：鎮洋	蔴皮	斤	0.020	松江府：華亭、婁縣	
毛竹 徑三寸 長二丈二尺	根	0.120	蘇州府：吳縣、長洲、元和	荒鐵	斤	0.020	常州府：武進、陽湖	
毛竹 徑二寸六分 長一丈六尺	根	0.075	淮安府：山陽	荒鐵	斤	0.012	揚州府：江都、甘泉	
雜竹 長一丈六尺五寸（每扎五十五根）	扎	0.040	松江府：華亭、婁縣	煤	斤	0.034	松江府：奉賢	
碎石	擔	0.010	江寧府：上元、江寧	蘆柴	斤	0.001	江寧府：江浦	
土	百斤	0.004	蘇州府：吳縣、長洲、元和 淮安府：山陽（最上經過計二三斛）	蘆葦	百斤	0.150	太倉州：崇明	
土 見方一丈厚一尺	方	0.400	太倉州：鎮洋	稻草	百斤	0.062	同上	
城磚	塊	0.010	蘇州府：吳縣、長洲、元和	蘆蓆 長五尺 寬四尺	領	0.008	太倉州：鎮洋	
板瓦 長八寸 寬七寸五分	百片	0.065	蘇州府：吳縣、長洲、元和	蘆蓆 長四尺八寸 寬四尺	領	0.018	揚州府：江都、甘泉	
筒瓦 長一尺 寬五寸	百個	0.060	蘇州府：吳縣、長洲、元和	土籃	隻	0.015	蘇州府：吳縣、長洲、元和 淮安府：山陽	
筒瓦 長六寸 寬三寸	百個	0.030	淮安府：山陽	土箕	隻	0.005	松江府：華亭、婁縣	

表五、

物料	單位	價值	備攷	物料	單位	價值	備攷
城磚	塊	0.012	海州、海州	掃帚	把	0.005	同上
板瓦 長六寸寬五寸	百片	0.090	淮安府、山陽	白麵	斤	0.014	鎮江府、金壇

陕西省民国二十八年度71县地方岁入预算表

陕西省28年度71县地方岁入预算表

县别 \ 税别	经常门·田赋县税(元)·税数	田赋县税占经常门提数%	契税县税	屠宰县税	其他·捐款收入	地方财产收入	补助款收入	其他收入	数(元)·捐(元)·契税以下各税和	占经常门提数%	经常门提数(元)·提数	占经临合计%	临时门·不要义捐(元)	占经临合计%	经临合计(元)
长安	203 594	58,22	22 500	19 235	18 402	4 721	81 255		146 113	41,78	349 707	100,00			349 707
临潼	180 223	80,30	3 500	6 800	12 280	87	21 536		44 203	19,70	224 426	100,00			224 426
咸阳	105 889	52,14	4 000	5 800	52 200	16 700	18 482		97 182	47,86	203 071	100,00			203 071
华县	113 982	78,11	3 200	3 100	9 252		16 391		31 943	21,89	145 925	78,49	40 000	21,51	185 925
朝邑	81 149	63,81	3 200	6 400	16 280		17 860	2 280	46 020	36,19	127 169	100,00			127 169
大荔	94 068	66,10	3 600	5 080	18 904	2 627	17 438	600	48 249	33,90	142 317	87,68	20 000	12,32	162 317
澄城	128 967	85,47	1 600	4 080	342		15 297	600	21 919	14,53	150 886	93,78	10 000	6,22	160 886
白水	69 351	78,23	1 000	2 850	2 600		13 213	117	19 300		88 651	78,02	25 000	21,98	113 631
蓝田	101 921	67,14	2 000	4 841	19 199	2 870	16 416	4 556	49 882	32,86	151 803	77,13	45 000	22,87	196 803
雒南	12 852	32,04	4 500	5 210	4 800		11 547	1 200	27 257	67,96	40 109	29,47	96 000	70,53	136 109
鄠县	130 309	77,02	1 100	8 400	7 540	140	19 660	1 440	38 880		169 189	100,00			169 189
郿县	69 652	72,97	2 000	3 851	5 649		14 307		25 807	27,03	95 459	86,42	15 000	13,58	110 459
岐山	98 986	72,80	2 800	6 000	10 375	400	17 174	240	36 989	27,20	135 975	73,11	50 000	26,89	185 975
乾县	109 706	63,71	2 100	8 600	30 280		20 077	1 437	62 494	36,29	172 200	100,00			172 200
永寿	24 579	40,46	600	5 306	15 250	569	12 498	1 675	36 168		60 747	80,20	15 000	19,80	75 747
陇县	26 470	32,94	600	12 502	17 685	2 684	13 228	7 200	53 899	67,06	80 369	57,26	60 000	42,74	140 369
长武	24 814	51,14	600	7 192	2 000	463	11 278	179	23 712		48 526		36 000		82 526
栒邑	24 722	61,70	1 000	1 550	3 000		9 799		15 349	38,30	40 071	59,74	27 000	40,26	67 071
淳化	23 897	50,79	600	1 667	8 821		9 835	2 229	23 151	49,21	47 048	79,68	12 000	20,32	59 048
三原	95 855	60,99	4 000	4 301	35 176	336	17 488		61 301	39,11	157 156	100,00			157 156
耀县	41 982	58,86	1 100	3 250	11 483	660	12 835	100	29 338		91 320	67,08	35 000	32,92	106 320
兴平	106 129	64,16	3 000	15 760	16 060		24 464		59 284	35,84	165 413		10 000		179 413
凤翔	169 053	73,82	3 000	7 620	27 648	620	21 003		59 941	26,18	228 994	100,00			228 994
麟游	4 740	27,98	1 000	1 420	400	265	8 043	1 070	12 198	72,02	16 938	30,83	38 000	69,17	54 938
邠县	36 305	57,51	700	6 510	6 660	278	12 558	120	26 826	42,49	63 131	58,38	45 000	41,62	108 131
泾阳	102 098	56,74	4 300	4 500	46 865	3 350	17 772	1 046	77 833	43,26	179 931	100,00			179 931
同官	12 425	31,94	500	4 920	9 820	430	10 160	650	26 980	68,06	38 905	46,37	45 000	53,63	83 905
高陵	76 442	73,53	1 500	1 250	10 625	1 740	12 400		27 515	26,47	103 957	100,00			103 957
富平	159 714	94,47	3 500	5 775	6 508	1 300	18 896	375	9 354	5,53	169 068	100,00			169 068
蒲城	153 766	72,61	3 600	6 395	11 770	14 483	19 217	2 536	58 001	27,39	211 767	100,00			211 767
郃阳	139 618	80,32	2 800	6 000	5 774	130	19 505		34 209	19,08	173 827	100,00			173 827
华阴	64 616		1 100	2 796	2 391	560	19 341	500	26 698		91 214		65 000		156 264

潼關	24 645	31,12	1 000	1 600	25 814	9 438	14 795	1 906	54 554	68,88	99 198	66,44	40 000	33,56	119 198
商縣	21 735	44,30	5 900	2 200	3 600		15 623		27 323	55,70	49 058	29,90	115 000	70,10	164 058
柞水	949	5,86	1 000	2 000	200	850	7 992		12 022	94,14	12 771	27,90	33 000	72,10	45 771
渭南	187 923		8 600	14 560	33 800		23 536		75 496		263 419	100,00			263 419
醴泉	89 417	65,72	3 200	4 800	21 278		17 359		46 637	34,28	136 054	100,00			136 054
盩厔	177 004	76,47	3 500	11 800	12 760	2 300	23 091	1 000	54 451	23,53	231 455	100,00			231 455
鄠縣	119 556	72,77	4 200	10 855	4 876	2 352	21 250	1 200	44 733	27,23	164 289		40 000		204 289
韓城	109 258	76,04	3 000	4 000	1 500	3 455	16 850	5 630	34 435	23,96	143 693	80,41	35 000	19,59	178 693
汧陽	15 887	35,85	1 000	6 600	10 000	300	10 529		28 429	64,15	44 316		25 000		69 216
平民	11 732	45,71	500	200	3 900	1 285	8 048		13 933	54,29	25 665	56,20	20 000	43,80	45 665
扶風	109 940	81,39	2 100	4 922	1 736	35	16 341		25 134	18,61	135 074	100,00			135 074
武功	114 397		2 500	4 550	2 580	110	16 252		32 992		147 389	100,00			147 389
南鄭	124 114	52,82	15 000	15 800	18 800	36 464	24 501	300	110 865	47,18	234 979	63,51	135 000	36,49	369 979
洋縣	49 639	80,46	3 500	4 615	1 560	7 879	14 205	300	12 055	19,54	61 694	28,47	135 000	71,53	216 694
西鄉	16 452	29,84	8 400	6 670	1 364	6 553	15 398	300	38 676	70,16	55 128	23,96	175 000	76,04	230 128
褒城	29 728		8 300	9 664	3 600	6 360	13 089		49 013		78 741	40,23	125 000	59,77	195 741
沔縣	56 215	58,72	3 500	9 900	6 420		14 493	5 200	39 513	41,28	95 728		100 000		195 228
平利	1 646	6,69	3 500	3 600	2 000	9 660	8 611		25 371	93,31	27 017	30,35	60 000	69,65	89 017
安康	16 840	12,72	11 500	18 236	53 734	12 593	17 175	2 260	115 500	87,28	132 340	54,61	110 000	45,39	242 340
鳳縣	5 626	18,54	1 500	2 080	11 947	100	9 092		24 719	81,46	30 345	46,44	35 000	53,56	65 345
城固	128 101	65,37	13 500	8 970	2 200	2 200	21 182		67 852	34,63	195 953	79,67	50 000	20,33	245 953
留壩	830	4,44	1 000	1 587	3 960	2 126	8 401	801	17 875	95,56	18 705	34,83	35 000	65,17	53 705
鎮巴	4 714	19,13	2 300	1 080	5 420	1 599	9 508	18	19 898	80,87	24 639	22,27	86 000	97,73	110 639
佛坪	749	7,83	1 000	270		100	7 446		8 816	92,17	9 565	23,01	82 000	76,99	41 565
寧羌	2 571	14,43	2 600	2 127		200	10 220	300	15 247	85,57	17 818	11,58	136 000	88,42	153 818
〃陝	888	6,50	1 000	464		3 730	7 596		12 784	93,50	13 672	27,52	36 000	72,48	49 672
鎮安	2 323	8,38	5 000	1 700	2 800	1 560	7 975	6 370	25 405	91,62	27 728	28,37	70 000	71,63	97 728
山陽	4 445	20,90	3 200	650	800	4 200	7 979		16 827	79,10	21 272	22,81	72 000	77,19	93 274
紫〃	2 413	8,03	3 100	2 040	9 900	4 023	8 103	480	27 646	91,97	30 059	32,65	62 000	67,35	92 059
漢陰	11 486	23,16	3 500	3 500	2 600	16 758	11 609	150	38 117	76,84	49 603	45,26	60 000	54,74	109 603
洵陽	4 103	12,55	8 000	3 827	5 400	823	10 242	300	28 592	87,45	32 695	31,23	72 000	68,77	104 695
白河	394	1,42	3 500	700	12 960	1 320	8 932		27 412	98,58	27 806	29,96	65 000	70,04	92 806

石泉	10 000	21,37	2 000	2 900	6 200	16 071	3 625		36 796	78,63	46 796	55,85	27 000	44,15	83 796
洵陽	4 268	18,22	1 300	1 251	6 106	1 500	8 399	640	19 156	81,78	23 424	25,07	70 000	74,93	93 429
嵐皋	926	3,61	3 600	2 120		9 880	8 345	764	24 498	96,39	25 635	37,90	42 000	62,10	67 635
商南	2 712	14,12	2 500	600	4 453		7 606	1 330	16 489	85,88	19 201	24,24	60 000	75,76	79 201
鎮平	162	0,96	3 000	1 500	1 800	1 800	8 693		16 799	99,04	16 961	40,42	25 000	59,58	41 961
榆林	14 284	33,10	2 900	4 500	10 982	5 445	4 097	949	28 873	66,90	43 157	36,53	75 000	63,47	118 157
宜君	7 001	25,15	600	2 675	1 360	910	14 784	510	20 839	74,85	27 840	41,04	40 000	58,96	67 840
廣施															
鄜縣															
定邊															
安定															
中部															
綏德															
安塞															
米脂															
清澗															
洛川															
宜川															
神木															
府谷															
橫山															
保安															
吳堡															
靖邊															
葭縣															
延川															
甘泉															
延長															
合計	4272 657	61,05	241 500	369 574	730 349	255 570	1059 721	60 818	2717 532	38,95	6998 189	70,02	2997 000	29,98	9995 189

查長安等71縣28年歲入經臨共為9 995 189元 內不敷義捐2 997 000元 其餘因整編保甲追加經費1 705 592除長安臨潼渭南涇陽富平三原醴咸
七縣 共加247 249元 由長收賦附捐支出咸陽增加之47 634元由縣預備費弥補外，其餘1 410 618元該由縣等義捐支給連同預算田賦義捐
共為4 407 618元　　本省共92縣 陝北21縣 由24年度起奉令即不編造預算.

丙　统计表格

陕西省绥德县各乡人民职业分配表

陕西省绥德县各乡人民职业分配表

乡别	保数	甲数	原户表数	佃农 户	佃农 占总户%	自耕农 户	自耕农 占总户%	半自耕农 户	半自耕农 占总户%	地主 户	地主 占总户%	工 户	工 占总户%	商 户	商 占总户%	学 户	学 占总户%	兵 户	兵 占总户%	总户数
薛家峁	5	89	826	336	41,95	341	42,57	97	12,11	2	0,25	17	2,12	2	0,25	3	0,37	3	0,37	801
互助〃	5	91	854	299	33,82	458	51,81	117	13,24			6	0,68	2	0,22	2	0,22			884
定仙墕	4	57	798	405	52,80	161	20,99	112	14,60			66	8,60	16	2,09	6	0,78	1	0,13	767
义合乡	5	106	1 248	542	45,20	342	28,52	121	10,09			20	1,67	155	12,93	12	1,00	7	0,58	1 199
民享〃	6	92	1 123	591	54,57	198	18,28	136	12,56	5	0,46	145	13,39	3	0,28	2	0,18	3	0,28	1 083
田庄〃	4	58	793	395	50,06	154	19,52	140	17,74			70	8,87	19	2,41	9	1,14	2	0,25	789
龙湾〃	6	112	1 425	486	38,15	63	4,95	395	31,00	16	1,26	173	13,58	102	8,01	14	1,10	25	1,96	1 274
民有〃	5	107	1 224	416	33,99	573	46,81	230	18,79	5	0,41									1 224
四十里铺	6	110	1 256	513	40,71	338	26,83	409	32,46											1 260
三皇乡	4	81	3 467	277	28,79	228	23,70	251	26,09	28	2,91	175	18,19	3	0,31					962
和平〃	5	88	1 021																	
苗家坪	7	134	498																	
中山镇	8	130	934																	
郑家楼	9	75	917																	
革新乡	5	107	1 368	452	34,01	444	33,41	344	25,88	1	0,08	5	0,38	82	6,17	1	0,08			1 329
周家硷	3	54	589	166	32,30	168	32,68	2	0,39			67	13,03	86	16,73	15	2,92	10	1,95	514
仁爱乡	8	56	748									41	64,06	16	25,00	5	7,81	2	3,13	64
守善〃	5	100	1 121	211	26,74	218	27,63	244	30,93	7	0,89	174	22,05	23	2,92	1	0,13	1	0,13	879
吉征〃	5	100	1 148	206	22,86	216	23,97	256	28,41	4	0,44	199	22,09	19	2,11			1	0,11	901
崇化〃	5	100	6 336	238	26,30	231	25,52	276	30,50			157	17,35	3	0,33					905
民治〃	6	117	1 329	549	41,06	367	27,45	421	31,49											1 337
合计	116	1964	29 023	6082	37,60	4502	27,83	3551	21,95	68	0,42	1315	8,13	531	3,28	70	0,43	55	0,34	16 174

陕西省民国二十八年度71县地方岁入预算表

陝西省28年度71縣地方歲入預算表

縣別	Ⅰ 田賦(元)	Ⅱ 征常门提款(内包括Ⅰ)(元)	不敷義捐 元数	占Ⅰ之%	占Ⅱ之%
長安	203 594	349 707			
臨潼	180 223	224 426			
咸陽	105 889	203 071			
華縣	113 982	145 925	40 000	35,09	27,41
朝邑	81 149	127 169			
大荔	94 068	142 317	20 000	21,26	14,05
澄城	128 967	150 886	10 000	7,75	6,63
白水	69 351	88 651	25 000	36,05	28,20
藍田	101 921	151 803	45 000	44,15	29,64
雒南	12 852	40 109	96 000	746,97	239,35
鄠縣	130 309	169 189			
郿〃	69 652	95 459	15 000	21,54	11,03
岐山	98 986	135 975	50 000	50,51	36,77
乾縣	109 706	172 200			
永壽	24 579	60 747	15 000	61,03	24,69
隴縣	26 470	80 369	60 000	226,67	74,66
長武	24 814	48 526	36 000	145,08	74,19
栒邑	24 722	40 071	27 000	109,21	67,38
淳化	23 897	47 048	12 000	50,22	25,51
三原	95 855	157 156			
耀縣	41 982	71 320	35 000	83,37	49,07
興平	106 129	165 413	10 000	9,42	6,05
鳳翔	169 053	228 994			
麟遊	4 740	16 938	38 000	801,69	224,35
邠縣	36 305	63 131	45 000	123,95	71,28
涇陽	102 098	179 931			
同官	12 425	38 905	45 000	362,17	115,67
高陵	76 442	103 957			
富平	159 714	169 068			
蒲城	153 766	211 767			
郃陽	139 618	173 827			
華陰	64 616	91 214	65 000	100,59	71,26

縣別	Ⅰ 田賦(元)	Ⅱ 征常门提款(内包括Ⅰ)(元)	不敷義捐 元数	占Ⅰ之%	占Ⅱ之%
潼關	24 645	79 198	40 000	162,30	50,51
商縣	21 735	49 058	115 000	529,10	234,42
柞水	187 749	12 771	33 000	4405,87	258,40
渭南	189 923	263 419			
醴泉	89 417	136 054			
盩厔	177 004	231 455			
寶雞	119 556	164 289	40 000	33,46	24,35
韓城	109 258	143 693	35 000	32,03	24,36
汧陽	15 887	44 316	25 000	157,36	56,41
平民	11 732	25 665	20 000	170,47	77,93
扶風	109 940	135 074			
武功	114 397	147 389			
南鄭	124 114	234 979	135 000	108,77	57,45
洋縣	49 639	61 694	135 000	271,96	218,82
西鄉	16 452	55 128	175 000	1063,70	317,44
褒城	29 728	78 741	125 000	420,47	158,75
沔縣	56 215	95 728	100 000	176,94	104,46
平利	1 646	27 017	60 000	3645,[illegible]	222,08
安康	16 840	132 340	110 000	653,21	83,12
鳳縣	5 626	30 345	35 000	622,11	115,34
城固	128 101	195 953	50 000	39,03	25,52
留壩	830	18 705	35 000	4216,87	187,12
鎮巴	4 714	24 639	86 000	1824,35	349,04
佛坪	749	9 565	32 000	4272,36	334,55
寧羌	2 571	17 818	136 000	5289,77	763,27
〃陝	888	13 672	36 000	4054,05	263,31
鎮安	2 323	27 728	70 000	3013,34	252,45
山陽	4 445	21 272	72 000	1619,80	338,47
戰〃	2 413	30 059	62 000	2569,42	206,26
漢陰	11 486	49 603	60 000	522,38	120,96
洵陽	4 103	32 695	72 000	1754,81	220,22
白河	374	27 806	65 000	[illegible]	233,76

縣別	Ⅰ 田賦(元)	Ⅱ 征常门提款(内包括Ⅰ)(元)	不敷義捐 元数	占Ⅰ之%	占Ⅱ之%
石泉	10 000	46 796	27 000	270,00	57,70
紫陽	4 268	23 424	70 000	1640,1	298,84
嵐皋	926	25 635	42 000	4535,64	163,84
商南	2 712	19 201	60 000	2212,39	312,48
鎮平	162	16 961	25 000	15432,10	147,40
榆林	14 284	43 157	75 000	525,06	173,78
宜君	7 001	27 840	40 000	571,35	143,68
膚施					
鄜縣					
定邊					
安定					
中部					
綏德					
安塞					
米脂					
清澗					
洛川					
宜川					
神木					
府谷					
橫山					
保安					
吳堡					
靖邊					
葭縣					
延川					
甘泉					
延長					
合計	4 272 657	6 998 189	2 997 000	70,14	42,83

陕西省绥德县各乡耕地分配表

陕西省绥德县各鄉耕地分配表

鄉別	保數	甲數	户數	山地		川地		耕地總面積	
				畝數	每户平均	畝數	每户平均	畝數	每户平均
薛家峁	5	89	826	10 254	12,41	3	0,004	10 257	12,41
马助〃	5	91	854	10 081	11,80	48	0,06	10 129	11,86
空仙塲	4	57	798	11 025	13,82	185	0,23	11 210	14,05
義合鄉	5	106	1 248	11 690	9,97	302,5	0,25	11 992,5	10,22
民享〃	6	92	1 123	12 629,5	11,24	152,5	0,14	12 782,0	11,38
田莊〃	4	58	793	10 664,5	13,45	126	0,16	10 790,5	13,61
龍灣〃	6	112	1 425	10 932	7,60	956	0,66	11 888	8,[illegible]
民有〃	5	107	1 224	16 344	13,35			16 344	13,35
四十里鋪	6	110	1 256	12 811	10,22	416	0,33	13 227	10,55
三皇鄉	4	81	3 467	8 271	2,39	727	0,21	8 998	2,60
和平〃	5	88	1 021	9 907	7,69	182	0,18	8 089	7,87
苗家坪	7	134	498	4 342	8,72	312	0,62	4 654	9,34
中山鎮	8	130	934	4 536	4,90	683,5	0,74	5 219,5	5,64
郭家楼	9	75	917	7 456	4,10	655	0,81	8 111	4,91
草新鄉	5	107	1 368	11 396	12,90	227,5	0,20	11 623,5	13,10
周家磘	3	54	589	4 099	25,29	1 328,4	20,76	5 427,4	46,05
仁壽鄉	8	56	748	7 515	9,73	2 670,5	3,36	10 185,5	13,09
守豐鄉	5	100	1 121	11 798	10,93	43	0,04	11 841	10,97
吉征鄉	5	100	1 148	12 870	11,41	98	0,09	12 968	11,30
感化〃	5	100	6 336	13 274	2,26	119	0,02	13 393	2,28
民治〃	6	117	1 329	14 052	10,66	268	0,20	14 320	10,86
合計	116	1964	29 023	213 947	7,37	9 502,9	0,33	223 449	7,70

陕西省绥德县各乡人民职业及耕田分配表

陕西省绥德县各乡人民职业及耕田分配表

乡别	保数	甲数	户数	人民职业分配 佃农 户	%	自耕农 户	%	半自耕农 户	%	地主 户	%	工 户	%	商 户	%	学 户	%	兵 户	%	耕地分配 山地 亩数	每户平均	川地 亩数	每户平均	耕地总面积 亩数	每户平均	
薛家峁	5	89	826	336	40,68	341	41,28	97	11,74	2	0,24	17	2,06	2	0,24	3	0,36	3	0,36	10 254	12,41	3	0,004	12 257	12,414	801
互助〃	5	91	854	299	35,01	458	53,63	117	13,70			6	0,71	2	0,23	2	0,23			10 081	11,80	48	0,06	10 129	11,86	884
吉仙塢	4	57	798	405	50,82	161	20,20	112	14,05			66	8,28	16	2,02	6	0,76	1	0,13	11 025	13,82	185	0,23	11 290	14,05	767
义合乡	5	106	1248	542	43,43	342	27,48	121	9,69			20	1,61	155	12,49	12	0,96	7	0,56	12 443	9,97	302,5	0,25	12745,5 11 991,5	10,22	1199
民享〃	6	92	1123	591	52,62	198	17,63	136	12,21	5	0,45	145	12,91	3	0,27	2	0,18	3	0,27	12 629,5	11,24	152,5	0,14	12 782	11,38	1083
田庄〃	4	58	793	395	49,81	154	19,41	140	17,65			70	8,83	19	2,40	9	1,13	2	0,25	10 664,5	13,45	126	0,16	10 770,5	13,61	789
龙湾〃	6	112	1425	486	34,10	63	11,44	395	27,72	16	1,12	173	12,14	102	7,16	14	0,98	25	1,75	10 932	7,60	956	0,66	11 888	8,40	1274
民有〃	5	107	1224	416	33,98	573	46,81	230	18,79	5	0,41									16 344	13,35			16 344	13,35	1224
四十里铺	6	110	1256	513	40,84	338	26,90	409	32,56											12 811	10,22	416	0,33	13 227	10,55	1260
三皇乡	4	81	3467	277	7,99	228	6,57	251	7,24	28	0,81	175	5,05	3	0,09					8 271	2,39	727	0,21	8 998	2,60	962
和平〃	5	88	1021																	7 855	7,69	182	0,18	8 035	7,87	
苗家坪	7	134	498																	4 342	8,72	311	0,62	4 653	9,34	
中山镇	8	130	934																	4 536	4,90	683,5	0,74	5 219,5	5,64	
郭家楼	9	75	917																	3 325	4,10	655	0,81	3 980	4,91	1329
革新乡	5	107	1368	452	33,04	444	32,45	344	25,14	1	0,07	5	0,37	82	5,99	1	0,07			11 795	12,90	227,5	0,2	12 022,5	13,10	1329
周家硷	3	54	581	166	28,18	168	28,52	2	0,34			67	11,37	86	14,60	15	2,55	10	1,70	14 695	25,29	12060,4	20,76	26755,4 18 466,6	46,05	514
仁义乡	8	56	748									41	5,48	16	2,14	5	0,67	2	0,27	7 725	9,73	2 669,5	3,36	10 395,5	13,19	64
安定〃	5	100	1121	211	18,82	218	19,45	244	21,77	7	0,62	174	15,52	23	2,05	1	0,09	1	0,09	11 848	10,93	43	0,04	11 891	10,97	879
吉征〃	5	100	1148	206	17,94	216	18,82	256	22,34	4	0,35	199	17,33	19	1,66			1	0,09	13 051	11,41	98	0,09	13149 12 765,6	11,20	901
咸化〃	5	100	6336	238	3,76	231	3,65	276	4,36			157	2,48	3	0,05					13 180	2,26	119	0,02	18 723	2,28	905
民治〃	6	117	1329	549	41,31	367	27,61	421	31,68											14 181	10,66	268	0,20	14 446	10,66	1337
合计	116	1964	29023	6682	20,96	4502	15,51	3551	12,24	68	0,23	1315	4,53	531	1,83	70	6,24	55	0,19	221 988	90,96	20232,9		244063,7	13,99	

第一表　中国八个农业区之耕地总面积、陆地总面积及耕地百分比之分县统计

中國八個農業区之耕地總面積陸地總面積及耕地百分比之分縣統計

土地　第一表

材料来源：国民政府主計处統計局統計月報民國二十一年一二月份合刊及廣西年鑑民國二十二年

縣之數	地帶	区及縣	耕田總面積 畝（千畝）	耕田總面積 平方公里	耕地百分比（統計月報材料）	已經校正之耕田百分比	總面積或陸地總面積（平方公里）	已經校正之耕地總面積（平方公里）
	中國	總計	—	—	—	—	3,429,359a	994,105
		縣數	1,623	1,623	1,623	1,623	1,623	1,623
		百分比	—	—	—	23	—	—
	小麦地帶	總計	—	—	—	—	1,134,695a	262,996
		縣數	644	644	644	644	644	644
		百分比	—	—	—	32	—	—
	水稻地帶	總計	—	—	—	—	2,294,664	408,707
		縣數	979	979	979	979	979	979
		百分比	—	—	—	18	—	—
	小麦地帶各区							
	春麦区	總計					318,878a	47,207
		縣數	102	102	102	102	102	102
		百分比	—	—	—	15	—	—
	察哈尔							
1		涿鹿	350	215	18	18	1,188	215
2		蔚縣	1,335	821	30	30	2,778	821
3		陽原	768	472	37	37	1,279	472
4		懷安	700	430	34	34	1,793	430
5		萬全	620	381	24	24	1,566	381
6		宣化	1,036	637	16	16	4,067	637
7		懷来	746	459	27	27	1,724	459
8		延慶	315	194	11	11	1,838	194
9		龍関	455	280	13	13	2,177	280
10		赤城	404	248	17	17	1,433	248
11		張北	4,123	2,534	22	22	11,948	2,534
12		商都	2,001	1,230	17	17	7,283	1,230
13		康保	1,418	872	60	60	1,453	872
14		寶昌	522	321	6	6	7,323	321
15		沽源	1,595	980	13	13	7,323	980
16		多倫	451	277	37	37	746	277
	甘肅							
16		臨潭	567	348	2	2	21,521	348
17		寧定	280	172	12	12	1,389	172
18		臨夏	255	157	6	6	2,487	157
19		夏河	—	—	—	—	—	—
20		洮沙	90	55	7	7	844	55
21		臨洮	839	516	22	22	2,344	516
22		渭源	412	253	15	15	1,666	253
39		會寧	883	543	11	11	5,122	543
40		定西	636	391	9	9	4,475	391
41		榆中	428	263	8	8	3,427	263
42		皋蘭	555	341	6	6	5,483	341
43		景泰	152	93	2	2	4,644	93
46		海原	371	228	2	2	8,917	228
47		靖遠	272	167	1	1	14,583	167
48		紅水						
49		永登	305	187	2	5	11,786	589
50		古浪	303	186	6	6	3,008	186
51		武威	1,011	621	9	9	7,098	621
52		民勤	359	221	12	12	1,920	221
53		永昌	312	192	14	14	1,406	192
54		東樂	129	79	4	4	1,936	79
55		山丹	266	163	4	4	3,700	163
56		張掖	533	328	15	15	2,178	328
57		臨澤	120	74	6	6	1,896	74
58		高台	242	149	9	9	1,776	149
59		鼎新	21	13	1	1	1,592	13
60		金塔	61	37	1	1	5,687	37
61		酒泉	147	90	2	2	5,538	90

縣之號數	地帶	區及	縣	耕地總面積 畝(千畝)	平方公里	耕地百分比(以統計報材料)	已經梯田之耕地百分比	總面積或陸地總面積(平方公里)	已經梯田之耕地總面積(平方公里)
62			玉门	49	30	2	2	1,5136	30
63			安西	66	41	2	2	1,8726	41
		寧夏							
1			豫旺	194	119	2	2	6,187	119
2			鹽池	300	184	4	4	4,307	184
3			靈武	88	54	1	1	5,289	54
4			金積	97	60	2	2	3,549	60
5			中衛	197	121	3	3	4,0366	121
6			寧朔	157	97	5	5	1,7706	97
7			寧夏	169	104	13	13	828	104
8			平羅	762	468	8	8	5,728	468
9			磴口	40	—	—	—	—	—
		綏遠							
1			興和	1,831	1,125	33	33	3,452	1,125
2			豐鎮	1,263	776	12	12	6,419	776
3			集寧	1,777	1,092	30	30	3,659	1,092
4			陶林	857	523	12	12	4,457	523
5			涼城	1,829	1,124	24	24	4,781	1,124
6			清水	548	337	11	11	3,179	337
7			和林格尔	603	371	9	9	4,090	371
8			歸綏	1,345	827	20	20	4,204	827
9			武川	1,674	1,029	18	18	5,843	1,029
10			固陽	1,500	922	8	18	11,678	922
11			包頭	737	453	6	6	7,631	453
12			薩拉齊	1,590	977	16	16	6,184	977
13			托克托	742	456	12	12	3,816	456
14			東勝	1,385	851	17	17	5,019	851
15			大佘太	104	—	—	—	—	—
16			五原	292	179	2	2	7,217	179
17			臨河	568	349	4	4	9,289	349
		山西							
1			陽高	414	254	29	29	871	254

縣之號數	地帶	區及	縣	耕地總面積 畝(千畝)	平方公里	耕地百分比(以統計報材料)	已經梯田之耕地百分比	總面積或陸地總面積(平方公里)	已經梯田之耕地總面積(平方公里)
2			天鎮	485	298	18	18	1,628	298
3			廣靈	353	217	16	16	1,366	217
4			靈邱	306	188	8	8	2,397	188
5			渾源	509	313	17	17	1,886	313
6			大同	2,054	1,262	30	30	4,221	1,262
7			懷仁	721	443	42	42	1,052	443
8			左雲	427	262	18	40	1,444	578
9			右玉	2,093	1,286	53	40	2,410	964
10			平魯	605	372	41	41	916	372
11			偏關	486	299	21	21	1,452	299
12			河曲	753	463	22	22	2,149	463
13			五寨	867	533	45	45	1,177	533
14			神池	618	380	27	27	1,415	380
15			朔縣	1,497	920	29	50	3,167	1,584
16			山陰	413	254	40	40	640	254
17			應縣	1,049	645	49	49	1,306	645
18			繁峙	525	323	11	25	2,858	715
19			五台	1,140	701	22	22	3,151	701
20			代縣	371	167	9	15	1,886	283
21			崞縣	818	503	20	20	2,473	503
22			寧武	293	180	9	12	1,936	232
23			岢嵐	57[illegible]	352	18	18	2,002	352
24			保德	399	245	23	23	1,062	245
25			興縣	805	495	17	17	2,969	495
26			嵐縣	944	580	39	25	1,479	370
27			靜樂	965	593	17	17	3,417	593
		陝西							
80			定邊	191	117	2	2	5,258	117
82			横山	286	176	4	4	4,835	176
89			葭縣	285	175	4	25	2,435	609
90			榆林	131	81	3	8	3,059	245

丙　统计表格

縣之數	地帶	區及縣	耕地總面積 畝(千畝)	耕地總面積 平方公里	耕地百分比(統計月報材料)	已經校正之耕地百分比	總面積或陸地總面積(平方公里)	已經校正之耕地總面積(平方公里)
91		神木	133	82	2	2	4,207	82
92		府谷	326	200	6	6	3,623	200
	青海							
1		樂都						
2		民和						
3		循化						
4		同仁						
5		貴德		2,889	12	12	24,074	2,889
6		巴燕						
7		西寧						
8		互助						
9		亹源						
	冬麥未來區	總計	—	—	—	—	366,685	81,544
		縣數	202	202	202	202	202	202
		百分比	—	—	—	22	—	—
	甘肅							
2		武都	495	304	9	9	3,508	304
3		康縣	—	—	—	—	—	—
4		西固	92	57	3	3	2,055	57
5		禮縣	243	149	4	4	3,955	149
6		西和	216	133	9	9	1,450	133
7		成縣	134	82	4	4	2,133	82
8		徽縣	284	175	6	6	2,972	175
9		兩當	66	41	3	3	1,542	41
10		清水	482	296	19	25	1,550	388
11		天水	1,787	1,098	16	25	6,875	1,719
12		甘谷	670	412	33	33	1,241	412
13		武山	474	291	18	18	1,600	291
14		漳縣	286	176	12	12	1,477	176
15		岷縣	879	540	7	7	8,150	540
23		隴西	781	480	12	12	3,857	480
24		通渭	395	243	9	9	2,792	243
25		秦安	348	214	8	8	2,800	214
26		華亭	249	153	10	10	1,522	153
27		崇信	140	86	17	17	508	86
28		涇川	440	270	39	39	693	270
29		靈台	391	240	23	23	1,044	240
30		寧縣	608	374	15	30	2,489	747
31		正寧	227	140	16	16	883	140
32		合水	105	65	2	20	2,872	574
33		慶陽	667	410	5	20	7,466	1,493
34		鎮原	724	445	16	16	2,787	445
35		平涼	392	241	15	15	1,630	241
36		化平	83	51	7	7	733	51
37		莊浪	73	45	5	5	889	45
38		靜寧	604	371	10	10	3,575	371
44		固原	818	503	5	5	10,486	503
45		隆德	184	113	3	3	3,472	113
	陝西							
10		略陽	394	242	6	6	3,912	242
12		褒城	354	218	13	13	1,624	218
13		商南	152	93	5	5	2,031	93
20		山陽	259	159	6	6	2,753	159
21		鎮安	189	116	3	3	4,214	116
22		柞水	131	81	4	4	2,190	81
23		寧陝	57	35	1	1	3,772	35
24		佛坪	38	23	1	1	3,268	23
25		留壩	42	26	1	1	2,518	26
26		鳳縣	56	34	1	1	3,577	34
27		寶雞	597	367	14	14	2,677	367
28		鳳翔	581	357	28	28	1,2[illegible]	357
29		岐山	590	363	31	65	1,186	7[illegible]1

县之号数	地带	区及县	耕地总面积 亩(千亩)	耕地总面积 平方公里	耕地所占之比(总计用报告材料)	已经校正之耕地所占之比	总面积或陆地总面积(平方公里)	已经校正之耕地总面积(平方公里)
30		郿县	393	242	25	25	957	242
31		盩厔	450	277	11	11	2,416	277
32		鄠县	489	301	37	37	813	301
33		蓝田	844	519	26	26	2,010	519
34		商县	529	325	7	7	4,407	325
35		雒南	403	248	8	8	3,270	248
36		潼关	135	83	43	43	195	83
37		华阴	379	233	30	30	768	233
38		华县	305	187	18	25	1,055	264
39		渭南	1,255	771	60	75	1,288	966
40		临潼	1,131	695	79	79	882	695
41		长安	1,587	975	51	75	1,919	1,439
42		咸阳	704	433	77	77	559	433
43		兴平	722	444	75	75	594	444
44		武功	583	358	70	70	509	358
45		扶风	846	520	62	62	842	520
46		汧阳	226	139	13	13	1,070	139
47		陇县	388	238	8	8	2,868	238
48		麟游	124	76	5	5	1,564	76
49		永寿	348	214	28	28	765	214
50		乾县	399	245	27	27	924	245
51		醴泉	193	119	11	11	1,049	119
52		泾阳	848	521	60	60	865	521
53		三原	633	389	76	76	512	389
54		高陵	381	234	89	89	263	234
55		富平	1,265	778	66	66	1,172	778
56		耀县	530	326	36	36	912	326
57		淳化	617	379	38	38	1,008	379
58		邠县	234	144	10	33	1,490	492
59		长武	218	134	34	34	397	134

县之号数	地带	区及县	耕地总面积 亩(千亩)	耕地总面积 平方公里	耕地所占之比(总计用报告材料)	已经校正之耕地所占之比	总面积或陆地总面积(平方公里)	已经校正之耕地总面积(平方公里)
60		栒邑	392	241	24	24	1,016	241
61		同官	216	133	15	15	904	133
62		蒲城	1,051	646	57	57	1,128	646
63		大荔	886	545	79	79	686	545
64		朝邑	642	395	46	46	858	395
65		平民	—	—	—	—	—	—
66		郃阳	1,079	663	60	60	1,101	663
67		澄城	866	532	32	40	1,679	672
68		白水	635	390	31	40	1,274	510
69		宜君	109	67	2	25	3,097	774
70		中部	87	53	3	25	2,080	520
71		洛川	91	56	2	40	3,450	1,380
72		韩城	374	230	11	11	2,171	230
73		宜川	52	32	1	10	3,582	358
74		甘泉	69	42	2	20	2,470	494
75		鄜县	293	180	4	20	4,817	963
76		延长	69	42	3	20	1,615	323
77		肤施	179	110	6	20	1,927	385
78		安塞	79	49	1	5	3,995	200
79		保安	58	36	1	1	3,219	36
80		靖边	180	111	4	4	2,882	111
81		安定	175	108	4	4	2,457	108
84		延川	269	165	8	25	2,003	501
85		清涧	144	89	5	25	2,808	702
86		绥德	188	116	6	25	1,823	456
87		吴堡	73	45	8	25	550	138
88		米脂	357	219	6	25	3,398	850
	山西							
28		临县	1,443	888	45	25	1,945	1,070
29		定襄	467	287	37	37	766	287
30		盂县	477	293	11	11	2,773	293

縣之數	地帶	區及縣	耕地總面積 市畝(千市畝)	耕地總面積 平方公里	耕地百分比 (統計月報材料)	已經報告之耕地百分比	總面積或陸地總面積 (平方公里)	已經報告之耕地總面積 (平方公里)
31		平定	677	416	17	17	2,480	416
32		壽陽	469	288	17	17	1,678	288
33		陽曲	1,580	971	31	35	3,163	1,107
34		交城	357	219	8	65	2,691	1,749
35		方山	296	182	16	16	1,144	182
36		臨縣	1,494	918	31	31	3,005	918
37		離石	238	146	7	7	2,224	146
38		中陽	527	324	18	18	1,790	324
39		石樓	439	270	16	16	1,688	270
40		永和	439	270	21	21	1,274	270
41		大寧	61	37	4	4	858	37
42		吉縣	152	93	5	5	1,838	93
43		鄉寧	139	85	4	4	2,192	85
44		蒲縣	222	136	9	9	1,467	136
45		隰縣	680	418	17	17	2,513	418
46		汾西	130	80	7	7	1,077	80
47		孝義	1,281	787	65	65	1,220	787
48		汾陽	1,032	634	45	66	1,401	925
49		介休	686	360	49	66	744	489
50		平遙	1,032	634	56	66	1,131	746
51		文水	661	406	45	66	897	592
52		清源	296	182	44	66	410	271
53		太原	393	242	38	66	635	419
54		徐溝	304	187	96	90	194	175
55		榆次	871	535	42	42	1,278	535
56		太谷	641	394	37	37	1,056	394
57		祁縣	272	167	21	21	793	167
58		沁源	155	95	4	4	2,500	95
59		靈石	400	246	18	18	1,337	246
60		霍縣	382	235	35	35	678	235

縣之數	地帶	區及縣	耕地總面積 市畝(千市畝)	耕地總面積 平方公里	耕地百分比 (統計月報材料)	已經報告之耕地百分比	總面積或陸地總面積 (平方公里)	已經報告之耕地總面積 (平方公里)
61		趙城	313	192	30	75	631	47
62		洪洞	587	361	49	75	754	56
63		臨汾	533	328	26	60	1,247	748
64		襄陵	359	221	53	53	419	221
65		汾城	565	347	64	64	542	347
66		浮山	380	237	26	26	910	237
67		安澤	245	151	5	5	3,237	151
68		屯留	559	344	27	27	1,272	344
69		潞縣	602	370	28	28	1,327	370
70		襄垣	659	405	34	34	1,188	405
71		武鄉	376	231	12	50	1,856	928
72		榆社	331	203	15	15	1,324	203
73		和順	278	171	6	25	2,534	634
74		昔陽	195	108	5	25	2,155	539
75		遼縣	768	402	29	29	1,628	472
76		黎城	360	221	15	25	1,443	361
77		潞城	564	347	47	47	731	347
78		平順	125	77	5	25	1,602	401
79		壺關	426	262	27	27	955	262
80		長治	651	400	59	59	683	400
81		長子	583	358	33	33	1,075	358
82		高平	768	441	45	45	980	441
83		陵川	412	253	14	30	1,788	536
84		晉城	788	484	22	33	2,226	735
85		沁水	287	176	7	33	2,590	855
86		陽城	485	298	15	33	1,955	645
87		翼城	535	329	27	27	1,211	329
88		垣曲	253	156	12	12	1,320	156
89		絳縣	399	245	30	30	806	245
90		曲沃	586	360	56	56	639	360

縣之編號數	地帶	區及縣	耕地總面積 畝(千畝)	耕地總面積 平方公里	耕地百分比	已經報告之耕地百分比	總面積或縣區面積(平方公里)	已經報告之耕地總面積(平方公里)
91		新絳	682	419	76	76	555	419
92		聞喜	892	548	44	75	1,256	942
93		夏縣	629	387	28	66	1,369	905
94		平陸	291	179	15	66	1,195	789
95		芮城	485	298	47	66	629	415
96		解縣	374	230	48	66	477	315
97		安邑	230	141	19	75	756	567
98		虞鄉	398	245	50	60	488	293
99		猗氏	651	400	81	81	492	400
100		萬泉	357	219	45	70	489	342
101		稷山	709	436	61	61	716	436
102		河津	392	241	38	60	633	380
103		榮河	356	219	51	51	431	219
104		臨晉	727	447	73	73	616	447
105		永濟	543	334	27	70	1,240	868
		河南						
1		武安	1,819	1,118	92	92	1,212	1,118
2		涉縣	343	211	17	17	1,252	211
7		林縣	780	479	31	31	1,559	479
38		濟源	451	277	14	14	2,023	277
40		新安	483	297	28	28	1,065	297
41		澠池	704	433	34	34	1,284	433
42		陝縣	1,495	919	57	51	1,819	919
43		靈寶	1,455	894	41	41	2,165	894
44		閿鄉	351	216	20	20	1,071	216
45		盧氏	1,163	715	15	15	4,816	715
54		嵩縣	201	124	3	3	3,706	124
55		[illegible]	220	135	4	4	3,073	135
56		宜陽	525	323	33	33	970	323
57		[illegible]	324	—	—	—	—	—

縣之編號數	地帶	區及縣	耕地總面積 畝(千畝)	耕地總面積 平方公里	耕地百分比 總計縣數	已經報告之耕地百分比	總面積或縣區面積(平方公里)	已經報告之耕地總面積(平方公里)
58		伊陽	243	149	7	7	2,177	1[illegible]
59		洛陽	2,822	1,734	155	75	1,119	83[illegible]
61		登封	792	487	53	53	913	48[illegible]
	河北							
42		井陘	413	254	14	14	1,798	2[illegible]
65		阜平	309	196	7	7	2,841	19[illegible]
66		曲陽	143	88	10	10	901	8[illegible]
78		唐縣	388	238	21	21	1,157	23[illegible]
80		淶源	247	152	6	6	2,665	18[illegible]
94		易縣	314	193	6	6	3,400	19[illegible]
106		懷來	689	423	82	30	516	18[illegible]
43		平山	400	245	9	9	2,725	24[illegible]
	冬麥高粱區	總計	—	—	—	—	449,132	234,24[illegible]
		縣數	340	340	340	340	340	34[illegible]
		百分比	—	—	—	52	—	—
	河南							
3		安陽	1,869	1,149	71	71	1,618	1,14[illegible]
4		臨漳	900	553	70	70	795	55[illegible]
5		內黃	1,651	1,015	152	75	667	50[illegible]
6		湯陰	1,023	629	64	64	916	62[illegible]
8		輝縣	880	541	45	60	1,208	72[illegible]
9		汲縣	1,122	690	81	81	855	69[illegible]
10		淇縣	240	148	23	70	643	45[illegible]
11		濬縣	1,458	841	76	76	1,176	89[illegible]
13		延津	591	363	48	48	756	36[illegible]
12		滑縣	3,443	2,116	86	86	2,167	2,116
14		封邱	946	581	85	85	681	58[illegible]
15		獲嘉	1,000	615	121	65	570	33[illegible]
16		修武	1,293	795	86	86	927	79[illegible]

縣之次數	地帶	區及縣	耕地總面積 畝(千畝)	耕地總面積 平方公里	耕地百分比 [illegible]	已經報告之耕地百分比	經調查或估計之耕地面積 (平方公里)	已經報告之耕地總面積 (平方公里)
17		博愛	692	425	41	41	1,050	425
18		沁陽	615	378	47	47	811	378
19		武陟	622	382	49	49	780	382
20		修武	804	494	150	50	341	171
21		陽武	612	376	52	52	726	376
22		封邱	665	409	61	61	632	409
23		蘭封	368	226	30	40	761	304
24		考城	907	557	80	80	696	557
25		陳留	821	505	103	75	488	366
26		開封	2,130	1,309	66	66	1,977	1,309
27		中牟	876	538	43	43	1,251	538
28		鄭縣	503	309	36	36	865	309
29		滎澤	751	—	—	—	—	—
30		河陰	221	—	—	—	—	—
31		滎陽	451	277	60	60	463	277
32		汜水	263	162	45	45	363	162
33		密縣	403	248	23	23	1,070	248
34		溫縣	397	244	72	72	341	244
35		偃師	599	368	49	49	744	368
37		[illegible]	629	389	81	81	475	387
39		[illegible]	576	354	102	75	347	260
46		內鄉	1,822	1,120	18	18	6,104	1,120
47		淅川	572	352	10	10	3,364	352
48		鄧縣	1,225	752	26	26	2,918	752
49		新野	992	610	41	41	1,482	610
50		唐河	2,480	1,524	48	48	3,231	1,524
51		南陽	835	513	17	17	3,010	513
52		鎮平	943	580	27	27	2,137	580
53		南召	274	168	8	8	1,996	168
62		臨汝	1,173	721	42	42	1,707	721

縣之次數	地帶	區及縣	耕地總面積 畝(千畝)	耕地總面積 平方公里	耕地百分比 [illegible]	已經報告之耕地百分比	經調查或估計之耕地面積 (平方公里)	已經報告之耕地總面積 (平方公里)
63		寶豐	387	238	32	32	742	23
64		魯山	452	278	14	14	1,945	27
65		郟縣	473	291	38	38	756	29
66		禹縣	1,253	770	51	51	1,517	77
67		密縣	685	421	47	47	894	42
68		新鄭	1,379	848	111	85	765	65
69		長葛	453	278	59	59	475	27
70		洧川	443	272	55	55	493	27
71		尉氏	984	605	72	72	844	60
72		通許	1,008	620	87	87	712	62
73		杞縣	1,995	1,226	83	83	1,475	1,22
74		睢縣	1,946	1,196	111	75	1,081	81
75		民權	648	398	48	48	831	39
76		甯陵	972	597	76	76	791	59
77		虞城	465	286	367	36	791	28
78		夏邑	804	494	57	57	864	49
79		永城	3,977	2,444	103	85	2,362	2,00

接6.

縣之號數	地帶	區及縣		耕地總面積 畝（千畝）	平方公里	耕地百分比（依統計局材料）	已經核正之耕地百分比	耕地面積或陸地總面積（平方公里）	已經核正之耕地總面積（平方公里）
~~91~~			~~新絳~~	~~682~~	~~419~~	~~76~~	~~76~~	~~555~~	~~419~~
~~92~~			~~聞喜~~	~~892~~	~~548~~	~~44~~	~~75~~	~~1,256~~	~~942~~
~~93~~			~~夏縣~~	~~629~~	~~387~~	~~28~~	~~66~~	~~1,369~~	~~905~~
~~94~~			~~平陸~~	~~291~~	~~179~~	~~15~~	~~66~~	~~1,195~~	~~789~~
80			商邱	631	388	16	16	2,452	388
81			柘城	730	449	53	53	0,848	449
82			鹿邑	1,817	1,117	48	48	2,307	1,117
83			沈邱	1,116	686	60	60	1,149	686
84			項城	1,210	784	47	47	1,581	744
85			淮陽	1,433	381	56	56	2,444	881
86			太康	2,527	1,553	80	80	1,938	1,553
87			扶溝	1,420	873	90	90	969	873
88			西華	1,470	904	79	79	1,144	904
89			商水	850	522	68	68	763	522
90			上蔡	1,216	747	53	53	1,398	747
91			西平	692	425	45	45	944	425
92			郾城	1,089	669	66	66	1,020	669
93			臨潁	717	441	58	58	756	441
94			鄢陵	954	586	66	66	887	586
95			許昌	1,025	630	57	57	1,106	630
96			襄城	1,211	744	82	82	906	744
97			葉縣	1,605	986	75	75	1,313	986
98			舞陽	1,351	830	60	60	1,376	830
99			方城	1,274	783	29	29	2,702	783
100			泌陽	782	481	16	16	3,006	481
103			確山	1,048	644	30	30	2,125	644
104			遂平	1,160	713	58	58	1,229	713
105			汝南	2,959	1,819	68	68	2,659	1,819
106			正陽	669	411	23	23	1,817	411

縣之號數	地帶	區及縣		耕地總面積 畝（千畝）	平方公里	耕地百分比（依統計局材料）	已經核正之耕地百分比	耕地面積或陸地總面積（平方公里）	已經核正之耕地總面積（平方公里）
108			新蔡	1,773	1,090	80	80	1,362	1,090
109			息縣	1,573	967	54	54	1,794	967
		河北							
1			長垣	1,067	656	80	80	818	656
2			東明	1,372	843	88	88	958	843
3			濮陽	1,500	922	53	53	1,728	922
4			清豐	1,120	688	66	66	1,036	688
5			南樂	646	397	70	70	567	397
6			大名	3,360	2,065	120	85	1,728	1,469
7			廣平	418	257	81	81	318	257
8			成安	627	385	96	96	403	385
9			磁縣	694	427	29	70	1,479	1,035
10			邯鄲	805	495	72	72	687	495
11			肥鄉	910	559	86	86	650	559
12			永年	910	559	53	85	1,058	899
13			曲周	1,365	839	107	85	784	666
14			雞澤	440	270	84	84	322	270
15			沙河	520	320	28	75	1,143	857
16			邢台	771	474	23	75	2,076	1,557
17			南和	368	226	56	80	406	325
18			平鄉	672	413	94	94	438	413
19			廣宗	609	374	78	78	483	374
20			威縣	838	515	68	68	758	515
21			南宮	856	526	55	70	961	673
22			鉅鹿	940	578	97	97	593	578
23			堯山	291	179	55	55	327	179
24			任縣	333	205	43	43	472	205
26			臨城	342	210	23	23	922	210
27			寧晉	321	197	20	20	995	197
28			高邑	296	182	77	77	235	182
29			柏鄉	383	235	96	96	245	235

丙　统计表格

縣之號數	地帶	區及縣	耕地總面積 畝（千畝）	耕地總面積 平方公里	耕地百分比（統計報告材料）	已經核定之耕地百分比	總面積或詳細地圖面積（平方公里）	已經核定之耕地總面積（平方公里）
30		隆平	560	344	83	83	403	344
31		新河	484	297	94	94	315	297
32		冀縣	998	613	56	56	1,091	613
33		棗強	1,216	747	81	81	920	747
34		清河	360	221	48	70	463	324
35		故城	666	409	74	74	555	409
36		景縣	1,200	738	73	73	1,005	738
37		武邑	346	213	25	60	856	514
38		衡水	468	288	61	61	469	288
39		寧晉	763	469	44	70	1,061	743
40		趙縣	796	489	78	78	627	489
41		元氏	600	369	49	49	759	369
44		獲鹿	748	460	70	70	660	460
45		藁城	491	302	75	75	401	302
46		欒城	718	441	56	56	790	441
47		晉縣	670	412	63	63	652	412
48		束鹿	1,475	907	109	65	833	541
49		深縣	1,138	699	56	56	1,242	699
50		武強	573	352	92	92	383	352
51		阜城	448	275	76	76	360	275
52		東光	1,210	744	87	87	859	744
53		吳橋	756	465	60	60	770	465
54		寧津	605	372	42	70	889	622
55		南皮	849	522	66	66	790	522
56		交河	962	591	61	75	974	731
57		獻縣	2,148	1,320	81	81	1,626	1,320
58		饒陽	556	342	57	57	599	342
59		安平	625	384	80	80	483	384
60		深澤	484	297	85	85	350	297
61		無極	492	302	56	65	538	350

縣之號數	地帶	區及縣	耕地總面積 畝（千畝）	耕地總面積 平方公里	耕地百分比（統計報告材料）	已經核定之耕地百分比	總面積或詳細地圖面積（平方公里）	已經核定之耕地總面積（平方公里）
62		正定	485	298	42	55	714	393
63		靈壽	159	98	11	35	877	307
64		行唐	480	295	39	39	753	295
67		新樂	562	345	59	59	583	345
68		定縣	1,152	708	54	54	1,305	708
69		安國	864	531	112	60	473	284
70		博野	326	200	65	65	307	200
71		蠡縣	689	423	60	60	701	423
72		肅寧	583	358	77	77	467	358
73		河間	2,224	1,367	97	90	1,408	1,267
74		任邱	780	[illegible]	42	55	1,140	627
75		高陽	677	416	112	70	372	260
76		清苑	359	221	22	75	1,023	767
77		望都	163	100	30	70	333	233
79		完縣	335	206	33	50	624	312
81		滿城	467	287	64	64	447	287
82		徐水	761	468	67	67	700	468
83		定興	576	354	49	49	723	354
84		容城	219	135	55	55	246	135
85		安新	300	184	29	65	634	412
86		雄縣	433	266	48	70	556	389
87		新鎮	94	58	58	58	99	58
88		文安	806	495	69	69	717	495
89		霸縣	616	379	81	81	470	379
90		永清	744	457	70	70	652	457
91		固安	705	433	62	62	696	433
92		新城	1,067	656	75	75	872	656
93		涿縣	696	428	63	63	684	428
95		淶水	447	275	17	30	1,645	493
96		房山	405	249	16	30	1,599	[illegible]

縣份之數	地帶	區及縣	耕地總面積 畝(千畝)	耕地總面積 平方公里	耕地百分比(統計月報材料)	已經核定之耕地百分比	總面積或陸地總面積(平方公里)	已經核定之耕地總面積(平方公里)
97		宛平	2,184	1,342	63	63	2,142	1,342
98		良鄉	420	258	82	82	315	258
99		大興	734	451	54	54	828	451
100		安次	576	354	41	65	864	562
101		武清	1,670	1,026	63	63	1,625	1,026
102		香河	451	277	45	70	611	428
103		通縣	1,284	789	72	72	1,095	789
104		順義	700	430	62	62	693	430
106		懷柔	689	423	82	82	576	423
107		密雲	726	446	19	36	2,341	702
108		平谷	275	169	42	60	405	243
109		三河	685	421	43	65	984	640
110		寶坻	2,723	1,674	41	70	1,185	830
111		玉田	894	549	60	60	918	549
112		薊縣	866	532	30	30	1,762	532
113		遵化	1,200	738	34	34	2,178	738
114		遷安	1,925	1,183	22	22	5,508	1,183
115		臨榆	204	125	4	35	2,866	1,003
116		撫寧	372	229	10	40	2,274	910
117		盧龍	700	430	54	54	791	430
118		昌黎	1,650	1,014	62	62	1,634	1,014
119		樂亭	513	315	30	50	1,050	525
120		灤縣	1,777	1,092	36	65	3,018	1,962
121		豐潤	3,039	1,868	77	77	2,438	1,868
122		寧河	1,050	645	41	41	1,557	645
123		天津	740	455	24	50	1,916	958
124		靜海	2,121	1,304	60	70	2,173	1,521
125		大城	975	599	85	85	708	599
126		青縣	1,227	754	57	75	1,319	989
127		滄縣	1,379	848	28	65	3,030	1,970

縣份之數	地帶	區及縣	耕地總面積 畝(千畝)	耕地總面積 平方公里	耕地百分比(統計月報材料)	已經核定之耕地百分比	總面積或陸地總面積(平方公里)	已經核定之耕地總面積(平方公里)
128		鹽山	1,450	891	40	65	2,218	1,442
129		慶雲	661	406	75	75	542	406
	江蘇							
37		淮陰	1,450	891	69	69	1,294	891
38		泗陽	2,475	1,521	75	75	2,029	1,521
39		宿遷	860	529	20	20	2,604	529
40		睢寧	1,185	728	40	40	1,819	728
41		銅山	3,918	2,408	66	66	3,652	2,408
42		蕭縣	2,258	1,388	59	59	2,365	1,388
43		碭山	1,712	1,052	82	82	1,282	1,052
44		豐縣	1,615	993	81	81	1,231	993
45		沛縣	1,216	747	54	54	1,392	747
46		邳縣	1,410	867	36	36	2,425	867
47		沭陽	3,375	2,074	77	77	2,680	2,074
48		東海	2,100	1,291	48	48	2,709	1,291
49		贛榆	2,109	1,296	79	79	1,642	1,296
50		灌雲	2,782	1,710	52	52	3,316	1,710
51		漣水	2,803	1,723	61	61	2,833	1,723
52		阜寧	2,330	1,432	26	26	5,459	1,432
	安徽							
48		鳳台	969	596	18	60	3,235	1,941
49		懷遠	611	376	11	45	3,360	1,512
51		五河	666	409	59	59	697	409
52		泗縣	1,634	1,004	26	26	3,878	1,004
53		靈璧	2,662	1,636	53	53	3,083	1,636
54		宿縣	3,046	1,872	44	60	4,246	2,548
55		蒙城	855	526	15	60	3,472	2,083
56		渦陽	803	494	18	60	2,756	1,654
57		亳縣	842	518	28	60	1,848	1,471
58		太和	2,260	1,389	58	58	2,410	1,389

縣之序數	地帶	區及縣	耕地總面積 畝(千畝)	耕地總面積 平方公里	耕地的比(統計月報材料)	已經校正之耕地的比	總面積或陸地總面積(平方公里)	已經校正之耕地總面積(平方公里)
59		阜陽	2,952	1,814	29	60	6,216	3,730
60		潁上	1,784	1,097	59	59	1,849	1,097
	山東							
1		無棣	997	613	30	65	2,029	919
2		霑化	603	371	19	30	1,960	588
3		陽信	1,022	628	84	84	751	628
4		樂陵	1,200	738	80	80	927	738
5		德平	700	430	56	70	774	542
6		商河	539	331	29	70	1,158	811
7		惠民	980	602	54	70	1,118	783
8		濱縣	620	381	40	40	955	381
9		利津	1,722	1,058	38	38	2,768	1,058
10		博興	512	315	39	39	804	315
11		廣饒	863	530	27	40	1,998	799
12		壽光	3,766	2,315	103	65	2,252	1,464
13		益都	1,360	799	51	51	1,561	799
14		臨淄	658	404	77	77	522	404
15		長山	625	384	71	71	541	384
16		鄒平	674	414	76	76	546	414
17		高苑	253	156	51	51	306	156
18		桓台	556	342	63	63	541	342
19		章丘	294	181	42	42	426	181
20		青城	581	357	167	40	214	86
21		齊東	185	114	24	24	474	114
22		濟陽	539	331	32	32	1,035	331
23		臨邑	441	271	52	52	522	271
24		陵縣	1,020	627	129	55	487	268
25		德縣	1,395	857	81	81	1,062	857
26		恩縣	1,284	789	88	88	892	789
27		武城	867	533	67	67	790	533

縣之序數	地帶	區及縣	耕地總面積 畝(千畝)	耕地總面積 平方公里	耕地的比(統計月報材料)	已經校正之耕地的比	總面積或陸地總面積(平方公里)	已經校正之耕地總面積(平方公里)
28		夏津	713	438	63	63	699	438
29		臨清	1,109	682	72	72	944	682
30		邱縣	731	449	114	70	394	276
31		館陶	1,699	1,044	196	75	534	401
32		冠縣	1,126	692	100	75	692	519
33		莘縣	635	390	86	75	453	340
34		朝城	847	521	90	80	576	461
35		范縣	573	352	82	75	430	323
36		觀城	341	210	99	85	211	179
37		濮縣	1,247	766	247	85	310	264
38		菏澤	1,039	639	43	80	1,471	1,177
39		定陶	980	602	93	80	649	519
40		曹縣	2,444	1,502	84	84	1,780	1,502
41		單縣	1,976	1,215	83	83	1,465	1,215
42		金鄉	1,296	797	103	85	777	660
43		成武	896	551	94	85	586	498
44		鉅野	1,539	946	73	73	1,290	946
45		鄆城	1,700	1,045	76	76	1,377	1,045
46		嘉祥	504	310	71	71	437	310
47		汶上	1,591	878	65	65	1,350	878
48		東平	886	545	52	52	1,045	545
49		壽張	600	369	57	57	724	369
50		東阿	648	398	50	50	793	398
51		平陰	465	286	48	48	599	286
52		陽穀	1,243	764	87	87	877	764
53		堂邑	800	492	84	84	589	492
54		聊城	1,326	815	107	83	764	611
55		茌平	860	529	71	74	740	529
56		博平	653	401	79	79	511	401
57		清平	738	454	83	83	545	454

縣之號數	地帶	區及縣	耕地總面積 畝(千畝)	耕地總面積 平方公里	耕地的百分比（估計被敵佔耕地）	已經被占之耕地的百分比	總面積或陷地總面積（平方公里）	已經被占之耕地總面積（平方公里）
58		高唐	790	486	64	80	784	603
59		平原	1,110	682	88	88	777	682
60		禹城	870	535	69	69	780	535
61		齊河	1,135	698	68	68	1,028	698
62		歷城	923	567	34	45	1,668	757
63		長清	566	347	22	30	1,575	473
64		肥城	825	507	48	48	1,060	507
65		泰安	1,530	940	30	30	3,167	940
66		寧陽	997	613	60	65	1,025	666
67		泗水	428	263	30	30	866	263
68		曲阜	585	360	65	65	552	360
69		滋陽	650	400	68	68	585	400
70		濟寧	1,336	821	91	85	898	763
71		魚台	945	581	96	85	605	574
72		鄒縣	1,556	956	56	56	1,719	956
73		滕縣	3,604	2,215	88	70	2,515	1,761
74		嶧縣	1,107	680	31	31	2,171	680
75		郯城	2,010	1,235	71	71	1,750	1,235
76		費縣	553	340	9	15	3,744	562
77		蒙陰	600	369	17	17	2,148	369
78		新泰	397	244	22	22	1,119	244
79		萊蕪	1,885	1,159	56	56	2,059	1,159
80		章邱	1,349	829	49	49	1,686	829
81		淄川	636	391	64	64	961	391
82		博山	152	93	11	11	820	93
83		臨朐	707	435	21	21	2,103	435
84		沂水	761	468	10	10	4,482	468
85		臨沂	1,535	943	28	28	3,350	943
86		日照	807	496	21	21	2,386	496
87		莒縣	2,171	1,334	29	29	4,648	1,334

縣之號數	地帶	區及縣	耕地總面積 畝(千畝)	耕地總面積 平方公里	耕地的百分比（估計被敵佔耕地）	已經被占之耕地的百分比	總面積或陷地總面積（平方公里）	已經被占之耕地總面積（平方公里）
88		安邱	1,200	738	44	44	1,687	738
89		昌樂	787	484	60	60	810	484
90		濰縣	1,591	978	60	60	1,633	978
91		昌邑	979	602	31	55	1,962	1,079
92		高密	1,726	1,061	71	71	1,488	1,061
93		諸城	2,021	1,242	39	39	3,153	1,242
94		膠縣	2,714	1,668	73	73	2,299	1,668
95		平度	1,349	829	28	28	2,988	829
96		掖縣	902	554	32	[illegible]	1,747	554
97		招遠	821	505	37	[illegible]	1,373	505
98		萊陽	2,885	1,773	58	[illegible]	3,065	1,773
99		即墨	1,093	672	25	25	1,668	672
100		海陽	780	479	21	21	2,324	479
101		棲霞	500	307	15	15	2,107	307
102		黃縣	220	135	26	26	526	135
103		蓬萊	392	241	19	19	1,288	241
104		福山	679	417	53	53	788	417
105		牟平	1,315	808	25	25	3,171	808
106		文登	521	320	12	12	2,686	320
107		榮成	221	136	12	12	1,176	136
	水稻地帶各區							
	揚子水稻小麥區	總計	—	—	—	—	275,911	103,897
		縣數	143	143	143	143	143	143
		百分比	—	—	—	38	—	—
	河南							
101		桐柏	193	119	9	9	1,394	119
102		信陽	1,165	716	20	20	3,659	716
107		羅山	746	459	16	16	2,868	459
[illegible]		潢川	922	567	30	30	1,894	567

丙 统计表格

县之号数	地带	区及县	耕地总面积 亩（千亩）	耕地总面积 平方公里	耕地百分比（统计月报材料）	已经校正之耕地百分比	总面积或陆地总面积（平方公里）	已经校正之耕地总面积（平方公里）
111		光山	1,118	687	18	18	3,837	687
112		固始	659	405	11	11	3,746	405
113		商城	305	187	5	5	3,810	187
		江苏						
1		南汇	1,200	738	73	73	1,012	738
2		奉贤	486	299	52	52	572	299
3		松江	880	541	66	66	820	541
4		川沙	212	130	94	94	139	130
5		上海	677	416	79	79	526	416
6		青浦	516	317	44	44	724	317
7		金山	373	229	57	57	405	229
8		吴江	912	560	51	51	1,092	560
9		吴县	1,839	1,131	68	68	1,663	1,131
10		昆山	1,310	805	92	92	877	805
11		嘉定	723	444	96	96	461	444
12		宝山	613	—	—	—	—	—
13		崇明	1,150	707	49	49	1,477	707
14		太仓	789	485	58	58	838	485
15		常熟	1,733	1,065	56	56	1,918	1,065
16		无锡	1,525	937	78	78	1,207	937
17		江阴	1,243	764	58	58	1,324	764
18		武进	1,720	1,057	66	66	1,610	1,057
19		宜兴	1,160	713	43	43	1,656	713
20		溧阳	1,392	856	55	55	1,555	856
21		高淳	481	296	43	43	688	296
22		溧水	526	323	33	33	968	323
23		江宁	1,430	879	39	39	2,252	879
24		句容	731	449	31	31	1,445	449
25		江浦	303	186	22	22	829	186

县之号数	地带	区及县	耕地总面积 亩（千亩）	耕地总面积 平方公里	耕地百分比（统计月报材料）	已经校正之耕地百分比	总面积或陆地总面积（平方公里）	已经校正之耕地总面积（平方公里）
26		六合	927	570	34	34	1,663	570
27		仪征	821	505	77	77	658	505
28		镇江	754	463	44	44	1,058	463
29		金坛	812	499	58	58	864	499
30		丹阳	1,134	697	66	66	1,050	697
31		扬中	231	142	50	50	283	142
32		泰兴	1,460	897	60	60	1,496	897
33		江都	2,139	1,314	58	58	2,253	1,314
34		高邮	2,145	1,318	56	56	2,346	1,318
35		宝应	1,771	1,089	61	61	1,796	1,086
36		淮安	2,823	1,735	76	76	2,286	1,735
37		淮阴	1,450	891	69	69	1,294	891
53		盐城	2,059	1,266	26	26	4,940	1,266
54		兴化	1,927	1,184	61	61	1,950	1,184
55		东台	2,100	1,291	22	22	5,829	1,291
56		泰县	2,085	1,282	62	62	2,073	1,282
57		如皋	3,689	2,267	63	63	3,582	2,267
58		靖江	935	575	91	91	634	575
59		南通	3,700	2,274	84	84	2,702	2,274
60		海门	1,605	988	77	77	1,289	988
61		启东	1,042	640	54	54	1,182	640
		安徽						
15		东流	329	202	26	40	772	309
17		贵池	281	173	7	20	2,558	512
19		铜陵	186	114	23	23	501	114
22		芜湖	313	192	31	31	615	192
20		南陵	773	475	53	53	904	475
23		当涂	845	519	32	32	1,622	519
24		和县	665	409	26	50	1,578	779
25		含山	781	480	50	50	953	480
26		巢县	868	534	46	46	1,168	534

縣之號數	地帶	區及縣	耕地總面積 畝(千畝)	耕地總面積 平方公里	耕地百分比(總計縣總面積)	已經核正之耕地百分比	總面積或陸地總面積(平方公里)	已經核正之耕地總面積(平方公里)
27	2	無為	1,084	666	25	50	2,669	1,335
28		廬江	1,179	725	31	50	2,373	1,187
29		桐城	850	522	17	30	3,071	921
30		懷寧	367	226	14	30	1,579	474
31		望江	370	227	32	50	723	361
32		宿松	116	71	4	25	1,923	481
33		太湖	371	228	10	10	2,370	228
34		英山	217	133	9	9	1,428	133
35		潛山	322	198	8	8	2,384	198
36		霍山	289	178	6	15	3,031	455
37		舒城	713	438	19	19	2,347	438
38		六安	1,606	987	22	22	4,454	987
39		合肥	3,030	1,862	37	45	5,099	2,294
40		全椒	438	269	21	45	1,311	590
41		滁縣	718	441	29	29	1,528	441
42		來安	333	205	17	25	1,175	294
43		天長	264	162	10	50	1,571	786
44		盱眙	2,655	1,632	39	50	4,185	2,093
45		定遠	1,018	626	17	40	3,634	1,454
46		壽縣	2,874	1,766	52	52	3,384	1,766
47		霍邱	2,372	1,458	48	48	3,009	1,458
50		鳳陽	1,207	742	26	40	2,850	1,140
	湖北							
7		光化	959	589	71	40	836	334
8		襄陽	2,359	1,450	39	39	3,757	1,450
9		穀城	813	500	22	22	2,320	500
12		南漳	548	337	8	8	3,979	337
13		宜城	660	406	26	26	1,548	406
14		棗陽	2,860	1,758	49	49	3,584	1,758
15		隨縣	1,263	776	11	30	7,124	2,137

縣之號數	地帶	區及縣	耕地總面積 畝(千畝)	耕地總面積 平方公里	耕地百分比(總計縣總面積)	已經核正之耕地百分比	總面積或陸地總面積(平方公里)	已經核正之耕地總面積(平方公里)
16		應山	679	417	16	16	2,639	41[illegible]
17		安陸	364	224	17	25	1,326	33[illegible]
18		鍾祥	2,376	1,460	26	26	5,518	1,460
19		荊門	1,244	765	24	24	3,198	765
20		當陽	487	299	15	15	2,018	299
21		遠安	133	82	7	7	1,237	82
22		宜昌	2,200	1,352	34	34	3,965	1,352
34		宜都	389	239	14	14	1,771	239
35		枝江	369	227	42	42	539	227
36		松滋	816	502	22	22	2,305	502
37		公安	939	577	34	34	1,694	577
38		江陵	2,240	1,377	48	48	2,885	1,377
39		潛江	1,240	762	58	58	1,306	762
40		京山	828	509	13	13	3,848	509
41		天門	532	327	15	15	2,134	327
42		應城	673	414	93	60	967	580
43		漢川	454	279	22	75	1,288	966
44		孝感	250	154	25	65	621	404
45		黃岡	967	594	20	60	2,971	1,783
46		黃安	637	392	16	16	2,475	392
47		黃陂	1,540	947	41	50	2,299	1,150
48		夏口	209	—	—	—	—	—
49		漢陽	602	370	27	50	1,378	689
50		沔陽	2,648	1,628	46	60	3,584	3,15[illegible]
51		監利	1,177	723	34	50	2,131	1,86[illegible]
52		石首	707	435	30	50	1,457	72[illegible]
53		嘉魚	758	466	55	55	840	466
59		武昌	575	353	18	55	1,988	1,09[illegible]
60		鄂城	592	364	27	27	1,368	364
61		大冶	400	246	18	18	1,382	264

縣之號數	地帶	區及縣	耕地總面積 畝（千畝）	耕地總面積 平方公里	耕地百分比（依統計服務社材料）	已經校正之耕地百分比	總面積或陸地總面積（平方公里）	已經校正之耕地總面積（平方公里）
62		陽新	627	385	10	10	3,757	385
63		廣濟	309	190	18	18	1,038	190
64		黃梅	504	310	24	24	1,307	310
65		蘄春	651	400	16	16	2,490	400
66		蘄水	600	—	—	—	—	—
67		黃岡	1,221	750	38	50	1,980	990
68		羅田	242	149	6	6	2,413	149
69		麻城	1,285	790	17	17	4,531	790
	浙江							
1		平湖	796	489	91	91	536	489
2		嘉善	673	414	90	90	460	414
3		嘉興	1,629	1,001	94	94	1,065	1,001
4		桐鄉	597	367	97	97	378	367
5		海鹽	803	494	92	92	539	494
6		海寧	899	553	93	93	593	553
7		崇德	603	571	97	97	583	571
8		[illegible]	569	337	85	85	395	337
9		[illegible]	2,087	1,284	70	70	1,845	1,284
13		武康	234	144	31	31	471	144
14		杭縣	1,206	741	67	67	1,105	741
15		蕭山	1,096	674	71	71	943	674
16		[illegible]	1,422	874	45	45	1,925	874
	江西							
25		彭澤	429	264	20	20	1,339	264
	湖南							
9		華容	243	149	10	10	1,504	149
10		臨湘	782	481	25	25	1,932	481
11		岳陽	1,139	700	20	30	3,461	1,038
	水稻茶区							

縣之號數	地帶	區及縣	耕地總面積 畝（千畝）	耕地總面積 平方公里	耕地百分比（依統計服務社材料）	已經校正之耕地百分比	總面積或陸地總面積（平方公里）	已經校正之耕地總面積（平方公里）
		總計 縣數 百分比	276	276	276	276 18	570,358 276	104,774 276
	安徽							
1		婺源	938	577	24	24	2,392	577
2		休寧	370	927	9	20	2,578	804
3		黟縣	730	449	19	19	2,360	449
4		績溪	117	72	4	7	1,016	72
5		寧國	113	69	3	10	2,633	283
6		廣德	504	310	12	12	2,515	310
7		郎溪	448	275	34	34	818	275
8		宣城	1,222	757	29	29	2,616	757
9		涇縣	210	129	6	6	2,044	129
10		旌德	156	96	11	11	883	96
11		太平	737	453	22	22	3,036	453
12		歙縣	174	107	24	24	448	107
13		祁門	631	388	12	12	3,321	388
14		[illegible]	108	—	—	—		—
16		石埭	48	30	2	5	1,373	69
18		青陽	184	113	9	15	1,294	194
21		[illegible]	305	187	24	24	780	187
	湖北							
54		廣濟	569	350	23	23	1,513	350
55		[illegible]	237	146	7	7	1,988	146
56		通城	45	28	3	3	1,104	28
57		咸寧	444	273	23	23	1,162	273
58		通山	352	216	15	15	1,447	216
	浙江							
10		長興	1,343	835	30	50	1,663	835
11		安吉	572	315	45	45	698	315
12		孝豐	309	190	17	17	1,149	190

縣之數	地帶	區及縣	耕地總面積 畝(千畝)	耕地總面積 平方公里	耕地百分比(統計局估計)	已經校正之耕地百分比	總面積(平方公里)	已經校正之耕地總面積(平方公里)
17		上虞	612	376	40	40	940	376
18		餘姚	1,376	846	57	57	1,491	846
19		慈谿	799	491	59	59	833	491
20		定海	380	234	19	19	1,232	234
21		鎮海	646	397	49	49	807	397
22		鄞縣	1,102	677	49	49	1,371	677
23		奉化	519	319	25	25	1,298	714
24		象山	386	237	22	22	1,096	237
25		南田	67	41	17	17	246	41
26		寧海	710	436	18	18	2,482	436
27		臨海	1,111	683	26	26	2,669	683
28		黃岩	923	—	—	—		—
29		溫嶺	719	442	45	45	979	442
30		玉環	139	85	14	14	594	85
31		樂清	549	337	26	26	1,289	337
32		瑞安	734	451	23	23	2,005	451
33		平陽	900	553	25	25	2,171	557
34		泰順	76	467	24	24	1,940	467
35		青田	187	115	4	4	2,792	115
36		永嘉	823	506	13	25	3,779	945
37		仙居	457	281	14	14	2,009	281
38		天台	329	202	13	13	1,569	202
39		新昌	271	167	13	13	1,277	167
40		嵊縣	639	393	21	21	1,886	393
41		諸暨	985	605	29	40	2,148	847
42		富陽	409	250	25	45	1,017	458
43		浦江	290	178	14	14	1,235	178
44		義烏	571	351	31	31	1,120	351
45		東陽	633	389	16	16	2,447	389
46		永康	364	224	17	17	1,311	224
47		縉雲	195	120	7	7	1,705	120
48		麗水	219	135	13	20	1,055	211
49		景寧	118	73	4	4	2,015	73
50		慶元	113	69	3	3	2,104	69
51		龍泉	246	151	5	5	3,008	151
52		雲和	109	67	7	7	787	67
53		松陽	243	149	11	11	1,393	149
54		宣平	85	522	56	35	925	324
55		武義	340	209	24	24	878	209
56		金華	935	575	47	47	1,218	575
57		湯溪	394	242	28	28	865	242
58		遂昌	189	116	5	5	2,554	116
59		江山	534	328	16	16	2,019	328
60		衢縣	937	576	25	25	2,348	576
61		龍游	504	310	28	28	1,123	310
62		蘭谿	595	366	36	36	1,011	366
63		壽昌	144	89	12	12	740	89
64		建德	188	116	7	20	1,679	336
65		桐廬	214	132	13	30	1,001	300
66		新登	100	61	10	16	621	99
67		餘杭	460	283	40	40	704	283
68		臨安	234	144	15	30	989	297
69		於潛	169	104	11	11	934	104
70		分水	107	66	7	7	757	66
71		昌化	125	77	6	6	1,358	77
72		淳安	319	196	7	20	2,884	577
73		遂安	314	193	13	13	1,521	193
74		開化	298	183	8	8	2,185	183
75		常山	316	194	17	17	1,163	[illegible]

縣之數	地帶	區	縣	耕地總面積 畝（千畝）	耕地總面積 平方公里	耕地百分比（統計月報材料）	已經核正之耕地百分比	縣面積或連地總面積（平方公里）	已經核正之耕地總面積（平方公里）
1	江西		修水	581	357	9	9	4,068	537
2			武寧	584	359	10	10	3,467	359
3			瑞昌	180	111	8	8	1,327	111
4			德安	179	110	12	12	956	110
5			永修	705	433	26	26	1,683	433
6			九江	391	240	17	17	1,422	240
7			星子	124	76	11	11	686	76
8			新建	1,013	623	22	22	2,804	623
9			南昌	1,211	744	55	55	1,347	744
10			安義	205	126	20	20	638	126
11			靖安	316	194	15	15	1,317	194
12			奉新	473	291	19	19	1,550	241
13			宜豐	742	456	25	25	1,836	456
14			銅鼓	194	119	8	8	1,495	119
15			萬載	315	194	8	8	2,403	194
16			上高	390	240	19	19	1,257	240
17			高安	991	609	26	26	2,339	609
18			豐城	1,349	829	30	30	2,781	829
19			臨川	1,272	782	38	38	2,055	782
20			進賢	986	606	39	39	1,552	606
21			餘干	934	574	29	29	1,977	574
22			鄱陽	1,345	827	23	60	3,569	2,158
23			都昌	784	481	32	60	1,511	907
24			湖口	268	165	29	29	567	165
26			浮梁	569	350	9	16	4,066	610
27			德興	352	216	11	11	1,904	216
28			玉山	372	229	15	20	1,480	296
29			廣豐	434	267	32	32	838	267
30			上饒	606	372	19	19	1,983	372
31			橫峯	149	92	12	12	749	92

縣之數	地帶	區	縣	耕地總面積 畝（千畝）	耕地總面積 平方公里	耕地百分比（統計月報材料）	已經核正之耕地百分比	縣面積或連地總面積（平方公里）	已經核正之耕地總面積（平方公里）
32			鉛山	661	406	16	16	2,591	406
33			弋陽	215	132	8	8	1,752	132
34			興安	1,047	644	32	32	1,986	644
35			萬年	395	243	16	30	1,540	462
36			餘江	527	324	28	28	1,137	324
37			貴溪	767	471	14	14	3,418	471
38			資溪	127	78	7	7	1,061	78
39			臨川	261	160	9	9	1,835	160
40			東鄉	488	300	17	30	1,721	516
41			金溪	650	400	22	22	1,833	400
42			南城	440	270	14	25	1,887	472
43			南豐	518	318	12	12	2,741	318
44			崇仁	740	455	26	26	1,735	455
45			新淦	388	238	19	19	1,275	238
46			清江	578	355	31	31	1,161	355
47			峽江	321	197	17	17	1,196	197
48			新喻	666	409	22	22	1,853	409
49			分宜	301	185	14	14	1,329	185
50			宜春	513	315	13	13	2,479	315
51			萍鄉	860	529	14	30	3,717	1,115
52			蓮花	329	202	12	12	1,690	202
53			永新	387	238	9	9	2,669	238
54			寧岡	175	108	10	10	1,103	108
55			遂川	220	135	3	3	4,833	135
60			[illegible]安	744	457	24	24	1,904	457
61			泰和	350	215	8	8	2,675	215
62			安福	570	350	11	11	3,251	350
63			吉安	984	605	23	23	2,578	605
64			吉水	650	400	16	16	2,508	400
65			永豐	573	315	13	13	2,497	315

县之次数	地带	区及县	耕地总面积 亩（千亩）	耕地总面积 平方公里	耕地百分比（[illegible]）	已经接近之耕地百分比	总面积或陆地总面积（平方公里）	已经接近之耕地总面积（平方公里）
66		兴国	359	221	10	10	2,151	221
76		瑞金	370	227	8	8	2,836	227
77		宁都	1,174	722	26	26	2,736	722
78		乐安	530	326	16	16	2,038	326
79		宜黄	413	254	13	13	1,952	254
80		广昌	147	90	5	5	2,010	90
81		石城	204	125	8	8	1,609	125
	湖南							
3		慈利	995	612	12	12	5,123	612
4		石门	345	212	5	5	4,281	212
5		澧县	1,203	739	21	21	3,563	739
6		临澧	777	478	21	21	2,317	478
7		安乡	636	391	36	36	1,094	391
8		南县	320	197	29	29	667	197
12		平江	1,186	729	14	14	5,320	729
13		湘阴	1,007	619	21	21	2,885	619
14		沅江	537	330	27	27	1,206	330
15		汉寿	562	345	21	40	1,622	649
16		常德	878	540	22	60	2,507	1,003
17		桃源	1,125	691	14	14	4,936	691
22		黔城	108	66	6	6	1,183	66
24		泸溪	571	351	20	20	1,737	351
25		沅陵	1,024	629	10	10	6,195	629
26		安化	456	280	6	6	4,665	280
27		益阳	1,385	852	29	60	2,971	1,783
28		宁乡	1,576	969	36	50	2,721	1,361
29		长沙	1,089	669	14	30	4,759	1,437
30		浏阳	1,053	647	14	14	4,684	667
31		醴陵	1,035	390	15	15	2,660	390
32		湘潭	1,521	935	21	35	4,488	1,571

县之次数	地带	区及县	耕地总面积 亩（千亩）	耕地总面积 平方公里	耕地百分比（[illegible]）	已经接近之耕地百分比	总面积或陆地总面积（平方公里）	已经接近之耕地总面积（平方公里）
33		湘乡	1,227	754	14	35	5,521	1,932
34		邵阳	2,738	1,683	29	29	5,844	1,683
35		新化	505	310	6	6	5,007	310
36		溆浦	297	183	5	5	3,466	183
37		辰溪	228	140	7	7	2,104	140
38		凤凰	400	246	11	11	2,210	246
39		麻阳	485	298	20	20	1,495	298
40		芷江	496	305	10	10	2,911	305
41		晃县	123	76	5	5	1,437	76
42		黔阳	260	160	7	7	2,370	160
43		会同	235	144	7	7	2,045	144
44		靖县	177	109	7	7	1,609	109
45		通道	128	79	7	7	1,090	79
46		绥宁	317	195	4	4	5,438	195
47		城步	272	167	7	7	2,397	167
48		武冈	994	611	12	12	5,225	611
49		新宁	254	156	8	8	1,884	156
50		东安	212	130	6	6	2,256	130
51		零陵	578	355	11	11	3,360	355
52		祁阳	769	473	16	16	2,989	473
53		衡阳	1,496	919	20	20	4,602	919
54		衡山	939	577	19	19	2,989	577
55		攸县	721	443	16	16	2,703	443
56		茶陵	702	431	15	15	2,823	431
57		安仁	253	156	9	9	1,812	156
58		耒阳	619	380	24	24	1,582	380
59		常宁	360	221	11	11	2,074	221
60		桂阳	533	328	15	15	2,145	328
61		新田	217	133	20	20	660	133
62		宁远	448	275	11	11	2,519	275

縣之號數	地帶	區及縣	耕地總面積 畝（千畝）	耕地總面積 平方公里	耕地所占比 統計月報材料	已經按照之耕地所占比	總面積或陸地總面積 平方公里	已經按照之耕地總面積 平方公里
63		道縣	339	208	7	7	2,817	208
64		永明	197	121	8	8	1,610	121
65		江華	513	315	13	13	2,408	315
66		藍山	309	190	19	19	1,000	190
67		嘉禾	321	197	36	36	551	197
68		臨武	283	174	12	12	1,407	174
69		宜章	269	165	8	20	2,16	428
70		郴縣	350	215	10	20	2,080	416
71		永興	293	180	10	10	1,794	180
72		資興	533	328	13	13	2,520	328
73		汝城	160	98	6	6	1,473	98
74		桂東	124	76	4	4	1,837	76
75		酃縣	427	262	10	10	2,696	262
76		陽明	54	—	—	—		
1	福建	浦城	613	377	11	11	3,294	377
2		崇安	324	199	10	10	1,903	199
3		光澤	344	211	18	18	1,181	211
4		邵武	466	286	9	9	3,179	286
5		建陽	375	230	10	10	2,377	230
6		建甌	1,200	738	13	13	5,676	738
7		松溪	141	87	11	11	777	87
8		政和	113	69	4	4	1,680	69
9		壽寧	92	57	2	2	2,322	57
10		福鼎	328	202	11	11	1,774	202
11		霞浦	309	190	11	11	1,774	190
12		福安	194	119	7	7	1,684	119
13		寧德	640	393	23	23	1,704	393
14		屏南	180	111	7	7	1,612	111
15		古田	1,589	977	28	28	3,493	977

縣之號數	地帶	區及縣	耕地總面積 畝（千畝）	耕地總面積 平方公里	耕地所占比 統計月報材料	已經按照之耕地所占比	總面積或陸地總面積 平方公里	已經按照之耕地總面積 平方公里
16		南平	1,669	1,026	28	28	3,710	1,026
17		順昌	86	53	6	6	827	53
18		將樂	159	98	4	4	2,316	98
19		泰寧	147	90	7	7	1,375	90
20		建寧	204	125	7	7	1,766	125
21		寧化	277	170	5	5	3,281	170
22		歸化	287	176	8	8	2,262	176
23		沙縣	168	103	3	3	3,443	103
24		尤溪	163	100	3	3	3,496	100
25		閩清	165	101	7	7	1,440	101
26		閩侯	784	482	20	20	2,432	482
27		羅源	168	103	9	9	1,186	103
28		連江	186	114	12	12	954	114
29		長樂	302	186	29	29	640	186
31		永泰	1,091	671	20	20	3,353	671
33		大田	132	81	3	3	2,350	81
34		永安	759	467	20	20	2,382	467
36		清流	159	98	5	5	1,901	98
37		連城	400	246	13	13	1,913	246
38		長汀	283	174	5	5	3,792	174
6	貴州	印江	210	129	8	8	1,707	129
7		松桃	202	124	6	6	2,242	124
8		江口	58	36	3	3	1,422	36
9		銅仁	180	111	13	13	850	111
10		省溪	212	130	18	18	735	130
11		岑鞏	207	127	4	4	1,415	127
12		玉屏	146	90	17	17	525	90
13		清溪	15	28	6	6	500	28
14		三穗	149	—	—	—	—	—
15		鎮遠	259	159	14	14	1,137	159

县之号数	地带	区及县	耕地保留面积 亩(千亩)	平方公里	耕地百分比(统计耕地面积)	已经核定之耕地百分比	海拔……面积(平方公里)	已经核定之耕地面积平方公里
16		[illegible]	116	71	4	4	2,010	71
40		剑河	816	502	24	24	2,092	502
41		天柱	984	605	42	42	1,445	605
42		锦屏	310	191	13	13	1,460	191
43		黎平	405	249	7	7	3,367	249
44		永从	149	92	8	8	1,135	92
45		下江	364	224	19	19	1,172	224
47		台拱	99	61	5	5	1,197	61
9	廣東	連山	531	326	19	19	1,686	326
	廣西							
11		三江	329	220	7	7	3,024	220
12		龍勝	317	211	7	7	2,992	211
13		義寧	140	93	13	13	716	93
14		[illegible]	—	—	—	—		—
17		[illegible]	452	302	20	20	4,523	302
18		[illegible]	680	453	13	13	3,437	453
19		全縣	691	461	13	13	3,476	461
20		灌陽	112	75	3	3	2,271	75
21		恭城	256	171	8	8	2,254	171
22		富川	181	121	7	7	1,796	121
	四川省區	總計	—	—	—	—	388,073	115,818
		總數	176	176	176	176	146	176
		百分比	—	—	—	30	—	—
	陝西							
1		[illegible]	—	—	—	—	—	—
2		[illegible]	121	86	4	4	2,016	86
3		[illegible]	87	53	3	3	1,560	53
4		[illegible]	147	90	5	10	1,960	196

县之号数	地带	县						
5		鎮巴	169	92	2	2	4,389	92
6		西鄉	323	199	6	6	3,598	199
7		城固	329	202	10	10	1,962	202
8		南鄭	256	157	9	9	1,729	157
9		[illegible]	318	195	9	9	2,118	195
11		沔縣	193	119	6	10	2,906	291
13		洋縣	325	200	5	10	3,966	397
14		[illegible]	123	76	5	5	1,424	76
15		[illegible]	85	52	4	4	1,274	52
16		安康	227	140	6	6	2,191	140
17		洵陽	113	69	3	10	2,575	258
18		白河	142	87	7	10	1,204	120
1	甘肅	文縣	269	165	8	8	2,055	165
	湖北							
2		鄖縣	455	280	5	5	6,103	280
3		竹山	573	315	11	11	2,775	315
4		竹谿	1,296	797	35	35	2,293	797
5		房縣	637	392	6	6	6,792	392
6		均縣	567	348	10	10	3,499	348
10		保康	103	63	3	5	2,306	115
11		興山	47	29	1	5	2,330	117
23		秭歸	879	540	25	25	2,189	540
24		巴東	2,246	1,380	27	27	5,124	1,380
26		[illegible]	3,791	2,330	54	54	4,350	2,330
25		建始	1,200	738	30	30	2,444	738
27		利川	2,100	1,294	42	42	3,094	1,294
28		咸豐	970	596	23	23	2,623	596
29		來鳳	102	63	3	3	2,101	63

30		宣恩	662	407	17	7	2,411	407
31		鶴峯	681	419	13	13	3,151	419
32		長陽	578	355	11	11	3,288	355
33		五峯	132	81	3	3	2,813	81
	湖南							
1		龍山	603	248	9	9	2,653	248
2		桑植	680	418	17	17	2,463	418
18		大庸	217	133	10	10	1,389	133
19		永順	832	511	14	14	3,780	511
20		永綏	356	219	25	25	865	219
21		保靖	539	331	20	20	1,670	331
23		古丈	277	170	14	14	1,192	170
	四川							
1		汶川	55	34	1	1	3,378	34
2		灌縣	448	275	28	70	989	692
3		大邑	605	372	34	70	1,081	757
4		新津	300	184	59	85	315	268
5		邛崍	999	614	41	70	1,503	1,052
6		名山	259	159	26	26	622	159
7		雅安	107	66	5	15	1,245	187
8		洪雅	200	123	8	15	1,523	228
9		夾江	208	128	31	31	419	128
10		峨眉	597	367	29	29	1,277	367
11		樂山	285	175	9	50	1,866	933
12		青神	240	148	36	50	409	205
13		眉山	311	191	18	50	1,034	517
14		丹稜	147	90	13	40	723	289
15		蒲江	521	320	64	64	501	320
16		彭山	193	119	28	70	425	298

17	雙流	218	119	47	85	287	244
18	溫江	224	138	55	85	250	213
19	崇慶	645	396	36	75	1,116	837
20	華陽	646	397	41	85	957	813
21	郫縣	181	111	41	85	273	232
22	崇寧	165	101	57	85	178	151
23	什邡	418	257	34	80	746	597
24	彭縣	587	361	40	70	895	627
25	新繁	188	116	73	73	158	116
26	新都	161	99	19	80	526	421
27	成都	285	175	72	85	245	208
28	簡陽	1,356	833	33	60	2,501	1,501
29	金堂	908	558	40	80	1,411	1,129
30	廣漢	435	267	54	80	499	399
31	德陽	385	237	46	80	512	410
32	綿竹	620	381	60	80	638	570
33	安縣	598	368	26	35	1,428	500
34	羅江	350	215	31	70	699	489
35	中江	684	320	13	25	2,458	615
36	三台	1,727	1,061	39	50	2,732	1,366
37	綿陽	1,533	942	60	75	1,565	1,174
38	彰明	143	88	21	21	426	88
39	江油	250	154	6	15	2,651	398
40	梓潼	243	149	25	35	598	208
41	劍閣	1,739	1,069	31	31	3,457	1,069
42	鹽亭	988	607	49	49	1,236	607
43	射洪	1,695	1,042	74	74	1,399	1,042
44	潼[illegible]	1,028	632	32	50	1,973	987
45	遂寧	1,794	1,103	61	80	1,814	1,457

46	樂至	1,024	629	54	70	1,157	810
47	資陽	778	478	28	70	1,733	1,213
48	仁壽	1,139	701	28	60	2,576	1,570
49	井研	824	506	81	65	627	408
50	榮縣	1,011	621	32	40	1,964	786
51	威遠	1,444	888	114	80	780	624
52	資中	1,323	813	43	80	1,905	1,524
53	安岳	679	417	15	60	2,768	1,661
54	潼南	680	418	24	70	1,750	1,225
55	武勝	499	307	28	80	1,079	863
56	岳池	574	353	19	75	1,859	1,394
57	南充	1,836	1,128	42	75	2,637	1,978
58	蓬安	489	301	18	70	1,638	1,147
59	西充	1,046	642	64	75	999	749
60	南部	1,592	979	33	33	2,922	979
61	營山	1,054	648	37	37	1,764	648
62	儀隴	272	167	11	25	1,577	394
63	閬中	468	288	19	35	1,481	518
64	蒼溪	550	338	14	30	2,398	719
65	巴中	1,836	1,128	24	24	4,737	1,128
66	渠縣	1,053	647	39	39	1,657	647
67	廣安	498	306	18	50	1,707	854
68	鄰水	1,455	894	47	47	1,896	894
69	合川	713	438	15	70	2,839	1,987
70	銅梁	597	367	18	60	1,978	1,187
71	大足	600	369	28	50	1,315	658
72	榮昌	629	387	43	70	899	629
73	隆昌	1,062	653	93	85	701	596
74	內江	1,177	723	15	70	[illegible]	1,119
75	富順	1,003	616	28	70	2,206	1,544

76	南溪	256	157	16	75	987	718
77	宜賓	362	223	5	70	4,230	2,961
78	慶符	843	518	48	50	1,076	538
79	江安	371	228	31	70	739	517
80	瀘縣	1,058	650	22	75	2,913	2,185
81	永川	464	285	22	70	1,288	902
82	璧山	509	313	39	70	811	568
83	江北	818	503	20	70	2,472	1,730
84	長壽	1,767	1,086	93	85	1,138	967
85	墊江	540	332	19	35	1,706	597
86	大竹	733	451	25	50	1,826	913
87	達縣	605	372	10	35	3,548	1,242
88	宣漢	603	371	9	30	4,339	1,302
89	萬源	858	527	13	13	4,117	827
90	城口	196	120	3	5	4,307	215
91	開縣	962	591	16	35	3,699	1,295
92	巫溪	118	73	2	5	3,156	158
93	巫山	265	163	6	10	2,646	265
94	奉節	570	313	7	25	4,457	1,114
95	雲陽	640	393	12	25	3,369	842
96	萬縣	882	542	15	60	3,667	2,200
97	開江	430	264	25	60	1,040	624
98	梁山	1,256	772	32	70	2,408	1,686
99	忠縣	686	422	27	50	1,569	785
100	酆都	1,103	678	79	79	858	678
101	石砫	1,029	632	31	31	2,071	632
102	黔江	311	191	9	15	2,237	336
103	酉陽	1,754	1,078	29	29	3,665	1,078
104	秀山	1,650	1,014	70	30	[illegible]	[illegible]
105	彭水	1,166	717	10	15	7,447	1,117

106×		涪陵×	1,852×	1,138×	21×	60×	5,520×	3,312×
107		南川	622	382	13	13	3,029	382
108		綦江	247	152	8	15	1,839	276
109		巴縣	761	468	14	50	3,312	1,656
110		江津	886	545	17	50	3,252	1,626
111		合江	1,296	797	34	34	2,329	797
112		納溪	559	344	72	72	477	344
113		古宋	272	167	28	28	598	167
115		叙永	186	114	4	4	2,915	114
121		屏山	1,379	848	29	29	2,891	848
122		犍為	336	207	11	35	4,954	684
123		馬邊	221	136	5	5	2,624	136
124		雷波	155	95	2	10	4,813	481
131		越巂	854	525	11	11	4,943	525
132		昭覺	147	90	3	3	2,737	90
133		漢源	359	221	9	9	2,351	221
134		榮經	395	243	9	9	2,669	243
135		天全	193	119	4	4	2,766	119
136		蘆山	74	45	15	15	311	45
137		懋功	37	23	0,26	0,26	8,856	23
138		理番	39	24	0,25	0,25	9,667	24
139		松潘	33	20	0,04	0,04	50,139	26
140		茂縣	330	203	4	4	4,940	203
141		北川	92	57	3	3	1,716	57
142		平武	322	198	3	3	6,097	198
143		昭化	851	523	34	34	1,544	523
144		廣元	292	179	3	15	6,151	923
145		南江	1,701	1,045	22	22	4,885	1,945
146		通江	251	154	3	20	4,980	996
101	雲南	綏江	200	123	8	8	1,615	123

1		水稻丙種區 縣數總計 百分比	183	183	183	183 12	393,154 183	45,281 183
56	32江西	上猶	114	70	6	6	1,103	70
57		崇義	210	129	3	3	4,267	129
58		大庾	221	136	6	6	2,236	136
59		南康	483	278	17	17	1,657	278
67		贛縣	707	435	3	3	3,343	435
68		寧都	1,000	615	18	18	3,498	615
69		信豐	481	296	10	10	2,968	296
70		龍南	113	69	4	4	1,661	69
71		虔南	105	65	6	6	1,011	65
72		定南	96	59	4	4	1,594	59
73		安遠	248	152	6	6	2,725	152
74		尋鄔	137	84	3	3	2,701	84
75		會昌	720	443	18	13	3,540	443
30	福建	福清	448	275	19	19	1,420	275
32		德化	476	293	13	13	2,237	293
35		[illegible]	407	250	16	16	1,517	250
39		[illegible]	129	79	4	4	1,913	79
40		上杭	723	444	16	16	2,701	444
41		永定	958	589	25	25	2,334	589
42		龍岩	183	112	4	4	2,763	112
43		漳平	129	79	5	5	1,458	79
44		南靖	156	96	4	4	2,586	96
45		平和	331	203	10	10	1,951	203
46		[illegible]	296	182	15	15	1,181	182
47		詔安	133	82	10	10	792	82

48	1		東山	103	63	27	27	237	63
49			漳浦	250	154	8	8	1,844	154
50			海澄	151	93	11	11	827	93
51			龍溪	165	101	5	10	1,941	194
52			長泰	137	84	10	10	832	84
53			思明	64	33	18	18	180	33
54			金门	75	46	31	31	149	46
55			同安	98	60	5	5	1,183	60
56			安溪	417	256	10	10	2,526	256
57			永春	244	150	9	9	1,730	150
58			南安	531	326	21	21	1,562	326
59			惠安	385	237	20	20	1,171	237
60			晉安	554	156	18	18	870	156
61			仙遊	291	179	8	8	2,215	179
62			莆田	1,164	703	49	25	1,438	368
63			平潭	127	78	26	26	299	78
		廣東							
1			樂昌	207	127	7	11	1,929	212
2			仁化	195	120	8	11	1,456	160
3			南雄	672	413	16	16	2,540	413
4			始興	205	126	6	6	1,989	126
5			翁源	252	155	7	9	2,239	202
6			曲江	606	372	13	13	2,934	372
7			乳源	153	94	5	5	1,469	94
8			連縣	519	319	18	18	1,800	319
10			陽山	318	195	6	6	3,357	195
11			英德	639	393	7	7	5,525	393
12			新豐	135	83	3	3	2,519	83
13			連平	156	96	4	4	2,259	96
14			和平	216	133	6	8	2,335	187

15	龍川	122	75	2	4	3,056	122
16	興寧	144	89	5	5	1,701	89
17	平遠	146	90	6	6	1,483	90
18	蕉嶺	111	68	7	7	947	68
19	梅縣	380	234	8	8	2,910	234
20	大埔	111	68	3	3	2,471	68
21	饒平	434	267	10	14	2,762	387
22	豐順	134	82	3	4	2,849	104
23	五華	140	86	3	4	3,194	128
24	紫金	308	189	5	5	3,614	189
25	河源	357	216	7	7	3,010	216
26	龍门	324	199	9	9	2,200	199
27	從化	224	138	8	8	1,809	138
28	佛岡	113	69	11	11	629	69
29	清遠	664	408	10	10	4,063	408
30	廣寧	303	186	8	8	2,435	186
31	德慶	336	207	9	9	2,236	207
32	開建	92	57	6	33	1,023	338
33	封川	183	112	8	22	955	215
34	鬱南	313	192	8	46	807	370
35	雲浮	288	177	5	30	864	259
36	高要	1,063	653	24	54	1,738	932
37	高明	322	198	19	33	1,023	338
38	四會	349	215	22	22	955	215
39	三水	602	370	46	46	807	370
40	花縣	363	223	26	30	864	259
41	番禺	1,516	932	54	54	1,738	932
42	南海	1,491	916	75	75	1,226	916
43	鶴山	353	217	20	20	1,070	217
44	順德	980	602	82	82	738	602

45	增城	825	507	30	30	1,719	507
46	博羅	686	422	15	15	2,906	422
47	東莞	1,849	1,136	42	42	2,700	1,136
48	惠陽	1,644	1,010	19	19	5,451	1,010
49	海豐	732	450	22	22	2,080	450
50	陸豐	522	321	10	10	3,104	321
51	惠來	303	186	9	11	2,062	227
52	普寧	224	138	13	13	1,057	138
53	揭陽	777	478	22	30	2,131	639
54	潮安	623	383	28	48	1,346	646
55	澄海	318	195	46	54	427	231
56	南澳	10	6	5	5	129	6
57	潮陽	535	329	30	33	1,105	365
58	寶安	294	181	14	14	1,298	181
59	中山	2,256	1,387	49	49	2,803	1,387
60	新會	1,245	765	41	45	1,850	833
61	赤溪	44	27	12	12	224	27
62	台山	858	527	18	[illegible]	2,988	527
63	開平	347	213	18	[illegible]	1,173	213
64	恩平	300	184	9	[illegible]	2,035	184
65	新興	411	253	18	[illegible]	1,373	253
66	陽春	322	198	6	[illegible]	3,060	198
67	陽江	402	247	7	7	3,789	247
68	電白	412	253	12	9	2,180	196
69	茂明	525	323	9	9	3,685	323
70	[illegible]定	354	218	14	14	1,560	218
71	信宜	258	159	6	6	3,534	212
72	化縣	496	305	15	15	2,477	305
73	廉江	395	243	10	10	2,405	243
74	吳川	222	136	13	13	1,068	136

75	合浦	541	333	5	5	7,339	333
76	靈山	219	135	4	4	3,210	135
77	欽縣	628	386	10	10	3,854	386
78	防城	321	197	6	6	3,417	197
79	遂溪	847	521	19	19	2,765	521
80	海康	345	212	9	9	2,346	212
81	徐聞	198	122	7	7	1,840	122
82	文昌	850	522	18	18	2,967	522
83	定安	451	277	10	10	2,712	277
84	瓊東	200	123	13	13	978	123
85	樂會	329	202	8	8	2,500	202
86	萬寧	108	66	2	2	2,848	66
87	陵水	68	42	2	2	2,634	42
88	崖縣	261	160	3	3	4,595	160
89	感恩	34	21	1	1	2,382	21
90	昌江	27	17	1	1	1,859	17
91	儋縣	364	224	7	7	3,344	224
92	臨高	215	132	8	8	1,734	132
93	澄邁	107	66	3	3	2,002	66
94	瓊山	1,086	667	22	22	3,002	667
	廣西						
15	中渡	160	107	16	16	690	107
16	桂林	446	278	12	12	2,296	278
23	[illegible]	348	232	15	15	1,533	232
24	平樂	344	230	12	12	1,869	230
25	陽朔	368	245	18	18	1,381	245
26	永福	312	208	20	20	1,020	208
27	榴江	100	67	7	7	1,023	67
28	雒容	222	148	17	17	881	148
29	馬平	—	—	—	—		—

30.	柳城	577	385	20	20	1,909	385	75	邕寧	716	576	11	11	4,461	576
43	武鳴	385	256	5	5	4,913	256	77	同正	138	92	9	9	1,033	92
48	上林	507	338	11	11	3,112	338	78	扶南	165	110	9	9	1,216	110
49	遷江	405	270	11	11	2,445	270	79	綏淥	119	80	9	9	888	80
50	賓陽	396	264	12	12	2,132	264	80	崇善	350	233	20	20	1,182	233
51	貴縣	543	362	6	6	5,585	362	81	左縣	129	86	19	19	448	86
52	來賓	365	244	9	9	2,572	244	82	上金	168	112	9	9	1,237	112
53	象縣	220	147	8	8	1,904	147	89	凭祥	102	68	17	17	391	68
54	武宣	206	137	7	7	1,834	137	90	雷平	103	68	14	14	489	68
55	桂平	648	432	10	10	4,537	432	91	明江	130	83	63	63	137	83
56	平南	523	349	12	12	2,858	349	92	寧明	176	117	4	4	2,769	117
57	修仁	110	73	6	6	1,321	73	93	上思	225	150	7	7	2,034	150
58	荔浦	203	135	8	8	1,629	135	西南水稻区							
59	蒙山	330	220	11	11	2,034	220		總計縣數的%	—/201/—	—/201/—	—/201/—	—/20/6	667,188/201	39,000/201
60	昭平	230	153	4	4	4,021	153								
61	賀縣	296	197	5	5	3,714	197	貴州							
62	懷集	570	370	12	12	3,106	370	1	后坪	302	186	17	17	1,100	186
63	信都	390	260	12	12	2,081	260	2	沿河	275	169	11	11	1,507	169
64	蒼梧	641	428	14	14	3,166	428	3	婺川	228	140	6	6	2,192	140
65	藤縣	343	229	6	6	3,565	229	4	德江	166	102	6	6	1,760	102
66	岑溪	214	143	11	11	1,323	143	5	思南	305	187	8	8	2,255	187
67	容縣	273	182	8	8	2,155	182	17	鳳岡	194	119	8	8	2,610	123
68	北流	460	307	11	11	2,794	307	18	湄潭	321	197	12	12	1,855	342
69	陸川	240	160	10	10	1,654	160	19	正安	512	314	6	6	3,318	71
70	博白	472	315	9	9	3,577	315	20	綏陽	197	121	5	5	6,354	299
71	鬱林	347	231	12	12	1,883	231	21	桐梓	325	200	6	6	2,810	102
72	興業	121	81	8	8	1,004	81	22	鰼水	200	123	5	5	2,610	123
73	橫縣	313	209	9	9	2,416	209								
74	永淳	195	130	7	7	1,876	130								

23	赤水	557	342	18	18	1,855	342
24	仁怀	116	71	2	2	3,318	71
25	大定	486	299	5	5	6,354	299
26	毕节	166	102	4	4	2,810	102
27	威宁	180	111	1	1	8,773	111
28	水城	250	154	4	4	4,664	154
29	织金	306	188	4	4	4,534	188
30	黔西	368	226	5	5	4,119	226
31	息烽	220	135	14	14	975	135
32	修文	387	238	23	23	1,035	238
33	开阳	550	338	16	16	2,118	338
34	遵义	795	489	8	8	5,884	489
35	[illegible]	180	111	6	6	1,975	111
36	瓮安	101	62	3	3	2,246	62
37	黄平	360	221	10	10	2,525	221
38	余庆	297	183	15	15	1,225	183
39	施秉	110	68	6	6	1,167	68
40	[illegible]江	326	200	8	8	2,632	220
41	丹江	341	210	22	22	952	210
49	八寨	440	270	27	26	997	278
50	都江	160	98	8	8	1,175	98
51	三合	200	123	13	13	979	123
52	荔波	600	369	10	10	3,857	369
53	独山	162	100	4	20	2,745	549
54	都匀	290	178	8	8	2,230	178
55	麻江	150	92	7	7	1,265	92
56	炉山	183	112	8	8	1,44[illegible]	112
57	[illegible]	—	—	—	—	—	—
58	贵定	360	221	12	12	1,885	221

59	龙里	140	86	5	5	1,767	86
60	定番	260	160	6	25	2,565	64
61	广顺	119	73	5	5	1,497	73
62	长寨	240	148	20	20	742	148
63	贵阳	462	284	14	14	2,010	284
64	清镇	85	52	3	3	1,517	52
65	平坝	175	108	14	14	790	108
66	安顺	170	104	7	34	1,467	104
67	普定	181	111	10	10	1,092	111
68	郎岱	228	140	4	4	2,480	140
69	镇宁	300	184	12	12	1,600	184
70	关岭	499	307	11	11	2,760	307
71	安南	180	111	4	4	2,585	111
72	普安	225	138	7	7	1,907	138
73	盘县	434	267	8	10	3,454	345
74	兴仁	324	199	13	13	1,575	199
75	贞丰	1,152	708	42	42	1,695	708
76	紫云	163	100	4	4	2,715	100
77	罗甸	239	147	4	4	3,572	147
78	大塘	120	74	3	3	2,205	74
79	册亨	—	—	—	—	—	—
80	南龙	378	232	9	9	2,700	232
81	[illegible]义	350	215	5	5	4,2[illegible]	215
(四川)							
114	古蔺	620	381	7	7	5,588	381
116	兴文	318	195	37	37	526	195
117	长宁	520	307	24	24	1,294	307
118	珙县	170	104	9	9	1,1[illegible]7	104
119	筠连	199	122	36	36	342	122

120	高縣	195	120	9	9	1,393	120
125	昭覺	220	123	2	2	6,926	123
126	會理	489	301	3	3	9,567	301
127	鹽边	93	57	2	2	3,079	57
128	鹽源	1,200	738	10	10	7,237	738
129	西昌	504	310	4	4	7,040	310
130	冕寧	720	443	10	10	4,300	443
廣西							
1	西隆	202	134	3	3	4,449	134
2	西林	966	178	4	4	5,008	178
3	凌雲	425	284	2	2	11,760	284
4	鳳山	172	115	6	6	2,002	115
5	南丹	140	93	4	4	2,597	93
6	宜北	235	187	10	10	1,599	187
7	思恩	199	133	7	7	1,989	133
8	天河	128	85	6	6	1,431	85
9	羅城	246	164	6	6	2,896	164
10	融縣	480	320	8	8	4,014	320
31	宜山	547	368	7	7	4,975	365
32	河池	162	108	3	3	3,496	108
33	東蘭	157	100	7	7	1,457	100
34	百色	281	187	10	10	1,796	187
35	恩陽	147	98	4	4	2,625	98
36	鎮邊	293	196	9	9	2,180	196
37	靖西	336	224	8	8	2,932	224
38	天保	391	261	14	14	1,811	261
39	奉議	350	233	12	12	1,869	233
40	恩隆	264	176	3	3	5,547	176

41	思林	160	93	9	9	1,006	93
42	果德	268	179	8	8	2,334	179
44	那馬	102	68	5	5	1,320	68
45	都安	576	384	8	8	4,791	384
46	隆山	385	237	9	9	2,623	237
47	忻城	374	249	12	12	2,159	249
76	隆安	216	144	9	9	1,691	144
83	養利	170	113	16	16	729	113
84	鎮結	180	120	10	10	1,201	120
85	向都	326	217	24	24	895	217
86	龍茗	141	94	8	8	1,141	94
87	[illegible]	198	132	9	9	1,637	132
88	龍州	427	284	27	27	1,054	284
雲南							
1	維西	66	41	0.21	0.21	19,174	41
2	中甸	85	52	0.34	0.34	15,323	52
3	麗江	208	128	–	–	–	128
4	[illegible]	二	–	–	–	二	–
5	[illegible]						
6	華坪	527	324	10	10	3,156	324
7	大姚	96	59	2	2	3,356	59
8	永仁	178	109	1	1	10,411	109
9	鶴慶	201	124	2	2	1,716	124
10	劍川	80	49	2	2	2,311	49
11	蘭坪	101	62	1	1	16,908	62
12	雲龍	183	112	2	2	5,140	112
13	洱源	104	64	4	4	1,627	64
14	鄧川	74	45	3	3	1,546	45
15	賓川	225	138	6	6	2,340	138

16	鹽豐	219	130	8	8	1,597	130
17	祥雲	208	128	5	5	2,588	128
18	彌渡	117	72	9	9	790	72
19	鳳儀	70	43	5	5	830	43
20	大理	134	82	11	11	717	82
21	漾濞	38	23	3	3	677	23
22	永平	138	85	3	3	2,640	85
23	保山	214	132	2	2	8,100	132
24	龍陵	180	111	2	2	6,950	111
25	騰衝	313	192	1	1	17,041	192
26	鎮康	102	63	1	1	6,130	63
27	順寧	260	160	3	3	5,612	160
28	蒙化	276	170	4	4	4,250	170
29	楚雄	199	122	3	9	3,552	320
30	鎮南	128	79	3	3	2,353	79
31	姚安	177	109	6	6	1,820	98
32	鹽興	110	68	25	25	866	213
33	元謀	239	147	4	4	783	34
34	牟定	214	132	19	19	1,142	213
35	廣通	111	68	28	28	1,331	369
36	祿勸	160	98	6	6	1,505	98
37	羅次	347	213	25	25	866	213
38	富民	56	34	4	4	783	34
39	[illegible]民	346	213	19	19	1,142	213
40	[illegible]民	600	369	28	28	1,331	369
41	安寧	140	86	6	6	1,505	86
42	易門	56	34	3	3	1,162	34
43	雙柏	120	74	2	2	4,315	74
44	[illegible]	10	6	—	—	—	[illegible]
45	景東	179	110	2	2	6,703	[illegible]

46	[illegible]	218	134	3	3	3,868	134
47	瀾滄	247	152	4	4	3,686	152
48	[illegible]	503	309	1	1	27,388	309
49	景谷	82	50	1	1	7,260	50
50	鎮沅	29	18	0.42	0.42	4,208	18
51	新平	152	93	2	2	5,186	93
52	峨山	105	65	11	11	598	65
53	玉溪	95	58	7	7	870	58
54	昆陽	71	44	6	6	676	44
55	晉寧	50	31	8	8	376	31
56	呈貢	59	36	8	8	462	36
57	宜良	120	74	7	20	1,016	203
58	澂江	61	37	4	4	934	37
59	江川	35	22	5	5	407	22
60	河西	128	79	14	14	580	79
61	通海	24	15	4	4	389	15
62	石屏	116	71	2	2	4,354	71
63	元江	94	58	2	5	2,483	124
64	[illegible]江	158	97	3	3	3,858	97
65	[illegible]	268	165	2	2	7,070	165
66	思茅	144	89	0.44	0.44	19,937	89
67	[illegible]	—	—	—	—	—	—
68	[illegible]	199	122	1	1	8,214	122
69	[illegible]	244	150	8	8	1,878	150
70	[illegible]	318	195	8	25	2,462	616
71	文山	603	371	5	5	7,580	371
72	馬關	1,050	645	17	17	3,693	645
73	廣南	1,667	1,025	11	11	9,296	1,025
74	富州	572	315	1	1	2,891	315
75	邱北	564	347	8	8	[illegible]	347

76	阿迷	672	413	14	14	3,014	413
77	彌勒	1,095	673	18	18	3,720	673
78	[illegible]	1,080	664	49	49	1,353	664
79	路南	359	221	12	12	1,918	221
80	瀘西	166	98	3	3	3,058	98
81	師宗	113	69	2	2	3,346	69
82	羅平	150	92	2	2	4,116	92
83	陸良	225	138	4	4	3,351	138
84	馬龍	130	80	11	11	783	80
85	曲靖	250	154	61	61	258	154
86	平彝	335	206	9	9	3,181	206
87	霑益	315	194	11	11	1,710	194
88	尋甸	420	258	6	6	4,173	258
89	武定	434	267	8	8	3,454	267
90	祿勸	200	123	4	4	3,425	123
91	巧家	542	333	6	6	5,935	333
92	會澤	206	127	2	2	6,037	127
93	宣威	215	132	2	2	6,313	132
94	魯甸	553	340	24	24	1,397	340
95	昭通	800	492	32	32	1,538	492
96	彝良	806	495	16	16	3,066	495
97	鎮雄	1,362	837	17	17	4,809	837
98	威信	—	—	—	—	—	—
99	大關	225	138	8	8	1,737	138
100	永善	200	113	6	6	1,776	113
102	鹽津	580	356	23	23	1,538	356

附註：

在八個農業區內有數縣因缺乏材料，均被刪去，且其陸地總面積，並在百分之一以下。

各縣耕地面積畝數，摘自國民政府主計處統計局統計月報民國二十一年一二月合刊，並用1,628畝等於1方公里，每縣總面積，凡未有確切之水面面積，則稱為陸地總面積（若水面面積較多時，則稱為總面積）。化為平方公里時，係由國民政府某一部分所供給。計算各縣耕地面積百分比以後，再逐條與各區調查員之調查結果核對之，至於作物面積方面，雖各縣總面積之報告與耕地面積[illegible]，其百分比，通常均甚低，推其原因，由於調查員估計之[illegible]及作物面積化為平方公里時之改變。

各區百分比由各區之總計計算而得，並非各縣百分比之平均數。

(a) 在綏遠、甘肅及察哈爾三省內，計算各縣總面積時，僅在農業區域內用其總面積之一部，由該省中有幾縣僅有總面積之[illegible]在山谷及沙漠之間，春麥區並在其內，總數用此陸數計算者，春麥區平均數者，乃春麥區之總面積，並非各縣之總面積，因各縣之總面積較大。依同理，仍用春麥區之同樣總數計算全國及小麥地帶各總數。

(b) 此處之總面積，並非全縣之陸地總面積，僅係春麥區以內之估計數目。

(c) 四川省有一部分面積在四川水稻區以外，故計算總面積時與附註(a)相同，僅用區域以內之總數。

青海省無數字記載，僅用耕地百分比之估計計算其面積（約佔9.3[illegible]）

於春麥區

廣西省之數字，錄自民國二十年廣西年鑑（中文本）

第二表　八个农业区内耕地总面积之百分比

第二表　八個農業区内耕地總面積之百分比：引用統計月報内之數字而根據土地利用材料加以修正

地帶及區	統計月報内耕地面積佔土地利用所調查各區内耕地面積之百分比(a)	前行百分比之倒數即用來校正各數字之比數	統計月報内未經校正之耕地總面積（千英畝）(b)	已校正耕地之耕地總面積（千英畝，用前欄各數字之比數乘之）	土地總面積（平方英里）	耕地面積之百分比	各區耕地總面積之百分比
中國	—	—	—	339,644	1,358,905	25	100
小麥地帶	—	—	—	172,916	445,174	39	51
水稻地帶	—	—	—	166,728	913,731	18	49
小麥地帶各區							
春麥區	74	1.35	16,366	22,056	123,119	18	7
冬麥小米區	74	1.35	23,607	31,869	146,609	22	9
冬麥高粱區	71	1.41	84,392	118,993	175,446	68	35
水稻地帶各區							
揚子水稻小麥區	87	1.15	35,068	40,328	115,919	35	12
水稻茶區	85	1.18	36,122	42,624	262,374	18	12
四川水稻區	57	1.75	27,188	47,579	149,835	32	14
水稻兩穫區	89	1.12	17,103	19,155	148,710	13	6
西南水稻區	83	1.20	14,202	17,042	256,893	7	5

(a) 見第八表

(b) 見第一表耕地總面積欄內

第三表　在每农业区域内农户总数目及平均每户作物面积算得之耕地总面积之百分比

第三表　在每农业区域内农户总数目及平均每户作物面积算得之耕地总面积之百分比

地带及区	(a) 农户总数目	(b) 平均每户之作物面积（英亩）	作物面积总计 英亩	作物面积总计 英方里	土地总面积（平方英里）	耕地面积之百分比
中国	—	—	205,398,260	320,935	1,358,905	24
小麦地带	—	—	110,822,010	173,159	445,174	39
水稻地带	—	—	94,576,250	147,776	913,731	16
小麦地带各区						
春麦区	2,060,000	7.31	15,058,600	23,529	123,119	19
冬麦小米区	3,751,000	3.71	13,916,210	21,744	146,609	15
冬麦高粱区	16,080,000	5.09	81,847,200	127,886	175,446	73
水稻地带各区						
扬子水稻小麦区	9,554,000	3.51	33,534,540	52,398	115,919	45
水稻茶区	10,688,000	2.22	23,727,360	37,074	242,374	15
四川水稻区	6,093,000	3.14	19,132,020	29,894	149,835	20
水稻两获区	5,379,000	2.27	12,210,330	19,079	148,710	13
西南水稻区	2,986,000	2.00	5,972,000	9,331	256,893	4

(a) 农户数目录自国民政府主计处统计局统计月报民国二十年一二月合刊，见人口一章第一表

(b) 录自田场企业之大小一章

第四表　在各项材料来源中耕地面积之百分比

第四表、在各項材料來源中[illegible]面積之百分比

地帶及區	土地利用縣調查材料（147縣）(a)	統計月報內各區已經校正者 (b)	各農業區內之農場數目以每田場平均作物面積乘之 (c)	統計月報材料由農業區調查員已經校正者 (d)
中國	57	25	24	23
小麥地帶	65	39	39	32
水稻地帶	51	18	16	18
小麥地帶各區				
春麥區	19	18	19	15
冬麥小米區	53	22	15	22
冬麥高粱區	86	68	73	52
水稻地帶各區				
揚子水稻小麥區	71	35	45	38
水稻茶區	40	18	15	18
四川水稻區	49	32	20	30
水稻兩穫區	19	13	13	12
西南水稻區	17	7	4	6

(a) 第九表
(b) 第二表
(c) 第三表
(d) 第一表

第五表　陆地及水面面积之用途

第五表　陸地及水面面積之用途（估計）

中國21省171縣266地區之調查（1929—1933）

地帶、區及地區	下列各項土地佔陸地總面積之百分比：耕地	未墾地：總計	未墾地：有堪者	未墾地：不堪者	未墾地中耕地所佔之百分比	陸地佔總面積之百分比(b)	水面佔總面積之百分比(b)	有堪用途之私有水面面積佔水面總面積之百分比
中國								
地區數目	266	266	266	266	264	247	247	227
平均數	64	36	26	10	11	91.3	8.7	11.7
小麥地帶								
地區數目	107	107	107	107	106	96	96	85
平均數	73	27	16	11	6	93.8	6.2	0.5
水稻地帶								
地區數目	159	159	159	159	159	151	151	142
平均數	59	41	32	9	14	89.7	10.3	18.3
小麥地帶各區								
春麥區								
地區數目	14	14	14	14	14	12	12	11
平均數	41	59	35	24	19	87.7	6.3	*
甘肅								
鎮番	50	50	30	20	0	98.0	2.0	0
皐蘭	90	10	6	4	2	100	0	0
臨洮	15	85	51	34	9	98.0	2.0	0
武威	60	40	14	26	0	100	0	0
永登	90	10	9	1	0	98.0	2.0	0
[illegible]寧 實泉	25	75	25	50	71	—	—	—
寧夏 寧夏	66	34	14	20	10	40.0	60.0(6)	0
山西 寧武(一)	30	70	63	7	63	98.0	2.0	0
寧武(二)	30	70	49	21	4	99.5	0.5	0
寧武(三)	60	40	20	20	0	97.0	3.0	0
青海								
貴德(一)	40	60	48	12	18	—	—	—
貴德(二)	8	92	83	9	46	99.0	1.0	*
湟源	10	90	36	54	18	98.0	2.0	—
玉樹	5	95	41	54	29	99.0	1.0	0
冬麥小米區								
地區數目	53	53	53	53	52	49	49	42
平均數	66	34	19	15	7	94.4	5.6	*
河南								
靈寶	80	20	6	14	10	95.0	8.0	0
洛陽(一)	92	8	8	0	8	98.0	4.0	0
洛陽(二)	95	5	5	0	4	95.0	2.0	0
河北								
鮮(一)	25	75	45	30	4	92.0	8.0	0
鮮(二)	30	70	35	35	7	96.0	4.0	0
鮮(三)	40	60	33	27	3	98.0	2.0	0
甘肅								
平涼	97	3	2	1	*	100	0	0
天水	60	40	40	0	8	100	0	0
山西								
臨縣(一)	20	80	40	40	2	98.0	2.0	0
〃〃(二)	21	79	47	32	—	95.0	5.0	0
〃〃(三)	22	78	70	8	*	98.0	2.0	0
〃〃(四)	20	80	56	24	2	97.0	3.0	0
〃〃(五)	19	81	24	57	1	98.5	1.5	0

平定(一)	20	80	0	80	0	100.0	0	0
平定(二)	20	80	0	80	0	100.0	0	0
平定(三)	20	80	0	80	0	100.0	0	0
壽陽(一)	70	30	2	28	0	95.0	5.0	0
〃〃(二)	40	60	6	54	12	98.0	2.0	0
〃〃(三)	50	50	1	49	1	95.0	5.0	0
陝西								
長安	98	2	1	1	1	95.0	5.0	5.0
鎮安	60	40	38	2	16	99.0	1.0	—
盩厔	80	20	16	4	2	99.0	1.0	*
中部	50	50	5	45	5	100.0	0	0
鳳翔(一)	100	0	0	0	0	90.0	10.0	0
鳳翔(二)	20	80	60	40	40	95.0	5.0	0
鄠縣	60	40	28	12	24	99.0	1.0	—
扶風(一)	85	15	11	4	6	99.0	1.0	0
扶風(二)	70	30	30	0	0	80.0	20.0	0
廣大	33	67	67	0	47	99.0	1.0	—
韓城(一)	95	5	4	1	4	30.0	70.0(c)	—
韓城(二)	50	50	50	0	30	—	—	—
興平(一)	70	30	30	0	0	70.0	30.0	0
〃〃(二)	100	0	0	0	0	100.0	0	0
〃〃(三)	100	0	0	0	0	100.0	0	0
郃陽	100	0	0	0	0	100.0	0	0
郿縣	100	0	0	0	0	70.0	30.0	0
華縣	70	30	9	21	9	99.0	1.0	0
宜君	60	40	40	0	12	99.9	0.1	—
宜川	35	65	65	0	0	—	—	—
臨潼(一)	70	30	24	6	9	90.0	10.0	0
〃〃(二)	99	1	0	1	0	100.0	0	0
洛川	84	16	16	0	0	100.0	0	0
三原	99	1	1	0	0	97.0	3.0	—
咸陽(一)	85	15	15	0	15	85.0	15.0	0
咸陽(二)	100	0	0	0	0	95.0	5.0	*
栒邑(一)	90	10	6	4	6	100.0	0	0
栒邑(二)	90	10	6	4	6	100.0	0	—
大荔	99	1	1	0	0	—	—	—
同官	—	—	—	—	—	—	—	—
武功(一)	60	40	40	0	12	97.0	3.0	0
武功(二)	100	0	0	0	0	100.0	0	0
武功(三)	70	30	12	18	5	100.0	0	0
耀縣	100	0	0	0	0	90.0	10.0	0
延長	50	50	49	1	35	—	—	—
冬麥高產區								
地區數目	40	40	40	0	40	35	35	32
平均數	93	7	5	2	1	93.0	7.0	1.3
河南								
安陽	97	3	3	0	0	99.0	1.0	0
襄城	85	15	15	0	12	88.0	12.0	0
開封	75	25	15	10	0	80.0	20.0	0
臨漳(一)	98	2	1	1	0	96.0	4.0	—
臨漳(二)	99	1	1	[illegible]	0	98.0	2.0	0
臨漳(三)	96	4	2	2	0	98.0	2.0	0
孟津	95	5	4	1	0	80.0	20.0	0
南陽	78	22	11	11	1	90.0	10.0	0
商邱	95	5	5	0	0	90.0	10.0	1
修武	—	—	—	—	—	—	—	—
鄢陵	—	—	—	—	—	—	—	—

河北								
正定(一)	95	5	1	4	0	95.0	5.0	0
〃(三)	96	6	1	5	*	96.0	4.0	0
交河	100	0	0	0	0	100.0	0	0
南宫	99	1	1	*	0	—	—	—
順義	99	1	0	1	0	99.0	1.0	0
定縣	96	4	3	1	0	98.0	2.0	0
青縣	100	0	0	0	0	99.0	1.0	0
江蘇								
睢寧	70	30	18	12	12	92.0	8.0	0
宿遷	85	15	15	0	0	95.0	5.0	0
山東								
霑化	99	1	0	1	0	100.0	*	0
慶雲	92	8	6	2	2	95.0	5.0	5.0
黄縣(一)	99	1	1	*	1	100.0	*	0
黄縣(二)	99	1	1	0	0	—	—	—
福山	90	10	6	4	4	50.0	50.0	0
惠民(一)	100	0	0	0	0	99.8	0.2	0
惠民(二)	100	0	0	0	0	99.5	0.5	—
沂水	85	15	10	5	0	95.0	5.0	5.0
即墨	62	38	30	8	0	80.0	20.0	20.0
萊陽	90	10	5	5	2	95.0	5.0	0
聊城(一)	100	0	0	0	0	—	—	—
聊城(二)	100	0	0	0	0	100.0	0	—
聊城(三)	100	0	0	0	0	—	—	—
臨沂	86	14	14	0	0	93.0	7.0	0
臨清(一)	98	2	1	1	0	99.2	0.8	0
臨清(二)	98	2	*	2	0	99.5	0.5	0
郯城	70	30	9	21	0	90.0	10.0	10.0

濮邑(一)	97	3	1	2	2	100.0	0	0
〃(二)	98	2	1	1	1	100.0	0	0
德縣(一)	99	1	1	*	0	99.9	0.1	0
德縣(二)	99	1	1	*	0	—	—	—
昌樂	90	10	4	6	1	65.0	35.0	0
水稻地帶各区								
揚子江水稻及小麦地區農月平均数	31/84	31/16	31/12	31/4	31/6	25/83.2	25/16.8	25/22.4
安徽								
鳳陽	70	30	15	15	15	90.0	10.0	0
懷遠	85	15	8	7	8	90.0	10.0	60.0
來安	60	40	36	4	16	—	—	—
浙江								
杭縣	95	5	4	1	4	70.0	30.0	20.0
吳興(一)	100	0	0	0	0	85.0	15.0	4.0
嘉興(一)	90	10	10	0	0	88.0	12.0	0
河南								
商城	35	65	58	7	20	10.0	90.0(e)	50.0
湖北								
安陸(一)	80	20	18	2	0	80.0	20.0	10.0
〃(二)	60	40	40	0	2	95.0	5.0	10.0
〃(三)	90	10	7	3	2	90.0	10.0	2.0
〃(四)	95	5	4	1	*	80.0	20.0	9.0
孝感	80	20	12	8	1	90.0	10.0	10.0

武進(二)	90	10	0	10	0	70.0	30.0	100.0
溧陽(一)	90	10	0	10	8*	99.5	0.5	9
〃〃(二)	90	10	10	0		98.0	2.0	90.0
鹽城(一)	85	15	0	15	12	97.0	3.0	0
〃〃(二)	95	5	0	5	5	75.0	25.0	2.0
〃〃(三)	95	5	5	0	4	70.0	30.0	0
嘉定(一)	90	10	10	0	10	95.0	5.0	5.0
〃〃(二)	90	10	1	9	10	90.0	10.0	10.0
〃〃(三)	90	10	10	0	10	80.0	20.0	60.0
〃〃(四)	90	10	10	0	10	85.0	15.0	1.0
江蘇 常熟	95	5	4	1	5	—	—	—
興化	98	2	2	0	1	—	—	—
淮安(一)	70	30	18	12	0	80.0	20.0	16.0
淮安(二)	80	20	16	4	0	90.0	10.0	90.0
淮陰	92	8	8	0	*	92.0	8.0	0
江寧	85	15	15	0	12	—	—	—
江陰	70	30	24	6	6	—	—	—
吳江	90	10	10	0	10	—	—	—
銅山	78	22	22	0	4	90.0	10.0	8.0
水稻茶區								
地區數目	59	59	59	59	58	58	58	57
平均數	64	36	32	4	18	86.6	13.4	26.8
安徽								
石埭	10	90	85	5	36	98.0	2.0	0
太平	17	83	82	1	42	100.0	0	20.0
青陽	45	55	54	1	11	90.0	10.0	10.0
浙江								
諸暨	80	20	19	1	10	99.0	1.0	20.0
奉化	95	5	5	0	*	90.0	10.0	0
金華	60	40	39	1	16	92.0	8.0	5.0
蘭谿	45	55	44	11	17	97.0	3.0	0
臨安	60	40	40	0	36	97.0	3.0	0
鄞縣	62	38	38	0	0	20.0	80.0(c)	*
紹興(一)	40	60	59	1	48	95.0	5.0	0
淳安(一)	62	38	36	2	27	75.0	25.0	10.0
淳安(二)	62	38	37	1	19	—	—	—
桐廬(一)	60	60	57	3	12	96.0	4.0	0
桐廬(二)	70	30	28	2		98.0	2.0	0
永嘉	98	2	2	0		96.0	4.0	100.0
餘姚(二)	90	10	10	0		92.0	8.0	1.0

* 此數在0.05以下

(a) 此種材料係蠶業概況調查表之估計

(b) 此項估計依地面總面積內所覺陸地太高水地太低

(c) 尚有少數縣份例如陝西韓城(一)河南商城及浙江縣份其百分比顯係過高。

福建	長汀	—	—	—	—	—	—	—	—
湖南	常德	95	5	5	0	4	60.0	40.0	10.0
	桃源縣	60	40	36	4	20	95.0	5.0	30.0
	衡山(一)	40	60	54	6	54	99.0	1.0	60.0
	〃 〃(二)	50	50	48	2	45	95.0	5.0	50.0
	衡陽	40	60	57	3	24	90.0	10.0	5.0
	宜章(一)	30	70	70	0	42	99.0	1.0	60.0
	〃 〃(二)	40	60	48	12	—	90.0	10.0	10.0
	耒陽(一)	50	50	45	5	25	95.0	5.0	90.0
	〃 〃(二)	60	40	38	2	20	99.0	1.0	—
	醴陵(一)	80	20	20	0	2	99.0	1.0	*
	醴陵(二)	80	20	18	2	4	90.0	10.0	80.0
	甯鄉(一)	60	40	39	1	36	90.0	10.0	50.0
	〃 〃(二)	85	15	15	0	0	95.0	5.0	60.0
	〃 〃(三)	70	30	29	1	18	90.0	10.0	60.0
	邵陽(一)	75	[illegible]	25	0	13	95.0	5.0	90.0
	邵陽(二)	50	50	47	3	15	95.0	5.0	30.0
	湘陰(一)	60	40	34	6	6	80.0	20.0	80.0
	桃源(一)	95	5	5	0	1	80.0	20.0	2.0
	〃 〃(二)	70	30	27	3	12	90.0	10.0	10.0
	益陽(一)	45	55	55	0	11	85.0	15.0	5.0
	益陽(二)	55	45	45	0	7	90.0	10.0	10.0
	益陽(三)	75	25	25	0	3	75.0	25.0	0
	攸縣(一)	60	40	36	4	20	90.0	10.0	3.0
	〃 〃(二)	75	25	25	0	10	90.0	10.0	20.0
江西	浮梁	60	40	40	0	36	80.0	20.0	0

	湖口(一)	[illegible]	15	15	0	2	70.0	30.0	80.0
	湖口(二)	[illegible]	30	30	0	2	80.0	20.0	30.0
	高安	[illegible]	58	43	15	44	90.0	10.0	1.0
	南昌(一)	70	30	24	6	15	80.0	20.0	30.0
	南昌(二)	90	10	1	9	9	70.0	30.0	20.0
	〃 〃(三)	90	10	2	8	8	90.0	10.0	100.0
	〃 〃(四)	70	30	12	18	10	60.0	40.0	30.0
	〃 〃(五)	90	10	9	1	1	85.0	15.0	15.0
	萍鄉	40	60	36	24	24	95.0	5.0	55.0
	鄱陽(一)	95	5	5	0	*	80.0	20.0	70.0
	〃 〃(二)	60	40	38	2	20	70.0	30.0	5.0
	〃 〃(三)	70	30	30	0	30	80.0	20.0	90.0
	〃 〃(四)	75	25	1	24	*	70.0	30.0	2.0
	德安(一)	60	40	32	8	32	98.0	2.0	0.8
	德安(二)	40	60	48	12	60	98.0	2.0	0
	〃 〃(三)	65	35	31	4	32	90.0	10.0	1.0
	都陽(一)	90	10	9	1	9	70.0	30.0	60.0
	〃 〃(二)	85	15	8	7	6	75.0	25.0	70.0
四川	水稻区								
	地区数目	9	9	9	9	9	8	8	8
	平均数	83	17	12	5	9	98.2	16	13.3
陕西	南鄭(一)	80	20	18	2	18	96.0	4.0	4.0
	〃 〃(二)	100	0	0	0	0	98.0	2.0	14.0
	〃 〃(三)	100	0	0	0	0	100.0	0	0
	〃 〃(四)	98	2	2	*	1	98.0	2.0	12.0
	〃 〃(五)	100	0	0	0	0	100.0	0	0

西康								
康定	30	70	70	0	56	—	—	—
四川								
涪陵	80	20	1	19	[illegible]	100.0	0	0
仁寿	95	5	1	4	*	100.0	0	0
開江	65	35	18	17	2	95.0	5.0	80.0
水稻两熟区								
地区数目	28	28	28	28	28	28	28	24
平均数	36	64	52	12	9	94.0	6.0	9.4
福建								
福清	65	35	14	21	18	65.0	35.0	0
江西								
[illegible]	—	—	—	—	—	—	—	—
大庾	—	—	—	—	—	—	—	—
廣東								
[illegible]	30	70	69	1	14	99.0	1.0	0.1
[illegible]	15	85	76	9	0	99.0	1.0	10.0
[illegible]	40	60	51	9	12	98.0	2.0	10.0
[illegible]	40	60	54	6	6	99.0	1.0	0.1
[illegible]	40	60	48	12	3	98.0	2.0	2.0
揭陽	40	60	36	24	48	85.0	15.0	2.0
高要	30	70	56	14	4	90.0	10.0	—
曲江	35	65	45	20	6	85.0	15.0	0.5
廉江	30	70	56	14	14	100.0	0	*
羅定	38	62	56	6	5	96.0	4.0	1.0

武宣	30	70	49	21	7	99.0	1.0	5.0
[illegible]	20	80	64	16	4	92.0	8.0	1.0
南雄(一)	40	60	54	6	5	95.0	5.0	60.0
南雄(二)	50	50	45	5	4	99.0	1.0	50.0
南雄(三)	30	70	56	14	6	95.0	5.0	40.0
遂溪	38	62	56	6	12	99.0	1.0	0.1
新會	50	50	40	10	3	85.0	15.0	—
台山	45	55	49	6	3	95.0	5.0	0.8
德慶	30	70	49	21	1	90.0	10.0	1.0
電白	42	58	52	6	4	95.0	5.0	—
紫金	30	70	42	28	4	96.0	4.0	—
[illegible]	80	20	18	2	1	98.0	2.0	1.0
[illegible]	15	85	76	9	7	95.0	5.0	1.0
[illegible]	30	70	49	21	49	97.0	3.0	35.0
[illegible]	20	80	68	12	2	96.0	4.0	0.8
恩平	30	70	59	11	4	99.0	1.0	0.1
陽江	35	65	55	10	5	93.0	7.0	3.0
西南水稻区								
地区数目	32	32	32	32	32	32	32	28
平均数	39	61	38	23	21	94.4	5.6	2.6
貴州								
安順(一)	33	67	10	57	7	99.8	0.2	1.0
〃〃(二)	50	50	10	40	8	99.0	1.0	0
〃〃(三)	40	60	18	42	6	98.0	2.0	0.5
貴陽	65	35	21	14	21	99.2	0.8	—
[illegible](一)	60	40	24	16	8	99.5	0.5	0
[illegible](二)	60	40	26	14	6	99.5	0.5	0
〃〃(三)	60	40	28	12	8	99.9	0.1	0

	定番	25	75	30	45	60	99.8	0.2	*
	遵义(一)	10	90	45	45	14	99.0	1.0	0.5
	〃 〃(二)	20	80	32	48	20	99.5	0.5	1.0
	〃 〃(三)	20	80	60	20	16	99.8	0.2	0.5
	独山	20	80	80	0	28	99.9	0.1	—
云南									
	宜良(一)	35	65	20	45	20	98.0	2.0	1.0
	〃 〃(二)	25	75	30	45	15	99.0	1.0	90.0
	〃 〃(三)	35	65	52	13	33	99.0	1.0	1.0
	昆明(一)	40	60	54	6	48	70.0	30.0	10.0
	〃 〃(二)	50	50	35	15	25	85.0	15.0	10.0
	昆明(三)	50	50	40	10	25	85.0	15.0	10.0
	〃 〃(四)	30	70	56	14	21	78.0	22.0	10.0
	蒙自(一)	25	75	45	30	11	99.0	1.0	1.0
	〃 〃(二)	60	40	28	16	4	100.0	0	0
	〃 〃(三)	70	30	18	12	3	100.0	0	0
	宾川(一)	10	90	89	1	23	91.0	9.0	0
	〃 〃(二)	18	82	49	33	29	93.0	7.0	—
	大理	90	10	9	1	7	70.0	30.0	0
	楚雄(一)	40	60	42	18	6	99.0	1.0	50.0
	〃 〃(二)	30	70	63	7	14	95.0	5.0	0
	楚雄(三)	30	70	42	28	21	98.0	2.0	1.0
	元	45	55	54	1	54	92.0	8.0	—
	玉溪(一)	40	60	36	24	26	98.0	2.0	0
	〃 〃(二)	30	70	35	35	35	90.0	10.0	0
	〃 〃(三)	25	75	52	23	45	90.0	10.0	0

* 此数在0.05以下

(a) 此种材料系著者根据调查者之估计

(b) 此项估计在云南[illegible]

太低。

第六表 有生产之荒地面积与有生产之公有水面面积及其用途

第六表 有生产之荒地面积与有生产之公有水面面积及其用途（估计）

中国20省155县之调查（1929-1933）

地带区及县	有生产之荒地面积估普通地面积之百分比	下列用途在有生产之荒地面积中各估之百分比：森林	灌木	草地	芦苇	牧场	其他：名称	其他：百分比	水面面积估普通面积之百分比	下列用途在有生产之公有水面面积中各估之百分比：鱼类	水生作物	其他：名称	其他：百分比
中国 县数 / 平均数	121 / 52.5	135 / 22.8	135 / 28.1	135 / 23.8	135 / 5.2	135 / 11.9	135 / —	135 / 8.2	131 / 5.7	84 / 74.5	84 / 8.6	84 / —	84 / 16.9
小麦地带 县数 / 平均数	48 / 38.0	52 / 21.4	52 / 26.5	52 / 19.8	52 / 7.7	52 / 14.7	52 / —	52 / 9.9	58 / 5.3	21 / 54.0	21 / 12.9	2 / —	21 / 33.1
水稻地带 县数 / 平均数	73 / 62.1	83 / 33.6	83 / 29.1	83 / 26.3	83 / 3.6	83 / 10.2	83 / —	83 / 7.2	73 / 5.0	63 / 81.3	63 / 7.2	63 / —	63 / 11.5
小麦地带各区													
春麦区 县数 / 平均数	8 / 43.1	9 / 13.4	9 / 17.2	9 / 14.0	9 / *	9 / 33.2	9 / —	9 / 22.2	9 / 5.3	3 / 35.2	3 / 31.6	3 / —	3 / 33.6
甘肃 皋兰 / 武威	45 / —	0 / 33	1 / 20	15 / 0	0 / 0	0 / 47	— / —	84 / 0	0.3 / 0	0 / —	0 / —	— / —	100 / —
宁夏 宁夏	40	0	23.3	76.7	0	0	—	0	30	5.7	94.3	—	0
山西 宁武 / 静乐	45 / 10	80 / 0	19.5 / 60	0.4 / 0	0.1 / 0	0 / 0	— / [illegible]	0 / 40	20 / 15.3	100 / —	0 / —	— / —	0 / 0
陕西 定边 / 榆林	75 / 0	0 / 0	5 / 6	28 / 3	0 / 0	67 / 15	— / —	0 / 76	0 / 0	— / —	— / —	— / —	— / —
青海 湟源 / 西宁	70 / 60	2 / 5	10 / 10	3 / 0	0 / 0	85 / 85	— / —	0 / [illegible]	0.4 / 0.1	— / —	— / —	— / —	— / —

冬麦小麦区	县数	15	18	18	18	18	18	18	18	18	4	4	4	4
	平均数	23.8	29.5	23.7	25.0	10.4	7.3	—	4.1	25	42.5	7.5	—	50.0
河南	灵宝	20	20	0	80	0	0	—	0	—	—	—	—	—
	洛阳	0	20	40	0	10	0	—	30	3.6	—	—	—	—
	济源	80	55	20	0	0	25	—	0	2.3	100	0	—	0
河北	阜平	30	7.7	6	0	0	88.3	—	0	2.0	—	—	—	—
甘肃	平凉	60	20	80	0	0	0	—	0	0	—	—	—	—
	天水	—	12	10	78	0	0	—	0	0	—	—	—	—
山西	安邑	15	0	0	0	100	0	—	0	8.1	0	0	[illegible]	100
	临县	0.1	18.4	55	13.3	5.0	0	—	8.3	3.0	—	—	—	—
	平定	10	0	0	8	15	0	—	0	0	—	—	—	—
	寿阳	—	75	25	0	0	0	—	0	10.7	—	—	—	—
	忻县	2	30	30	30	1	6	—	5	2.0	0	0	硝	100
	太谷	—	—	—	—	—	—	—	—	0.7	—	—	—	—
	晋城	*	38	17	0	45	0	—	0	0	—	—	—	—
	清源	—	—	—	—	—	—	—	—	0.9	70	30	—	0
	武乡	10	0	55	24	11	5	[illegible]	5	4.2	—	—	—	—
陕西	镇安	30	65	16	19	0	0	—	0	0.4	—	—	—	—
	盩厔	50	75	25	0	0	0	—	0	1.0	—	—	—	—
	扶风	30	0	0	100	0	0	—	0	—	—	—	—	—
	郿县	—	0	0	0	0	0	—	0	[illegible]	—	—	—	—

郟縣	—	70	10	0	—	0	—	20	—	—	—	—	—
商縣	20	25	40	20	0	10	—	5	1.3	—	—	—	—
冬麥高粱區 縣數	25	25	25	25	25	25	25	25	31	14	14	14	14
平均數	44.8	18.5	31.9	18.3	8.5	13.2	—	9.6	6.9	61.3	10.5	—	28.2
河南 汲縣	80	0	30	40	10	20	—	0	0.4	90	10	—	0
襄城	60	23	18	12	0	20	—	27	30.1	13	5	—	82
開封	60	20	30	20	10	10	—	10	31.8	—	—	—	—
臨漳	38	0	100	0	0	0	—	0	7.5	—	—	—	—
南召	50	10	20	15	20	15	—	20	1.5	30	40	—	30
泌陽	50	0	10	10	0	80	—	0	6.1	95	5	—	0
郾城	—	50	30	6	1	0	—	14	10.0	50	15	—	35
河北 昌黎	80	0	52.5	10	7.5	7.5	—	22.5	2.0	100	0	—	0
正定縣	20	0	100	0	0	0	—	0	4.2	—	—	—	—
冀縣	—	—	—	—	—	—	—	—	0.2	—	—	—	—
交河	0	—	—	—	—	—	—	—	2.8	—	—	—	—
南宮	—	0	5	60	0	35		0	0	—	—	—	—
徐水	—	0	0	80	0	20	—	0	0.1	—	—	—	—
滄縣	15	0	0	0	80	0	—	20	1.7	100	0	—	0
青縣	0	—	—	—	—	—	—	—	3.1	—	—	—	—
固[illegible]	10	—	—	—	—	—	—	—	0.1	100	0	—	0
江蘇 [illegible]	60	3	2	40	30	20	—	5	26.0	50	25	—	25
山東 嘉[illegible]	—	50	20	3	20	5	—	2	—	—	—	—	—
恩縣	99.5	0	95	3	1	0	—	1	—	—	—	—	—
福山	80	37	43	10	5	5	—	0	10.0	—	—	—	—

惠民	0	—	—	—	—	—	—	—	12	—	—	—	—
沂水	20	7	16	20	17.3	32.7	—	7	6.1	—	—	—	—
日照	80	50	30	5	0	5	—	10	25.0	80	0	—	20
莱陽	20	22	35	29	0	13.0	—	1	5.0	—	—	—	—
臨沂	80	40	30	5	0	5	—	20	10.0	50	0	—	50
臨沂	60	60	0	0	0	0	—	40	—	—	—	—	—
寧陽	40	38	39	13	10	0	—	0	*	—	—	—	—
平源	—	—	—	—	—	—	—	—	0.3	27.6	0	—	72.6
泰安	40	22	35	15	0	28	—	0	10.0	—	—	—	—
[illegible]	75	0	19	42	0	0	—	39	0	—	—	—	—
[illegible]	—	—	—	—	—	—	—	—	1.6	—	—	—	—
即墨	2	30.9	38.2	19.1	0	9.6	—	2.2	—	30	20	—	50
濟寧	—	—	—	—	—	—	—	—	15.3	43	27	—	30
禹城	—	—	—	—	—	—	—	—	0.9	—	—	—	—
水稻地帶各區縣平均數	18 62.7	16 11.6	16 19.2	16 18.8	16 7.0	16 25.6	16 —	16 17.8	13 13.9	14 60.7	14 14.1	14 —	14 25.2
安徽 合肥	80	10	23	58	0	9	[illegible]	*	3.5	100	0	—	0
六安	60	40	25	25	0	5	—	5	0.5	70	20	—	10
定遠	75	0	7	0	0	93	—	—	—	—	—	—	—
蕪湖	90	5	20	55	20	0	—	0	23.7	83	17	—	0
浙江 餘姚	90	25	32.5	22.5	0	0	竹	20	4.0	96.5	5.5	—	0
河南 信陽	90	40	30	30	0	0	—	0	40.5	70	0	—	30
湖北													

安陸	90	15	17.5	5	0	32.5	—	30	—	10	2.5	—	87.5
漢川	80	0	40	0	30	30	—	0	—	55	45	—	0
黃陂	90	—	—	—	—	—	—	—	—	—	—	—	—
孝感	23	0	40	20	10	10	沙地	20	—	10	10	—	80
棗陽	30	0	15	50	0	35	—	0	18.2	60	40	—	0
武昌	85	—	—	—	—	—	—	—	—	—	—	—	—
應城	0	0	10	0	0	80	—	10	13.3	70	10	—	20
雲夢	0	0	0	0	0	50	—	50	0.4	5	10	—	85
[illegible]	0	0	0	0	0	0							
江西 彭澤	90	0	10	20	0	60	—	10	—	80	5	—	15
江蘇 常熟	95	—	—	—	—	—	—	—	2.7	—	—	—	—
鎮江	—	—	—	—	—	—	—	—	0.2	—	—	—	—
淮陰	0	20	17	10.0	33	0	—	20	16.7	6.2	33	—	25
丹陽	—	0	0	0	0	0	森林樹林林石 灌木及草地	100	—	—	—	—	—
吳縣	—	30	20	5	20	5	—	20	29.7	100	0	—	0
鹽城	60	—	—	—	—	—	—	—	36.7	—	—	—	—
水稻茶區 縣數	28	28	28	28	28	28	28	28	25	26	26	26	26
平均數	68.3	22.4	34.9	31.7	1.9	4.4	—	5.4	7.4	91.0	3.0	—	6.0
安徽 歙縣	96	40	30	26	1	0	竹	3	1.2	100	0	—	0
休寧	99	20	40	30	0	10	〃	0	0.3	100	0	—	0
太平	99	50	30	20	0	0	〃	0	0.03	100	0	—	0
婺源	99	20	50	43	1	1	〃	0	0	100	0	—	0
浙江 奉化	60	25	47.5	15	0	0	竹	12.5	1.1	100	0	—	0
富陽	70	5	10	60	0	0	〃	25	—	100	0	—	0

黄岩	0	—	—	—	—	—	—	—	4.1	—	—	—	—
臨海	95	20	15	64	1	0	—	0	2.5	100	0	—	0
麗水	96	20	30	48	1	1	—	0	3.8	100	0	—	0
紹興	64	—	—	—	—	—	—	—	5.5	—	—	—	—
淳安	60	17.5	25	54	0.5	3	—	0	4.5	80	20	—	0
新登	80	5	5	85	0	0	竹	5	0.4	100	0	—	0
湯溪	80	70	20	0	0	0	蘆葦荒地牧場	10	0.7	100	0	—	0
桐廬	88	13	33	37	5	8	竹	4	2.1	100	0	—	0
東陽	—	71.7	20	8.3	0	0	〃	0	9.7	—	—	—	—
永嘉	98	20	25	47	3	0	〃	5	1.6	—	—	—	—
福建 南平	0	40	90	15	0	0	竹	95	9.4	100	0	—	0
湖南													
長沙	10	—	—	—	—	—	—	—	12.0	—	—	—	—
常德	90	30	50	18	0	2	—	0	25.9	36.7	11.7	—	51.6
郴縣	85	5	50	10	35	0	—	0	1.6	100	0	—	0
衡陽	50	5	70	15	0	10	—	0	10.5	99	1	—	0
醴陵	70	12	80	8	0	0	—	0	—	73	2	—	25
臨湘	—	35	30	0	0	5	—	30	—	90	9	—	1
湘潭	30	2	63	42	0	3	—	0	21.7	100	0	—	0
新化	—	—	—		—	—	—	—	0.9	—	—	—	—
益陽	90	50	30	7	1	12	—	0	18.4	70	0	—	30
攸縣	80	2	24	60	0	2	—	12	—	70	2.3	—	27.7
江西													
浮梁	60	4	19	58	0	9.5	—	9.5	9.8	83	17	—	0
高安	—	27	50	18	5	0	—	0	—	100	0	—	0
南昌	52	10	47	40	0	3	—	0	30.0	90	10	—	0
德安	80	8	40	50	0	2	—	0	—	85	5	—	0
都昌	30	0	30	10	0	50	—	10	30.2	80	0	—	20

四川水稻区													
縣數	11	14	14	14	14	14	14	14	16	8	8	8	8
平均數	41.7	53.1	31.2	4.2	0.4	2.3	—	8.8	7.8	63.8	15.0	—	21.2
陝西 南鄭	92	76.3	17.7	3	2.5	0	—	0.5	0.8	60.9	33.1	—	6
四川 成都	0	—	—	—	—	—	—	[illegible]	1.0	—	—	—	—
忠縣	90	31.7	56.7	0	0	0	—	11.6	1.2	90	0	—	10
崇慶	0	75	15	0	0	0	—	10	—	—	—	—	—
酆都	35	22.5	70.0	0	0	0	—	7.5	3.8	87.5	5	—	7.5
涪陵	6	60	90	10	2	5	—	3	2.2	90	8	—	2
華陽	64.5	50	20	6	0	0	有機肥料其他	24	0	35	50	—	15
仁壽	75	50	30	0	0	0	—	20	1.3	—	—	—	—
[illegible]	—	90	25	25	0	17	—	13	0.7	—	—	—	—
[illegible]	—	45	55	0	0	0	—	0	9.6	—	—	—	—
綿陽	1	8	92	0	0	0	—	—	7.6	63	0	—	37
郫縣	—	—	—	—	—	—	—	—	0	—	—	—	—
新繁	45	95	0	0	0	0	—	5	0	—	—	—	—
新都	50	85	0	0	0	0	—	15	0	—	—	—	—
雙流	—	—	—	—	—	—	—	—	0	—	—	—	—
遂寧	—	—	—	—	—	—	—	—	0.3	4	9	—	87
達縣	—	30.0	35	15	1	10	—	9	0.3	80	15	—	5
溫江	—	95	0	0	0	0	—	5	—	—	—	—	—
水稻兩熟区													
縣數	5	14	14	14	14	14	14	14	8	8	8	8	8
平均數	68	18.0	28.7	45.6	0.5	6.5	—	0.7	1.4	87.0	6.8	—	6.2
福建 惠安	—	0	20	75	5	0	—	0	—	—	—	—	—

莆田	—	—	45	25	30	0	0	—	0	0.9	82.5	17.5	—	—
廣西														
容縣		—	10	50	30	0	10	—	0	9.1	—	—	—	—
桂林		80	10	40	30	0	20	—	0	0.3	—	—	—	—
柳城		80	2	20	70	0	8	—	0	0.3	—	—	—	—
邕寧		—	2	30	65	0	3	—	0	0.8	—	—	—	—
廣東														
潮安		—	49	50	1	0	0	—	0	—	98.5	15	—	0
中山		40	62.5	25	62.5	0	0	—	0	1.6	75	25	—	0
揭陽		—	44	55	0	0	0	—	0	—	100	0	—	0
高要		—	10	17	45	0	23	竹	5	—	100	0	—	0
曲江		70	8	15	73	0	2	竹	2	—	50	0	—	50
連縣		—	40	0	60	0	0	—	0	4.2	—	—	—	—
茂名		—	5	25	55	0	15	—	0	1.2	90	10	—	0
南雄		70	15	30	42	0	10	竹	3	—	100	0	—	0
西南水稻區														
縣數		11	11	11	11	11	11	11	11	7	7	7	7	7
平均數		63.3	13.6	28.2	27.3	11.0	17.8	—	2.3	29.5	100.0	0	—	0
貴州														
安順		99	0	12	0	78	10	—	0	0.7	100	0	—	0
盤縣		65	7.7	43.3	8.3	0	40.7	—	0	1.5	—	—	—	—
安龍		70	14	21.7	46.6	0	17.7	—	0	1.2	100	0	—	0
遵義		55	6.7	50.0	0	43.3	0	—	0	0.6	100	0	—	0
獨山		80	4	4	82	0	0	—	10	1.0	—	—	—	—
雲南														
宜良		60	13	47	40	0	0	—	0	1.0	100	0	—	0
蒙自		75	2	18	80	0	0	—	0	5.0	100	0	—	0
賓川		60	0	10	0	0	90	—	0	3.0	100	0	—	0
楚雄		70	12	37	23	0	13	—	13	10.2	100	0	—	0
元江		95	75	20	0	0	5	—	0	1.3	—	—	—	—

地帶、區及縣		耕地面積在下列各項材料來源中佔土地利用材料之百分比：北京農商部民國九年之統計	統計月報	省政府之統計
中國	縣數	105	147	21
	平均數	78	77	80
小麥地帶	縣數	62	61	1
	平均數	77	72	70
水稻地帶	縣數	43	86	20
	平均數	79	80	81
小麥地帶各區				
春麥區	縣數	8	7	—
	平均數	47	74	—
甘肅	皋蘭	69	150	—
	武威	12	15(a)	—
寧夏	寧夏	15	26(a)	—
山西	寧武	205	140	—
	靜樂	22	100	—
陝西	定邊	19	33	—
	榆林	29	57	—
青海	湟源	4	—	—

地帶、區及縣		耕地面積在下列各項材料來源中佔土地利用材料之百分比：北京農商部民國九年之統計	統計月報	省政府之統計
冬麥小米區	縣數	20	20	—
	平均數	92	74	—
河南	靈寶	—	—	—
	洛陽	180	119	—
	濟源	16	12	—
河北	阜平	1	10	—
甘肅	平涼	8	10	—
	天水	93	20	—
山西	安邑	15	39	—
	臨縣	97	80	—
	壽陽	34	46	—
	忻縣	121	121	—
	太谷	92	101	—
	晉城	89	89	—
	清源	55	67	—
	武鄉	66	63	—
陝西	鎮安	*	5(a)	—
	盩厔	159	59	—
	鳳翔	276	98	—
	扶風	110	128	—
	韓城	7	4	—
	郿縣	104	104	—
	臨潼	—	—	—

地帶、區及縣		耕地面積在下列各項材料來源中佔土地利用材料之百分比：北京農商部民國九年之統計	統計月報	省政府之統計
武功				
冬麥高粱區	縣數	34	34	1
	平均數	76	71	70
河南	鄭縣	192	233	—
	汲縣	365	85	—
	襄城	223	57	—
	開封	261	133(a)	—
	臨漳	79	90	—
	商邱	82	10	—
	沁陽	47	36	—
	郾城	49	53	—
河北	昌黎	58	70	—
	正定	46	40	—
	冀縣	100	128	—
	交河	58	63	—
	南宮	41	42	—
	徐水	12	70(a)	—
	滄縣	36	36	—
	青縣	47	43	—
	[illegible]縣	51	64	—
江蘇	灌雲	84	84	70
山東	莒縣	—	—	—
	恩縣	83	[illegible]	—
	福山	23	37	—

惠民	65	53	—
沂水	22	15	—
日照	21	21	—
莱阳	98	85	—
临沂	13	14	—
临淄	97	96	—
南阳	34	40	—
平原	100	100	—
泰安	30	89	—
堂邑	48	45	—
德县	70	98	—
即墨	40	40	—
济宁	6	100(a)	—
峄县	—	—	—
禹城	10	88	—
水稻地带各区			
扬子水稻小麦区			
县数	21	21	9
平均数	95	87	88
安徽			
合肥	59	59	—
六安	99	106	—
定远	96	96	—
芜湖	91	82	—
浙江			
余姚	54	83	54
湖北			
安陆	128	85	—

汉川	133	25(a)	—
黄陂	—	—	—
孝感	100	100	—
武昌	13	72	—
应城	142	140	—
云梦	101	26(a)	—
江西			
彭泽	71	128	—
江苏			
常熟	80	93	74
阜宁	275	121	167
淮阴	20	71	—
泰县	—	—	—
丹阳	84	88	83
丹徒	63	63	51
吴县	100	101	100
无锡	70	121	100
武进	68	76	68
盐城	142	94	91
水稻茶区			
县数	19	30	11
平均数	66	85	75
安徽			
歙县	120	124	—
休宁	77	77	—
太平	6	75	—
婺源	—	—	—
浙江			
奉化	65	36	73

富阳	34	55	81
昌化	98	135	114
临安	45	88	58
丽水	32	36	30
吴兴	62	52	83
淳安	49	77	148
新登	65	79	100
遂安	85	82	86
桐庐	14	14	27
东阳	—	—	—
永嘉	25	30	28
福建			
闽侯	—	—	—
南平	7	14	—
湖南			
常宁	—	151	—
长沙	—	109	—
常德	—	126	—
郴县	—	98	—
衡阳	—	93	—
醴陵	—	102	—
临湘	—	6	—
湘潭	—	28	—
新化	—	85	—
益阳	—	23	—
攸县	—	132	—
江西			
浮梁	87	112	—
南昌	200	200	—
德安	48	71	—

	都昌	141	166	—
四川水稻区	縣數	7	16	—
	平均數	11	57	—
陕西	南鄭	11	11	—
四川	成都	—	86	—
	忠縣	—	42(a)	—
	崇慶	—	112	—
	酆都	—	12	—
	華陽	—	111	—
	仁壽	—	86	—
	瀘縣	—	87(a)	—
	綿陽	—	102	—
	郫縣	—	26	—
	雙流	—	56	—
	新繁	—	94	—
	新都	—	32	—
	遂寧	—	61(a)	—
	達縣	—	13(a)	—
	溫江	—	56	—
水稻兩獲区	縣數	2	8	—
	平均數	67	87	—
福建	惠安	62	149	—
	莆田	72	127	—
廣西	容縣	—	—	—
	桂林	—	—	—
	柳城	—	—	—
	邕寧	—	—	—
廣東	潮安	—	120	—
	中山	—	100	—
	鶴山	—	(120	—
	高要	—	100	—
	曲江	—	)	—
	連縣	—	17	—
	樂昌	—	8	—
西南水稻区	縣數	—	11	—
	平均數	—	83	—
貴州	安順	廿	11	—
	鎮寧	[illegible]	44	—
	定番	[illegible]	19	—
	遵義	[illegible]	509	—
	獨山	[illegible]	14	—
雲南	宜良	—	40	—
	蒙自	—	69	—
	賓川	—	50	—
	楚雄	—	50	—
	元江	—	18	—
	玉溪	—	59	—

(a) 在县调查表内，此数县之土地总面积及耕地总面积表见缺然之情况，但有两种面积之关系，求出耕地面积之百分比，殊为合理。兹举一例，该全县总面积所报者为五千万亩，耕地总面积为三千五百万亩，观此二者之数目过大，似不合理，此或由于各地所用之特别单位所致，但耕地面积为百分之七十，且与该县之调查员之报告对照，并无错误，应可谓完全适当。

在统计月报中全县耕地面积为三万余亩，国民政府材料中全县总面积为三十五万亩，查本县地图校对之，并相符合。应用统计月报之耕地总面积与调查表求其百分比，则为 $\frac{3}{35}\times100=9$。若将此数9用以表示两种材料来源之实在差异，似不可能。

现将以上两种材料来源间之关系述之于下：统计月报中耕地总面积为百分之六十，而该区调查员在县调查表报告之总面积为百分之七十，耕地总面积之百分比既已确定，一为百分之六十，一为百分之七十，则其百分比之比例即可表示两种材料间之关系也。

由上述百分比之比例观之，统计月报内之数目估土地利用调查所得数目七分之六，其百分比并为 $\frac{6}{7}\times100=86$ (a) 填入此行者代百分之九

[illegible]	44	13	47	90	0	20	—	0	20	—	—	—	—

第七表 土地按所有权之分类及无记载之土地数目

第七表 土地按所有權之分類及無記載之土地數目

中國20省111縣之調查

地帶、區及縣	各類所有權所有土地之百分比分配(a)：私有田地	官有田地	學田	寺廟田地	族田	軍屯田地	義田	其他	總計	無記載之土地佔所有耕地百分比之估計(b)
中國										
縣數	111	111	111	111	111	111	111	111	111	40
平均數	93.3	1.0	0.7	1.8	0.4	2.3	0.1	0.4	100.0	32.3
小麥地帶										
縣數	53	53	53	53	53	53	53	53	53	25
平均數	93.5	0.9	0.7	2.2	*	2.1	0.1	0.5	100.0	39.2
水稻地帶										
縣數	58	58	58	58	58	58	58	58	58	15
平均數	93.2	1.1	0.8	1.5	0.8	2.4	*	0.2	100.0	20.9
小麥地帶各區										
春麥區										
縣數	4	4	4	4	4	4	4	4	4	2
平均數	82.4	*	0.3	0.9	0	11.0	0	5.4	100.0	6.0
甘肅										
皋蘭	35.0	0	0	0	0	43.6	0	21.4	100.0	5.0
山西										
寧武	98.7	0	0.3	0.5	0	0.5	0	0	100.0	—
靜樂	99.8	*	0	0.2	0	0	0	0	100.0	—
青海										
西寧	96.2	0	0.9	2.9	0	0	0	0	100	6.9
冬麥小米區										
縣數	19	19	19	19	19	19	19	19	19	3
平均數	90.7	0.9	1.1	5.3	0	2.0	0	0	100.0	31.1
河南										
洛陽	99.1	0.3	0.3	0.3	0	0	0	0	100.0	12.0
濟源	96.0	0.4	0.8	2.6	0	0.2	0	0	100.0	—
甘肅										
平涼	99.8	0	0.1	0.1	0	0	0	0	100.0	—
山西										
安邑	96.9	0	0	*	0	3.1	0	0	100.0	—
臨縣	99.8	*	0	0.2	0	0	0	0	100.0	—
平定	99.8	*	0.2	0	0	0	0	0	100.0	—
忻縣	97.8	0	0	2.2	0	0	0	0	100.0	—
太谷	100.0	*	0	*	0	0	0	0	100.0	—
晉城	98.9	*	*	0.1	0	1.0	0	0	100.0	—
清源	100.0	0	0	0	0	0	0	0	100.0	7.1
武鄉	99.7	0.1	0	0.2	0	0	0	0	100.0	—
陝西										
鎮安	94.5	0	1.5	4.0	0	0	0	0	100.0	80.2
盩厔	66.9	0.1	*	0	0	33.0	0	0	100.0	—
鳳翔	100.0	0	0	0	0	0	0	0	100.0	—
扶風	89.4	9.1	1.5	0	0	0	0	0	100.0	—
韓城	79.7	6.7	3.0	10.6	0	0	0	0	100.0	—
鄠縣	99.9	*	*	0.1	0	0	0	0	100.0	—
商縣	5.0	0	13.7	81.3	0	0	0	0	100.0	—
武功	100.0	0	0	0	0	0	0	0	100.0	—
冬麥高粱區										
縣數	30	30	30	30	30	30	30	30	30	20
平均數	96.8	1.0	0.4	0.3	*	1.0	0.2	0.3	100.0	43.7
河南										
汲縣	89.1	10.0	*	0.9	0	0	0	0	100.0	56.1
襄城	99.4	*	0.3	0.3	0	0	0	0	100.0	65.9
開封	81.3	9.8	7.1	1.6	0	0.2	0	0	100.0	48.1
臨漳	100.0	0	0	0	0	0	0	0	100.0	20.7
商邱	99.6	*	0.4	*	0	0	0	0	100.0	50.3

省	縣										
	沁陽	93.8	0.3	0.3	0.9	0	4.4	0.3	0	100.0	66.6
河北	昌黎	99.8	*	*	0.2	0	0	0	0	100.0	33.5
	正定	99.3	0.7	0	0	0	0	0	0	100.0	55.7
	交河	96.8	3.2	0	0	0	0	0	0	100.0	43.8
	南宮	99.8	*	*	*	0	0.2	0	0	100.0	45.4
	徐水	97.9	1.2	0.2	0.3	0	0.4	0	0	100.0	—
	滄縣	97.5	0.8	1.7	*	0	0	0	0	100.0	51.3
	青縣	97.7	2.3	0	0	0	0	0	0	100.0	60.2
	鹽縣	99.1	*	*	0.3	0	0.6	0	0	100.0	67.4
江蘇	灌雲	100.0	0	0	0	0	0	0	0	100.0	—
山東	恩縣	96.7	*	*	3.2	0	0	0	0.1	100.0	4.9
	福山	93.2	0	0.1	0.5	0	0	0	6.2	100.0	—
	惠民	99.7	0.3	0	0	0	0	0	0	100.0	41.2
	沂水	99.8	*	*	0.2	0	0	0	0	100.0	18.3
	日照	99.9	*	0.1	0	0	0	0	0	100.0	—
	萊陽	93.3	0	0.2	0	0	0	6.5	0	100.0	52.6
	臨淄	99.8	0	0	0.2	0	0	0	0	100.0	—
	寧陽	99.4	0	0.4	0.2	0	0	0	0	100.0	—
	[illegible]	99.5	*	0.5	0	0	0	0	0	100.0	—
	泰安	97.8	0.8	1.0	0.4	0	0	0	0	100.0	—
	堂邑	99.1	*	0	0	0	0	0	0.9	100.0	43.8
	德縣	74.9	0.4	0.1	*	0	24.6	0	0	100.0	—
	即墨	99.6	*	0.2	0.2	0	0	0	0	100.0	49.0
	濟寧	99.5	0.1	0.1	0.3	*	0	0	0	100.0	0.3
	鄄城	99.5	0	*	0	0	0.5	0	0	100.0	—

水稻地帶各區

揚子水稻小麥區

省	縣										
	縣數	17	17	17	17	17	17	17	17	17	2
	平均數	93.1	1.2	1.2	0.7	0	3.8	0	*	100.0	1.6
安徽	合肥	99.9	*	*	0.1	0	0	0	0	100.0	—
	來安	91.0	6.5	2.5	0	0	0	0	0	100.0	—
	六安	88.5	0.4	1.4	5.0	0	4.7	0	0	100.0	3.0
	定遠	98.9	0	0.1	1.0	0	0	0	0	100.0	0.1
浙江	餘姚	99.4	0	*	0	0	0	0	0.6	100.0	—
河南	信陽	98.0	0	2.0	0	0	0	0	0	100.0	—
湖北	安陸	62.2	0	0.3	0	0	37.5	0	0	100.0	—
	漢川	80.7	5.0	10.1	3.2	0	1.0	0	0	100.0	—
	孝感	100.0	0	0	0	0	0	0	0	100.0	—
	襄陽	97.7	0	0.3	0	0	2.0	0	0	100.0	—
	武昌	98.0	0	0.1	0	0	1.9	0	0	100.0	—
	應城	95.2	0	0.2	0	0	4.6	0	0	100.0	—
	雲夢	94.9	0	0.3	0.7	0	4.1	0	0	100.0	—
江西	彭澤	90.5	0	0	1.4	0	8.1	0	0	100.0	—
江蘇	常熟	91.6	8.2	0.2	0	0	0	0	0	100.0	—
	淮陰	96.5	0.7	2.0	0.7	0	0.1	0	0	100.0	—
	吳縣	99.3	0	0.7	0	0	0	0	0	100.0	—

水稻茶区										
县数	18	18	18	18	18	18	18	18	18	3
平均数	96.0	1.8	0.5	0.5	*	1.2	0	*	100	9.0
浙江										
奉化	90.7	6.9	0	2.0	0	0	0	0.4	100.0	—
富阳	91.7	8.3	0	0	0	0	0	0	100.0	—
[illegible]	100.0	0	0	0	0	0	0	0	100.0	—
临海	100.0	0	0	0	0	0	0	0	100.0	15.9
丽水	99.7	0	0.3	0	0	0	0	0	100.0	—
[illegible]	99.3	0.2	0	0.5	0	0	0	0	100.0	—
永嘉	100.0	0	0	0	0	0	0	0	100.0	—
福建										
南平	80.0	10.4	4.1	5.5	0	0	0	0	100.0	—
湖南										
常德	96.8	1.6	1.6	0	0	0	0	0	100.0	—
[illegible]	100.0	0	0	0	0	0	0	0	100.0	—
衡阳	97.7	2.3	0	0	0	0	0	0	100.0	—
醴陵	99.8	0.1	0	0	0.1	0	0	0	100.0	4.0
湘潭	97.6	2.4	0	0	0	0	0	0	100.0	—
新化	96.3	0	2.7	1.0	0	0	0	0	100.0	—
攸县	100.0	0	0	0	0	0	0	0	100.0	7.0
江西										
萍乡	99.6	0	0.4	0	0	0	0	0	100.0	—
[illegible]	78.8	0	0	0	0	21.2	0	0	100.0	—
鄱阳	100.0	0	*	0	0	0	0	0	100.0	—
四川水稻区										
县数	17	17	17	17	17	17	17	17	17	5
平均数	88.5	0.5	0.8	3.7	2.7	3.2	0.2	0.4	100.0	7.1
陕西										
南郑	88.1	2.5	5.1	3.2	0	0	0.2	0.9	100.0	—
四川										
成都	74.0	0	0.9	4.2	19.9	0.3	0.7	0	100.0	—
[illegible]	82.1	1.6	0.2	10.3	5.8	0	0	0	100.0	8.2
崇庆	98.5	0.1	0.4	1.0	0	0	0	0	100.0	11.1
[illegible]	97.2	0.1	*	2.2	0.5	0	0	0	100.0	10.7
涪陵	93.6	0.2	2.4	1.8	0	0	0	2.0	100.0	—
华阳	95.3	1.5	0.7	1.4	0.9	0.2	0	0	100.0	—
仁寿	93.0	0.5	0.2	2.2	0	0	0	4.1	100.0	—
理番	44.9	0.2	0.2	1.2	0	54.0	0.2	0	100.0	2.9
[illegible]	97.1	0.4	0.7	0	1.8	0	0	0	100.0	—
绵阳	96.6	0.7	*	1.9	0.8	0	0	0	100.0	2.6
郫县	96.9	0	0.5	0.6	1.8	0	0.2	0	100.0	—
双流	75.3	*	0.3	20.3	3.9	0	0.2	0	100.0	—
新繁	89.7	0	0.9	4.1	4.8	0	0.5	0	100.0	—
新都	88.3	0	0.4	4.3	6.1	0	0.9	0	100.0	—
遂宁	99.4	0.2	0.1	0.3	0	0	0	0	100.0	—
温江	95.1	0	0.5	3.7	0.4	0	0.3	0	100.0	—
水稻两获区										
县数	4	4	4	4	4	4	4	4	4	4
平均数	99.0	0	0	0	0	0	0	1.0	100.0	59.8
广西										
容县	100.0	0	0	0	0	0	0	0	100.0	58.3
桂林	100.0	0	0	0	0	0	0	0	100.0	37.3
柳城	100.0	0	0	0	0	0	0	0	100.0	64.3
邕宁	96.1	0	0	0	0	0	0	3.9	100.0	79.4
西南水稻区										

	縣數	2	2	2	2	2	2	2	2	2	1
	平均數	97.0	0.8	0.8	1.6	0	0	0	0	100.0	8.7
貴州	遵義	94.9	1.0	1.3	2.8	0	0	0	0	100.0	8.7
雲南	玉溪	99.2	0.5	0.2	0.1	0	0	0	0	100.0	—

(a) 此係調查表材料得自縣政府所記載者

(b) 此種田地之估計係由居住當地者之人之報告，既不徵稅在縣政府內又無記載

第十一表　实有各种土地用途之田场家数之百分比

第十表　實有各種土地用途之田場家數之百分比

中國22省154縣168地區16,786田場之調查（1929-1933）

地帶、區及地區	作物面積	農舍面積	道路沟渠坟墓場圃面積	牧場面積	未砍伐森林中之牧場面積	森林面積	有出產之水面面積	專供柴薪之面積	可墾之荒地面積
中國 地區數目	168	168	168	168	168	168	168	168	168
平均數	100	98.8	72.4	2.8	2.3	7.1	3.5	4.0	3.0
小麥地帶 地區數目	71	71	71	71	71	71	71	71	71
平均數	100	98.8	82.0	3.2	2.1	5.9	0.8	0.5	3.5
水稻地帶 地區數目	97	97	97	97	97	97	97	97	97
平均數	100	98.8	65.3	2.5	2.5	7.9	5.5	6.6	2.6
小麥地帶各區 春麥區 地區數目	13	13	13	13	13	13	13	13	13
平均數	100	95.9	76.5	2.7	0.3	1.9	0	0	7.0
甘肅 皋蘭(一)	100	100	38.0	0	0	0	0	0	0
皋蘭(二)	100	92.0	81.0	0	0	0	0	0	46.0
武威	100	98.0	96.0	0	0	0	0	0	0
寧夏 寧夏	100	100	88.0	0	0	0	0	0	0
山西 寧武	100	100	89.0	0	0	9.0	0	0	1.0
大同	100	99.0	99.0	0	0	7.0	0	0	0
靜樂	100	100	95.6	6.1	3.5	3.5	0	0	0
陝西 定邊	100	100	80.0	23.0	0	0	0	0	30.0
榆林	100	100	72.0	0	0	0	0	0	0
綏遠 歸綏	100	88.0	60.0	0	0	0	0	0	2.0
包頭	100	91.1	93.1	5.4	0	0	0	0	8.9
青海 湟源	100	91.8	42.7	0	0	0	0	0	2.7
西寧	100	87.0	60.2	0	0	4.6	0	0	0
冬麥小米區 地區數目	20	20	20	20	20	20	20	20	20
平均數	100	99.8	87.2	5.0	1.3	7.2	0.1	0	4.5
河南 靈寶	100	100	0	0	0	0	0	0	0
嵩縣	100	98.0	82.4	0	0	0	0	0	0
濟源	100	100	99.0	7.0	0	0	0	0	0
河北 阜平	100	100	66.3	72.3	0	1.0	0	0	66.6
甘肅 平涼	100	100	92.0	1.0	1.0	0	0	0	0
天水	100	100	93.0	0	0	0	0	0	0
山西 安邑	100	100	97.0	0	1.0	4.0	0	0	0
臨縣	100	100	100	0	0	4.0	0	0	0
五臺	100	100	54.9	0	0	1.0	0	0	0
壽陽	100	100	84.0	0	3.0	3.0	0	0	0
忻縣	100	100	99.0	0	0	13.0	0	0	0
太谷	100	99.0	93.0	0	0	2.0	0	0	0
晉城	100	100	100	0	0	0	0	0	0
清源	100	100	86.7	0	0	2.5	0	0	3.3
武鄉	100	100	100	0	0	21.0	0	0	0
陝西 鎮安	100	100	100	25.5	20.4	89.8	0	0	18.4

盩厔	100	99.0	98.0	0	1.0	2.0	0	0	3.0
商县	100	100	100	0	0	0	1.0	0	0
栒邑	100	100	98.0	0	0	0	0	0	0
渭南	100	100	100	0	0	0	0	0	0
冬麦高粱区									
地区数目	38	38	38	38	38	38	38	38	38
平均数	100	99.2	81.2	2.4	3.2	6.7	1.5	1.0	1.8
安徽									
阜阳	100	100	90.9	0	0	1.0	15.2	2.0	0
宿县	100	99.0	99.0	0	0	5.0	0	0	0
河南									
郑县	100	99.0	95.3	0	0	0	0	0	0
汲县	100	98.9	90.4	13.8	8.5	4.3	0	0	1.0
襄城	100	100	55.0	0	0	0	0	0	1.0
开封	100	100	73.3	0	0	19.8	0	36.7	5.9
临漳	100	100	88.0	0	0	0	0	0	0
南阳	100	100	64.4	0	0	0	0	0	7.9
南召	100	100	93.0	0	0	0	0	0	0
泌阳	100	100	87.8	0	0	0	0	0	0
郾城	100	100	63.0	0	0	0	0	0	0
河北									
昌黎(一)	100	99.0	100	1.0	25.5	8.2	3.0	0	0
〃〃(二)	100	100	95.1	7.8	13.7	25.5	0	0	30.9
正定	100	100	96.0	3.0	0	13.0	0	0	7.0
藁县	100	96.9	9.8	0	0	10.2	0	0	0
交河	100	100	100	0	0	10.0	0	0	0
南宫	100	99.0	61.2	0	1.0	4.9	3.9	0	0
衡水	100	100	100	0	0	0	0	0	0
沧县	100	97.1	97.3	6.3	0.9	2.7	0	0	1.8
青县	100	98.0	98.0	10.2	0	11.2	8.2	0	0

江苏									
通县	100	99.0	79.0	1.0	7.0	16.0	0	0	3.0
灌云	100	100	85.9	0	0	0	0	0	0
辽宁									
辽中	100	89.6	78.3	0	0.9	1.9	0	0	0
山东									
安邱	100	99.0	97.0	1.0	0	0	0	0	2.0
恩县(一)	100	99.0	64.3	0	0	0	0	0	0
恩县(二)	100	100	99.0	0	0	0	0	0	0
福山	100	100	51.0	0	1.0	13.0	0	0	3.0
惠民	100	100	99.0	1.0	3.0	0.9	3.0	0	0
沂水	100	100	98.0	11.0	38.0	6.0	0	0	7.0
莱阳	100	98.0	59.0	0	0	68.0	0	0	6.0
海阳	100	99.0	81.0	0	1.0	1.0	0	0	0
寿光	100	100	96.0	0	0	0	27.0	0	0
泰安	100	100	80.0	29.0	18.0	0	0	0	9.0
临邑	100	100	99.2	0	1.0	1.0	0	0	0
即墨	100	98.0	59.0	2.0	0	39.0	0	0	0
[illegible]	100	99.0	97.0	0	0	8.0	0	0	0
潍县	100	100	83.0	0	0	0	0	0	0
峄县	100	100	98.0	3.9	1.0	2.9	0	0	8.8
水稻地带各区									
播了水稻小麦区									
地区数目	38	38	38	38	38	38	38	38	38
平均数	100	97.7	70.3	2.1	1.8	6.0	8.2	2.4	2.7
安徽									
凤阳	100	99.0	64.0	0	0	0	0	0	0
和县(一)	100	100	50.0	3.0	0	0	5.0	0	0

	和縣(二)	100	100	50.0	3.0	0	0	5.0	0	0
	合肥	100	100	97.0	0	0	0	13.0	0	0
	六安	100	98.0	96.0	5.0	2.0	71.2	35.6	88.1	26.8
	太湖	100	100	100	0	18.9	3.3	1.1	0	14.4
	桐城	100	98.1	96.2	9.4	37.7	0	24.5	0	0
	蕪湖	100	100	14.0	0	0	0	0	0	0
浙江	嘉興	100	98.0	100	4.0	0	0	0	0	1.0
	德清	100	100	87.0	0	0	0	38.0	0	0
	餘姚	100	100	100	0	0	0	17.8	0	0
河南	信陽	100	99.0	100	15.0	2.0	31.0	28.0	2.0	0
湖北	鍾祥	100	100	76.8	13.0	7.2	13.0	10.1	0	0
	浠水	100	100	0	0	0	0	0	0	0
	天門	100	97.4	26.0	0	0	13.0	0	0	0
	襄陽	100	100	69.0	0	0	0	1.0	0	0
	應城	100	100	58.0	0	0	0	0	0	1.0
	雲夢	100	100	47.5	0	0	0	0.8	0	0
江西	彭澤	100	100	8.9	0	0	0	0	1.0	4.0
江蘇	常熟	100	100	98.0	0	0	0	51.5	0	0
	嘉定	100	98.7	89.3	0	0	0	13.3	0	0
	淮陰	100	99.0	75.4	1.0	0	0	0	0	10.8
	宜興	100	98.0	94.0	0	0	87.0	0	0	0
	江寧	100	98.6	1.4	0	0	0	0	0	0
	江都(一)	100	15.0	17.8	0	0	0	0	0	0
	江都(二)	100	100	98.9	0	0	6.5	31.2	0	20.4
	崑山	100	100	56.6	0	0	0	0	0	0
	泰縣	100	99.0	88.9	0	1.0	2.0	4.0	0	0
	東台	100	65.2	50.0	0	0	0	0	0	0
	無錫(一)	100	91.8	26.2	0	0	0	0	0	0
	無錫(二)	100	97.3	71.4	0.9	0	0	0	0	0
	武進(一)	100	100	82.9	0	0	0	0	0	0
	武進(二)	100	100	94.0	1.0	0	0	5.0	0	0
	武進(三)	100	100	94.0	0	0	0	0	0	0
	鹽城(一)	100	100	100	26.0	0	0	0	0	25.0
	鹽城(二)	100	92.0	91.0	0	0	0	0	0	0
	鹽城(三)	100	95.0	91.0	0	0	0	31.0	0	0
	鹽城(四)	100	89.6	81.3	0	0	0	0.7	0	0
水稻栽培	地區數目	27	27	27	27	27	27	27	27	27
	平均數	100	97.3	50.5	4.7	1.0	12.2	5.7	12.6	2.0
安徽	休寧	100	100	10.0	0	0	1.0	2.0	1.0	2.0
浙江	奉化	100	100	100	0	1.0	8.8	0	25.5	0
	臨海	100	98.0	24.0	0	1.0	11.0	1.0	21.0	0
	麗水	100	100	32.0	2.0	13.0	8.0	1.0	6.0	7.0
	淳安(一)	100	100	21.6	0	0	0	0	0	13.7
	淳安(二)	100	100	37.6	0	1.0	6.9	11.9	0	0
	湯溪	100	100	97.0	0	0	0	0	0	0
	桐廬(一)	100	100	51.4	3.8	0	1.9	1.0	27.6	0
	桐廬(二)	100	99.0	94.1	2.0	3.9	10.8	0	23.5	2.0
	東陽	100	98.8	93.0	0	1.2	83.7	0	44.2	0
	永嘉	100	100	76.0	1.0	0	0	0	0	0
福建	閩侯	100	97.3	66.4	0	0	5.5	0.9	0	0
	南平	100	100	93.0	0	0	67.0c	0	13.0c	0

湖南	常宁	100	100	0	0	0	0	0	0	0
	常德	100	100	3.6	0	0	17.8	0	0	0
	郴县(七)	100	97.4	0	0	0	0	4.5	0	8.3
	〃(一)	100	100	88.0	0	0	9.0	25.0	6.0	0
	衡阳	100	99.0	2.1	0	0	0	0	0	0
	临湘?	100	93.5	84.6	0	0	1.0	0	0	0
	新化	100	100	8.0	0	0	13.0	3.0	0	0
	武冈	100	100	85.6	1.0	2.9	30.8	8.7	73.1	0
	益阳	100	98.0	100	1.9	1.0	1.0	91.1	1.0	0
江西	修水	100	100	1.1	0	0	0	0	7.8	4.9
	高安	100	100	3.0	0	0	0	0	0	0
	南昌	100	99.0	87.1	3.0	0	1.0	3.0	0	2.0
	德安	100	100	96.0	32.0	1.0	20.0	0	87.0	13.0
	鄱阳	100	100	15.8	0	0	0	1.0	15.8	2.0
四川水稻区	地区数目	8	8	8	8	8	8	8	8	8
	平均数	100	99.5	83.5	3.7	12.2	8.8	1.1	2.4	0.5
陕西	沔县	100	100	46.0	6.0	0	7.0	0	0	2.0
四川	崇庆	100	100	100	0	0	0.9	0	0	0
	涪陵	100	98.9	57.0	1.1	1.1	30.0	7.5	0	0
	[illegible]	100	97.2	95.3	0	0	0	0	0	0
	[illegible]	100	100	86.0	18.3	9.7	17.2	1.1	0	2.2
	内江	100	100	100	3.0	0	0	0	0	0
	[illegible]	100	100	95.0	1.0	87.0	3.0	0	0	0
	遂县	100	100	89.0	0	0	12.0	0	19.0	0
水稻两获区	地区数目	12	12	12	12	12	12	12	12	12
	平均数	100	99.8	71.1	1.0	0.6	3.2	4.0	1.4	1.1
福建	惠安	100	100	100	0	0	1.0	0	0	0
	龙岩	100	100	92.9	9.1	0	2.0	15.2	0	0
	莆田	100	100	100	1.0	1.0	0	0	0	0
广西	容县	100	98.1	49.0	0	1.9	1.9	1.9	0	0
	邕宁	100	100	1.0	0	0	0	14.2	0	0
广东	潮安	100	100	65.0	0	0	0	1.0	0	0
	中山	100	100	100	0	0	0	0	0	0
	揭阳	100	100	99.0	0	0	0	0	0	0
	高要	100	100	25.0	0	0	0	0	0	0
	曲江?	100	100	75.0	1.0	1.0	3.0	5.9	3.0	3.0
	武鸣?	100	100	99.0	1.0	1.0	15.0	0	0	10.0
	南雄?	100	100	46.0	0	2.0	16.0	14.0	14.0	0
西南水稻区	地区数目	12	12	12	12	12	12	12	12	12
	平均数	100	100	65.5	6.7	3.3	8.3	0.7	14.1	6.2
贵州	安顺	100	100	21.8	0	0	1.0	0	2.0	2.0
	盘县	100	100	22.5	0	0	0	0	0	4.9
	定番	100	100	22.0	0	0	0	0	0	0
	遵义	100	100	76.7	0	0	5.8	0	58.3	11.7
	独山	100	100	72.0	0	0	0	0	0	0
云南	宜良	100	100	74.0	0	2.0	4.0	0	0	11.0

蒙自	100	100	[illegible]	0	4.0	[illegible]	0	0	5.0
宾川	100	100	[illegible]	12.8	0	19.6	0	10.8	7.8
楚雄	100	100	[illegible]	4.7	3.8	[illegible]	0	42.5	0
元江	100	100	[illegible]	4.0	0	15.0	7.0	0	2.9
玉溪	100	100	98.1	0	0	2.9	0	0	[illegible]
永仁	100	100	100	58.8	29.4	40.2	1.0	55.9	27.5

(a) 满渠，坝蓢運河均包括在内

(b) 多数田埂之蓑舍面積已括在作物面積内，故在计

求百分数時未将此地区内有蓑舍之田埂之百分比加入

(c) 田埂面積尚未包括此数

第十五表　平均每田场之田地块数丘数之大小距离及数目

第十五表　平均每田场之田地块数与丘数之大小距离及数目

中国22省154县168地区16,786田场之调查（1929—1933）

地带、区及地区	田地块数	田地丘数	最远田块与农舍之平均距离（公里）	所有田块与农舍之平均距离（公里）	田块之平均大小（公顷）	田丘之平均大小（公顷）
中国						
地区数目	168	164	168	168	168	164
平均数	5.6	11.6	1.1	0.6	0.38	0.20
小麦地带						
地区数目	71	71	71	71	71	71
平均数	5.7	8.5	1.3	0.8	0.47	0.33
水稻地带						
地区数目	97	93	97	97	97	93
平均数	5.5	14.0	0.9	0.5	0.32	0.10
小麦地带各区						
春麦区						
地区数目	13	13	13	13	13	13
平均数	4.8	9.3	1.7	1.0	0.92	0.51
甘肃 皋兰（一）	2.9	2.9	1.3	1.0	0.26	0.26
皋兰（二）	4.2	30.3	1.3	0.6	0.20	0.03
武威	4.3	6.0	1.0	0.4	0.56	0.41
宁夏 宁夏	5.8	10.3	0.7	0.3	0.26	0.15
山西 宁武	6.5	8.3	1.5	1.0	0.33	0.25
大同	7.0	7.1	3.2	2.0	0.79	0.79
静乐	14.9	24.8	2.4	1.1	0.30	0.18
陕西 定边	2.4	3.3	1.6	1.1	1.91	1.37
榆林	4.8	5.5	2.1	1.4	0.52	0.44
绥远 归绥	3.3	4.3	1.9	0.9	0.57	0.43
包头	2.4	4.2	0.6	0.5	2.41	1.37
青海 湟源	1.5	7.1	3.4	1.7	3.02	0.65
西宁	2.2	6.8	1.0	0.5	0.88	0.28
冬麦小米区						
地区数目	20	20	20	20	20	20
平均数	5.5	8.7	1.5	0.9	0.30	0.2[illegible]
河南 灵宝	4.7	5.4	2.2	1.5	0.28	0.24
洛阳	4.0	4.3	1.9	0.9	0.17	0.16
济源	6.6	7.5	1.6	0.6	0.28	0.25
河北 阜平	6.7	10.9	1.4	0.7	0.19	0.12
甘肃 平凉	5.9	6.3	1.4	0.9	0.33	0.30
天水	4.0	7.3	1.7	1.0	0.27	0.15
山西 安邑	7.0	7.6	1.5	0.8	0.27	0.24
临县	4.4	5.8	1.7	1.2	0.45	0.33
定襄	2.8	14.7	2.1	1.6	0.26	0.06
寿阳	6.8	24.5	2.2	1.4	0.30	0.08
忻县	5.4	6.8	1.6	0.8	0.39	0.31
太谷	5.1	5.6	1.4	0.9	0.28	0.25
[illegible]	3.1	4.3	1.0	0.6	0.33	0.27
[illegible]	3.2	4.5	1.3	0.8	0.20	0.14
[illegible]	4.5	15.3	1.5	0.7	0.41	0.1[illegible]

陝西						
鎮安	1.6	3.1	0.5	0.2	0.68	0.35
盩厔	5.8	10.9	0.9	0.6	0.26	0.14
商縣	12.3	12.3	1.6	0.6	0.12	0.12
栒邑	9.6	11.1	1.3	0.6	0.21	0.18
渭南	4.4	4.8	1.6	1.0	0.29	0.26
冬麥高粱區						
地區數目	38	38	38	38	38	38
平均數	6.2	8.2	1.1	0.6	0.6	0.33
安徽						
阜陽	7.7	8.1	0.8	0.4	0.24	0.23
宿縣	7.2	33.2	1.4	0.5	0.34	0.07
河南						
鄭縣	5.1	6.6	1.0	0.4	0.53	0.41
汲縣	6.4	7.0	1.3	0.6	0.48	0.44
襄城	2.9	2.9	0.7	0.5	0.40	0.40
開封	3.6	3.7	1.0	0.6	0.50	0.49
臨漳	3.0	4.8	0.5	0.3	0.51	0.31
南陽	3.3	3.4	0.8	0.5	0.43	0.42
商邱	5.8	5.9	0.9	0.5	0.28	0.28
泌陽	4.5	5.8	0.9	0.5	0.18	0.14
郾城	3.1	3.2	0.6	0.3	0.30	0.29
河北						
昌黎（一）	15.1	21.8	1.3	0.7	0.27	0.19
昌黎（二）	4.4	6.9	1.4	0.8	0.63	0.39
正定	4.8	4.9	1.7	0.9	0.39	0.39
冀縣	1.7	4.6	1.4	0.9	0.84	0.30
文安	9.1	9.4	1.3	0.5	0.33	0.33

南宮	5.7	6.8	1.7	0.9	0.38	0.32
徐水	3.6	4.8	1.1	0.4	0.37	0.28
滄縣	9.2	9.6	2.0	1.1	0.62	0.59
青縣	9.1	10.2	1.2	0.5	0.34	0.30
通縣	4.1	5.3	1.2	0.6	0.73	0.57
江蘇						
灌雲	4.2	4.8	1.3	0.7	0.90	0.70
遼寧						
遼中	3.3	3.4	2.5	1.8	1.24	1.21
山東						
安邱	3.3	3.3	1.2	0.8	0.12	0.12
恩縣	6.4	6.5	1.3	0.8	0.41	0.40
恩縣	3.1	4.4	0.6	0.3	0.36	0.25
福水	6.9	8.4	0.9	0.5	0.12	0.10
惠民	8.5	9.1	1.0	0.5	0.35	0.33
沂水	9.0	19.9	1.1	0.7	0.10	0.04
萊陽	14.6	14.9	1.4	0.9	0.08	0.08
海陽	3.7	3.8	0.6	0.4	0.31	0.31
壽光	5.3	5.3	1.0	0.5	0.08	0.08
泰安	13.9	15.6	0.7	0.4	0.08	0.05
堂邑	4.8	5.4	1.2	0.7	0.47	0.42
即墨	12.8	13.4	1.2	0.6	0.63	0.03
濟寧	4.4	5.5	1.1	0.6	0.32	0.26
濰縣	5.6	7.1	1.0	0.4	0.57	0.45
嶧縣	7.1	10.1	1.2	0.6	0.58	0.41
水稻地帶各区						
揚子水稻小麥区						
地区數目	38	34	38	38	38	34

平均數	5.3	10.4	0.6	0.3	0.41	0.15
安徽						
鳳陽	7.5	9.3	0.6	0.2	0.32	0.26
和縣(一)	4.9	17.9	0.4	0.2	0.36	0.09
〃〃(二)	3.6	23.8	0.5	0.3	0.53	0.08
合肥	2.3	10.4	0.5	0.3	1.66	0.22
六安	4.3	17.3	0.3	0.2	0.27	0.07
太湖	4.3	21.3	1.2	0.6	0.22	0.04
桐城	7.9	11.2	0.4	0.2	0.14	0.10
蕪湖	6.2	10.8	0.7	0.3	0.21	0.12
浙江						
嘉興	3.9	6.7	0.2	0.1	0.43	0.25
德清	13.2	22.9	0.5	0.2	0.06	0.03
餘姚	6.9	10.3	2.2	0.3	0.15	0.10
河南						
信陽	1.9	14.2	0.5	0.3	0.96	0.13
湖北						
鍾祥	8.2	11.9	1.2	0.4	0.24	0.16
蘄水	2.9	7.0	0.5	0.3	0.22	0.07
天門	1.6	—	1.2	0.2	1.02	—
棗陽	2.9	3.1	0.7	0.6	0.29	0.28
應城	3.5	14.1	0.3	0.2	0.22	0.06
雲夢	6.9	9.7	0.5	0.3	0.08	0.06
江西						
彭澤	11.2	11.3	0.7	0.4	0.04	0.04
江蘇						
常熟	5.1	5.1	0.4	0.1	0.08	0.09
崑山	1.5	7.7	0.2	0.2	0.16	0.22
淮陰	4.1	4.3	0.7	0.4	0.37	0.35

宜興	10.2	—	0.6	0.4	0.19	—
江寧	13.0	16.9	0.5	0.2	0.11	0.08
江都(一)	7.7	—	0.4	0.1	0.17	—
〃〃(二)	4.2	5.1	0.2	0.1	0.17	0.15
寶山	4.2	7.6	0.3	0.2	0.33	0.18
泰縣	3.2	3.9	0.8	0.4	0.33	0.27
東台	9.1	—	0.4	0.1	0.61	—
無錫(一)	5.6	8.1	0.6	0.4	0.11	0.07
〃〃(二)	4.0	4.4	1.2	0.7	0.11	0.10
武進(一)	8.4	11.0	0.8	0.4	0.12	0.09
〃〃(二)	3.3	9.7	0.4	0.2	0.38	0.13
〃〃(三)	3.8	7.3	1.1	0.7	0.29	0.15
鹽城(一)	5.2	11.5	0.3	0.1	0.57	0.27
〃〃(二)	1.6	4.9	0.4	0.4	0.86	0.28
〃〃(三)	3.0	9.2	1.4	0.6	0.92	0.30
〃〃(四)	1.2	6.1	0.4	0.3	1.08	0.25
水稻茶區 地區數目	27	27	27	27	27	27
平均數	5.4	14.1	1.1	0.6	0.18	0.07
安徽						
休寧	2.5	15.1	1.4	0.9	0.60	0.10
浙江						
奉化	6.2	17.3	1.3	0.7	0.08	0.07
臨海	7.8	10.3	0.9	0.6	0.08	0.06
麗水	9.5	20.4	1.7	1.0	0.08	0.04
遂安(一)	5.8	14.3	1.9	1.1	0.19	0.08
〃〃(二)	5.9	12.5	1.2	0.5	0.17	0.08
湯溪	13.9	14.2	1.2	0.6	0.06	0.05
桐廬(一)	4.5	5.8	0.7	0.4	0.09	0.07

	桐廬(二)	4.7	34.2	1.0	0.5	0.20	0.03
	東陽	9.5	10.3	1.8	1.0	0.09	0.06
	永嘉	7.2	7.6	1.0	0.5	0.15	0.14
福建	閩侯	4.9	7.1	1.0	0.5	0.19	0.13
	南平	4.2	10.1	1.8	1.1	0.09	0.01
湖南	常寧	2.9	14.3	0.5	0.2	0.26	0.06
	常德	6.3	6.3	0.6	0.2	0.12	0.12
	郴縣(一)	3.9	6.8	0.4	0.2	0.17	0.10
	〃〃(二)	5.7	16.5	1.0	0.5	0.19	0.06
	衡陽	3.3	20.5	0.5	0.4	0.34	0.05
	臨湘	3.6	11.7	0.8	0.1	0.12	0.03
	新化	4.9	10.3	3.3	1.7	0.23	0.11
	武岡	3.3	49.9	0.5	0.3	0.27	0.02
	邵陽	2.7	15.4	0.4	0.2	0.09	0.01
江西	浮梁	10.6	23.1	2.8	1.3	0.29	0.13
	高安	5.4	11.5	0.5	0.3	0.21	0.10
	南昌	3.7	6.5	0.6	0.3	0.21	0.12
	德安	2.5	10.0	0.5	0.3	0.22	0.06
	都昌	1.1	1.2	0.5	0.3	0.05	0.05
四川水稻區	地區數目	8	8	8	8	8	8
	平均數	9.7	23.7	0.5	0.3	0.55	0.08
陝西	沔縣	3.5	4.0	0.4	0.2	0.16	0.14
四川	崇慶	2.4	11.1	0.8	0.3	0.45	0.10

	涪陵	59.0	70.2	0.6	0.2	0.01	0.01
	華陽	2.3	30.4	0.6	0.4	1.45	0.10
	綿陽	1.9	8.3	0.5	0.3	0.32	0.07
	內江	1.3	28.7	0.5	0.3	1.38	0.09
	遂寧	2.9	34.6	0.6	0.4	0.37	0.04
	達縣	4.4	10.0	0.2	0.1	0.14	0.06
水稻兩穫區	地區數目	12	12	12	12	12	12
	平均數	5.4	13.4	1.3	0.7	0.23	0.10
福建	惠安	6.9	10.1	0.4	0.2	0.05	0.04
	龍溪	4.0	4.5	1.0	0.5	0.24	0.22
	莆田	3.8	4.3	1.2	0.7	0.12	0.10
廣西	容縣	2.6	18.5	0.5	0.3	0.42	0.06
	邕寧	12.7	20.6	2.1	0.7	0.07	0.04
廣東	潮安	6.8	8.4	0.9	0.4	0.09	0.07
	中山	2.0	3.3	0.7	0.6	0.75	0.44
	揭陽	3.8	7.9	1.2	0.6	0.12	0.06
	高要	9.3	22.5	2.7	1.4	0.13	0.05
	曲江	3.6	24.4	1.2	0.6	0.31	0.05
	茂名	3.7	20.2	0.9	0.4	0.25	0.05
	南雄	5.3	16.1	2.9	1.4	0.20	0.07
西南水稻區	地區數目	12	12	12	12	12	12
	平均數	3.7	18.4	1.0	0.6	0.26	0.25
貴州							

	安順	4.5	11.1	1.2	0.6	0.10	0.04
	盤縣	3.4	19.2	1.3	0.6	0.14	0.02
	定番	2.1	10.0	0.6	0.6	0.15	0.02
	[illegible]	2.9	14.9	0.5	0.2	0.19	0.04
	獨山	3.0	21.9	1.0	0.6	0.21	0.03
雲南	宜良	4.3	12.4	1.1	0.5	0.21	0.07
	蒙自	3.3	27.6	1.4	0.8	0.71	0.09
	[illegible]	2.5	9.5	0.9	0.7	0.29	0.07
	楚雄	8.5	30.2	0.6	0.3	0.13	0.03
	元江	2.3	27.7	1.7	1.2	0.18	0.01
	玉溪	5.5	6.5	0.7	0.3	0.08	0.07
	永仁	2.0	29.2	1.0	0.8	0.71	0.05

民国三十四年中国大后方工厂登记统计/三十四年夏季后方工业生产指数

民卅四年中國大後方工廠登記統計.

資料來源：一九四七年中國經濟年鑑 p8. 狄超白主編

※※1947年接收敌伪工厰数目	業別	廠數.	資本額（單位：法幣千元）	※卅六年廠數
1.113	總 計：	732	3·689·681	7·851
69	冶煉工業：	13	51·500	169
196	机器	63	362·608	970
10	五金	17	254·500	353
35	電氣	16	60·340	146
315	化學	2,177	1. 1·349·394	1.840
185	紡織	102	2 888·960	1.679
13	服飾	10	60·100	385
168	飲食	1,292	577·667	1.888
15	印刷	15	64 982	206
101	雜項	27	69·710	215

※注：民卅六年：主計処—中華民国統計摘要表15　※※經濟年鑑 p1

三十四年夏季後方工業生產指數.

（廿七年一→十二月為100）　經濟部孫表，34年.

總指數	488·26
燃料	392·85
鋼鐵	1,840·99
机器	466·17
水泥	285·91
酸碱	404·92
日用品	2,602·72
文具	542·46

中國進出口貨物價值總表 (單位：法幣千元)

來源：主計処.中華民國統計提要.36年編 p42-47

	進口	出口
一九卅七年	953·385	838·256
一九卅八	886·199	762·641
一九卅九	1.333·653	1·027 246
一九四0	2.027·143	1·970·121
一九四一	2400·361	2·901·340
一九四二	1.444·339	191:605
一九四三	3·384·325	164·459
一九四四	4·418·263	996·698
一九四五	14·199·025	4·484·980
一九四六	1·501·165·246	412·111·811
一九四七.四月.	1·318·025·968·	486·265·379

民十二年工人數目表 (北京農商部. 英文中國年鑑)

(一) 工廠工人 2.750.000

(二) 手工業工人 2·940.000

国营铁路业里程与车辆/公路里程/登记之汽车/船只

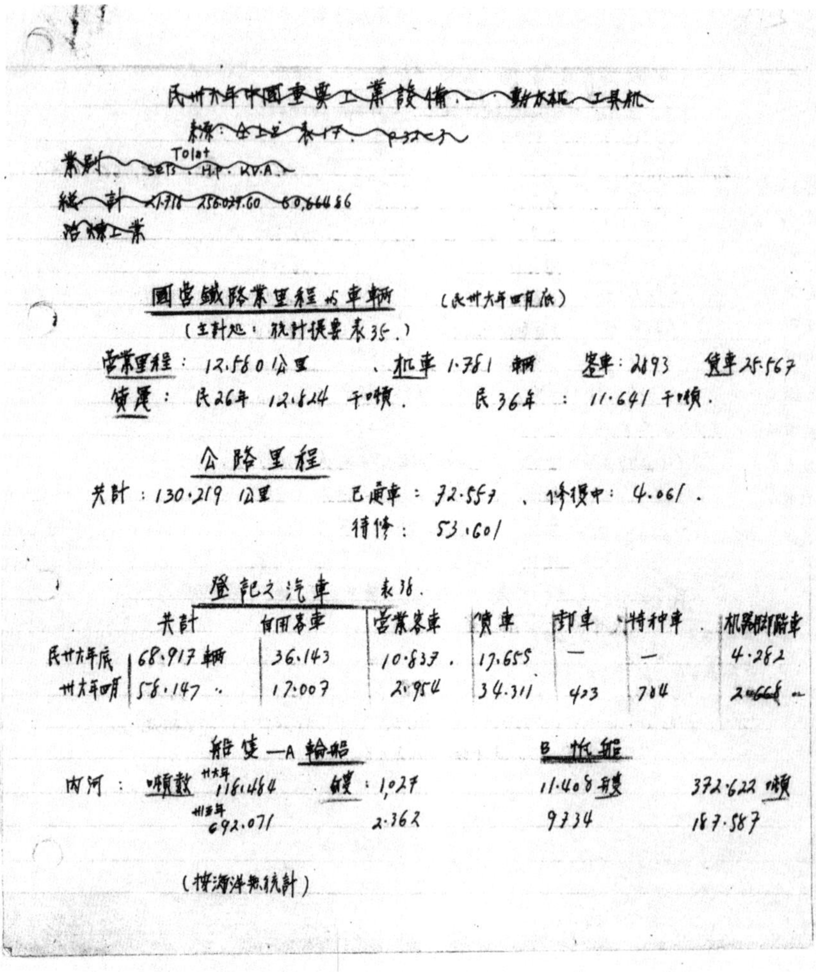

民卅六年中國重要工業設備 — 動力機 工具機

來源：全工业 表17. p32-3

業别 Tolat sets · H.P. · KV.A.

總計 21.716 256.029.60 80,664.86

冶煉工業

國營鐵路業里程與車輛 (民卅六年四月底)

(主計処：統計提要 表35.)

營業里程：12.580公里 、機車 1.781 輛 客車：2893 貨車 25.567

貨運：民26年 12.824 千噸. 民36年：11.641 千噸.

公路里程

共計：130.219 公里 已通車：72.557 、修復中：4.061.

待修：53.601

登記之汽車 表36.

	共計	自用客車	營業客車	貨車	郵車	特种車	机器脚踏車
民卅六年底	68.917 輛	36.143	10.837.	17.655	—	—	4.282
卅六年四月	58.147 〃	17.007	2.954	34.311	423	704	2.668 〃

船隻—A 輪船 B 帆船

內河：噸數 卅六年 1181.484 艘：1,027 11.408 艘 372.622 噸

卅五年 692.071 2.362 9734 187.587

(按海洋無統計)

重要工業設備

截至民卅六年三月上旬止． 主計處編．表17

動力機	總計：	21.718 部	馬力：256.029.60	電力：60.664.86 KVA.
	分門．	蒸汽機 440 部	H.P：37.034.00	
		柴油機 555 sets	H.P：16.798.85	
		煤氣機 290 〃	8,126.00	
		水輪機 99	1.392.00	
		其他動力機 1233.	20.095.25	
		發電機 392 部	K.V.A：60.664.86	
		電動機 18709	H.P：172.641.50	

工具機	總計：	13.550		
	分門：	車床：6.177	刨床	1.417
		銑床：2.141	鋸床	68
		磨床 224	搪床	592
		鑽床 444	其他	1.567

民廿四年之船輪

	內河	沿海	近海	遠洋	合計
艘	3022	470	33	52	3577
噸	216,218.21	254578	55679	98308	624783.21

（來源：交通年鑑 廿九年九月

何汉文著《中国国民经济概况》

何漢文著：中國國民經濟概況　神州國光社　民十九年版．

(一) 全國使用機器的工廠數目：

(1) 使用原動之工廠　484

(2) 沒有原動力之工廠　20258

總計　20742 所

(二) 全國工廠所用的原動力數．

蒸汽機	353.	馬力	53.597
電機	261		16.105
其他	381		12.277

(三) 煤炭消費額：1,206,322 噸．

(四) 全部工人

男工　403.448 人

女工　245.076 人

共計　648,524 人

(五) 一九二三年的中國農業

(1) 農業品收入總額　1,624,835,480 兩．

(2) 平均每農戶之收入：(A) 一說為 34.5 兩　(P140)

(B) 另一說為：22.2 兩　(P142)

(3) 農村手工業產品價值：50,000,000 關兩．

全国工厂总产值占全国制造业总产值之百分比

全國工廠總產值占全國製造業總產值之 26.9%.

手工業 73.1%

業別	工廠產值百分比	手工業產值百分比
木材製造業	4%	96%
機械	53.9%	46.1%
金屬	72.2%	27.8%
電氣用品	84.1%	13.9%
交通用具	7.7	92.3%
土石製造	15.	85.
水電、"	100.	
化學品	41.3	59.7
紡織品	39.	61.
服用品	17.	83.
膠革品	23.	77.
飲食品	14.5	85.5
製紙印刷	30.3	69.7.
飾物儀器	24.8	75.2.
雜項	8.	92.
總計	26.9%	73.1%.

民国二十二年全国工厂总产值表

P.7

全國工廠總產值表．民國二十二年

（來源：巫寶三：中國‥民經濟所得 p64）（單位千元）

	廠數	華廠	外廠	總產值	手工業產值 *
木材製造	27	(18	9)	8,781.2	195,961. ~~45,784~~
機械‥	226	(222	4)	21,389.	18,313.
金屬品	82	(82	—)	61,034.	23.423.
電氣用品	[illegible]3	(85	8)	15,940.	3,007.
交通用具	34	(29	5)	10,459	114,603.
土石製造	112	(105	7)	17,293.	97.676
水電氣製造	666	(603	63)	232,391	—
化學品	184	(160	25	38,032	56,266.
紡織品	859	(808	51)	879, 291.	1.354,945
服用品	165	(165	—)	37,481	188,548.
皮革品	99	(85	14)	44.243.	149,129
飲食品	547	(	64)	548,463.	3,233,619
製紙印刷	269	(237	32	58,595	122,488
飾物儀器	74	(74	—)	5,611.	17,910.
雜項	43	(32	11)	5,201	47,970
總計	3,450	(3,167	283)	2,076,322.2.	5,626,858.

內中外廠生產值占 660,863.

p.12

全國製造業總產值：7,703,180.2

各业净产值、百分比及生产所得

P.8

各業淨產值、百分比、及生產所得.

(來源：巫寶三 P12)　民二十二年

	淨產值 (百萬元)	百分比
農業	12,271.	61.
礦冶	238.	1.2
製造	1,838.	9.1
營造	221	1.1
運輸	922	4.6
商業	1,541.	12.6
金融業	200.	1.
住宅	934.	4.6
自由職業	312.	1.6
公共行政	642.	3.2
總計	20,119	100.
減項	173	
總計	19,946.	

平均每人所得 46元，折合當時美金15元。(P17)

1英哩 = 1.482公里.

中国纱厂一览表

陕西民沙厰	陕西臨潼交口鎮	
以上其他各省十九厰		
全國華商共計八十二厰		
怡和紡織公司(怡和)	上海楊樹浦路	光緒
怡和紡織公司(公益)	上海勞勃生路	光緒
怡和紡織公司(楊樹浦)	上海楊樹浦路	民三
以上英商三厰		
上海紡織會社一厰(大純)	上海楊樹浦路	光緒二
上海紡織會社二厰(三泰)	上海楊樹浦路	光緒二
上海紡織會社三厰	上海楊樹浦路	民八
上海紡織會社四厰	上海蘭路	民十
上海紡織會社五厰	上海蘭路	民二〇
日華紡織會社三厰(鴻源)	上海浦東陸家嘴	光緒
日華紡織會社四厰	上海勞勃生路	民十
日華紡織會社五七厰(宝成厰)	上海勞勃生路	民十
日華紡織會社八厰(華豐)	吳淞蘊藻浜	民十
内外棉會社一厰	上海勞勃生路	民十一
内外棉會社二厰	上海勞勃生路	民十二
内外棉會社三厰	上海西蘇州路	宣統
内外棉會社四厰	上海西蘇州路	民二
内外棉會社五厰	上海西蘇州路	民三
内外棉會社六厰	上海西蘇州路	民八
内外棉會社七厰	上海西蘇州路	民七
内外棉會社八厰	上海戈登路	民十
内外棉會社九厰(裕源)	上海麥根路	光緒
東華紡織會社	上海華德路	民十
同興紡織會社一	上海戈登路	民十一
同興紡織會社二	上海楊樹浦路	民十三

	12,000		200
	412,564	8,376	1,700
	2,412,674	107,748	17,018
二一	78,860		813
三	33,296		666
	65,072		1,002
	177,228		2,480
一	22,432		664
一	26,296		582
	70,752	16,120	1,052
九	38,688		
	35,552		750
二三、七（民七）	52,256		500
（民十二、五）	55,552		
六 （十四、二）	111,424	25,440	
（十三、十一）	25,600	11,520	
七	32,000		
	32,000		
三	23,000		
	40,000	22,800	
	54,400	24,000	
	22,400	12,864	
	22,984		800
二	22,000	17,600	
二二 （民七）	22,750		800
四	41,536		
一	41,600	11,760	
二	32,424		1,126

公大紡織一廠	上海平涼路
公大紡織二廠（老公茂）	上海楊樹浦路
大康紗廠（大日本分設）	上海騰越路
豐田紡織廠	上海極司菲尔路
裕豐紗廠（東洋紡分設）	上海楊樹浦路
以上日商在上海三十廠	
内外棉會社青島廠	青島四方莊
富士紗廠	青島滄口
鐘淵紗廠一廠（公大分設）	青島滄口
鐘淵紗廠二廠	青島滄口
鐘淵紗廠三廠	青島滄口
鐘淵紗廠四廠	青島滄口
鐘淵紗廠五廠	青島滄口
隆兴紗廠（日清分設）	青島四方
宝来紗廠（長崎分設）	青島滄口
大康紗廠	青島四方
泰安紗廠	漢口橋口宗関
滿洲紡織會社	遼寧遼陽
内外棉金州三廠	遼寧金州
滿洲福紡紗廠	大連周子水
以上日商在各埠十五廠	
全國日商共計四十五廠	
全國外商共計四十八廠	
中外合計一百三十廠	

根據朱新繁紡織（民23初版商務）下冊附錄

民十 二.四			
光绪 (民十四.五)	89,968	18,920	2,276
民十 一.七	76,992	16,000	
民十 十	61,536	4,800	1,296
民十 一.一	84,000		
	1,148,184	189,824	9,846
民五 七	90,000		
民十 一.十	31,360		
民十 二.四	34,176		
	25,680		
			984
	28,464		
			1,128
民十 二.四	42,660		
民十 二.十一	32,568		
民十 十	58,000		1,320
民十 三.九	24,816		300
民十 三.五	31,360		504
民十 四.四	63,200		
民十 四.六	19,968	1,020	
	482,252	1,020	4,236
	1,630,436	190,844	14,082
	1,807,664	190,844	16,562
	4,220,338	298,592	33,580

1950年主要物产农产品年产量/1949年农产估计之一

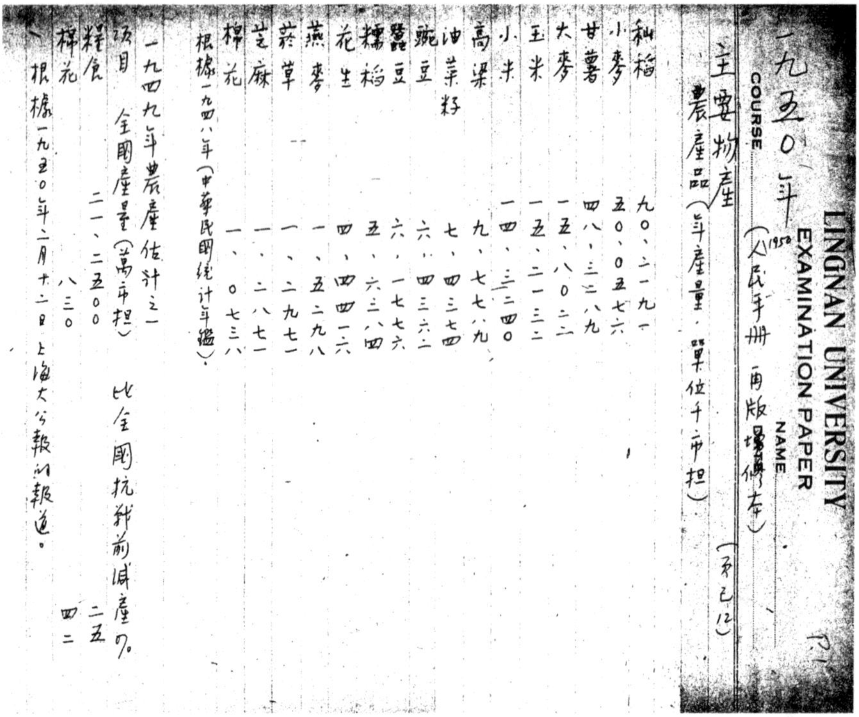

一九五〇年（人民手册1950再版增修本）

主要物產

農產品（年產量，單位千市担）（第乙12）

秈稻	九〇、二一九一
小麦	五〇、〇五七六
甘薯	四八、三二八九
大麦	一五、八〇二二
玉米	一五、二一三二
小米	一四、三二四〇
高粱	九、七七九
油菜籽	七、四三七四
豌豆	六、四三六二
蠶豆	六、一七七六
糯稻	五、六三八四
花生	四、四四一六
燕麦	一、五二九八
菸草	一、二九七一
芝麻	一、二八七一
棉花	一、〇七三八

根據一九四八年（中華民國统计年鑑）。

一九四九年農產估計之一

項目	全國產量（萬市担）	比全國抗戰前減產%
糧食	二一、二五〇〇	二五
棉花	八三〇	四二

、根據一九五〇年二月十二日上海大公報的報道。

1949年农产估计之二/渔业产量

一九四九年農產估計之二

地区	項目	產量(萬擔)	災情	減產%
華東	糧食	四、〇七七	水	三五
東北	糧食	二、六八二三	水，旱	一八
華北	農產	二、六〇〇〇	旱、澇	四〇
	內棉花	三三〇		
西北	棉花	九八	水	一八
河南	糧食	九〇〇	水	
	棉花	六〇		
湖北	稻	四〇〇	水	
	麥	二九、八三		
	雜糧	三五〇九		
	棉花	六二		三八
江西	小麥	五〇		
	稻	八九〇〇	水、旱、虫、風	

根據一九五〇年(新建設)新年號載徐盈著(一年來的農業生產)一文。其中所用產量系經編者換算

劍一.

漁業產量 (页已乃)

項目	萬頓
戰前最高年產量	一五〇
一九四九年產量	四四
一九五〇年產量估計	五〇

根據一九五〇年十月十四日北京人民日報載「新中國的漁業」一文。並說明一九四九年產量內有大部份淡水魚產未計入。

矿产品年产量

礦產品（年產量）（頁已磨）

礦產品	年產量	單位
煤	一九四六、七四〇〇	公噸
鋼	六、三〇〇〇	公噸
銑	三、五七三三	公噸
硫磺	七三九七	公噸
鎢	六四〇二	公噸
純錫	三九七〇	公噸
銻	一五八〇	公噸
銅	一〇七〇	公噸
硝	一〇〇〇	公噸
淨鉛	七七一	公噸
淨鋅	三二〇	公噸
汞	一〇	公噸
金	一〇、七〇三〇	市兩
煤油	四〇〇、二二五八	千加侖
柴油	九六、七六六二	千加侖
汽油	七八八〇	千加侖
天然氣	五、四六〇〇	立方市尺

根據一九四八年（中華民國統計年鑑）

全国财政收支总概算（1950年度）

LINGNAN UNIVERSITY
EXAMINATION PAPER
COURSE 一九五一 人民手冊
NAME
DATE

全國財政收支總概算（見中5）

收入概算（一九五〇年度）*1 （一九五一年度）*2

項目	佔總收入百分比	項目	佔總收入百分比
公糧收入	四一·四		
各項稅收	三八·九		
企業收入	一七·一		
清理倉庫收入	二·四		
其他收入	〇·二		
收入總額	八一·三		
赤字（即虧欠）	一八·七		

（依靠發行公債彌補赤字 三八·四）
（依靠發行貨幣彌補赤字 六一·六）

支出概算

（一九五〇年度）*1 （一九五一年度）*2

項目	佔總支出百分比	項目	佔總支出百分比
軍事費	三八·八		
行政費	二一·四		
國營企業投資	二三·九		
文化教育衛生費	四·一		
地方補助費	二·三		
東北債還本付息	〇·一		
總預備費	九·四		
支出總額	一〇〇·〇		

*1 根據一九四九年十二月二日財政部長薄一波在中央人民政府委員會第四次會議上提出的「關於一九五〇年度全國財政收支概算草案的編成報告」。

*2 根據十二月二十六日新華社報道：中央人民政府委員會第十次會議時通過了「關於一九五一年度全國財政收支總概算」。

全国水力发电量

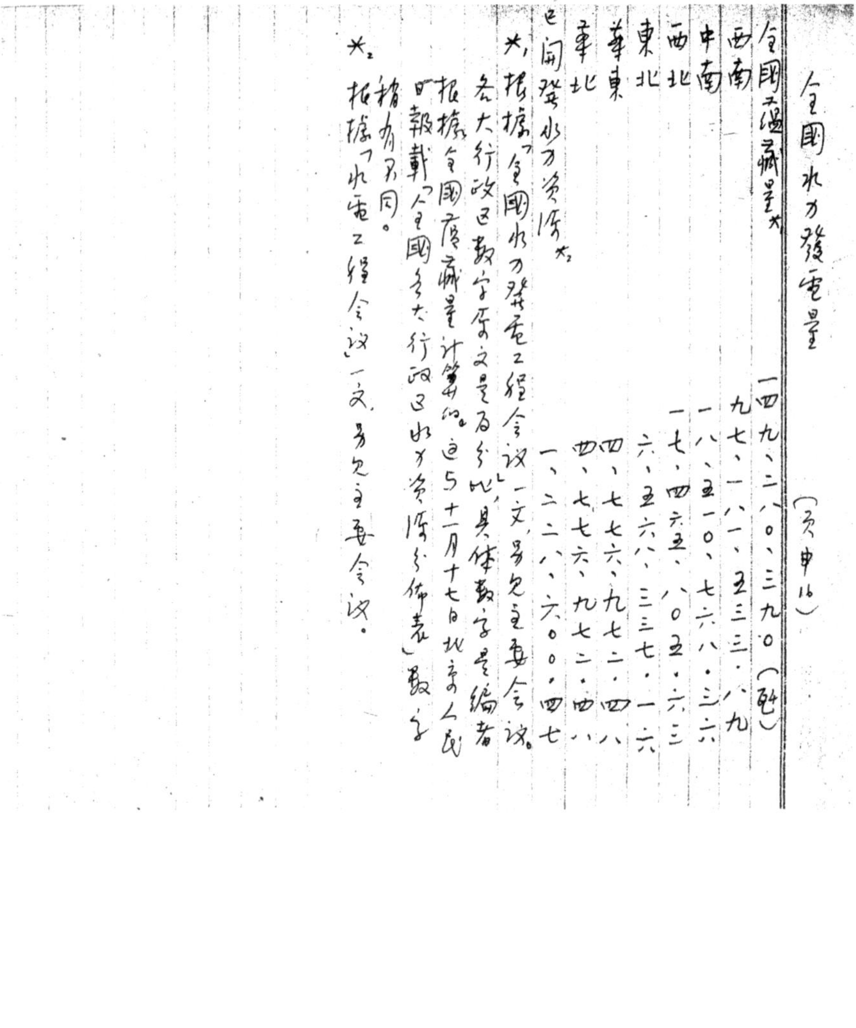

全國水力發電量（页中16）

全國蘊藏量*1	一四九、二八〇、三九〇（瓩）
西南	九七、一八一、五三三．八九
中南	一八、五一〇、七六八．三六
西北	一七、四六五、八〇五．六三
東北	六、五六八、三三七．一六
華東	四、七七六、九七二．四八
華北	四、七七六、九七二．四八
已開發水力資源*2	一、二二八、六〇〇．四七

*1 根據「全國水力發電工程會議」一文，另見主要會議。

各大行政區數字原文是百分比，具體數字是編者根據全國蘊藏量計算的。這與十二月十七日北京人民日報載「全國各大行政區水力資源分佈表」數字稍有不同。

*2 根據「水電工程會議」一文，另見主要會議。

纸张计划产量/卷烟年产量

纸张计画之产量（只申21）

一九五〇年基数 一〇〇・〇%

一九五一年计画之产量一一二・三%

根据「全国第二届造纸会议」一文，另见主要会议

卷烟年产量（千箱）（只申21）

最高年产量	四、二〇〇
目之前年产量	二、五〇〇
目前销烟量	一、八〇〇
一九五〇年下半年规定销烟量	九〇〇
华东	三九四
中南	二七〇
华北	八八
东北	七八
西南	六五
西北	三
内蒙古	二

根据「全国卷烟会议」一文，另见主要会议。

矿产品年产量

礦產品年產量 （資申引）

煤[注]	三七，〇八〇，〇〇〇公噸
鋼	六二，〇〇〇公噸
鐵	三五，七三三公噸
硫磺	七，三九七公噸
鎢	六，四〇二公噸
純錫	三，九七〇公噸
銻	一，五八〇公噸
銅	一，〇七〇公噸
砂	一，〇〇〇公噸
淨鉛	七七一公噸
淨鋅	三二〇公噸
汞	一〇公噸
金	一〇七，〇三〇市兩
煤油	四，〇〇二，二五八千加侖
柴油	九六七，六六二千加侖
汽油	七，八八〇千加侖
天然氣	五四，六〇〇立方市尺

注：根據「全國煤礦會议」，估计年產量為三，六五〇萬噸。經編者換算為公噸。另見主要會议。

P.4

全国海关

全國海關。（頁.申22）

滿洲里關，下轄海拉爾支關；
綏芬河關；
圖們關，下轄開山屯、三合村、南坪、琿春四支關；
輯安關，下轄長白、臨江、下[illegible]三支關；
安東海關，下轄三道浪頭支關；
大連海關；
營口海關；
瀋陽關（東北海關管理局統[illegible]設立）下轄哈爾濱、齊齊哈爾二支關。
天津海關，下轄秦皇島、塘沽二分關；
北京關；
青島海關，下轄煙台分關，連雲港支關；
上海海關，下轄吳淞、寧波、溫州三支關；
福州海關，下轄涵江、三都澳二支關；
廈門海關，下轄晉江支關；
武漢關；
汕頭海關；
廣州海關，下轄黃埔支關；
九龍海關（設在深圳），下轄文錦渡支關；
江門海關，下轄拱北分關（設在關閘磁台）；
北海海關，下轄東興支關；
梧州關；
湛江關；
海口海關；
昆明關，下轄打洛、孟連、河口、馬關四支關；
騰衝關，下轄畹町分關及猛卯、遮島、猴橋、鎮康
四才關；
迪化關，下轄霍爾果斯分關，下設伊寧支關，塔城分
關下設巴克圖支關，承化分關下設吉木乃支關，喀什分

对外贸易/最近两年全国粮棉产量

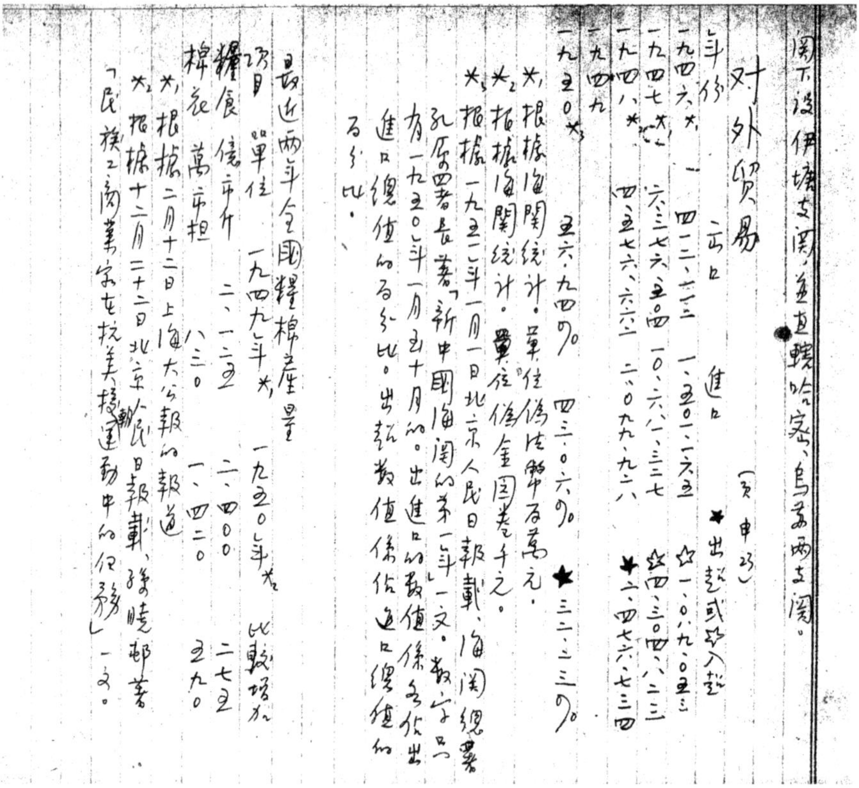

关下设伊塔克关，并直辖哈密、乌苏两支关。

对外贸易 （见申33）

年份	出口	进口	★出超或☆入超
一九四六 *1	四一二、六三三	一、五〇一、六六五	☆一、〇八九、〇五二
一九四七 *1	六、三七六、五一四	一〇、六八一、三三七	☆四、三〇四、八二三
一九四八 *2	四、五七六、六六二	二、〇九九、九二八	★二、四七六、七三四
一九四九			
一九五〇 *3	五六·九四〇%	四三·〇六〇%	★三二·二三%

*1 根据海关统计。单位係法币百万元。
*2 根据海关统计。单位係金圆券千元。
*3 根据一九五一年一月一日北京人民日报载，海关总署孔原署长著「新中国海关的第一年」一文。数字只为一九五〇年一月至十月的。出进口的数值係各作出进口总值的百分比。出超数值係作进口总值的百分比。

最近两年全国粮棉产量

项目	单位	一九四九年 *1	一九五〇年 *2	比较增加
粮食	亿市斤	二、一二五	二、四〇〇	二七五
棉花	万市担	八三〇	一、四二〇	五九〇

*1 根据二月十二日上海大公报的报道。
*2 根据十二月二十二日北京人民日报载，孙晓邨著「民族工商业家在抗美援朝运动中的任务」一文。

交通（铁路、航空）

交通
（交申51）

全国铁路

全国铁路总长		二三、九七三
已通车线路*2		二二、000

*2 根据十二月三十一日北京人民日报载新华社报道：中央铁道部滕代远部长十二月二十九日在北京招待记者时所作的"概述一年来新中国铁道建设的成就"一文。

航空

国内民用航空线

线名	起点	终点	总长（公里）
津渝	天津	重庆	一、四七八
津穗	天津	广州	一、二一四
渝汉	重庆	汉口	七六二
渝昆	重庆	昆明	六二五
渝筑	重庆	贵阳	三二八
渝蓉	重庆	成都	二五六

*各线均于八月一日开航。总长数字是根据民航局上海办事处回答编者的信。

中苏民航空线

线名	起点	终点	总长（公里）
京阿	北京	阿拉木图	四、一六九
京赤	北京	赤塔	二、三七七

京阿：（(一)北京经太原、西安、兰州、酒泉、哈密、迪化、乌苏、伊犁到阿拉木图。(二)目前班机日期：每星期二、五共两次。）

京赤：（(一)北京经沈阳、哈尔滨、齐齐哈尔、海拉尔到赤塔。(二)目前班机日期每星期一、三、五共三次。）

邮政/电信

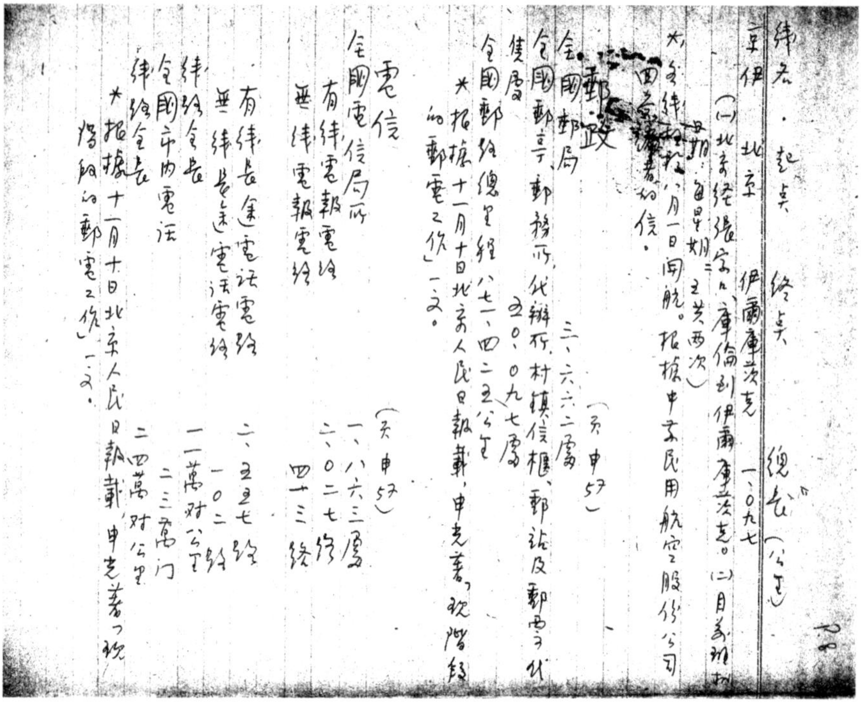

线名 · 起点 终点 总长（公里）

京伊 北京 伊尔库茨克 一、〇九七

（一）北京经张家口、库伦到伊尔库茨克。（二）月为班机（每星期二、五共两次）

大、各线[illegible]於八月一日开航。根据中苏民用航空股份公司[illegible]者的信。

邮政

全国邮局（见申57） 二、六六二处

全国邮亭、邮务所、代办所、村镇信柜、邮站及邮票代售处 五〇、〇九七处

全国邮路总里程 八七、四二五公里

*根据十一月十日北京人民日报载，申光著「欢阶段的邮电工作」一文。

电信

全国电信局所（见申57） 一、八六三处

有线电报电路 二、〇二七条

无线电报电路 四十三条

有线长途电话电路 二、五三七路

无线长途电话电路 一〇二路

线路全长 一一万对公里

全国市内电话 二三万门

线路全长 二四万对公里

*根据十一月十日北京人民日报载，申光著「欢阶段的邮电工作」一文。